グローバル教育の内容編成に関する研究

――グローバル・シティズンシップの育成をめざして――

藤原孝章 著

風間書房

目　次

序章　研究の目的と方法 ……………………………………………………… 1

　第1節　問題の所在と研究の目的 ………………………………………… 1

　　1.1. グローバリゼーションとグローバル教育　1
　　1.2. グローバル教育の内容編成　5
　　1.3. グローバル教育の実践的試みと教師の専門的成長　7

　第2節　研究の意義 ………………………………………………………… 8

　　2.1. 国際理解教育とグローバル教育　8
　　2.2. 研究の意義　9

　第3節　研究の方法と構成 ………………………………………………… 10

　　3.1. 研究の方法　10
　　3.2. 研究の構成　10

第1章　戦後日本国際理解教育史概論―先行研究の年代記的アプローチ― … 15

　はじめに …………………………………………………………………… 15

　第1節　日本国際理解教育史年表とその時期区分 ……………………… 16

　　1.1. 文部省・ユネスコの国際理解教育と協同学校計画（親和の時代―戦後から1960年代半ばまで）　17
　　1.2. 文部省とユネスコのせめぎ合いのはじまりと民間の胎動―ユネスコ「国際教育」勧告（1974年）以後の国際理解教育（困惑の時代―1970年代および1980年代前半）　21
　　1.3. 文部省とユネスコのせめぎ合い―国際理解教育「空白の時代」と民間の国際理解教育活動（対抗の時代―1980年代）　23
　　1.4. 文部省と民間の国際理解教育―国際化の時代と多文化共生（親和と対抗の時代―1990年代）　25
　　1.5. 文部科学省と民間教育活動―「総合的な学習の時間」における国際理解

教育の実践と市民性への注目（ふたたび親和の時代―2000年代） 28
　　1.6. 文部科学省とユネスコ―持続可能な開発のための教育（ESD）（ふたたび親和の時代―2000年代前半から2010年代） 32
　　1.7. 民間の国際理解教育の到達点（親和と対抗の時代―2000年代後半以後） 34
　第2節　日本版グローバル教育としての『グローバル時代の国際理解教育』………………………………………………………………… 35
　おわりに ……………………………………………………………………… 40

第1部　アメリカのグローバル教育 ……………………………………… 45

第2章　教科融合学習としてのグローバル教育（1）―初等教育におけるグローバル学習の場合― ………………………………… 47

　はじめに ……………………………………………………………………… 47
　第1節　アメリカにおけるグローバル教育の登場 ……………………… 48
　第2節　揺籃期のグローバル教育の理念と目的 ………………………… 51
　第3節　『私たちの世界への窓』（ホウトン社会科）―初等教育における合科型内容編成 ……………………………………… 54
　第4節　実践開発期のグローバル教育 …………………………………… 57
　第5節　1987年改訂ニューヨーク州社会科カリキュラム …………… 58
　　5.1. 全体構成　58
　　5.2. 1987年NY州社会科初等段階のカリキュラムの特徴　60
　　5.3. 第3学年「世界のコミュニティ」におけるグローバル学習の構造　62
　おわりに ……………………………………………………………………… 66

第3章　教科融合学習としてのグローバル教育（2）―中等教育社会科における「グローバル学習」単元の場合― …………………… 69

　はじめに ……………………………………………………………………… 69
　第1節　多文化的歴史学習 ………………………………………………… 70

1.1. 多民族教育のための積極的声明　70
　1.2. 第7，8学年歴史学習の内容構成と知識目標　71

第2節　第9，10学年「グローバル学習」(Global Studies) の構造 …… 73
　2.1.「グローバル学習」のねらい　73
　2.2.「グローバル学習」の内容構成と五つのテーマ　75
　2.3. コース単元「グローバル学習」の目標　77
　2.4. コース単元「グローバル学習」の単元計画フォーマット　78
　2.5.「グローバル学習」におけるテーマ学習の単元目標―単元1「アフリカ」と単元6「西欧」の場合―　79
　2.6.「アフリカ」単元の学習内容　81
　2.7.「西欧」単元の学習内容　83
　2.8.「アフリカ」単元の授業計画例―活動モデルを中心に　85
　2.9.「西欧」単元の授業計画例―活動モデルを中心に　87

第3節　多文化教育とグローバル教育に対する批判と論争 ………… 90
おわりに ………………………………………………………………………… 92

第4章　教科統合学習としてのグローバル教育―学際的教科「グローバル・イシューズ」を中心に― ……………………………………………… 95

はじめに ………………………………………………………………………… 95
第1節　カリキュラム編成論 ………………………………………………… 96
　1.1. 田・中村の「グローバル教育としての社会科」の場合　96
　1.2. ドレイクの統合的カリキュラムモデルの場合　98
第2節　学際的教科としてのグローバル教育 ……………………………… 99
　2.1. クニープのグローバル教育のカリキュラム開発　99
　2.2. カリキュラム開発の諸段階と目標原理　100
　2.3.「総合社会科」（統合教科）としてのグローバル学習　101
　2.4. グローバル学習のスコープの原理　102
　2.5. グローバル学習のシークェンスの原理　104
第3節　グローバル学習の初等・中等のカリキュラム ………………… 106

      3.1. 初等・中等のカリキュラム構造　106
      3.2. 概念探究とテーマ学習（初等段階）　107
      3.3. 領域テーマによる学習（1）（中等前期）　112
      3.4. 領域テーマによる学習（2）（中等後期）　115
  第4節　グローバル学習における教材開発の論理……………………………117
      4.1. 初等段階における基本概念の探究・獲得学習の場合　118
      4.2. 中等前期における同一概念探究・獲得学習（相互依存概念）の場合　121
      4.3. 地球的諸課題学習（人権学習）の場合　122
  第5節　学際的教科「グローバル・イシューズ」のカリキュラム開発
　　　　からわかること……………………………………………………………124
  おわりに……………………………………………………………………………127

第2部　イギリスのグローバル教育……………………………………………131
第5章　教科融合型学習としてのイギリスのグローバル教育―ワール
　　　　ド・スタディーズ・プロジェクトの場合―………………………133
  はじめに……………………………………………………………………………133
  第1節　ワールド・スタディーズ小史―イギリスのグローバル教育の
　　　　歴史的概観………………………………………………………………135
      1.1. ワールド・スタディーズ前史　135
      1.2. ワールド・スタディーズ・プロジェクト（第1期）　137
      1.3. ワールド・スタディーズ8-13プロジェクト（第2期）　138
      1.4. 教師のためのワールド・スタディーズ研修プロジェクト（第3期）　139
      1.5. 1990年以後のワールド・スタディーズ　140
  第2節　ワールド・スタディーズ（グローバル教育）のカリキュラム
　　　　開発…………………………………………………………………………142
      2.1. ワールド・スタディーズ三部作の全体構成　142
      2.2. ワールド・スタディーズの世界観とパラダイムの転換　142
      2.3. ワールド・スタディーズの世界観と関連した教育目標　146
      2.4. ワールド・スタディーズの知識・技能・態度の目標　147

2.5. ワールド・スタディーズの学習領域と基本概念―単元構成の方略―　148
　　2.6. ワールド・スタディーズにおける教育のパラダイムの転換　150
　　2.7. ワールド・スタディーズにおける政治的技能へのこだわり　151
　　2.8. ワールド・スタディーズのカリキュラム開発の特徴　152
　第3節　ワールド・スタディーズ実践における三つのアプローチ
　　　　　―ナショナル・カリキュラムと関連して―……………………… 153
　　3.1. 教科融合型の開発モデル　153
　　3.2. 教科統合型の開発モデル（総合的 integrated／学際的 interdisciplinary
　　　　アプローチ）　154
　　3.3. 学校全体（Whole school）アプローチの開発モデル　155
　おわりに ……………………………………………………………………………… 157

第6章　教科統合型学習としてのイギリス「シティズンシップ」科目に
　　　　おけるグローバル・シティズンシップの育成 ……………………… 163
　はじめに ……………………………………………………………………………… 163
　第1節　イギリスにおける新教科「シティズンシップ」の成立 ……… 164
　　1.1.「クリック・レポート」までのイギリスの教育・社会状況　164
　　1.2.「クリック・レポート」とは何であったか（教育観およびカリキュラム
　　　　開発の基礎）　166
　　1.3. 新教科「シティズンシップ」の学習領域と単元構成　168
　　1.4. 新教科「シティズンシップ」の到達目標（学習成果）―評価とGCSE　171
　第2節　市販教科書 *This is Citizenship* にみる「グローバル・シティ
　　　　ズンシップ」―領域内単元としてのグローバル教育 ……………… 173
　　2.1. ナショナル・カリキュラムと市販教科書　173
　　2.2. *This is Citizenship* の全体構成と「グローバル・シティズンシップ」
　　　　単元　174
　　2.3. 教科「シティズンシップ」における「グローバル・シティズンシップ」
　　　　単元の特徴　178
　第3節　シティズンシップ教育の実施形態 ……………………………………… 179

3.1. 初等教育の場合　179
3.2. シティズンシップ教育の多様な実施形態　180
3.3. 社会統合の課題——貧困地域対策と多様性　182

おわりに………………………………………………………………………… 184

第7章　教科超越型学習としてのイギリスのグローバル教育——「シティズンシップ」の学校全体アプローチ：*Get Global!* の場合——………… 191

はじめに……………………………………………………………………… 191

第1節　オックスファム（Oxfam）のグローバル・シティズンシップ教育………………………………………………………………… 193

1.1. グローバル・シティズンシップの定義と基本要素，育成のためのカリキュラム　193
1.2. Oxfam のグローバル・シティズンシップ教育：学校全体アプローチ　196

第2節　「シティズンシップ」における「グローバルな次元」………… 198

第3節　シティズンシップ教育におけるナショナル・カリキュラムとNGO の関係………………………………………………………… 200

第4節　学校全体アプローチ：*Get Global!* の場合 ………………………… 201

4.1. *Get Global!* 成立の背景とプロジェクトの成果　201
4.2. *Get Global!* の内容構成とその特色　203
　（1）*Get Global!* の特色——学びのデザインと参加型学習　203
　（2）*Get Global!* の中心テーマとアクティブ・シティズンシップ　204
　（3）*Get Global!* の全体構成　205
　（4）*Get Global!* の学習過程　206
　（5）*Get Global!* の学習プログラム　206
4.3. *Get Global!* と「学校全体アプローチ」　207

第5節　学校全体アプローチ：ラングドン校の場合 ………………………… 209

5.1. 学校の概要　209
5.2. アクティブ・シティズンシップ　211

第6節　学校全体アプローチとは何であるか………………………… 213

おわりに ………………………………………………………………… 216

第3部　グローバル教育の授業実践 ………………………………… 221
第8章　教科融合型グローバル学習単元と授業実践―中学校社会科（公民的分野）「世界の中の日本経済―アジア・ニーズと我が国の経済」単元の場合― …………………………………………………………… 223

はじめに―グローバル学習の授業実践と分析の視点 ……………… 223

第1節　「アジア・ニーズ」単元の開発にいたる教育観の検証と形成
　　　………………………………………………………………………… 224

　1.1.「世界の中の日本」という世界観の形成　224
　1.2. 学習指導要領（社会科）国際単元における教育観　226
　1.3. アメリカのグローバル教育・多文化教育の教育観　226
　1.4. 日本における国際理解教育観の変容　228
　1.5. 社会科教育の研究成果　229

第2節　「アジア・ニーズ」単元の授業実践 ……………………… 230

　2.1.「アジア・ニーズ」単元の概略　230
　2.2.「アジア・ニーズ」単元の授業実践　231

第3節　グローバル・シティズンシップの育成から見た省察 …… 236

第4節　統合的カリキュラム論から見た省察―教科融合単元の実践の意義 ………………………………………………………………… 238

第5節　実践者としての専門的成長（教師の職能開発）から見た省察… 239

第9章　教科統合型「国際理解」（Global Studies）と授業実践―学校設定科目「国際理解」における「外国人労働者問題」単元の場合― ……… 241

はじめに ………………………………………………………………… 241

第1節　新科目「国際理解」（Global Studies）にいたる教育観の形成　242

　1.1. 科目構想（カリキュラム開発）　242
　1.2. 参加型学習という教育観の形成　243

第2節　新科目「国際理解」(Global Studies) の授業実践 ……………… 245
　2.1. 科目の概要　245
　2.2. 学習のねらい　246
　2.3. 単元の概略──「新しい問題解決学習」による授業構成　247

第3節　グローバル・シティズンシップの育成から見た省察──国際理解教育からグローバル教育へ ……………………………………… 248

第4節　教科統合カリキュラムから見た省察 …………………………… 251

第5節　「国際理解」(Global Studies) のなかの「外国人労働者問題」単元の場合 ……………………………………………………………… 252
　5.1.「外国人労働者問題」単元の教育観　252
　5.2.「外国人労働者問題」単元の授業実践　253
　5.3. グローバル・シティズンシップの育成から見た省察──グローバルとローカルの視点の統合　255

第6節　実践者としての専門的成長（教師の職能開発）から見た省察… 256

第10章　教科超越型「グローバル学習」と授業実践──大学授業科目「海外こども事情A」（タイ・スタディツアー・プログラム）の場合── …… 259

はじめに ……………………………………………………………………… 259

第1節　「タイ・スタディツアー」単元にいたる教育観の形成 ………… 260
　1.1. シティズンシップの思想　260
　1.2. アクティブ・ラーニングの考え方　260
　1.3. 観光開発（ツーリズム）論の系譜　261
　1.4. 若者意識とスタディツアー　262
　1.5. 学びの変容のみとりに関するアプローチ　263

第2節　「タイ・スタディツアー」単元の授業実践 ……………………… 265
　2.1.「タイ・スタディツアー」単元のプログラム　266
　2.2. バンコクでのプログラム（2005年）　266
　2.3. チェンマイでのプログラム（2007, 2009, 2011, 2013年）　268
　2.4. 参加者の学びのプロセス　269

2.5. 学びのプロセスの明確化―「学びの履歴シート」による知の構成（2011
　　　年）　271
　2.6. 学びのプロセスの分析の視点　272

　第3節　グローバル・シティズンシップの育成から見た省察―地球市
　　　　　民になるしかけ ………………………………………………… 274
　3.1. 学習者の評価　274
　3.2. 学びの自己評価　274

　第4節　教科超越型カリキュラムから見た省察―メジローの変容学習論
　　　　　を手がかりに …………………………………………………… 275

　第5節　実践者としての専門的成長（教師の職能開発）から見た省察… 278

終章　研究の成果と課題 ……………………………………………… 281
　第1節　研究のまとめ ……………………………………………… 281
　第2節　グローバル教育の内容編成の特質 ……………………… 287
　第3節　グローバル教育の授業実践の特質 ……………………… 292
　第4節　今後の課題 ………………………………………………… 292

資料編 …………………………………………………………………… 295
引用文献・参考文献一覧 ……………………………………………… 375
あとがき ………………………………………………………………… 389

図 表 一 覧

図序-1	グローバリゼーションの構造とグローバル教育	3
表序-1	本研究の構成（序章，第1章，終章をのぞく）	12
表1-1	日本国際理解教育史の概観	18
表1-2	ユネスコ協同学校（主題別件数と割合）	19
表1-3	国際理解に関する教育——豊かな研究・実践（主な市販本；著書・翻訳書）	30
表1-4	国際理解に関する教育——ESDの登場と理論化，実践	35
表1-5	国際理解教育の目標（体験目標と知識・技能・態度目標）	38
図1-1	国際理解教育の学習領域の構造	39
表2-1	アメリカにおける多文化教育，グローバル教育の登場	50
表2-2	ベッカー『地球社会における教育』の内容構成	52
表2-3	グローバル教育の学校における五つの目的	52
表2-4	ホウトン社会科（『私たちの世界への窓』(1976) の全体構成）	56
表2-5	1987年改訂ニューヨーク州社会科カリキュラムK-12の内容構成	59
表2-6	第3学年「世界のコミュニティ」の単元内容のフォーマット	63
図2-1	授業計画に使用されているシンボルマーク	64
表2-7	第3学年「世界のコミュニティ」の授業計画案の事例	65
表3-1	民族的多元主義（Ethnic Pluralism）の四原則	70
表3-2	第7，8学年「合衆国・ニューヨーク州史」の単元構成（概要）	72
表3-3	第7，8学年「合衆国史・ニューヨーク州史」の知識目標	72
表3-4	「グローバル学習」の内容構成	76
表3-5	「グローバル学習」の知識・技能・態度目標	78
表3-6	グローバル学習における単元計画フォーマット	79
表3-7	単元1「アフリカ」の内容構成の概要	82
表3-8	単元6「西欧」の内容構成の概要	84
表3-9	グローバル教育の実践，批判と論争	91
表4-1	*Global Issues* の全体構成	104
表4-2	初等・中等段階のカリキュラム	108
表4-3	初等段階におけるグローバル学習	110
表4-4	中等前期におけるグローバル学習	115

表4-5	中等後期（高校）におけるグローバル学習	117
表4-6	教材開発事例の分析の枠組み	118
表4-7	小学校における基本概念の探究・獲得学習	120
表4-8	初等・中等前期における同一概念探究・獲得学習（相互依存概念の場合）	121
表4-9	小・中・高校における地球的諸課題学習（人権学習の場合）	124
表4-10	カリキュラム編成の三類型	126
表4-11	アメリカ合衆国の連邦レベルの教育改革関連法	128
図5-1	イギリスのワールド・スタディーズとグローバル教育関係図	136
表5-1	ワールド・スタディーズ三部作の全体構成	143
図5-2	グローバルの四つの次元	144
図5-3	四つの次元の相互作用	144
図5-4	ワールド・スタディーズ：知識・態度・技能の目標	148
表6-1	教科「シティズンシップ」の学習領域・学習内容	169
表6-2	教科「シティズンシップ」の単元構成	170
表6-3	シティズンシップの教科書の三類型と合体型	174
表6-4	*This is Citizenship* の全体構成	175
表6-5	KS.3におけるグローバル・シティズンシップ：ナショナル・カリキュラム（市民的学識・知識理解）におけるスキーム・オブ・ワークと *This is Citizenship* 第6単元「グローバル・シティズンシップ」の内容比較	175
表6-6	シティズンシップ教育の多様な学習：三つのC	181
表6-7	ワールド・スタディーズとシティズンシップにおけるカリキュラム開発	185
表7-1	Oxfamによる地球市民（the Global Citizen）の定義	194
表7-2	責任あるグローバル・シティズンシップを育てるための基本要素	194
表7-3	グローバル・シティズンシップ教育の実践にあたっての不安，懸念	196
表7-4	グローバルな次元：八つの基本概念	199
表7-5	*Get Global!* の中心テーマ	205
図7-1	*Get Global!*：アクティブ・グローバル・シティズンシップを育てる学習の構造	208
図7-2	学校全体アプローチと *Get Global!*	208
表7-6	学校全体アプローチのカリキュラムの構成要素と実践的方略	214
表8-1	授業実践研究の対象とした筆者の授業実践	223
表8-2	「国際理解教育」のコンセプト・チェンジ	229
表8-3	「新しい問題解決学習」の提唱	230

図8-1	「アジア・ニーズ」単元の構造	231
表8-4	第1時：問題場面の発見	233
表8-5	第2時：原因の探求・心情への共感	234
表8-6	第3時：価値の究明・合理的意志決定	235
表8-7	第4時：社会的参加行為	236
表9-1	「国際理解」（Global Studies）の内容構成	244
表9-2	「国際理解」（Global Studies）地球的諸課題（開発・協力分野）単元「外国人労働者問題…モノからヒトの国際化」概要	247
表9-3	「国際理解」（Global Studies）地球的諸課題（開発・協力分野）単元「援助と協力（ODAとNGO）―私たちにできること」概要	249
表9-4	「国際理解」（Global Studies）グローバル・システム（世界経済分野）単元「社会主義の変容とその行方」概要（補足「ソ連邦の崩壊と東アジア」）	249
図9-1	「地球市民」育成のための4つの学習領域と原理	251
図9-2	「外国人労働者問題」単元を位置づける視点	253
表9-5	「外国人労働者問題」単元の視点と目標，基本概念	254
図9-3	外国人労働者問題の知識構造	254
表10-1	海外こども事情A：参加者基本データ（2014年現在の把握）	265
表10-2	タイ・スタディツアー：主な訪問先と活動内容	267
図10-1	参加者の学びカルテ1	271
図10-2	参加者の学びカルテ2	271
表10-3	NGOが行なうスタディツアーの学びの特徴	272
図10-3	「タイ・スタディツアー」単元における学びの方略	275
表10-4	メジローの学びの変容のプロセス	277
表終-1	日米英のグローバル教育と三つの統合的カリキュラム類型	288
表終-2	グローバル教育の授業実践の特質	293

資料編一覧

資料1-1　広島大学附属中学校での実験 …………………………………… 297
資料1-2　ユネスコ協同学校における国際理解教育の実践例 …………… 299
資料1-3　国際理解教育奨励賞入賞論文一覧表（1976年第1回〜2005年第30回）… 300
資料1-4　国際理解教育の学習領域とキーワード ………………………… 306
資料2-1　アメリカ各州の社会科フレームワークに見るグローバル教育（1980年代後半）………………………………………………………… 307
資料2-2　1987年改訂ニューヨーク州社会科K-6カリキュラムの概要…… 310
資料3-1　1987年改訂ニューヨーク州社会科第7,8学年「合衆国・ニューヨーク州史」の内容構成 ………………………………………………… 313
資料3-2　「グローバル学習」：単元「アフリカ」と「西欧」の目標 ……… 315
資料3-3　「グローバル学習」：単元1「アフリカ」の内容構成 …………… 317
資料3-4　「グローバル学習」：単元6「西欧」の内容構成 ………………… 320
資料3-5　「グローバル学習」：「アフリカ」単元の授業計画例……………… 323
資料3-6　「グローバル学習」：「西欧」単元の授業計画例…………………… 325
資料4-1　S.ドレイクの三つのカリキュラム統合論 ……………………… 327
資料4-2　グローバル教育のプログラム開発の諸段階 …………………… 328
資料4-3　カリキュラムの優先順位 ………………………………………… 329
資料4-4　グローバル教育の優先順位 ……………………………………… 329
資料5-1　イギリスのワールド・スタディーズとグローバル教育関連図（図5-1）に関する注釈・説明 ……………………………………………… 330
資料5-2　「機械論的パラダイム」から「システム的／全体論的パラダイム」へ … 333
資料5-3　グローバル教育の目標 …………………………………………… 334
資料5-4　ハンヴェイによるグローバル教育の目標 ……………………… 335
資料5-5　ワールド・スタディーズの知識・態度・技能の目標 ………… 336
資料5-6　ワールド・スタディーズの学習領域と授業単元，基本概念のマトリックス ………………………………………………………………… 337
資料5-7　*Making Global Connections*（1989）の単元構成と活動事例 …… 338
資料5-8　新旧二つの教育パラダイム ……………………………………… 339
資料5-9　学習過程と学習活動のモデル …………………………………… 340

資料5-10	22のカテゴリーのタグが付けられた活動事例	341
資料5-11	政治的能力の育成を目指して：ワールド・スタディーズ8-13の役割	341
資料5-12	年齢段階別の社会や政治に対する関心度	342
資料5-13	既存教科における取り組みとワールド・スタディーズの視点	343
資料5-14	Globy CSE World Studies course シラバスの目的と概要	345
資料5-15	全学的な取り組みの教職員の研修・ワークショップのプロセス	346
資料6-1	シティズンシップ教育の本質的要素の相互連関を示す立方体	346
資料6-2	義務教育を終えた時点で達成したい本質的な要素の概要	347
資料6-3	「シティズンシップ」：KS.3 & 4の達成目標（評価規準）	348
資料6-4	「シティズンシップ」：KS.3の評価基準例	349
資料6-5	*This is Citizenship*「グローバル・シティズンシップ」の単元観，学習項目，学習活動，キーワード	350
資料6-6	「PSHE & Citizenship」(KS.1,2) の単元構成	351
資料7-1	グローバル・シティズンシップのためのカリキュラム：知識・理解，技能，価値・態度	353
資料7-2	学校全体アプローチの構造図	356
資料7-3	学校全体アプローチの評価ワークシート	357
資料7-4	*Get Global!* の全体構成	358
資料7-5	*Get Global!* の学習過程：六つのステップとねらい	359
資料7-6	*Get Global!* の学習プログラム	360
資料7-7	ラングドン校におけるアクティブ・シティズンシップ（第9学年）	361
資料8-1	「アジア・ニーズ」単元：授業用ワークシート（第1時）	362
資料8-2	「アジア・ニーズ」単元：授業用ワークシート（第2時）	363
資料8-3	「アジア・ニーズ」単元：授業用ワークシート（第3時）	364
資料8-4	「アジア・ニーズ」単元：授業用ワークシート（第3時のまとめ）	365
資料9-1	なぜ「国際理解」(Global Studies) なのか	366
資料9-2	改訂版高校「国際理解」(Global Studies)	367
資料9-3	「外国人労働…モノからヒトの国際化」単元の授業計画	368
資料9-4	ロールプレイの登場人物の紹介・背景	370
資料9-5	ロールプレイの登場人物の立場と意見	371
資料10-1	海外こども事情Ａ：プログラム評価および自己評価	372
資料10-2	海外こども事情Ａ：参加者の学び（事例1-4）	373

序章　研究の目的と方法

第1節　問題の所在と研究の目的

　本研究の目的は，日米英の国際理解教育・グローバル教育の理論と実践の検証を通して，その内容編成のあり方を考察し，あわせて，その目標とする市民性育成の論理を明らかにしようとするものである。

　本研究は，三つの問いからなっている。

　一つめは，今，なぜ，グローバル教育なのか，それが育成すべきグローバルな市民性とは何か，という理念的な問いである。

　二つめは，グローバル教育の学習内容はどのように組織化され，編成されてきたのか，単元の開発はどのようになされてきたのか，という内容編成に関する理論的な問いである。

　三つめは，その上で，ではグローバル教育ではどんな実践がなされてきたのか，そのなかでグローバルな市民性の育成はどうなされてきたのか，教師はそれらを実践することでどう成長してきたのか，という実践的な省察の問いである。

1.1. グローバリゼーションとグローバル教育

　まず，第一の問いについて考察する。

　グローバル教育は，国際理解教育が第二次世界大戦後初期，1940年代後半に登場したのに対し，20年ほど遅れて1970年代の初めにアメリカ合衆国において登場してきた。近代国民国家（主権国家）を前提にした国際理解教育が，他国や他国文化といったインターナショナルな理解を目的とするもので

あったのに対し，地球を何度も消滅させかねない核兵器の集積や有人ロケットを伴う宇宙開発，加速度的な地球人口の増加や地球環境への負荷が明らかになってきた1970年代は，国家の政治的な集合体としての世界観に代わって，宇宙的な地球観をもたらし，グローバル教育の提唱となったのである。また西独（当時）や日本などの経済成長によってアメリカ合衆国の単独主義にもかげりが見え，アメリカ経済の相互依存性が認識され出したという現実的な理由もあった。

しかしながら，グローバリゼーションは以上にとどまらなかった。1991年のソ連崩壊後の「世界市場」の出現以降，1990年代に旧社会主義圏をも巻き込んだ地球規模の競争が，インターネットなど情報科学技術の高度化や普及とあいまって，「ヒト，モノ，カネ，コト」のボーダーレス化を加速させたのである。

図序-1にしたがって詳述してみよう。ボーダーレスな動きは，近代国民国家の三要素とされる「主権・国民・領域」の限界性と歴史性をあきらかにし，その意義を低下させつつある。近代国家のみならず，グローバル化は私たちの社会にも浸潤し，国境をこえた相互依存，相互接続をもたらし，私たちの暮らしの一体化，遠い世界との直接的なつながりをもたらしている。それまでは国内的な現象であった伝統的な社会集団の解体による個人化，孤立化は，地球規模の拡大をみせ，私たち一人ひとりの人類としての共通意識，コミュニティ（共同体）意識をもたらしている[1]。

他方，競争と格差を生み，社会の格差化，リスク化を生じさせ，環境と資源への負荷をもたらし，持続可能な社会への危惧をも指摘されるようになった。そして，環境，人権，開発，平和といった国家や社会の近代的な枠組みをこえた地球社会の諸課題とその解決が重要であり，そのためには，人権，民主主義，公正，非差別，多様性，持続性といった普遍的な価値もまた育成すべきであると考えられるようになった（UNESCO 2013：4）。

では，このような光と影をあわせもつグローバリゼーションの社会状況

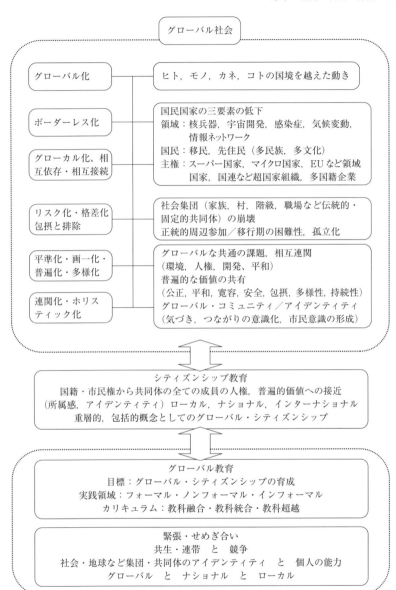

図序-1　グローバリゼーションの構造とグローバル教育（筆者作成）

(グローバル社会の出現)に教育はどう対応すればいいのであろうか。それは，グローバル・シティズンシップの育成をめざすグローバル教育が担うものである，というのが筆者の主張である。図序-1に示したようにグローバル教育はシティズンシップ教育と深く関わっている。現在，シティズンシップの概念は，従来の国籍や市民権といった形式的なものから共同体の成員の人権や普遍的価値，所属感といった実質的なものへと変容している（北山2014）。その結果，再帰的近代の問いとして「誰が市民か」という問いと再定義がなされようとしている。そのアイデンティティもローカル，ナショナル，インターナショナルという多元的なものになっている。グローバル・シティズンシップは，このような多元的なアイデンティティを包摂する重層的な概念である。グローバルは，時にして同心円拡大的な空間としてのインターナショナル（国際）と同じ次元で使用されるが，本来は近代的なボーダーの枠組みを超えたホリスティックな概念である。

本研究で取りあげるように，1970年代，80年代のアメリカのグローバル教育やイギリスのグローバル教育（開発教育やワールド・スタディーズ）は，地球の現状やグローバルな相互依存の気づきや意識化をめざす，市民のためのグローバル教育（global education for citizenship）であったが，イギリスでのシティズンシップ教育の導入をへて，現在は，オックスファム（Oxfam 1997：2，2006：3）やユネスコ（UNESCO 2013, 2014）などが提唱する公正や人権，多様性や持続性といった普遍的価値の獲得をめざす，グローバル・シティズンシップ教育に近くなっている（グローバル市民のための教育 education for global citizenship）。筆者の主張は，原理的にはこの立場に立つ。

しかし，本研究の目的の一つであるが，現実的には，一国のフォーマルな学校教育でグローバル教育が導入される場合，当該国家のナショナルなカリキュラムのなかでの教育実践であるため，ローカル，ナショナル，グローバルと併用される，グローバルな市民教育（もしくはグローバルな国民教育）（global + citizenship education）と解釈されることもある。日本の国際理解教

育（日本国際理解教育学会編2010）やフィリピンの価値教育（長濱2014），イギリスの教科「シティズンシップ」（第6章）などはこの解釈といえる。

したがって，これらの多様な解釈や受け止め方があるように（Davies, L., Harber, C. Ymashita, H. 2005)[2]，理念上も実践上も立場や目的によって緊張やせめぎ合いがある。その主なものは，グローバル教育の目的をめぐって，グローバリゼーションにおける共生・連帯かそれとも競争かという論点，争点であり，共同体の公益であるのか，個人の能力の向上なのかという争点であり，グローバルもしくはインターナショナルか，ナショナルか，ローカルかという所属感の力点の置き方である（UNESCO 2013, 2014）。筆者の立場は，共生，公益，グローバルであるが，本研究では，以上の三つの解釈が可能なグローバル教育があることをカリキュラム開発や単元事例をもとに，あきらかにしていきたい。

1.2. グローバル教育の内容編成

次に，第二の問いに進む。グローバル教育は，内容的には，クニープ（Kniep 1987）の「人間の価値と文化，グローバル・システム，地球的な諸課題，グローバルな歴史」やワールド・スタディーズ（Fisher, S., Hicks, D. 1985）の「私たちと他の人々，豊かさと貧しさ，平和と対立，私たちの環境，明日の世界」，そして「多文化社会，グローバル社会，地球的課題，未来への選択」（日本国際理解教育学会編2010）など，米英日の事例をみても広い範囲の学習領域と多様な学習方法を含むものであり，既存の単一教科の内容をこえた複数教科の内容を含む，統合的なカリキュラムであることは間違いがない。それゆえに，歴史的には，各国のフォーマルな学校教育におけるナショナル・カリキュラムやナショナル・スタンダードとしてカリキュラムが構築されたことはなく，既存の各教科への単元や概念，視点・視野を通しての浸透をはかるしかなかった。しかしながら，グローバル教育がよってたつグローバル・シティズンシップの育成という観点から，「総合社会科」

(Kniep）や「シティズンシップ」（イギリス）といった単一の教科やコースとしてのカリキュラムの開発や構想はなされてきた。また，公教育の学校でのフォーマルな学習ではなくても，NGOなどが主導したり，生涯学習といったノンフォーマルな場所での学習，体験学習のようなインフォーマルな学習の可能性も探られてきた。

　本研究は，グローバル教育の「真正かつ適切な」内容を確定することが目的でない。グローバル教育のカリキュラム開発や実践の事実から，第一の問いで考察したように，多様な実践のあり方があることを明らかにし，三つの統合的カリキュラム論（Drake, S. M. 1993）からグローバル学習のあり方を整理し，考察するのが目的である。三つの統合的カリキュラム論とは，教科融合学習，教科統合学習，教科超越学習としてのグローバル教育である。

　教科融合学習とは，ナショナル・カリキュラムやナショナル・スタンダードに基づいた既存の教科があり，当該教科のコースや単元としてグローバル学習を組み込んでいくものである。広範な学習領域を持つグローバル教育の実践として，現在もっとも一般的なあり方である。

　教科統合学習とは，グローバル教育の学習内容と方法を一つの教科として構想し開発するものである。もっとも大きなものは初等・中等を一貫する12年間のカリキュラムであるが，特定学年の設定科目のような開発と実践もまたこの中に含めることが可能である。

　教科超越学習とは，教科学習をこえた経験学習のカテゴリーに近い。体験学習やフォーマルではない場所や方法でのグローバル教育といってよい。対象年齢も初等・中等学校に限らず若者や成人であってよく，高等教育や生涯学習においても開発・実践されてよいものである。

　第一の問いで考察したグローバル教育のとらえ方からみれば，教科融合学習はグローバルな市民教育（国民教育）であり，教科統合学習は，重層的で複合的なアイデンティティを有する市民のためのグローバル教育であり，教科超越学習は，グローバル市民のための教育といえる。グローバル教育の実

践の歴史的経緯からいえば，教科融合，教科統合，教科超越というように進展はしており，三つの類型はグローバル教育の発展の位相としてとらえられなくはないが，現実は，各国の状況や実施する学校や教員，そしてなによりも学習者のおかれた状況に応じて実践が可能な，多様な類型と考えておくべきである。

1.3. グローバル教育の実践的試みと教師の専門的成長

　第三の問いに移ろう。本研究では，国際理解教育・グローバル教育における筆者の実践を取りあげることでこの問いに応えている。その理由は，筆者自らが教育現場で国際理解教育・グローバル教育として行ってきた実践を，グローバル教育の三つのカリキュラム類型のなかに改めて位置づけることで，そこでめざすべきグローバル・シティズンシップとは何であったのかをふりかえることができるからであり，また，国際理解教育・グローバル教育の実践を構想し，実行することを通して，教師はなにをインプットし，アウトプットしたのか，職業的な実践者としてどう変容したのかをふりかえることができるからである。したがって，第三の問いは，実践家としての省察の問いでもある。グローバル教育の優れた実践や紹介があるにも関わらず（たとえば大津1992，魚住1987, 1995，石森2015など），あえて自らの実践を省察した理由はそこにある。

　筆者が1989年に当時の勤務校で行った中学校社会科（公民的分野）「世界の中の日本経済―アジア・ニーズと我が国の経済」の授業実践では，教科融合型のグローバル学習単元として位置づけ，教科（社会科）における国際的視野の獲得をめざすものとした。同じ勤務校で行った1990年（とそれ以後4回）の学校設定科目「国際理解（Global Studies）」における「外国人労働者問題」の授業実践では，教科統合型のグローバル学習単元として位置づけ，新教科の構想，開発，実践において国際的視野から地球市民の視点の獲得をめざすものとした。現在の勤務校で行った2005年（とそれ以後4回）の大学授業科目

「海外こども事情A」(タイ・スタディツアー・プログラム)の授業実践では，教科超越型「グローバル学習」として位置づけ，生涯学習の視点も取り入れたグローバル・シティズンシップの獲得をめざすグローバル教育とした。これら三つの実践は，20数年の歳月をはさんではいるが，大学の研究者(専門家)の助言を得た社会科の単元開発，自主的研究団体の学びのサークルに支援された，教科書のない科目構想，授業づくり，自らの研究者としての内容専門性と実践者の方法意識を結合させた，海外体験学習のプログラム開発と生涯学習としての評価軸の創造など，実践者としての専門的成長の跡づけともなっている。

第2節 研究の意義

2.1. 国際理解教育とグローバル教育

　本研究の意義と関連するが，ここで，国際理解教育とグローバル教育の関係について述べておきたい。本研究では，第1章でもとりあげたように国際理解教育についても考察の対象にしている。それは，グローバル教育の学習内容や目標と関連して，まず国際理解教育が歴史的には早く登場し，日本の学校教育においても実践されてきたからである。そして，グローバル教育は国際理解教育の概念変容として，あとから登場してきたからである。それはひとえに，第1節で述べたようなグローバリゼーションによるグローバル社会の形成とそれに対応した教育への必要性がもたらしたものである。国際的にも，開発，人権，平和，多文化などの諸教育を包括する教育としてグローバル教育が構想，実践されており，最近ではユネスコ(UNESCO：2013, 2014)がグローバル・シティズンシップ教育を提案している。

　しかしながら，日本においては，実践としても，学術研究団体としても早く登場した国際理解教育が学校教育ではひろく用いられてきた経緯がある(日本国際理解教育学会は1991年，日本グローバル教育学会は1997年〈研究会1993年〉

の設立)。そして第1章でものべるが,現在の国際理解教育の現状(日本国際理解教育学会編2010)は日本版グローバル教育といってさしつかえないものと判断する。

　本研究の目的は,持続可能な開発のための教育やグローバル・シティズンシップ教育といったユネスコの最近の教育,イギリスの開発,人権,多文化,平和などのシングル・イシューを中心とした教育やワールド・スタディーズ,アメリカの国際教育やグローバル教育,日本の国際理解教育やグローバル教育について,その包括性の是非を検討するものではない。本研究は,グローバルな市民性の獲得をめざすシティズンシップ教育という観点から,その内容編成と実践の態様について考察を加えるものであり,その意味で国際理解教育の用語も使用するものである。

2.2. 研究の意義

　本研究の意義は三つある。

　一つには,グローバル社会の形成とそのための教育というトータルな観点からグローバル・シティズンシップの育成をめざすグローバル教育の必要性をとらえ,その視座から日米英の国際理解教育,グローバル教育のカリキュラム開発やプログラム,授業単元をひとつの事実として受け止め,分析した点である。その視座とは,統合的カリキュラムの内容編成論による三つの類型である。このことによって,開発,人権,平和,多文化など個別のイシューについての教育はもとより,永井滋郎(1985),魚住忠久(1987, 1995),大津和子(1992),木村一子(2000),中村哲編(2004),日本国際理解教育学会編(2010)などの先行する研究を包括する視点を得たのである。

　二つには,教科融合型,教科統合型,教科超越型という統合的カリキュラムの三つの類型からグローバル教育の内容編成を検証することで,ナショナル・カリキュラムを有する公教育の学校の教科内領域,総合的な学習といった統合教科,そして教科をこえた体験学習におけるグローバル学習を位置づ

け，さらには，学校以外の生涯学習においてもグローバル学習の可能性を意義づけた点である。

三つには，筆者自らの授業実践をとおして教科融合型，教科統合型，教科超越型の内容編成論とシティズンシップの育成を検証し，その実践的意義をあきらかにし，またグローバル教育の授業実践を構想，開発，実行する教師の専門的成長の可能性を論じ，それによって教師の研修と実践の相互作用による職能開発の事例として位置づけたことである。

第3節　研究の方法と構成

3.1. 研究の方法

本研究の方法は，グローバル教育に関するカリキュラム開発モデルや学習プログラム，教科書などの資料分析の手法（文献研究）による分析枠組みの構築，筆者自身のグローバル教育の教材開発研究による授業実践とその検証およびふりかえりという省察的な手法による授業研究を中心としている。

3.2. 研究の構成

本研究は，研究の目的と意義を述べた序章，研究の総括と課題を述べた終章に加えて，日本の国際理解教育の歴史を概観し，先行研究とした第1章，アメリカとイギリスのグローバル教育を論じた第1部（3章）と第2部（3章），およびグローバル教育の授業実践を省察した第3部（3章）からなっている。

第1章では，内容的にも実践的にもグローバル教育の学習と重複してきた日本の国際理解教育について，政府（文部科学省）と民間との緊張と調和を踏まえつつ，その歴史と日本における先行研究を概観し，現在の国際理解教育の内容編成に関する到達点として，日本国際理解教育学会の編纂本を日本版グローバル教育と位置づける。

第2章，第3章では，グローバル教育の発祥であるアメリカ合衆国にその起源を探り，1970年代の揺籃期および実践開発期のグローバル教育を，アンダーソン（Anderson, L. F.）らの開発した教科書『私たちの世界の窓』（いわゆるホウトン社会科，1976）および1987年ニューヨーク州社会科の初等教育（第2章）と1987年ニューヨーク州社会科の中等教育（第3章）に分けて，教科融合的な内容編成の考え方，論理として検討する。

　第4章では，アメリカ合衆国において総合的な社会科としてクニープ（Kniep, W. M.）らによって構想，開発されたグローバル教育のカリキュラム「グローバル・イシューズ」（1987，1993，1994）[3)]を，教科統合的な内容編成の考え方，論理として検討する。あわせて，本研究の主題と深く関わるグローバル教育の内容編成とグローバル・シティズンシップ育成のあり方として，ドレイク（Drake, W. S. 1993）の統合的カリキュラム論を検討し，そこから教科融合型，教科統合型，教科超越型の論理を抽出する。

　次いで，グローバル教育の内容編成の三類型に応じて，イギリスのグローバル教育をとりあげ，第5章ではワールド・スタディーズのプロジェクトと学習内容，第6章ではナショナル・カリキュラムの教科「シティズンシップ」の考え方と学習内容，第7章シティズンシップの学校全体アプローチとしての学習プログラム「ゲット・グローバル！」を，教科融合型，教科統合型，教科超越型のグローバル学習の視点から考察し，内容編成の論理を明らかにする。

　そして，第3部のグローバル教育の授業実践研究においては，筆者の授業実践のなかから，グローバル教育の内容編成の三類型に応じて三つの実践を事例としてとりあげ，第8章で教科融合型実践として中学校社会科（公民的分野）の授業単元「世界の中の日本経済—アジアニーズと我が国の経済」，第9章で教科統合型実践としての高等学校特設科目「国際理解」（Global Studies）」科目の授業単元「外国人労働者問題」，第10章で教科超越型実践としての海外体験学習（大学授業科目「海外こども事情Ａ」〈タイ・スタディツアー〉

表序-1　本研究の構成（序章，第1章，終章をのぞく）

内容編成	教科融合型	教科統合型	教科超越型
理論 カリキュラム開発 単元開発	第2章　アメリカのグローバル教育（初等教育：「私たちの世界の窓」1987年版ニューヨーク州社会科第3学年「世界のコミュニティ」） 第3章　アメリカのグローバル教育（中等教育：1987年版ニューヨーク州社会科第9，10学年コース単元「グローバル学習」） 第5章　イギリスのグローバル教育（ワールド・スタディーズ8-13）	第4章　アメリカのグローバル教育（初等・中等教育：「グローバル・イシューズ」） 第6章　イギリスのシティズンシップ教育（ナショナル・カリキュラム教科「シティズンシップ」）	第7章　イギリスのグローバル教育（学校全体アプローチのシティズンシップ教育「ゲット・グローバル！」）
授業実践	第8章　中学校社会科（公民的分野）単元「世界の中の日本経済―アジアニーズと我が国の経済」	第9章　高等学校特設科目「国際理解」(Global Studies)」の単元「外国人労働者問題」	第10章　海外体験学習（大学授業科目「海外こども事情A」（タイ・スタディツアー）

をそれぞれ取りあげ，三類型の実践場面のあり方を検証し，グローバル教育がめざすグローバル・シティズンシップの育成の論理を考察する（表序-1参照）。

注
1) 国家および社会のグローバル化は後期近代の社会事象でもある（ベック1998）。
2) Davies, L., Harber, C. Ymashita, H. (2005：10) が学校の教員，管理職，生徒，教育委員会への調査によって，a) global citizenship + education, b) global + citizenship education, c) global education + citizenship, d) education + global + citizenship という4つの受け止め方があることを明らかにした。筆者は，タイプa) を education for global citizenship, タイプb) はそのまま，タイプc) を global education for citizenship と理解した。しかし，リン・デービスらは，大切なことは，誰がグローバル・シティズンシップ教育のカリキュラムの内容を決めるのかということだと指摘している。同感である。
3) Switzer, K. A., Mulloy, P. T., and Smith, K. (1987), 1993 Massachusetts Global Education Project and Social Science Education Consortium (1993), 1994 Social

Science Education Consortium, Inc. (1994)

第1章　戦後日本国際理解教育史概論
―先行研究の年代記的アプローチ―

はじめに

　本研究の主題であるグローバル教育が提唱されるのは，1970年代前半のアメリカ合衆国であり，日本で注目されるようになったのは1980年代後半であった（永井1985）。また，グローバル教育の研究団体ができるのは1990年代である（1997年日本グローバル教育学会〈研究会1993年〉）。したがって，日本では，グローバル教育に関連する教育内容については，教育行政的にも教育実践としても，国際理解教育が担ってきたのが現状である。そこで，日本におけるグローバル教育に関する先行研究に関しては，学校教育における国際理解教育を中心に，関連する教育も含めて，取りあげていくことにする。

　学校教育を中心とする戦後日本の国際理解教育の先行研究および実践の歴史は，およそ70年に及ぶ。この長い研究と実践の歴史をどう記述し，そこから何を学ぶのかは，個々の授業実践の課題とともに本研究の課題でもある。

　そこで，本章では，国際理解教育の先行研究を年代記的なアプローチから取りあげてみたい。その際，日本の国際理解教育の先行する研究と実践の歴史を記述するにあたって，国連・ユネスコ，日本の政府・文部科学省（文部省），そして学校における実践者や民間の研究団体という，三つの行為主体における理念・目標の「親和と対抗（せめぎ合い）」という動態的な視点を採用し，歴史の具体的な動向を明らかにし，現在の研究実践の成果，到達点を論じてみたい。なぜなら，戦後の日本の国際理解教育がユネスコの目標や理念のもとに，文部省・日本ユネスコ国内委員会の主導によって，ユネスコ協

同学校において始まったという発生史の事実から，三つの行為主体を取り出すことができるからである。そして，当初は一体的であった国際理解教育の理念や目標が，対立し，異和をはらみ，また近接していくという動きとしてとらえていく。そのことで，国際理解教育やグローバル教育が，その理念に忠実でありたいのであれば，政府のナショナルなカリキュラムと対峙し，対抗的であることを示し，それを包摂しうる市民像，および，知識，技能，態度・価値，基本概念を含む目標構造を有することの必然性とその結果を提示していきたい。

以下，理念・目標の「親和と対抗（せめぎ合い）」をめぐる記述については藤原・野崎（2013：114-140）を参考にし，国際理解教育の理念および目標構造の成果については，筆者も編者の一人として関わった日本国際理解教育学会編（2010）『グローバル時代の国際理解教育』を検証するものとする。

第1節　日本国際理解教育史年表とその時期区分

藤原・野崎（2013：114-140）は，日本の国際理解教育の歴史について詳細な年表を作成し，次の五つに区分して解説をつけている。本章では筆者（藤原）の視点や考えもいれて，年表（表1-1）に従って説明していく（説明に際しては，時期区分の標題を一部変更している）。

1. 文部省とユネスコ，親和の時代（戦後から1960年代半ばまで）
2. 文部省とユネスコのせめぎ合いのはじまりと民間の胎動（1970年代および1980年代前半）
3. 文部省とユネスコのせめぎ合いの時代（1980年代後半から1990年代）
4. 民間の人権教育を基軸に据えた国際理解教育の模索（1980年代後半～1990年代）（注：3と4は同時期）
5. 文部科学省とユネスコ，ESD・市民性教育への注目（2000年代）

1.1. 文部省・ユネスコの国際理解教育と協同学校計画（親和の時代―戦後から1960年代半ばまで）

　第二次世界大戦における多数の兵士や民間人の戦場内外での死亡，原爆やホロコーストなど大量殺戮への深い反省を踏まえ，戦後の国際理解教育は，国際連合およびその専門機関の一つであるユネスコによって担われてきた。「戦争は人の心の中に生まれるものであるから，人の心の中に平和のとりでをきづかなければならない」という有名な「ユネスコ憲章」前文（1945年）の「平和への希求」と，1948年に採択された「世界人権宣言」における人権尊重の願いは当時の世界に共通したものといえる。

　ただし，ユネスコの教育には固定した名称はなく，「世界市民性教育」（Education in World Citizenship）や「世界共同社会に生活するための教育」（Education for Living in a World Community）など当時としては国際主義的ないくつかの名称を使用しながら，1955年以降長く使われた「国際理解と国際協力のための教育」（Education for International Understanding and Co-operation）が「国際教育」と略称され，日本では「国際理解教育」という用語として定着していった（永井1985：43-45）。ユネスコは「国際教育」を推進するための「ユネスコ協同学校」を加盟国と協力して設けた。1954年の開始当初は「世界共同社会に生活するための教育協同実験学校計画」であり，二年間の期限であったが，その後も継続され「協同学校計画」とされた[1]。

　日本の国際理解教育も戦後当初は，ユネスコ協同学校（実験校）を中心に行なわれた[2]。当時の国際理解教育の主題は，①人権研究，②他国・他民族の理解，③国連研究が中心であった。永井滋郎（1985：93）によれば，研究件数は1954年から1970年までの約15年間で，34件から114件へと三倍以上に増え，研究主題も当初は，人権研究が多かったが，やがて他国理解へ，そして総合的な主題へと移行していった（表1-2）。人権研究には，人権尊重や人権意識の向上，女性の権利や地位，在日朝鮮人への偏見除去など，他国理解では，東南アジア諸国の理解，インド研究などがみられ，授業としては社会

表1-1　日本国際理解教育史の概観（藤原・野崎2013：114-140を参考に筆者作成）

	文部省とユネスコ，親和の時代（戦後から1960年代半ばまで）
1945	ユネスコ憲章（国際連合教育科学文化機関憲章）採択。
1946	ユネスコ創設，ユニセフ創設
1947	ユネスコ「国際理解のための教育」
1948	世界人権宣言（国連採択）
1950	ユネスコ「世界市民性教育」（～52年まで）
1951	ユネスコ加盟
1953	ユネスコ「世界共同社会に生活するための教育」（～54年まで）
1953	ユネスコ協同計画に参加
1955	ユネスコ「国際理解と国際協力のための教育」
1956	国際連合加盟
1960	日本ユネスコ国内委員会編『学校における国際理解教育の手引き』
	文部省とユネスコのせめぎ合いのはじまりと民間の胎動（1970年代から80年代前半）
1971	帝塚山学院大学に国際理解教育研究所（1993年に帝塚山学院大学に国際理解研究所と名称変更）
1971	日本ユネスコ国内委員会編『学校における国際理解教育の手引き（改訂版）』
1973	全国海外子女教育研究協議会（事務局：東京学芸大学）
1974	ユネスコ「国際理解，国際協力，国際平和のための教育ならびに人権および基本的自由についての教育に関する勧告」（「国際教育」勧告）
1975	帝塚山学院大学国際理解研究所・国際理解教育奨励賞論文開始
1978 -1980	帰国子女受け入れ専門校相次いで設立（ICU高校78年，暁星国際高校79年，同志社国際高校80年）
1981	異文化間教育学会設立
1981	国連難民条約批准（国連採択は1951年）
1982	日本ユネスコ国内委員会編『学校における国際理解教育の手引き』（74年「国際教育」勧告に対応）
	文部省とユネスコのせめぎ合いの時代（1980年代から1990年代） 民間の人権教育を基軸に据えた国際理解教育の模索（1980年代後半～1990年代）
1982	開発教育協議会設立（2003年に開発教育協会と改称。NPO法人）
1983	国立教育研究所「開発問題カリキュラム」
1985	女子差別撤廃条約批准（国連採択は1979年）
1987	臨教審答申（「新しい国際化」）
1989	新学習指導要領（国際化，情報化への対応，国際理解という観点の導入）
1991	日本国際理解教育学会設立
1992	ユネスコ世界遺産条約批准（総会採択は1972年採択）
1992	国連環境開発会議（地球サミット，ブラジル・リオデジャネイロ）
1994	国連子どもの権利条約批准（国連採択は1989年）
1994	ユネスコ「平和，人権，民主主義のための教育」（「74年勧告」の改訂版）
1995	人種差別撤廃条約批准（国連採択は1965年）
1997	日本グローバル教育学会設立（1993年の研究会が発展）
1998	新学習指導要領告示（高校は翌年）（「総合的な学習の時間」の新設，例示内容に国際理解，外国語活動，コミュニケーション能力の重視）
1998	ユネスコ「21世紀のシティズンシップ教育」

	文部科学省とユネスコ，ESD・市民性教育への注目（2000年代）
2000	イギリス「市民科」（Citizenship）がナショナル・カリキュラムとして設置（完全実施は2002年）
2001	国連ミレニアム開発目標（HDGs，2015年まで）
2002	「総合的な学習の時間」が小中学校で完全実施（高校は2003年）
2002	国連環境開発会議（地球サミット，南アフリカ共和国・ヨハネスブルグ）
2005	文部科学省・ACCU（ユネスコアジア文化センター）「ユネスコスクール（持続発展教育）共同学校（ASP）500校計画
2005	国連ユネスコ：持続可能な開発のための教育（ESD）10年（2014年まで）
2005	国連「人権教育のための世界プログラム」第一段階（2009年まで）
2008	新学習指導要領告示（持続可能な社会の形成，社会参画，小学校高学年に外国語活動（英語活動）が導入される。
2010	欧州評議会「民主主義的シティズンシップ教育と人権教育に関する欧州評議会憲章」人権教育のための世界プログラム　第二段階」（2014年まで）

科などの関連教科で行なわれた（永井1985：67-80）。

　資料1-1は，協同学校としてのとりくみが精力的に行なわれた広島大学附属中学校（当時は広島大学教育学部附属中学校）の教育実験である。1954年から1969年の16回の特定実験のうち婦人の権利も含めた人権研究が5回，インドなど東南アジア諸国を中心とした他国研究が10回，国連研究が2回行われている。学年は（複数学年の実施も含めて），中1が9回，中2が5回，中3が3回であり，全学年が対象となっている。

　では，どんな授業（実験）が行われたのであろうか。広島大学附属中学校で，最も多く，また，何度もとりくまれたインド研究，東南アジア諸国の研

表1-2　ユネスコ協同学校（主題別件数と割合）（永井1985：93）

時期 件数 研究主題	1954-1955年 （昭和29-30年）		1959-1961年 （昭和34-36年）		1965-1970年 （昭和40-45年）	
	述べ件数	割合（％）	述べ件数	割合（％）	述べ件数	割合（％）
人権の研究	19	56	16	28	16	14
他国・他民族の理解	13	38	22	38	40	35
国連の研究	2	6	8	14	8	7
総合的主題（三つの主題の総合的な扱い）	0	0	12	20	50	44
合計	34	100	58	100	114	100

究から，具体的な授業計画（授業単元）を拾ってみよう（資料1-2）。

これをみると，1962年1月31日から2月24日のおよそ四週間にわたって，教科学習，道徳や学級活動，あわせて25時間が配当されている。教科は，学習主題の内容に関連して社会科（地理的分野）が充てられている。主な学習内容は，知識教授による解説や説明であり，それをふまえての生徒の自主的な調べ活動，話し合い活動，そして最終的な研究ノートの作成と提出となっている。中学1年生の学習内容及び方法としては，かなり高度であり，国立大学附属学校だからこその学習活動ともいえる。

この時期の日本の国際理解教育は，文部省・日本ユネスコ国内委員会が，ユネスコのいう「平和，人権のための国際教育」を基本概念に，学習ユネスコ協同学校を中心に他国研究，人権研究，国連研究の教育実践が実験的に行なわれた〈親和の時代〉であった。しかしながら，1954年から1970年代前半まで行なわれた協同学校における国際理解教育の取り組みは，優れた実践があったにもかかわらず，協同学校以外には拡がりを見せなかった。

その理由は，内外あわせて三つある。

一つには，国際的な要因である。ユネスコ理念の観念性と米ソ冷戦下の冷厳な国際政治の現実とのギャップ（日本ユネスコ国内委員会編1982：73-74）や，1960年代以降のアフリカ諸国の独立と国連加盟によるユネスコ内のイデオロギー対立（先進国の国際理解か途上国への国際協力か）である。

二つには，日本国内の要因である。連合国軍の占領支配から脱し，政治的な独立を果たした日本にあって（沖縄などを除く），戦後経済の高度成長を背景とした文部省の消極的態度（ユネスコ離れ）や，高校および大学進学率の上昇に伴う進学のための教育による過密なカリキュラムという教育現場の現実とのズレ（国際理解教育離れ）であり，ユネスコ協同学校の形骸化である。また，国際理解教育の推進に最初は積極的だった日教組など教員組合の「ユネスコ批判」（観念主義的な平和のとらえ方へのイデオロギー的批判）などもあった。

三つには，学習活動，授業づくりの要因である。知的理解に偏りすぎた内容や問題解決的なアプローチの欠如など，具体的な方法意識に欠けていた点である。

かくして，1960年代にはいると徐々に日本における国際理解教育の取り組みは希薄になっていき，1960年代後半から1970年代には，いわば空白の時期を迎えることになる。しかし，当時の「人権研究」の主題は，世界人権宣言，女性差別撤廃条約，難民条約，子どもの権利条約など，現在でも国際人権に関して十分に取りあげることが可能な主題であり学習内容である。また，「他国研究」は，現在においても，中国やインド，アメリカ，ロシアなどの大国理解だけではなく，アフリカやオセアニア地域などのエリア・スタディーズ（地域研究），マイクロ・ステート（ミニ国家）研究，開発途上国の現状理解，国際協力支援などの学習に十分につながるものである。「国連研究」においても，模擬国連などの活動的学習のとりくみにも応用されるべきであり，過去のものとするわけにはいかない。

1.2. 文部省とユネスコのせめぎ合いのはじまりと民間の胎動―ユネスコ「国際教育」勧告（1974年）以後の国際理解教育（困惑の時代―1970年代および1980年代前半）

この時期は，ユネスコ協同学校の教育実践が衰退していくとともに，国際的な動向と日本の文部省との方針との離齬がみられるようになった〈困惑の時代〉である。そのきっかけになったのは，国連ユネスコの「国際教育」勧告（1974年，以下「74年勧告」）である。

ユネスコ「国際教育」勧告（1974年）は，正式名称を「国際理解，国際協力及び国際平和のための教育並びに人権及び基本的自由についての教育」（Education for International Understanding, Co-operation and Peace and Education relating to Human Rights and Fundamental Freedom）といい，戦後初期ユネスコの三つの研究主題に加え，人類の主要問題の研究や文化的な多様性への理

解を提示し，世界市民性やグローバルな視野，世界連帯意識の育成を掲げ，公民的（倫理的）側面を強調したところに特色がある[3]。

「74年勧告」は，世界的な相互依存性の高まりと地球規模の課題を認識しているという点で，当時，アメリカ合衆国やイギリスなどで提唱されつつあったグローバル教育，開発教育などの新しい教育思想を反映している[4]。

しかし，石油危機冷めやらぬ発展途上国の資源ナショナリズムのうねりが背景になっていたように，「74年勧告」は，当時の東西冷戦や南北対立の妥協の産物であった。長い正式名称からもわかるように，一方で異文化理解，国際理解に重点をおく解釈があり，他方で開発や環境など地球的諸問題の解決や国際協力に重点をおく解釈があり，日本の国際理解教育の停滞と多様化の原因になったといえよう。

永井（1985：28-29，1989：16-17）は，「74年勧告」をもとに「国際理解教育の本質を原理化する六つの教育目標」を設定し，(1)平和な人間の育成，(2)人権意識の啓培を基盤とし，(3)自国認識と国民的自覚の涵養，(4)他国・他民族・他文化への理解の増進，(5)国際的相互依存関係と人類の共通課題の認識に基づく世界連帯観の形成が互いに関連して中心をなし，(6)国際協調・国際協力の実践的態度の養成を帰結とする，有機的な目標構造を提示している。しかし，ここには世界市民性と従来の他国理解や国民的自覚が並列的に包括され，「74年勧告」の矛盾がそのまま構造化されている。

それは，永井が編集作業にかかわった日本ユネスコ国内委員会編『国際理解教育の手引き』（1982年版，以後『手引き82』）にもあらわれている。『手引き82』（1982：14-16）は，(A)「国際理解教育の新しい見解と重点」として，①文化相互理解（諸文化間の相互理解）の重視，②国際的相互依存関係と世界の共通重要課題の認識を通しての世界連帯意識と世界的視野の育成をあげる一方で，(B)「日本の国際理解教育の力点」として，①世界の中の日本（貿易依存度の高さ），②日本人の自己発見，③国際社会での日本の役割の自覚（国際性豊かな日本人）をあげている。

ここには，本来相対立し，矛盾するはずの(A)(B)の強調点，すなわち，目標理念としての世界市民性と日本人性が並列的に記されているだけである。「74年勧告」は，市民的資質としての世界市民性と開発教育，グローバル教育といった具体的な実践に届く視点を掲げた点で，画期的で歴史的な文書として評価できるが，目標構造の原理的な明確化を欠いていたといえる。

その後，1970年代後半以降は，文部省の関心はユネスコの国際的な動向から離れ，日本独自の国益への関心，すなわち，高度経済成長に伴って海外に進出する日本企業の駐在員とその子どもの帰国後の学校適応を課題とする教育，いわゆる帰国子女教育に移っていった。その結果，1980年を前後に政策的に帰国子女受け入れ専門校ができていき，研究団体として1981年に異文化間教育学会が設立された[5]。帰国子女教育は，従来の国際理解教育に，日本独自の「内なる国際化」の課題があることを教えたが，同時に「74年勧告」における世界市民性に応える課題を拡散させ，異文化理解的視点に狭める結果となった。

1.3. 文部省とユネスコのせめぎ合い―国際理解教育「空白の時代」と民間の国際理解教育活動（対抗の時代―1980年代）

ユネスコの「74年勧告」以後，文部省がユネスコの国際的な動向から距離をおいた1970年代後半から1980年代は，日本の国際理解教育の「空白の時代」であった。

この時期に，国際理解教育を支えたのは帝塚山学院大学国際理解研究所（1993年までは国際理解教育研究所）の「国際理解教育奨励賞論文」である。これは，「他国，人権，国連」に加えて「人類の共通課題」の理解をコンセプトとした「74年勧告」を踏まえ，学校教育にとどまらず成人教育までの広い範囲における国際理解教育の理論的かつ実践的な取り組みから実践研究論文を募り，毎年優れたものを表彰する試みであった。第1回奨励賞論文（機関誌『国際理解』第8号，1996年）から，第30回奨励賞論文（機関誌『国際理解』第

30号，2005年）まで，約30年間続いた（資料1-3）。

　応募論文は，単に観念的，学術的であるよりも理論的な裏付けを持った実践的な取り組みであることが必要とされた。審査員は，永井滋郎，米田伸次，川端末人，小林哲也など1970年代および80年代の国際理解教育の先導者諸氏であった。

　機関誌『国際理解』（8-30号）に掲載された入賞論文の執筆者は，資料1-3から集計してみると，小学校籍が36名，中学校籍が14名，高等学校籍が31名，大学籍及び大学院生をあわせて29名，社会教育，企業，団体などに所属する者が21名を数えている。応募者全体では，幼児教育から初等，中等教育の実践者，大学の研究者やNGOなどのボランティア，自治体の国際交流の担当者まで広い範囲にわたっていたことが推測される。応募の範囲も，日本全国に広がり，海外の大学等からもあった。

　応募件数は，1979年から1987年の10年余りは，平均して40〜50本ほどであるが，1988年になると急増し1998年の10年間は，80〜90本になっている。これは後述するように，教育の国際化（1987年臨教審答申）への対応の現場的な反映である。さらに，1999年から2001年までは100本をこえ，最大で122本の応募があった（2000年）。これについては，学習指導要領の改訂（1998年告示）に伴う「総合的な学習の時間」の導入が要因となっている。最後の4年間は80本ペースにもどっているが，当初の記載なしをのぞく27回の総計で1972本，平均73本の応募であった。

　論文内容も，理論（方法論）や教科指導（授業実践），教科外活動（クラブ指導），学校・学年の取り組み，調査，社会教育活動など多様であった。実践のテーマ（項目）は，当初，他国理解や異文化理解が中心であったが，1980年代以降は，国際理解教育における主題の多様化を反映し，多文化，開発，人権，平和，外国人，国際協力などが取り上げられている。また，社会科や英語科，国語科などの教科における実践だけではなく，ユネスコクラブなどの課外活動，研修旅行や国際交流行事などの学校特別活動，そして「総合的

な学習の時間」などでの事例も多くみられる。ここでは，個々の実践事例を詳細に分析，検討することはしないが，テーマと領域にこだわらない実践を集積したことは国際理解教育のカリキュラムの考え方をより豊かなものにしたことは確かであるといっておきたい。

「奨励賞」論文の意義は，当時の文部省のユネスコ離れ，国際理解教育離れの時代にあって，国際理解教育の実践が，学校や社会で，教科や領域で，学校の特別活動など，多様な場所と内容において可能であることを，民間の研究所が実践の事実をもって証明したことである。また，実践者にとっても，自らの授業実践や社会活動が「入賞」という外部評価を付与されることで，その教育実践の専門性を認められ，自信と勇気と周囲の理解を得ることにもなった。また，少なからずの教員が国際理解教育の学術団体にも所属するようになり，国際理解教育学界への「登竜門」（人材の育成）の役割も果たしていた。

ユネスコ協同学校のような，政府の支援にもとづいた学校での組織的で実験的な取り組みではないけれども，対抗的に，学校現場だけではなく社会教育やNGO活動の現場からも，幅広いスタンスと多様な主題への関心が示され，これほど，長期間にわたって多数の実践事例を毎年集めたのは，国際理解教育の研究及び実践史において，特筆されるべきものである。しかし，実践のあまりの多様さに，国際理解教育の理論的な混迷を逆に与え，多様化した観点をどう統合するかが課題として残された。

1.4. 文部省と民間の国際理解教育―国際化の時代と多文化共生（親和と対抗の時代―1990年代）

「ジャパン・アズ・ナンバーワン[6]」と称賛された1980年代，日本は世界第2位の経済大国となりバブル経済が到来した。80年代末の1989年にはドルベースでODA（政府開発援助）が世界最大となり，以後10年間，日本は「世界最大の援助国」と称された。こうした内外の社会情勢を踏まえて，教育の

課題は,「世界の中の日本人」としての競争力の維持と文化的・民族的自覚,そして国際貢献・国際協力意識の涵養に向かっていった。

1987年に臨時教育審議会が最終答申を出し,国際化,情報化などの「変化への対応」を求めた。それをうけて,1989年に改訂された学習指導要領では,高等学校の教育の多様化がうたわれ,国際科・コースや英語科・コースなどの専門学科・コースが設置されていった。また,語学研修やホームステイを活用した海外研修も増えていった。

2011年以後,国策的に推進されている「グローバル人材育成」に先立つことほぼ四半世紀,国際化の時代に対応した競争できる力と英語コミュニケーション力の要請は,現在と同じ枠組みである。他方では,自衛隊の海外派遣が始まり（1992年）,平和や国際貢献,国際協力もまた学習課題として取り入れられるようになった。

この時期は,政策としての「国際化の時代」への対応としての国際理解教育の実践の場の増加という〈親和〉と,国際化が求める「世界の中の日本人」というナショナリズム,国益志向にとどまらない,多文化共生など多様な民間の国際理解教育の対応（対抗）とのせめぎ合いの時代といえよう。

日本国際理解教育学会は,ちょうどこの時期,1991年に,文部省（元文部事務次官）出身の天城勲を初代会長として設立された。当時,天城（1993：2-10）は,初等,中等教育において,教育の国際化を図るために必要な政策,制度,プログラムとして七点をあげている。

「(ア)帰国子女教育のための特別学級,研究協力校,担当教員の研修,手引書作成,高校への編入学機会の拡大等,(イ)国際化に対応した特色ある高等学校,学科,コースの設置,(ウ)長期,短期の教員の海外派遣研修,(エ)コミュニケーション能力向上を図る外国語教育の充実,このための教育課程の基準の改善,ネイティブ・スピーカーの招致,英語教員の海外研修,外国語科目の多様化等,(オ)高等学校における留学制度や海外修学旅行,(カ)外国の学校との姉妹校提携,(キ)急増する在日外国人子弟の受入」である。さらには,教育の

すすめ方として，「国際化教育に深くかかわる社会，地理，歴史，外国語等の教科」だけではなく，教育の全課程において行なわれるべきこと，そして「特に知識のみならず技術（能），価値，意識，態度に関わる体験的学習」の重要性を説いている。

　当時の日本が直面していた，帰国生の受け入れや国際化に対応した特色ある学校づくり，外国語教育，留学制度や海外修学旅行，姉妹校提携，ニューカマー外国人子弟の教育などの政策課題を的確に指摘し，単なる英語などの教科学習にとどめない広範な学習活動への取り組みを提案し，国際理解教育の広領域性を示唆している。

　天城が「急増する在日外国人子弟の受け入れ」を課題にあげていたように，1980年代後半頃から1990年代において，円高や入管法（入国管理および難民認定法）の改正により外国人労働者が急増した。

　いわゆるニューカマーとよばれる中国からの帰国者やブラジルからの日系人の増加は，「外への志向」だけではなく，「内への志向」，すなわち「内なる国際化」も国際理解教育の重要な課題であることを知らしめた。地域や学校では，ニューカマーの子どもたちへの日本語学習，学力・進路保障，アイデンティティの保持，差別・偏見の克服などさまざまな課題が持ち上がってきた。さらに，1995年の阪神・淡路大震災を機に「内なる国際化」は，在日外国人との共生をめざすものともなっていった。日本の国際理解教育において「多文化共生」も重要な主題，キーワードになっていった。

　この時期，グローバル教育に関する学術団体が誕生している。1993年に魚住忠久らを中心に，日本グローバル教育研究会が設立され，1997年には学会となった[7]。魚住（1987）は，アメリカのグローバル教育を紹介しつつ，この時代に顕著になってきた経済の国境をこえた動きや緊密化，すなわちグローバル化における経済の相互依存を社会科教育の文脈でとらえて，グローバル公民性をめざす社会科教育のカリキュラム開発の課題を指摘した。

1.5. 文部科学省と民間教育活動―「総合的な学習の時間」における国際理解教育の実践と市民性への注目（ふたたび親和の時代―2000年代）

　1998年告示の学習指導要領によって必修の時間として新設され，2002年に完全実施となった「総合的な学習の時間」は，国際理解の学習を学習指導要領としてはじめて担保したものであり，学校現場に国際理解教育の実践を広める積極的な要因となっていった。学校教育における国際理解教育の実践の場が公的に認められたことで，カリキュラム研究もすすみ，〈親和の時代〉をもたらした。帝塚山学院大学の奨励賞論文の応募が急増したのもこの時期である。

　同時に，イギリスで2000年から新教科「シティズンシップ」(Citizenship) がナショナル・カリキュラムに導入され，2002年から完全実施されたことは，「総合的な学習の時間」やボランティア活動，社会参加などを通した，子どもの自発性や主体性を重視する学習（アクティブ・ラーニング）への関心が集まり，日本の国際理解教育においても市民性教育が注目されるきっかけとなっていった。

　だが，「総合的な学習の時間」の実践には，いくつかの困難な要因があった。

　一つには，内的な要因である。それは教科書のないカリキュラム（授業単元）をつくっていく経験が学校教員には皆無であったことである。戦後初期を除いて，カリキュラム（学習指導要領）は政府がつくるものであり，それに準拠した教科書にしたがって授業をするのが当然とされ，教師は疑いさえ抱かなかったのだが，「総合」において，国際理解や情報，環境，福祉といった例示内容はあるものの，教科を横断した，あるいは，内容を統合したカリキュラムや授業単元をつくっていくことは，教師には初めての経験であった。小学校教員は，生活科の経験があり，また教科も全教科担当を原則としているのでまだしも対応可能であったが，教科分担制の中学校・高等学校の教員には，その横断性や統合性が理解しがたかったのである。

二つには，外的な要因である。「総合」が導入された学習指導要領は，学校五日制とも連動していたので，全体的な授業時間の縮減に加えて「総合」3時間必修の付加となり，そのあおりが教科内容の縮減，いわゆる「ゆとり教育」を招いてしまったのである。そして「ゆとり教育」が学力低下を招くこととされ，「総合」は，子どもにとっての学習の意義や課題よりも以前に，「無駄な時間」であり「削られるべき時間」とされた。他方で，「英語コミュニケーション力」の重視から「総合」の学び方とは矛盾するような「外国語活動」が奨励されたのである（2008年告示の学習指導要領から「総合的な学習の時間」と「外国語活動」は分けられている）。

このような要因があったとはいえ，「総合」の意義を理解し，評価した教員や各学校では，カリキュラムや授業単元をつくり，多様な学習活動を導入していった。その際に広く参考にされたのが，国際理解に関わる教育である。

表1-3は，国際理解に関する教育の主な市販本の著書・翻訳書を示したものである。1990年代を中心に，開発，人権，平和，多文化，グローバルなど多様な主題，学び方・教え方，参加型学習の紹介書や実践書が多く出版されている。

イギリスのワールド・スタディーズ（フィッシャー＆ヒックス1991，ヒックス＆スタイナー1997）や人権教育（パイク＆セルビー1993），グローバル教育（パイク＆セルビー1997，木村2000），アメリカのグローバル教育（魚住1987，同1995）の考え方や学習活動例が紹介されるとともに，大津（1987，1992），田渕（1990），藤原（1994，2000），田中（1994），西岡（1996），開発教育推進セミナー編（1995，増補版1996，改訂新版1999），米田他（1997），多田他編（1997），佐藤郡衛（1998，2001），開発教育研究会編（2000），魚住・深草編（2001），魚住（2003）など日本の開発教育や国際理解教育，グローバル教育の授業実践も広く知られることになった。

さらに，事典や全集，用語集（石坂1993，佐藤照雄編集代表1994，天野他監修

表1-3　国際理解に関する教育―豊かな研究・実践（主な市販本；著書・翻訳書）
（筆者作成）

	前史（ユネスコ協同学校の実践やグローバル教育の紹介）
1973	内海巌『国際理解教育の研究―ユネスコ国際理解教育協同学校計画を中心として―』第一法規
1984	大野連太郎・鴨川小学校『開かれた社会科教育を求めて―グローバル教育への挑戦』中教出版
1985	永井滋郎『国際理解教育に関する研究―国際的協同研究を通して―』第一学習社
	開発，人権，多文化，グローバルなど多様な主題，学び方・教え方，参加型学習の紹介，実践
1987	大津和子『社会科＝一本のバナナから』国土社（日本の開発教育の最初の実践） 魚住忠久『グローバル教育の理論と展開―21世紀をひらく社会科教育―』黎明書房
1989	永井滋郎『国際理解教育―地球的な協力のために』第一学習社（1985年の普及版）
1990	川端末人・多田孝志『世界に子どもひらく』創友社 田渕五十生『国際理解・人権を考える社会科授業』明石書店
1991	サイモン・フィッシャー，デーヴィド・ヒックス著（国際理解教育・資料情報センター編訳）『WORLD STUDIES（ワールド・スタディーズ）―学びかた・教えかたハンドブック―』（めこん）
1992	大津和子『国際理解教育―地球市民を育てる授業と構想―』国土社
1993	石坂和夫編『国際理解教育事典』創友社 グラハム・パイク，ディヴィッド・セルビー著（平岡昌樹訳）『ヒューマン・ライツ―楽しい活動事例集』明石書店 佐藤照雄編集代表『国際理解教育大系（全12巻）』教育出版センター
1994	田中治彦『南北問題と開発教育―地球市民として生きるために』亜紀書房 天野正治他監修『国際理解教育と教育実践（全23巻）』エムティ出版 藤原孝章『外国人労働者問題をどう教えるか―グローバル時代の国際理解教育』明石書店 スーザン・ファウンテン著（国際理解教育・資料情報センター編訳）『Learning Together Global Education 4-7「いっしょに学ぼう」』国際理解教育・資料情報センター出版部
1995	魚住忠久『グローバル教育―地球人・地球市民を育てる』黎明書房 開発教育推進セミナー編『新しい開発教育のすすめ方―地球市民を育てる現場から』古今書院（増補版1996年，改訂新版1999年）
1996	西岡尚也『開発教育のすすめ』かもがわ出版
1997	ユネスコ（天城勲監訳）『学習：秘められた宝』ぎょうせい グラハム・パイク，ディヴィッド・セルビー著（中川喜代子監修・阿久澤麻理子訳）『地球市民を育む学習』明石書店 デーヴィド・ヒックス，ミリアム・スタイナー著（岩﨑裕保監訳）『地球市民教育のすすめ方―ワールド・スタディーズ・ワークブック』明石書店 米田伸次・大津和子・田渕五十生・藤原孝章・田中義信『テキスト国際理解』国土社 『ユニセフよる地球学習の手引き』（小学校：多田孝志編，中学校：金沢孝・渡辺弘編）教育出版（原版は1992年）
1998	佐藤郡衛・林英和編『国際理解教育の授業づくり』教育出版
2000	開発教育研究会編『新しい開発教育のすすめ方Ⅱ―未来を感じる総合学習』古今書院 溝上泰・大津和子編『国際理解重要用語300の基礎知識』明治図書出版 藤原孝章『ひょうたん島問題―多文化共生社会ニッポンの学習課題』（デジタルマジック，2008年に明石書店から市販） 木村一子『イギリスのグローバル教育』勁草書房

2001	佐藤郡衛『国際理解教育—多文化共生社会の学校づくり』明石書店
	魚住忠久・深草正博編『21世紀地球市民の育成』黎明書房
	文部科学省『国際理解教育指導事例集（小学校編）』東洋館出版社
	（財）国際協力推進協会（APIC）『開発教育・国際理解教育ハンドブック』（非売品[8]）
2003	稲垣有一『国際理解教育と人権』解放出版社
	魚住忠久『グローバル教育の新地平—「グローバル社会」から「グローバル市民社会」へ』黎明書房

1994, 溝上・大津2000）が刊行されているのもこの時期の一定の成果を示すものである。これらの成果は、「総合」の実践に寄与したことは想像に難くない[9]。先述の「奨励賞」論文の1990年代後半から2000年代前半の豊かさの要因ともなっている。

　表1-3に掲げられた多数の実践書や事例集、理論書の成果は、「総合的な学習の時間」は全くの無駄ではなかったことを示している。なぜなら、教師自らが、カリキュラムとは何か、授業を創るとは何かを、これらの書籍を通して、考えていこうとしたと思われるからである。「総合」以前であれば、計画的な、教科書にそったカリキュラムしか知らなかった教員が、背景となる知識を集積し、学習者の興味や関心をふまえ、課題を設定し、活動的に学んでいき、実践、ふりかえりといった、学習者および教員の経験を吟味することが可能になったのである。

　「総合」の取り組みがあればこそ、目標・理念における親和と対抗、異なるカリキュラム観などの知見が得られたのである。国際理解に関する教育を既存教科の領域で実践すること、合科的で横断的な「総合的な学習の時間」や学校特設教科目で統合的に実施すること、そして学校全体の取り組みとして社会教育や市民活動と連携、協力した活動として創っていくことなど、多様な取り組みが個々の教員や各学校の実践的課題になっていたのである。「奨励賞」論文の時代は、ある意味、個別的で、心ある有志の教員の取り組みであったものが、「総合」によってオーソライズされ、「公」になったのである。

1.6. 文部科学省とユネスコ—持続可能な開発のための教育（ESD）（ふたたび親和の時代—2000年代前半から2010年代）

　2002年南アフリカ共和国のヨハネスブルグにおける国連環境開発会議（地球サミット）において当時の小泉首相は，日本政府として地球環境問題に対する主導的役割を果たしたいと述べ，それが，2005年から始まる国連持続可能な開発のための教育（Education for Sustainable Development，以下，ESD）10年へと結びついていく。

　国連でのESDの担当はユネスコであることから，文部科学省は，学習指導要領（2008年告示）の中学校社会，理科，高等学校地歴科・公民科，理科，家庭科において「持続可能な社会」の文言を挿入し，学校教育への普及をはかっている[10]。また，日本ユネスコ国内委員会や（社）日本ユネスコ協会と連携し，小，中，高校，大学などを巻き込んだ「ユネスコスクール」（ASP net）運動も起こっている（ESDは文部科学省ユネスコ国内委員会では「持続発展教育」と訳出されてきた）。総合的な学習の時間に加えて，「持続可能な社会」をキーワードに，ESD10年の取り組みが「官民あげて[11]」行なわれたことから，ふたたび親和の時代がやってきたといえる。

　ユネスコスクールは，従来の「ユネスコ協同学校」から2008年に国内呼称が変更されたものだが，現在はESD10年の推進教育機関と位置づけられ，新たに国内加盟500校をめざしている（2015年現在900校を超えている）。これらは，小・中・高校が連携する「大阪ユネスコスクールネットワーク」，地域と結びついた宮城県気仙沼市の小学校群，また校区の文化や環境から出発する石川県金沢市地域の小学校群，さらに世界遺産などを学ぶ奈良市内小・中学校ネットワークなど，文化，防災，つながり，環境，人権，平和，国際理解などをESDにつなげた地域での学びあいが行われている。

　ユネスコスクールは，世界的には，2011年現在180カ国9000校以上になっていて，「平和の文化の構築」という共通の目標をもって教育活動を展開している。学習領域は，① ASPnetや国連の優先課題（平和，貧困，飢餓，HIV/

AIDS, 汚染, 気候変動, 非識字, 自らの文化, 性の平等, 児童労働など), ②持続可能な開発のための教育 (ESD), ③平和と人権, ④異文化間学習の四領域において,「知ることを学ぶ, 為すことを学ぶ, 生きることを学ぶ, 共に生きることを学ぶ」というユネスコの「学習の四つの柱」に即した学習がおこなわれている (日本国際理解教育学会編2012:165)。

ESD の実践は, 社会 (社会科学) と理科 (自然科学), 開発教育と環境教育を総合した広領域の学習領域をもっている。また, 持続可能性は,「時間の公平」として次世代 (未来の地球) への責任と,「空間の公平」として現役世代 (現在の地球) への責任という二つの責任をもつ。まさに惑星地球の時空間を対象とするホリスティックな内容, 多教科型のカリキュラムを必要とするものである。

永田佳之他 (2012:43-89) は, このような広領域・多教科型の ESD について, ①価値変容・創造型, ②染み込ませ型 (インフュージョン), ③ホールスクール型, ④地域課題・探求型 (地域課題解決) という「ホリスティックアプローチを基底とした四つのアプローチ」を提案している[12]。ここでも, 授業実践のレベルと授業単元での学習, クロスカリキュラム的な内容編成, 学校全体の活動, 地域との連携といった, 国際理解教育の実践において指摘してきた教育観が示唆されている。

また, ESD10年とはかならずしも連動しないが, ユネスコは1972年に総会で採択された「世界遺産条約」(日本の批准は1992年) に基づき, 世界遺産に関する学習も推進している。世界遺産は世界各国で年々承認され, 日本でもふえ続けている。かけがえのない文化や自然を継承していく未来志向と危機遺産など現在の公正さを追究していくという点で, 世界遺産学習は ESD とも関連している (日本国際理解教育学会編2012:164)。

文部科学省や日本ユネスコ協会も世界遺産学習を推進し, 2011年には教材集も出版している。それは, 2006年の教育基本法改正を受けた学習指導要領 (2008年告示) に, 日本の「伝統と文化の尊重」や愛国心, 郷土愛を強調し,

ますます拡大進化するグローバリゼーションに勝ち残るためのナショナル・アイデンティティの育成，道徳性の育成を強く求めているからである。このことは，世界遺産などのユネスコの取り組みが，ナショナルな日本の文化伝統や文化遺産への覚醒を呼び起こし，国際理解教育における世界遺産学習や文化遺産学習への結実を期待しているともいえよう。

1.7. 民間の国際理解教育の到達点（親和と対抗の時代—2000年代後半以後）

21世紀に入り，「総合的な学習の時間」やESD10年のなかで実践されてきた国際理解に関連する教育の蓄積は，いくつかの民間の活動の成果を生み出し，必ずしも政府の政策への追随ではない独自の視点やカリキュラム，実践モデルを生み出した。それが，開発教育協会であり日本国際理解教育学会である（表1-4）[13]。

開発教育協会は，開発教育の側からNGOレベルでの対応として，文部科学省や日本ユネスコ国内委員会の動きと対峙しつつ，学校だけではなく，世代間および世代内の公平と地域社会に着目し，地域と世界をつなげたESDカリキュラムの考え方や実践を提案している（田中編2008，山西・上條・近藤編2008，開発教育協会編2010）。そこにおける代表的なカリキュラム観は，羅生門的アプローチであり，「公正」「共生」「循環性」をキーワードとし，地球的なそして地域の諸問題を取りあげ，アクションリサーチとPLA（地域住民，学習者参加型）の学習方法論をとるものとなっている[14]。ESDにとって地域とは学校よりも広く，深い，学校をこえた学びの場であることを主張している（開発教育協会編2010：20-39）。また，1990年代に『新しい開発教育のすすめ方』というロングセラーの出版を手がけた関西の教員たちによる開発教育の研究グループは，長期にわたって研究会をかさね，ESDの観点からも優れた実践集を刊行している（開発教育研究会編2009, 2012）（表1-4）。

日本国際理解教育学会は，研究者と現場の実践者が集う民間の学術研究団体である（日本学術会議登録）。学会では，科学研究費補助金成果報告書「グ

表1-4　国際理解に関する教育—ESDの登場と理論化，実践（筆者作成）

2005	ユネスコ著（阿部治・野田研一・鳥飼玖美子監訳）『持続可能な未来のための学習 Teaching and Learning for a Sustainable Future』立教大学出版会
2007	日本グローバル教育学会編『グローバル教育の理論と実践』教育開発研究所
2008	田中治彦編『開発教育—持続可能な世界のために』学文社 山西優二・上條直美・近藤牧子編『地域から描くこれからの開発教育』新評論 文部科学省『国際理解教育実践事例集 中学校・高等学校編』教育出版
2009	中牧弘允・多田孝志・森茂岳雄編『学校と博物館でつくる国際理解教育—新しい学びをデザインする』明石書店 開発教育研究会編『身近なことから世界と私を考える授業—100円ショップ，コンビニ，牛肉・野宿問題』明石書店
2010	日本国際理解教育学会編『グローバル時代の国際理解教育—理論と実践をつなぐ』明石書店 開発教育協会内ESD開発教育カリキュラム研究会編『開発教育で実践するESDカリキュラム—地域を掘り下げ，世界とつながる学びのデザイン』学文社
2011	（社）日本ユネスコ協会連盟（2011）『（教材）守ろう地球のたからもの—豊かな世界遺産編』
2012	日本国際理解教育学会編『現代国際理解教育事典』明石書店 開発教育研究会編『身近なことから世界と私を考える授業Ⅱ—オキナワ・多みんぞくニホン・核と温暖化』明石書店
2013	水山光春編『よくわかる環境教育』ミネルヴァ書房 石森広美『グローバル教育の授業設計とアセスメント』学事出版 文部科学省『国際理解教育実践事例集　小学校編』教育出版
2014	大津和子編『日韓中でつくる国際理解教育』明石書店

ローバル時代に対応した国際理解教育のカリキュラム開発に関する理論的・実践的研究」（基盤研究B，研究代表：多田孝志・目白大学，2003-2005年度）を踏まえて，その成果物の出版を行なった。それが日本国際理解教育学会編（2010）『グローバル時代の国際理解教育』である。

第2節　日本版グローバル教育としての『グローバル時代の国際理解教育』

　『グローバル時代の国際理解教育』に関して，筆者は，共同研究者の一員

であり，編集代表者の一人として刊行に携わってきた。本書は，現時点での日本の国際理解教育研究の到達点をしめすものであり，また，その内容からみて欧米のグローバル教育とも近接し[15]，「日本版グローバル教育」といっても過言ではないものである[16]。

本書は，目標概念として，次のような人間像（ゴール）を明示している（日本国際理解教育学会編2010：28）。

> 　人権の尊重を基盤として，現代世界の基本的な特質である文化的多様性および相互依存性への認識を深めるとともに，異なる文化に対する寛容な態度と，地域・国家・地球社会の一員としての自覚をもって，地球的課題の解決に向けてさまざまなレベルで社会に参加し，他者と協力しようとする意思を有する人間である。同時に，情報化社会のなかで的確な判断をし，異なる文化をもつ他者ともコミュニケーションを行う技能を有する人間を育成する。

このような人間像（ゴール）は，「地域・国家・地球社会の一員としての自覚」また「地球的課題の解決に向けてさまざまなレベルで社会に参加し」とあるように，グローバル時代における「私は誰？」という問いに応えるべき多様なアイデンティティを示すものであり，かつ，社会に参加し，社会を形成しうるアクティブな市民像（active citizenship）をも提示するものである。

同心円ではなく地域と地球が直接つながり合う（interconnected）という，地球社会の認識をふまえ，単にナショナルな国民育成ではなく，それに対峙し，それを包摂するような多元的で重層的な市民像を示す必要があったのである（藤原1996：76-91, Fujiwara 2011：107-115）。

次に，このような市民性を育成するための知識，技能，態度の目標構造が示されている（表1-5）。特徴的なことは，英米のグローバル教育にはないが，知識・技能・態度のいわゆる三目標に先立って体験目標が示されていることである。国際理解教育，グローバル教育が幼児期から行なわれる必要性が指摘されていることを踏まえ，遊びや体験をも考慮したものである（スー

ザン・ファウンテン1994)。

　知識目標については，文化的な多様性や地球社会の相互依存，地球的な問題解決など，国際理解教育における文化理解，関係発見，問題解決，未来志向という四つのアプローチを包摂したものになっている（永井1989：144，大津1992，大津1994)。技能目標については，要素主義的な多数化を避けて，コミュニケーション力とリテラシー，問題解決の三つとしたところに特徴がある。態度目標もまた，人権意識を基盤とした人間の尊厳や寛容・共感，参加・協力としている。

　さらに，国際理解教育固有の学習領域として，下位概念として文化理解，文化交流，多文化共生を内容とする「A 多文化社会」，相互依存，情報化を内容とする「B グローバル社会」，人権，環境，平和，開発を内容とする「C 地球的課題」，歴史認識，市民意識，参加，協力を内容とする「D 未来への選択」の四つが設定され，その学習領域の構造化が示されている（図1-1)。国際理解教育はますます多様化しているが，単なる交流やイベント，異文化理解にとどまらない学習領域と小，中，高校の学校段階に相応するキーワードをもつ固有の学習領域をコアとしてもっていること，すなわち教科教育的な内容を伴った教育体系であることが示されたのである（資料1-4)。

　本書の特徴は以上にとどまらない。「実践と理論をつなぐ」という副題にあるように，教師のカリキュラムづくりをうながすためのカリキュラム要素を示したことや，モデルカリキュラム（モデル単元）のための実践フォーマットと四つの学習領域に該当する授業実践事例（各3例合計12例）をあわせて示したことである。

　教師のカリキュラムデザイン力とは，目標構造におけるナショナルなカリキュラムとグローバルなカリキュラム（国際理解教育）の対峙性を認識した上で，国際理解教育のコアな学習内容を既存の教科や学校の活動と相応させつつ，カリキュラムや授業単元を構想し，そして，実践における学習者の学びから帰納的に構築されるカリキュラムにも配慮することで身についていく

表1-5　国際理解教育の目標（体験目標と知識・技能・態度目標）
（日本国際理解教育学会編2010：28-39）

①体験目標

（人と）出会う・交流する （何かを）やってみる・挑戦する （社会に）参加する・行動する	→	気づく・発見する わかる・納得する 実感する・共感する	→	知識・理解目標 技能（思考・判断・表現）目標 態度（関心・意欲）目標

②知識・理解目標

文化的多様性	○世界にはさまざまな文化が存在するが，人類に共通する文化の側面もある。 ○文化は異文化との交流を通じて絶えず変化し，創り出されるものである。 ○異なる文化を理解することはときに容易ではなく，文化摩擦や文化対立が生じる場合があるが，異なる文化を相互に認め，共に生きようとすることが重要である。
相互依存	○私たちの生活は，さまざまなかたちで世界の人々とつながっている。 ○世界のできごとは私たちの生活に影響を及ぼし，私たちの生活は世界の人々の生活に影響を及ぼしている。 ○交通や通信網の発達により私たちは膨大な情報に囲まれており，情報を適切に選択し判断することが重要である。
安全・平和・共生	○地域や世界には直接的暴力（戦争・紛争など）や構造的暴力（貧困・抑圧・環境破壊など）により，安全や人権が脅かされている人々が存在している。 ○誰もが人間としての尊厳を尊重され，安全で幸せな生活ができる社会をつくるために，さまざまな取り組みがなされている。

③技能（思考・判断・表現）目標

コミュニケーション能力	多文化社会の中で，異なる考えや文化をもつ地域や世界の人々と，言語などを通じてコミュニケーションができる。
メディア・リテラシー	情報化社会の中で，情報を適切に収集・選択・判断し，自己の考えを発信することができる。
問題解決能力	複雑な現代社会の直面している問題点を的確に把握し，解決法を追究し最善の選択をするために，根拠を明確に論理的に考えることができる。

④態度（関心・意欲）目標

人間としての尊厳	地域／社会の中で，個人としての自己および他者の人格・人権を尊重しようとする。
寛容・共感	多文化社会の中で，地域や世界で，異なる文化をもつ人々や異なる状況にある人々の存在を認め，理解し，学ぼうとする。
参加・協力	地域／社会をより望ましい方向に変化させるために社会の一員として行動し，人々と協力しようとする。

＊1　便宜上，学習目標を四つの側面に分けているが，実際には相互に密接に関連している。

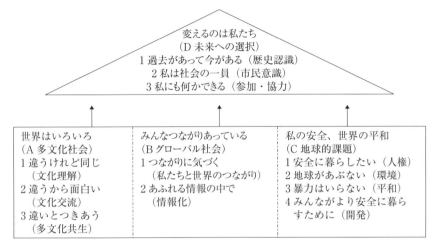

図1-1　国際理解教育の学習領域の構造（日本国際理解教育学会編2010：39）

力である。これは，「総合的な学習の時間」の導入に際して明らかになった工学的なアプローチと羅生門的なアプローチによる二つのカリキュラム観にたった授業単元づくりへの課題を示すものである（日本国際理解教育学会編2012：40-45）。

　また，モデルカリキュラムのための実践フォーマットとは，《単元（活動）名，対象授業者，カリキュラム開発の視点（四つの学習内容領域とそれぞれの下位概念），教科領域との関連性，実施時期，総時数，単元（活動）目標，単元内容を示すキーワード，教材観・単元設定の理由・国際理解教育の視点など，単元実施や活動に関わった人や機関など，連携に関する情報，主な学習活動と子ども（学習者）の意識，展開計画・展開記録，評価計画，苦労した点，改善点，授業づくりのための参考資料，感想文，作品，ノートなど学びの軌跡，授業者による自由記述》など，単なる指導案ではなく授業記録やふりかえりの要素をいれた，実践を記録する枠組みのことである（日本国際理解教育学会編2012：58-61）。この発想の特徴は，研究者のためのモデルではなく，また実践者のための単なる事例でもない，両者の連携と結合をめざし

た教師教育的な志向性をもったものとなっている点にある。

おわりに

　戦後日本の国際理解教育史を概観してわかることは三つある。
　一つには、国際理解教育のめざす人間像、目標は多様であり、またそれらは、並存しているのではなく、親和と対抗の関係性を有していることであった。国際理解教育の民間の研究成果は、「日本版グローバル教育」の立場から、このような関係性に対して、シティズンシップ教育として地球市民的資質（グローバル・シティズンシップ）の育成を目標としつつも、グローバル社会の認識から導かれた重層的なアイデンティティ、市民像を構築することで対応していることがわかった。
　二つには、民間の研究成果（『グローバル時代の国際理解教育』）が示すように、体験目標を含めた知識・技能・態度の三関連目標と四つの学習領域からなるコアな学習内容が提示されることで、カリキュラムデザインや授業づくりへの指針を示すという、国際理解教育のカリキュラムの統合性と教師教育的な志向性が明らかになったことである[17]。年代記的に見てきたように、国際理解教育は、ユネスコ協同学校以来の多数の実践があり、大きくは学校教育から社会教育まで、学校教育においても小学校から高等学校まで、また教科の単元から、特別な学校設定教科目の単元、総合的な学習の時間のような多教科・横断的な単元、特別活動、課外活動など多様な領域があることが明らかになり、主題的にも、多文化、人権、平和、環境、開発のための教育からESDまで多様であることも示された[18]。
　日本版グローバル教育として国際理解教育の現在の到達点を示す『グローバル時代の国際理解教育』における国際理解教育のコアな学習内容と授業実践の指針は、これら既存の教科構造、カリキュラムの中での融合的な授業単元づくり、総合的な学習の時間のような統合的な授業単元づくり、学校での

特別活動などの視点づくりへのストロングポイント（長所）を示すものとなった。

　三つには，ESD カリキュラム（開発教育協会編2010）が示すように，国際理解に関する教育は学校のみではなく，学校をこえた地域での学習も提供できるということがわかった。学校の側からいえば，地域のなかに世界があり，地域とつながることで学習者のグローバルな市民的資質を豊かにする可能性が示されたのである。

　しかしながら，残された課題もある。

　一つには，スコープとシークエンスをともなった国際理解教育もしくはグローバル教育の全体像が示されていない点である。学習領域の提示はあるが初等教育から中等教育を一貫する順次性がしめされていない。ナショナル・カリキュラムにかわるグローバル教育独自のカリキュラムの例示と検証が必要である。

　二つには，そうすることで，既存教科との関係（融合的な視点），独立教科の特徴（統合的な視点），多教科間・学校全体の関連（総合的な視点），特別な活動との関係などカリキュラムの編成の論理を検証する必要がある。

　これらについては，次章以後に譲るものとする。

注
1）世界的には，1954年当初は15加盟国33中等学校であったが，1956年には32加盟国100校に達し，1983年では85加盟国1700校に及んでいる（永井1985：65）。
2）1954年に4中学校2高等学校の6校でスタートしたが，当時の文部省の推進（1952年省内に外局としてユネスコ国内委員会がおかれた）もあって1956年には9中学校，4高等学校，計13校に増えた（永井1985：71）。1960年には実験学校・研究学校の組織を改編し新たに数校をくわえて「協同学校」に名称を統一し，17中学校，9高等学校，2大学の計28校になった（永井1985：78）。
3）金谷敏郎（1994：50-51）「国際理解のための教育の目的・目標についての史的検討」。

4）永井（1989：157）によれば，ユネスコ「74年勧告」にすでに global perspective（和訳は「世界的視点」）があり，global interdependence（和訳は「世界的な相互依存関係」）という言葉があった。また，1987年の臨教審答申にも「全人類的かつ地球的観点に立って」とあると指摘している。
5）「異文化間教育学会」は帰国子女教育の課題に応えるべく設立されたが，現在，帰国子女教育にはかつての課題意識はない。受け入れ専門校による帰国子女を生かした教育が可能であり，また海外の日本語補習校や日本人学校がふえたからである。また企業の海外進出が，欧米から中国や東南アジアなどにシフトし，現地校に通わずに日本人学校で学ぶ児童生徒が増加し，学校適応の問題が少なくなったからである。
6）エズラ・ヴォーゲル著（広中和歌子・木本彰子訳）『ジャパン アズ ナンバーワン：アメリカへの教訓』（TBS ブリタニカ）は1979年に出版されている。
7）グローバル教育は，大野連太郎によって初めて紹介され，千葉県鴨川小学校での実践やカリキュラム開発構想も発表された（大野連太郎 1979-1980，大野連太郎・千葉県鴨川小学校1984）。その後，「地球社会教育」の訳語で永井滋郎（1985：373-384）が紹介し，金子邦秀（1986：131-152），安藤輝次（1993）がカリキュラムを分析した。これらはいずれも，初等教育や社会科教育の研究にとどまっていた。
8）外務省 ODA 関連のウエブサイトからダウンロード可能（www.mofa.go.jp/mofaj/gaiko/oda/edu/kyouzai/handbook/）2014.09.19閲覧。
9）これらの実践研究の一端に関わった筆者は，1990年代後半から2000年代前半にかけて，多くの参加型学習のワークショップ（教員研修）の講師をし，当時の「総合」前夜の熱気を肌に感じたものである。
10）日本ユネスコ国内委員会「学習指導要領における ESD 関連記述」http://www.mext.go.jp/unesco/004/1339973.htm 2014.05.27閲覧。
11）民間においてもネットワーク型 NGO の「持続可能な開発のための教育の10年」推進会議（ESD-J）が組織され，地域ネットワーク，政策提言，教育実践のモデル化など行なっている。http://www.esd-j.org/ 2014.06.07閲覧。
12）次の4つの研究実践が報告されている。原郁雄「ESD 実践のための価値変容アプローチ：駒ヶ根市立赤穂東小学校での疑似体験授業」，竹村景生・曽我幸代「ESD 実践のためのインフュージョン・アプローチ――奈良教育大学附属中学校のカリキュラム再編」，高橋和也・小林亮「ESD 実践のためのホールスクール・アプローチ：自由学園における自治的生活と食育を事例に」，大島弘和・伊井直比呂「ESD 実践のための地域課題探求アプローチ――大阪府立北淀高校の成果と大阪ユネスコスクー

ル（ASPnet）学校群の試み—」。
13) 文部科学省の委託研究であるが，国際理解教育の実践事例集中学校・高等学校編（25校の事例）が2008年に，小学校編（26校の事例）が2013年に出版されている。
14) 必ずしもこのようなカリキュラム観に基づいたものではないが，次のような ESD 実践事例が紹介されている。鈴木隆弘「霞ヶ浦流域地域における学校を拠点とした ESD 実践の展開」，松田明子「『とうもろこし』からつながる世界へのとびら」，辻本昭彦「まちづくり『武蔵野市改造計画—ズバリ市長に提言—』」，佐々木達也「地域から世界へ—大型店から考える」，山中信幸「難民問題から平和・共生を考える」，肥下彰男「『反貧困』を軸にした人権総合学習」。
15) Fisher, S., & Hicks, D. (1985) や Pike, G., & Selby, D. (1988)，Kniep, W. M. (ed.) (1987) など。
16) 民間の研究団体として日本グローバル教育学会は，2007年に『グローバル教育の理論と実践』を公刊しているが，『グローバル時代の国際理解教育』ほど学習理論として構造的ではない。どちらかといえば項目列挙的（事典的）である。
17) 日本国際理解教育学会の創設以来の会員である筆者にとっても，修士論文以来の研究課題を達成したという点で，共同研究ではあるが一つの集大成の意味を持っている。修士論文では，国際理解教育を統合する視点として，グローバル教育に不可欠な四つの志向性を明らかにし，それに応じた学習領域を指摘している。①地球志向（「グローバルな社会」「地球的な課題」）：地球市民的資質の育成，相互依存関係の深まり，国民国家のローカル化など，②多元志向（「私たちと文化」）：地球的な問題における多様なアクター，人類の文化的多様性，国内の多民族化・多文化化など，③未来志向（「私たちの未来」）：望ましい未来像，未来への選択肢，変化と未来のためのルール作り（合意形成）など，④方法志向：気づき，意識化，自立といった人間の可能性の次元の強調である（藤原孝章1995b）。
18) 佐藤郡衛（2001：47）も，「学校全体の取り組み」（第1層），「教科・領域の取り組み」（第2層），「総合的な取り組み」（第3層）という国際理解教育3層構造を示している。

第1部　アメリカのグローバル教育

第2章　教科融合学習としてのグローバル教育（1）
―初等教育におけるグローバル学習の場合―

はじめに

　グローバル教育は，欧米でも日本でも，国際理解教育よりあとに出現している。その理由は，近代国民国家（主権国家）を前提にした19世紀的な世界観によってたつ国際理解教育が，インターナショナルな理解を目的とするものであったからである。しかし，地球を何度も消滅させかねない核兵器の集積や有人ロケットを伴う宇宙開発，加速度的な地球人口の急増や環境への負荷は，国家の政治的な集合体としての世界ではなく，宇宙的な地球観をもたらし，1970年代にいたってグローバル教育の提唱となったのである。

　前章では，グローバル教育に先立つ日本の国際理解教育について，先行研究の年代記的な分析と記述を行うことによって，歴史的な経緯から名称を国際理解教育とするものの，実質的に日本国際理解教育学会編（2010）『グローバル時代の国際理解教育』が「日本版グローバル教育」の内実を持っていることを明らかにした。

　本章では，国際理解教育の後に提唱されたグローバル教育について，アメリカ合衆国の先行研究とカリキュラム開発の考え方を探るものである。

　「グローバル時代」（global age）や「地球的な視野」（global perspectives）という言葉は，1970年代からアメリカ合衆国などでグローバル教育の言葉として登場した。しかし，それは上述のように，宇宙開発や核開発，環境や人口など地球の将来などをふまえた「惑星としての地球」という概念が前提になっていた。また，日本や西ドイツなどの経済成長とそれに伴う合衆国経済の

相対的地位の低下，いいかえれば資本主義経済圏における合衆国の相互依存性の増大もキーワードになっていた[1]。

では，このようなグローバル教育は，どんな考え方を有し，何をどう教えようとするのか，以下，本章では，現在のグローバリゼーションに先立つ米ソ冷戦の時代における，アメリカ合衆国の揺籃期，および，実践開発期のグローバル教育を取りあげ，その理念と教育目標，そして学校におけるカリキュラム編成の考え方，特に初等教育における単元開発の考え方を中心に，この課題に迫っていきたい。

第1節　アメリカにおけるグローバル教育の登場

アメリカにおけるグローバル教育は，1957年のソ連のスプートニク打ち上げ成功（いわゆる「スプートニック・ショック」）を契機とする教育の現代化運動の成果として，1960年代および70年代においてアメリカ新社会科のなかから生まれてきた。アメリカの新社会科では多数の社会科カリキュラム開発のプロジェクトが試みられ，多くの成果をみた。ここではその詳細を紹介し，分析することはできないが，いくつかの先行研究をもとに新社会科の特徴を指摘しておきたい[2]。

一つには，社会科の教育内容の科学化が図られたことである。社会諸科学をはじめ学問の構造に基礎をおき，概念化や一般化をめざす科学的探究の学習が志向された。二つには，社会問題を中心におき，意思決定，価値判断，社会参加など市民性育成にかかわる知識や技能，態度の育成が志向されたことである。三つには，アメリカ社会科の初等段階で顕著であったいわゆる同心円拡大の原理（経験領域の空間的拡大の原理）への疑問や批判が生まれ，改善が図られたことである。

以上は，社会科カリキュラムに関する成果であるが，同時に，当時のアメリカ合衆国がおかれた社会背景，国際情勢から，多文化教育やグローバル教

育という新しい思想や見方・考え方が登場してきた。

　すなわち，四つには，新社会科と関連して多文化教育の考え方が登場したことである。多文化主義，多文化教育の考え方は多様であるが，1960年代のアメリカにおける反人種差別の公民権運動の成果もふまえ，また，アメリカ社会の多民族化の自覚をもとに，社会科，特に歴史教育の内容をめぐって西欧中心史観の改善がはかられていく。歴史教育は，国民統合やナショナル・アイデンティティの形成に関わるだけに，「アメリカ人とは誰か」「私たちは何者か」というセンシティブで本質的な問いを提起する[3]。この時期，表2-1に示したように，日本でもよく知られているバンクス（Banks, J.）らによる「多民族教育のガイドライン」が1976年に全米社会科協議会（NCSS）からだされている。

　五つには，当時の国際情勢などを背景にしたグローバル教育の登場である。1960年代および70年代は，第二次世界大戦後に復興をとげた西ドイツや日本の高度成長があり，西側資本主義国の経済的な相互依存関係が深まった時期である，またベトナム戦争の長期化とアメリカの敗北（1975年），アジア・アフリカ諸国の独立による第三世界の台頭など，もはや戦後初期のようなアメリカ単独主義がたちゆかなくなっていた時期である。

　グローバル教育は，それまでアメリカ国内に限られがちであった視野の国際化，さらには地球社会の意識化として始まっていった。表2-1に示したように，ベッカー（Becker, J.）の『地球社会のための教育』（1973年）や，アンダーソン（Anderson, J.）の『私たちの世界への窓』（1976年），ハンベイ（Hanvey, R.）のホリスティックなグローバル教育観（1976年）などが，学校や社会科の改善を求めて，グローバル教育の導入を提唱していった。また，世界的にもユネスコが「国際教育」の勧告を新たにおこなっている（1974年）。

　六つには，アメリカ新社会科との関連で登場した多文化教育とグローバル教育は，合衆国の当時の国内外の情勢とも関連して，あたかもコインの両面のように，相補的，同一的な志向性をもっていたことである。内にむかって

表2-1　アメリカにおける多文化教育，グローバル教育の登場（筆者作成）

1964	公民権法制定，キング牧師ノーベル平和賞
1968	Becker, J. M. and Mehlinger, H. D. (ed.). *International Dimension in the Social Studies*, 38th Year book, N. C. S. S.（「社会科における国際的次元」全米社会科協議会）
1969	Becker, J. M., An Examination of Objectives, Needs and Priorities in International Education in U. S. Secondary and Elementary Schools. (Final Report Project No.6-2908) U. S. Department of Health, Education, and Welfare.「合衆国初等中等学校における国際教育の目標，要求，優先性の検討」（「ベッカー・アンダーソンレポート」として合衆国教育局にて提出）
1972	ローマクラブが『成長の限界』で人類史的観点にたって未来を予測，警告。
1973	Becker, J. M., *Education for a Global Society*. Phi Delta Kappa Educational Foundation.（『地球社会のための教育』）
1974	ユネスコ国際教育勧告
1975	ベトナム戦争でのアメリカの敗北
1975	Remy, R. C., Nathan, A. A., Becker, J. M., Torney, J. V. *International Learning and International Education in a Global Age*. N. C. S. S.（「グローバル時代における国際学習と国際教育」全米社会科協議会）
1976	アメリカ合衆国建国200年
1976	Banks, J. A., Cortes, E. C., Gay, G., Garcia, R. L, Ochoa, A. S., *Curriculum Guidelines for Multiethnic Education*. NCSS.（「多民族教育のためのガイドライン」全米社会科協議会の積極的声明）
1976	Anderson, L. (ed.), *Windows on Our World (k-6)*. Houghton Mifflin Company 監修，制作（『私たちの世界への窓』＝ホウトン社会科，グローバル教育の観点に立った社会科教科書）
1976	Hanvey. R., *An Attainable Global Perspective*.（「グローバルな視野の獲得」グローバル教育の5つの目標を提示）
1978	Anderson, L., *Schooling and Citizenship in a Global Age: A summarization of the forthcoming book*. The Mid-American Program for Global Perspectives in Education, Indiana（「グローバル時代の学校と市民性」1974年に発足しグローバル教育で先導的役割を果たした「教育における地球的視野のための中部アメリカプログラム」の成果）
1979	Becker, J. M. (ed.), *Schooling for a Global Age*. McGraw-Hill（『地球時代の学校』第2章に「世界中心学校」の構想）

は，西欧にルーツを持つ白人のみならず，アフリカにルーツを持つ黒人やアメリカの先住民族など，多民族化，多文化化への志向（多文化社会の認識）となり，外に向かっては，それまでの西欧に加えてアジア，アフリカ，ラテンアメリカなどの非西欧的な文化や文明の認識，世界との相互依存関係など，相互主義や地球的でシステム的な視野への転換（地球社会の認識）が志向されたのである。

アメリカ合衆国は，「新世界」といわるように単独で「国際化する世界」をもっているのだが，従来はその「世界」の住人は西欧にルーツをもつ白人であり，また地球的なシステムとは切り離された一国中心の世界観であった。このような内外の価値観の変更が迫られたのである。

第2節　揺籃期のグローバル教育の理念と目的

揺籃期のグローバル教育は，ベッカー，アンダーソン，メーリンガーによって担われた。彼らの拠点は，アメリカ中西部，インディアナ大学であった（永井1985：369-385，1989：152-155）[4]。

ユネスコの1974年「国際教育」勧告が，人類の主要問題，共通問題の研究や文化的な多様性への理解を提示し，世界市民性やグローバルな視野，世界連帯意識の育成を掲げ，公民的（倫理的）側面を強調したように（第1章参照），この時期のグローバル教育は，国境をこえた惑星としての地球，国境を越えた社会参加や未来への意識化が特徴的である。

たとえば，ベッカー（1973）のEducation for a Global Society（『地球社会における教育』）の目次は，表2-2のようになっていて，一つの地球，越境性，国際的な参加，協力（participation, cooperation），平和や未来，開発についての学習（study），統一性と多様性（unity and diversity）を強調しようとしていることが分かる。ユネスコ74年勧告に相即しているといえるし[5]，また，現在のESD（持続可能な開発のための教育）の問題意識とも重複するとも

いえる。

このような地球社会の認識を，学校教育に導入していくとどうなるか。それは，子どもと地球を直接的に結びつけるようなカリキュラムの方略となる。

ベッカーたちは，『地球時代の学校』(Schooling for a Global Age) において，アンダーソンらの「ミドルストンの世界中心学校[6]」の訪問記をふまえながら，グローバル教育の学校（世界中心学校）における目的を五つあげて

表2-2　ベッカー『地球社会における教育』の内容構成（筆者作成）

たった一つの地球	現在の努力についての視点
グローバリズムの不可避性	平和学習
変革への挑戦	未来学習
国家指導者にとってのジレンマ	開発学習
国家とグローバリズム	グローバル教育：統一性と多様性
世界：一つの発展する国家	プログラムのためのガイドライン
国境を越えた参加	マスメディアを活用すること
多国籍であること	社会的過程：強調されるべきこと
世界規模の協力：いま必要なこと	想像と現実

表2-3　グローバル教育の学校における五つの目的（筆者作成）

1. 子どもたちに，個人としての自己理解を育てる。
  これは「私とあなた」という教室での活動に明確に示される。
2. 子どもたちに，人類の一員としての自己理解を育てる。
  たとえば「人間であることについて知っていることはなに？」「人間の身体を助けるもの」といった活動がこの目的の実践にはよい。
3. 子どもたちに，惑星地球の住人であり，それに依存する存在であることの自己理解を育てる。
  「惑星地球」の教室における活動がこの目的にそっている。
4. 子どもたちに，地球社会の参加者であることの自己理解を育てる。
  「世界の中のミドルストン／ミドルストンの中の世界」プロジェクトは，アメリカの都市でのくらしが，いかに地球社会における参加となっているかを子どもたちに示している。
5. 子どもたちに，個人として，人類として，地球人として，そして地球社会の成員として，知的にかつ責任をもって生活するために必要な能力を育てる。
  世界中心学校は，すべての側面においてこの目的を取り扱うが，能力開発の主な責任は能力センターが持つ。

（注：私とあなた，惑星地球，能力センターとは，ミドルストンの世界中心学校の施設のこと）

いる（表2-3）。ここからは，彼らが，子どもたちに，地球社会に対する四つの自己の所属意識や忠誠心および参加者としての能力を育成しようとしていることが分かる（Becker (ed.) 1979：41）。

　これに加えて，ベッカー，アンダーソンたちがめざしていたのは，アメリカの公教育の変革である。20世紀後半における相互依存の深化と急激な変化，社会の多様化に対応し，地球的な視野を育てるためには，伝統的な公教育では不十分であり，新しい学校（別学校）が必要であるとして「世界中心学校」(the World-Centered Alternative) を提案している（Becker, (ed.) 1979：37）。この意味で，揺籃期のグローバル教育はその理念と構想において理想主義的であったといえる。

　この時期のグローバル教育について，安藤（1993：276-280）は，次の六点をその特徴としてまとめている（説明については要約した）。
①地球を一つのシステムとみる
　主権国家の集合体としての国際社会（インターナショナル）よりも宇宙船地球号からみた惑星としての地球，地球の全環境を包括する意味でグローバルとする。地球は社会であって相互に依存した，連関した一つのシステムである。システムとは自己充足的で，変化と発展のダイナミックスをもつ。従来の西洋学習と非西洋学習をグローバルな視野にたって結合する。
②文化的な差異よりむしろ類似を強調する
　グローバル化の進行によって，共通の文化が創造されつつある。グローバル教育は文化間の類似性に着目する。伝統的な国際教育は，文化間の差異に注目するだけで，「私たち－彼ら」という二分法に陥っている。
③生態学と地理学が重要な位置を占める
　惑星地球に住み，共通の運命を背負っている（宇宙船地球号）。惑星に関する知識——地理学と生態学——が必要である。地球の資源の有限性に気づく。
　グローバル教育は文化人類学なども含め，学際的アプローチをとる。
④理解だけでなく参加と予測も要求する

グローバル教育は，私たちが地球レベルの社会に参加しているという事実から出発する。貿易，国際交流などの相互依存，相互接触から生活，地域，国家，外国をみてゆく。地球的な問題の深刻化は，未来への予測力が重要となる。

⑤すべての子どもを対象にする

伝統的な国際教育は，中等学校社会科の科目であった。グローバル教育は，幼稚園から小学校，中等学校までを対象にしている。自国中心的感情は7-8歳，10歳では外国（人）に対するステレオタイプができるからだ。

⑥学校改革を構想している

グローバル教育は，伝統的な国際教育や社会科の代用でない。新しい学校構想である。しかし，アンダーソンの理想（「世界中心学校（K-12）」）はまだ実現していない。ミニコースや社会科の内容再編成が行なわれている。

第3節　『私たちの世界への窓』（ホウトン社会科）―初等教育における合科型内容編成

グローバル教育は，1970年代から80年代前半にかけて，多くの関心をよび，主要な大学では資金援助を受けたカリキュラム開発が進んだ。州当局もガイドラインを定めるようになった。特にアンダーソンの『私たちの世界への窓』（*Windows on Our World*, 1976）は，ホウトン社の社会科教科書として成果となり，1970年代後半のアメリカでよく使われ，小学校社会科におけるグローバル教育の導入例として評価されている（安藤1993：293）。

『私たちの世界への窓』の最大の特徴は，上に掲げた四つの自己の所属意識にもとづいて，子どもに自分自身を地球の住人としてとらえさせる点にある。個人や集団の成員，人間としての理解（従来の社会科）に「地球の住人」というパースペクティヴを加えたのである。安藤（1993：293）によれば，次の4つの領域を設けて，「私は誰なのか」というアイデンティティの問いに

答えるものである。

> ①個人として：自分と他人の類似性，相違性，独特性の理解
> ②集団の成員として：人間は社会的存在であり家族からグローバル社会まで様々な集団に依存し，相互に影響しあっていることの理解
> ③人間として：ますます相互依存する社会における人間としての性質の熟知
> ④地球の住人として：人間は，宇宙の中の微小な惑星にすぎない地球においてその自然環境に依存していることの理解

この問いを全体構成に反映させたものが表2-4である。

これをみると，まず分かることは，個人，集団，人間，地球という四つの自己理解を中心に内容が編成され，私から始まって家庭や学校，地域，州，合衆国とコミュニティが学年進行に従って順次的に配列されていく伝統的な同心円的拡大原理の内容編成ではないことがよくわかる。むしろ，第四学年の惑星地球から第五学年の合衆国へと「縮小」しているようにもみえる。四つの自己の所属対象の内容によって順次性が確保される自己拡大の原理となっている。

次に，学習内容が，理科も含んだ合科的な内容になっていることである。金子（1995：263-295）は，個人，集団のメンバー，人間，地球の住民といったすべての人間に例外なく適用できる社会科学・自然科学の学際的な概念を内容構成の基礎とし，心理学，社会学，人類学，生態学に関係の深い諸概念と自己を関係付け，位置づけることをも求める自己拡大原理をとると，その特徴を指摘している[7]。

かくして，ホウトン社会科（『私たちの世界への窓』）は，グローバル教育の内容編成のあり方としては，初等教育段階における合科的な多教科総合の教科構造をもっていることが分かる。その意味で教科内領域とは異なる別のカリキュラムである。しかし，これは，ある意味で「世界中心学校」を具現化した実験的な試みであり，また初等段階だからこその合科的編成であったと

表2-4　ホウトン社会科（『私たちの世界への窓』）(1976) の全体構成)

（金子1995；257-259より）

幼稚園　私（Me）	
単元1	私（個）
単元2	私の家族（集）
単元3	私の学校（集）
単元4	私のコミュニティ（集）（地）
単元5	私の道具（人）
第1学年　私たちのすること（Things We Do）	
単元1	私とあなた（個）
単元2	人々（人）
単元3	他の人々との生活（集）
単元4	空間の使用（地）
第2学年　われわれのまわりの世界（The World Around Us）	
単元1	世界についての学習（個）（集）
単元2	世界についての感覚（個）
単元3	世界についてコミュニケートすること（個）（人）
単元4	世界についての思考（個）（集）（人）
単元5	世界についての依存（集）（地）
単元6	世界への働きかけ（個）（集）（地）
第3学年　われわれはだれなのか（Who Are We?）	
単元1	地域とは何か（地）
単元2	人間とは何か（人）
単元3	集団とは何か（集）
単元4	私はだれなのか（個）（人）
第4学年　惑星地球（Planet Earth）	
単元1	あなたと私の環境（個）（人）（地）
単元2	文化と人間の必要性（個）（集）（人）（地）
単元3	大気の海の中での生活（個）（集）（地）
単元4	あなたの周りの水（個）（人）（地）
単元5	あなたがその上で生活している土地（個）（集）（人）（地）
単元6	ライフシステムの中のあなた（個）（集）（人）（地）
単元7	あなたが使用するエネルギー（個）（集）（人）（地）
単元8	地球よりはるかにながめる（個）（集）（人）（地）
第5学年　合衆国（The United States）	
単元1	合衆国，人民と場所（集）
単元2	合衆国，われわれの自然環境（人）（地）
単元3	合衆国の中の文化（個）（集）（人）
単元4	全地球的コミュニティーの中の合衆国（集）（地）
単元5	合衆国の始まり（集）（人）（地）
単元6	合衆国は成長し変化する（集）
単元7	近代の合衆国（集）
単元8	今日の世界における合衆国（集）（地）

第6学年　人々の生活様式（The Way People Live）
単元1　何があなたを人間にさせるか（個）（集）（人）（地）
単元2　どのように，そしてなぜ人間は似ており，かつ，異なっているのか（個）（集）（人）
単元3　どのように文化は多様であり，かつ，変化するのか（個）（集）（人）（地）
単元4　われわれの都市化した地球（個）（集）（人）

(注：括弧内は，人間のアイデンティティ，所属意識の対象としての個人，集団，人間，地球を示す。金子によるもの)

もいえる。それを可能にしたのはグローバル教育における四つの自己理解の考え方であった。

第4節　実践開発期のグローバル教育

　1970年代に登場した，ベッカー，アンダーソンらの理想主義的なグローバル教育の理念が州レベルの実践的なカリキュラム開発におりていく，いいかえれば実践開発期に入っていくのが，1980年代である。

　森茂（1994：311-320）によれば，1980年代後半から90年にかけて改訂された各州の社会科フレームワークには，NCSSの「Position Statement, 1982」や「Kerr Report, 1987」の勧告の影響を受け，グローバル教育や多文化教育の観点からの実践化が多くみられるようになる。森茂（1994：311-320）の集計によると，それらは，1991年の時点で合衆国の36州の社会科実践プログラムにおいて，グローバル教育・学習（Global Education/Studies），国際教育・学習（International Education/Studies），世界学習（World Studies），現代世界の諸問題（Current World Problem, Current Issues/Events/Affairs, Contemporary Issues），国際関係（International relations），世界文化（World Cultures），世界文明（World Civilizations），民族学習（Ethnic Studies），マイノリティー学習（Minority Studies）などが，とりわけ，中等段階後半（G9-12）の社会科において，領域内のコース単元や学習の視点として導入されていることがわかる。つまり1980年代の後半に多くの州でグローバル学習や多文化学習のカリ

キュラム開発が実践的に開発されたことがわかる（資料2-1）。

第5節　1987年改訂ニューヨーク州社会科カリキュラム

5.1. 全体構成

　以上のような，グローバル学習，多文化学習の導入の観点から開発された社会科カリキュラムの一つが，1987年改訂のニューヨーク州社会科カリキュラム（以下，1987年 NY 州社会科とする）である。1987年 NY 州社会科とは，New York State Education Development. (1987) *Social Studies Program*. (K-6). および New York State Education Development. (1987) *Social Studies Tentative Syllabus*. (7-12) の二つを指す。幼稚園から第六学年までの初等教育はプログラム（計画），第7-12学年は試案であるが，まとめていう場合は「カリキュラム」としておく（なお引用について，初等段階については「*Program 1987*」，中等段階については「*Syllabus 1987*」とする）。

　1987年 NY 社会科カリキュラムについては，すでに紹介したようにアメリカのグローバル教育の実施状況を調査した森茂の研究（森茂1994：311-320），同じく，1987年 NY 社会科の多文化学習的な内容とその後の論争を中心に紹介した森茂の研究（森茂1996：13-24），改訂の社会的，教育的背景と，新しい社会史に基づく第7，8学年の合衆国史・ニューヨーク州の歴史学習のコース単元を分析した桐谷の先行研究（桐谷2012：95-144）がある。

　1987年 NY 州社会科 K-12の内容構成は表2-5のようになっている。

　一見して分かることは，初等段階（K-6）と中等段階（G7-12）での内容編成の考え方の違いである。

　初等段階では，自己（幼稚園），家族・学校（第1学年），合衆国のコミュニティ（第2学年），世界のコミュニティ（第3学年），地方（local）と合衆国（national）の歴史・政治（第4学年），合衆国，カナダ，ラテンアメリカの地理，経済，社会，文化（第5学年），二つの主要な文化地域：東西ヨーロッパ，中

表2-5　1987年改訂ニューヨーク州社会科カリキュラム K-12の内容構成
　　　　　（森茂1996：15，桐谷2012：116を参考に筆者作成）

K-6		参考：ホウトン社会科
幼稚園	自己	私
第1学年	家族，学校	私たちのすること
第2学年	合衆国のコミュニティ	われわれのまわりの世界
第3学年	世界のコミュニティ：西欧と非西欧	われわれはだれなのか
第4学年	地方と合衆国の歴史と政治	惑星地球
第5学年	合衆国，カナダ，ラテンアメリカの地理，経済，社会，文化	合衆国
第6学年	二つの主要な文化地域：東西ヨーロッパ，中東	人々の生活様式

第7-8学年　合衆国・ニューヨーク州史（新しい社会史に基づく）
第9-10学年　グローバル学習 　　9学年：アフリカ，南・東南アジア，東アジア，ラテンアメリカ 　　10学年：中東，西欧，ソ連・東欧，今日の世界
第11学年　合衆国の歴史と政治：20世紀における連続と変化
第12学年　政治参加（1学期），経済学と経済的意思決定（1学期）

東（第6学年）となっており，自己から家族，自国および世界の近隣社会，地方自治体と自国の政治，西半球（南北アメリカ大陸）の世界，東半球（西欧，中東）の世界というように，同心円的な経験領域の拡大といえそうである。しかし，よく見ると伝統的な同心円的拡大ではない。第3学年に「世界のコミュニティ」が導入され，合衆国のみならず，世界の多様なコミュニティが学習されるように考案されているからである。いったん世界のコミュニティにふれさせたうえで，第4学年で自国（合衆国）に戻り，また西半球と東半球の世界に拡大させているのである。

　もちろん，ホウトン社会科の合科的で，〈個人，集団，人間，地球〉に所属する四つの自己の理解をせまるような，グローバル教育の理念と目的にそった理想主義的な考え方ではない。小学校での実践，教科書レベルでの開発へのモデルとなるためには，社会科という教科内のコース単元としてグローバル学習を導入するにとどめるという，現実主義的な方略をとったといえる。アメリカの社会科では，教科書の提供や，かならずしも12学年まで進学

しないという歴史的背景などから，5，8，11学年の三回にわたって合衆国を提示するというアメリカの伝統的な社会科（歴史学習）に配慮されることがあるといわれるが（安藤1993：169），1987年NY州社会科の初等段階の第3学年までに拡大と第4学年からの縮小はそのような伝統的な社会科に配慮したともいえる。

しかし，中等段階（G7-12）になると，社会科の内容専門（歴史，地理，政治経済）にかかわる配列がみられ，教科内融合の明確化がはかられていく。新しい社会史からみた合衆国史・NY州史（7，8学年），世界の諸地域からみたグローバル学習（9，10学年），政治経済学習からみた合衆国の歴史と政治（第11学年），政治参加，経済学と意思決定（第12学年）である。そこでは，かなり大胆なカリキュラム開発モデルが示されている。それは，すでに森茂（1996：13-24）や桐谷（2012：95-144）が指摘しているように，多文化教育と新しい社会史に基づく第7，8学年の歴史学習（合衆国・ニューヨーク州史）であり，グローバル教育の考え方によってたつ第9，10学年の世界の諸地域の学習である。つまり，7，8学年の多文化歴史，9，10学年のグローバル地理という単元構造の領域化がはかられ，それが11，12学年の政治経済学習に引き継がれていく（第9，10学年グローバル学習については章を改めて論じる）。

5.2. 1987年NY州社会科初等段階のカリキュラムの特徴

1987年NY州社会科初等段階のカリキュラムの特徴は，10の概念，五つの技能と，「歴史，地理，経済，政治，社会」の五つの内容領域からなる社会科学習として構成されている点である。社会科内容領域としての「歴史，地理，経済，政治，社会」は単元内の視点として融合化されているのである。

10個の概念とは，初等段階（K-6）では，変化，市民性，文化，共感，環境，アイデンティティ，相互依存，国民国家，希少性，科学技術のことであ

る。なお，中等段階（G7-12）になって，選択，多様性，人権，正義，政治制度，権力の六つの概念が追加される（*Program 1987 G 3*：7-8）。

　文化やアイデンティティ，共感，多様性，人権，正義には多文化教育の考え方が，変化，市民性，相互依存，希少性，選択，多様性にはグローバル教育の考え方があるといってよい。

　五つの技能とは，情報の収集，情報の活用，情報の提示，個人間および集団への参加，自己管理のことである。「個人間および集団への参加」とは積極的な学習活動，グループでの立案や議論への参加，実行に伴う責任，不調和や問題への警戒，基本的な課題の定義，といったものであり。「自己管理」とは生活指導的なことではなく，自己中心的，自民族中心，ステレオタイプな認識を減らすことや共感能力を高めることであり，多文化的な共感性を身に付ける技能といえる（*Program 1987 G 3*：8）。

　資料2-2は，五つの社会科の内容理解の視点と初等段階のカリキュラムの概要との関係，特に，第2〜4学年の内容との関係を示すものである。

　初等全体（K-6）について，それぞれ社会的，政治的，経済的，地理的，歴史的視点からみた一般化された概念（K-6 program generalizations）が示され，各学年ではそれの下位概念が示されている。初等全体では，グローバル教育の視点については，たとえば，下線を付した「地球的な相互依存」にみるような概念化がなされている。

　第2学年は合衆国のコミュニティ，第3学年は世界のコミュニティ（西欧と非西欧），第4学年は地方と合衆国について学ぶものであるが，たとえば，社会的視点において，下線部を付した，コミュニティの社会的・文化的共通性と多様性（第2，第3学年）や，コミュニティの文化的遺産とその貢献者（第4学年）が概念化されているのは，多文化主義やグローバル教育の考え方によるものと考えられる。

5.3. 第3学年「世界のコミュニティ」におけるグローバル学習の構造

　第3学年の単元「世界のコミュニティ」の概要は次のとおりである（*Program 1987 G 3*：29）。すでに見てきたように，内容的には，西欧と非西欧の比較文化的な学習ではなく，世界のコミュニティの多様性と共通性を理解させることに主眼がおかれている。

> 　第3学年の社会科カリキュラムでは，児童は世界のコミュニティを探究する。コミュニティは五つの視点から学ばれる。すなわち，社会／文化，政治，経済，地理，歴史である。世界の文化の多様性を代表するコミュニティを選び，様々な地理的地域から，西欧と非西欧の事例が含まれる。第2学年の合衆国のコミュニティの学習は，世界のコミュニティを理解する基礎を提供している。引き続いて，自己への気づきと社会との関係を強調する。

　単元「世界のコミュニティ」は，次のようなフォーマット（表組）で示されている（表2-6）。ここから分かることは，〈概念，内容，学習活動，技能，評価，資料〉の一体型の単元内容である。表2-6にみるように，10個の中心概念が，社会科的な五つの視点からなる知識目標としての内容理解，学習活動，技能／態度，評価，資料と関連づけて示されているのである。

　また，個々の授業計画案をみていくと，技能目標についても，情報の収集，利用，提示という三つをあげているだけあって，意見と事実の違いや，決定に対する不同意についても教えており，リテラシーや批判性を担保した内容ともなっている。

　さらに，個々の授業計画案には，図2-1に示したような，20個のシンボルマークが学習活動欄を中心についており，10個の中心概念と関連した内容であることが強調されている。丸数字は，第3学年のシラバスに示されている数であるが，全部で41個のシンボルマークの使用のうち，「多文化意識」(multicultural awareness) が13回と多くほぼ三分の一の頻度数である。その次に多いのは，「教師用留意点」，「作文」の五回であり，「地球的視野」も四回

表2-6 第3学年「世界のコミュニティ」の単元内容のフォーマット
(*Program 1987 G 3*：36-37より筆者作成)

概念	内容理解	学習活動	技能／態度	評価	資料
K-6の社会科カリキュラム概念目標 ・変化 ・市民性 ・文化 ・共感 ・環境 ・アイデンティティ ・相互依存 ・国民国家 ・希少性 ・技術 概念は，児童が特別な内容を通して事例的に扱う時に身につく。 この単元表では，概念が右の欄にあげた内容理解に関連する例としてあげられている。	内容理解とは，K-6のカリキュラムの知識目標である。各学年の内容は5つの視点から構成されている。 ・社会 ・政治 ・経済 ・地理 ・歴史 この単元における内容理解は利用可能なテキストや他の資料から特別に選んだ事実的内容の案内となっている。 教師は，内容理解を深めるために児童に関係のある特別な内容を選ぶことを勧める。掲げられた事例は示唆である。単元表にある空欄は，地域に関わる内容を挿入するための覚書のために使うことを勧める。 第3学年で学ぶ世界のコミュニティを取りあげる際は，地理的，文化的多様性をふりかえることは重要である。すべての大陸の事例が年間に使われバランスのあるカリキュラムにすべきである。	社会科の内容を通して概念を身に付けるには多様な方法がある。ここには教師のために可能な活動と示唆を含まれる。これらの活動は，多様な資料の活用の理解と捕捉だけではなく児童の多様な学習方法の提供である。 教師は，左欄の概念と内容を育てるために，右欄の技能と関わって，活動を修正し，追加することができる。	技能の育成はK-6カリキュラムの統合的な部分である。ここでは，左欄の活動に関連した技能を示す。 技能は次のカテゴリーに分かれる。 ・情報収集 ・情報活用 ・情報提示 ・個人間および集団への社会参加 ・自己管理 技能の枠組みは諸学問を横断した計画にされるべきである。 教師は，児童の要求や活動の目標に適した技能を選びながら，授業や活動の計画された部分として，技能の育成に焦点化すべきである。	ここでは，児童の，知識や技能目標の達成度を測定する評価方略を，教師が開発することを支援する。知識と技能の成果のアセスメントが勧められる。 教師は，特定的の内容や技能のねらいに適合した，多様な評価方略を選ぶべきである。	ここでは，概念，内容，技能を育成しようとする教師を助ける資料を提示する。児童図書，視聴覚資料，教員の参考文献および社会参加学習が示される。 教師はこの欄や他の頁に資料を追加してよい。

上から，教師用留意点⑤，市民性②，読書，作文⑤，口頭発表，多文化意識⑬，環境保全，第二言語，図書・文学③，演劇②，算数①，理科①，体育，音楽①，図工②，人権，特別支援の意識化，地球的視野④，未来学習②，法関連の20。（引用者注：丸数字は第3学年の授業計画案に示されている数）

図2-1 授業計画に使用されているシンボルマーク（*Program 1987 G 3*：34-35）

と多い。

内容理解の領域（視点欄）で見ると「社会」で六つ，「政治」で三つ，「経済」で一つ，「地理」で二つ，「歴史」で一つとなっている。「社会」は，「社会／文化」とも並記され多文化に関わるものでもあり，頻度が高いのも頷ける。

「地球的視野」（global perspective）は全体で四つだが，「政治」2，「経済」2である。これも，当時のグローバル教育がその基本要素に相互依存を位置づけていることから，「地球的視野」は，政治経済的な相互依存性として学ばれているといえる。

以上のことから，1987年NY州社会科初等カリキュラム第3学年単元「世界のコミュニティ」にあって，個々の授業計画案においても，「多文化意識」および「地球的視野」への配慮が高く，多文化教育およびグローバル教育の融合的な取り入れられ方をうかがうことができる。

具体的な授業計画案の中で検討してみよう（表2-7）。グローバル教育に関わる「地球的視野」は，「市民性」「変化」の概念獲得と「政治の内容理解」の中で教えられている。「地球的な視野」は，政治的視点から，コミュニティにおける共通善や対立について学ぶ内容の中で，食料や世界に関する資料（図書）を活用しつつ，「特定の地球的なニュース課題を探究してみる。児童

第 2 章　教科融合学習としてのグローバル教育（1）　65

表2-7　第 3 学年「世界のコミュニティ」の授業計画案の事例
　　　　　　　　　　　　　（*Program 1987 G 3*：54-55より筆者作成）
　引用者注：「地球的視野」を「市民性」「変化」の概念獲得と「政治の内容理解」の中で教える）

概念	政治の内容理解	学習活動	技能／態度	評価	資料
市民性 ・コミュニティへの参加，個人の態度，価値観，信仰によって影響される。 ・規則や法律の発展における，コミュニティの必要，充足，優先性の影響を意識すること。 **変化** ・喧嘩にはつきものの起こりうるべき対立を意識すること。	コミュニティの成員は共通善に関わる課題について同意しないこともありうる。次のことで，対立が起きることもある。 ・技術の利用 ・土地利用 ・資源管理 ・希少なモノや資源の分配 ・習慣と伝統	特定の地球的なニュース課題を探究してみる。児童は見たり聴いたりして様々な見方を考えて，課題や意見を見つける。 次のような書き出しで始まる，経験したことのお話を作ってみる。「人々は…と考えている」「別の人は…という」「私は…と感じる」 社会科の内容の読書活動を通して，事実と意見の表明の間にある違いを意識させる。	**情報の活用** ・データから一般化する。 ・意見と事実を区別する。 **個人間および集団への参加** ・意思決定に参加する ・基本的な課題を定義する。 ・対立の状況的な原因に注意する **自己管理** ・対立や多様性に対して，建設的な態度を育成する。	**知識** ・児童は世界の課題に関する多様な見方を確認できているか。 **技能** ・児童は，人々が，自分たちの生活やコミュニティに影響を及ぼす決定や規則，法律に同意しないことがあることを理解できているか。 ・児童は意思決定の訓練に参加できているか。 ・児童は事実と意見を区別できているか。	**図書** Adler, Irving. <u>Food</u>. Harper, 1977. Gate, Richard. <u>Conversation</u>. Children's Press, 1982. Hazen, Barbara. <u>World World, What Can I do</u>?（ママ）Abingdon, 1976. Pelt, Bill. <u>Farewell to Shady Glade</u>. Houghton Mifflin Company, 1966. **参加活動** "People Agree and Disagree"

は見たり聴いたりして様々な見方を考えて，課題や意見を見つける」という学習活動のなかで強調されている。第3学年における単元「世界のコミュニティ」を意識化した活動といえる。それらの活動は，情報の活用や社会参加といった技能や，対立や多様性に対する建設的な態度の育成のなかで行なわれる。これらの諸活動から，市民性と変化の中心概念を獲得させることがめざされている。

おわりに

　以上，本章では，1970年代および80年代のアメリカ合衆国における，揺籃期および実践開発期のグローバル教育の初等段階のカリキュラムを取りあげることで，以下の三つのことを示すことができた。

　一つには，揺籃期にあっては，ベッカーやアンダーソンらの実験的な試み，理想主義的な試みとしてのホウトン社会科（『私たちの世界への窓』）において，多教科的で合科的なカリキュラムとして実現した。それは従来の同心円的な経験領域の拡大ではなく，自己拡大の原理として，自己と惑星地球という直接的なつながりの認識，地球規模の相互依存への気づきを説くグローバル教育の理念や目的を直接的に具現化したものであった。

　二つには，実践開発期にあっては，教科書や伝統的なカリキュラムへの対応から，同心円的な内容編成に配慮しつつも，中心概念や学年単元にグローバル教育や多文化教育の考え方を融合させることで，カリキュラムが作られていった。1987年NY州社会科の初等では，第3学年の単元「世界のコミュニティ」はその一つであり，10個の中心概念の中に，グローバル教育や多文化教育の考え方が反映され，「概念・内容・技能」の三位一体型カリキュラム，より具体的には〈概念，内容，学習活動，技能，評価，資料〉の単元フォーマットとして具現化されていった。

　三つには，初等段階にあっては，グローバル教育を学校や教科において具

体化していく場合，理想的な実験学校をのぞけば，この時期のカリキュラム開発は社会科という教科の中の融合的な領域もしくは概念獲得として具現化されることがわかった。多文化教育であれグローバル教育であれ，より明確なコース単元は，中等段階の社会科カリキュラムにおいて示される。

　次章では，この中等段階の社会科カリキュラムについて取りあげていく。

注
1) Becker, J. M. (1973), Becker, J. M. (ed.) (1979) など。
2) 大野連太郎 (1979-1980)，金子邦秀 (1982：63-72)，今谷順重 (1988)，安藤輝次 (1993)，金子邦秀 (1986：131-152, 1988：131-15, 1993：29-38, 1995)，森茂岳雄 (1996：13-24) など。
3) 森茂岳雄 (1996：13-24)，桐谷正信 (2012) など。
4) The Mid-America Program for Global Perspectives in Education. (1979). *A Report from The Mid-America Program 1974-1978*. Bloomington Indiana.
5) 前章でも述べたが，ユネスコ74年勧告には global perspective という用語が使われていた（永井 (1985：383, 1989：157)）。
6) Anderson, L. and Anderson, C., A Visit to Middleston's World-Centered Schools: A Scenario. (Becker (ed.) 1979：31)。世界中心学校とは「世界の中のミドルストン，ミドルストンの中の世界」というキーワードで語られる取り組み。のちに，チャドウィック・アルジャー (1987) が地域からの国際化というキーワードで語った。Think globally, and act locally というキーワードも同じ発想である。
7) 他にもアンダーソンが，世界中心学校における能力開発に言及していたように，情報獲得や意思決定など社会参加技能を育てようとしている点も特徴である（安藤 1993：307-308）。

第3章　教科融合学習としてのグローバル教育（2）
―中等教育社会科における「グローバル学習」単元の場合―

はじめに

　前章で指摘したように，1980年代は，グローバル教育の実践開発期であり，改訂された各州の社会科フレームワークには，グローバル教育や多文化教育の観点からの実践プログラムが多くみられた。

　その一つが，1987年改訂のニューヨーク州社会科カリキュラム（以下「1987年NY州社会科」）である。1987年NY州社会科とは，New York State Education Development. (1987) *Social Studies Program.* (K-6). およびNew York State Education Development. (1987) *Social Studies Tentative Syllabus.* (7-12) の二つであるが，初等段階については前章で検証したので，本章では中等段階について検証する（引用については，中等段階は「*Syllabus 1987*」とする）。

　中等段階では，社会科の内容専門（歴史，地理，政治経済）にかかわる配列となり，教科内融合の明確化がはかられる。すなわち多文化教育と新しい社会史に基づく歴史学習（合衆国・ニューヨーク州史）としての第7，8学年（森茂1996：13-24，桐谷2012：95-144），グローバル教育の考え方によってたつ世界の諸地域の学習としての第9，10学年である。第7，8学年の多文化歴史，第9，10学年のグローバル地理という単元構造の領域化がはかられ，それが第11，12学年の政治経済学習に引き継がれていくカリキュラムであった（前章表2-5）。

第1節　多文化的歴史学習

1.1. 多民族教育のための積極的声明

　前章表2-1でも示したように，1976年にバンクス（Banks, J. A.）らが中心になって，全米社会科協議会（NCSS）が「多民族教育のためのカリキュラム・ガイドライン」（Curriculum Guidelines for Multiethnic Education）を薦める声明（position statement）をだしていた（以下 NCSS 1976 と表記）。1976年は合衆国建国200年の節目である。ガイドラインは，「生まれながらの平等」や「差別されない権利」というその精神に立ちかえり，また1950-60年代の公民権運動の成果も踏まえて，「民族性が社会の多様性の根源」をなすアメリカ人にとって「民族的アイデンティティが重要である」という認識に立っているという点で，アメリカ固有の社会科教育の新しい動向であった（藤原1990：67）。

　バンクスらは，民族的多元主義（Ethnic Pluralism）について次の四原則を示し（表3-1），「民族的価値観，伝統，行動様式の違いが個人，集団，社会のレベルで認められ，尊重されれば，人々は自分自身を明確に」することができ，社会は「創造的変化の潜在能力」を高め，私たちの文化は，「新しい条件や課題に応えることのできる選択の幅を広げる」ことができ「活性化する」だろう，と述べている（NCSS 1976：10）。バンクスらは，民族的多元主義の四原則にそったカリキュラム改革は，授業内容だけではなく学校環境全体の改革を伴うべきものであるとし，23の「多民族教育プログラム評価チェ

表3-1　民族的多元主義（Ethnic Pluralism）の四原則
（NCSS 1976： 9 -15より筆者作成）

1. 民族的多様性は，個人，集団，社会のレベルで認められ，尊重されるべきである。
2. 民族的多様性は，社会的定着と生存のための土台を提供する。
3. 機会均等はどんな民族グループの人々にも与えられるべきである。
4. 個々人の民族的帰属性は民主主義社会の自由な選択にまかされるべきである。

ックリスト」を提案している[1]。

森茂（1996：13-24）も指摘するように，多民族教育（Multiethnic education）に関する全米社会科協議会の積極的声明や具体的なカリキュラムガイドラインの提示は，1980年代後半のアメリカの社会科カリキュラム開発に影響をあたえていった。

なお，本章では，以後の記述では多文化教育（Multicultural education）の用語も使用する。公民権運動を背景に黒人などを優先的に取りあげた単一民族学習に対して，民族的多様性を強調した多元主義（Ethnic Pluralism）にもとづいた考え方を多民族教育とし，民族だけではなく広く文化の多元性（Cultural prulalism）や多様性（Cultural diversiy）を強調する考え方を多文化教育としておく。

1.2. 第7，8学年歴史学習の内容構成と知識目標

第7，8学年の歴史学習（合衆国・ニューヨーク州史）の単元構成の概要は表3-2（詳細は資料3-1）のとおりである。先住民族の文化的伝統や智恵を学習させている点やコロンブス到達以前のヨーロッパ人の世界概念について学ばせる単元Ⅰをのぞけば，大航海時代以降のアメリカ大陸，もしくは合衆国の歴史であり，一見して多文化教育の導入とはいいがたい。しかしながら，この二学年にわたるコース単元を通して身につく知識目標を表3-3のように設定していることから，多文化教育の導入の意図がわかる。それは，知識目標3の「アメリカ社会を形成した多様な人種および民族集団とアメリカ人の生活への彼らの貢献」に示されているように，合衆国史を白人でもなく，あるいは逆に黒人でもなく，先住民族や移民を含むすべてのアメリカ人の歴史への貢献を学ばせようとするものだからである。

では，すべてのアメリカ人の社会的貢献を歴史に記述するのはどうしたらいいだろうか。政治史中心だと，合衆国の政治的な意思決定に関わった白人や男性が中心になる。このような観点から採用されたアプローチが社会史で

72　第1部　アメリカのグローバル教育

表3-2　第7, 8学年「合衆国・ニューヨーク州史」の単元構成（概要）
(Syllabus 1987 G 7 - 8 : 27-130より筆者作成)

単元1	1500年以前のアメリカ人の地球規模の遺産
単元2	ヨーロッパ人の世界探検とアメリカの植民地化
単元3	一つの国家の創造
単元4	政府における実験的試み
単元5	新国家での生活
単元6	分裂と再統合
単元7	工業化社会
単元8	増大する相互依存の世界における独立国家としての合衆国
単元9	大戦間の合衆国
単元10	合衆国は世界規模の責任を引き受けた
単元11	第二次世界大戦後から現在までのアメリカ人の変化
単元12	今日の世界における市民的資質

表3-3　第7, 8学年「合衆国史・ニューヨーク州史」の知識目標
(Syllabus 1987 G 7 - 8 : 24より筆者作成)

1. カナダやメキシコと結びついた合衆国史とニューヨーク州史の広範かつ年代記的な見通し
2. 今日の国家と州を形成してきた，西半球に関わる主要な出来事の原因と結果
3. アメリカ社会を形成した多様な人種および民族集団とアメリカ人の生活への彼らの貢献
4. 西半球の他の政府およびコロンブス以前の政府の機能の理解を補足した，合衆国政府とニューヨーク州政府の起源，哲学，構造および機能
5. 国家の歴史の特定の時点での，家族およびその時に生じた変化の構造と機能
6. 過去と現在および予想できる未来における労働と余暇の関係
7. 身のまわりにある価値や伝統によって規定される意思決定のあり方

ある。歴史教育では比較的新しいアプローチであるが，「広範な人間活動を検証し，そして通常の人々や日常生活に焦点を当てる」ことによって，「退屈」で「無関係」なものとして歴史学習を見ている生徒の注意と関心を呼び起こすことができるからである。

そこでは，①ライフサイクル：生誕，子ども，成人，老年，死，②家庭と家族の生活，③学校と教育，④労働と就業形態，⑤政治参加，⑥宗教と宗教的活動，⑦犯罪と刑罰，⑧余暇とレクリエーション，⑨文学，美術，音楽，⑩流行（スタイルとファッション）という，二年間の歴史学習単元のための社会

史の10の「支柱」があげられている（Syllabus 1987 G7-8：21）。歴史上の偉大な人物ではなく，通常の人々のしかもその日常生活，しかもライフサイクルや家族生活，就業形態，政治参加，宗教的活動，余暇，芸術，流行など社会生活の多岐にわたって歴史を学習することは，多様な民族の社会的貢献を知ることであり，多文化教育の考え方であるといえる[2]。

　資料2-1（アメリカ各州における社会科フレームワーク）で示したように，多文化教育とグローバル教育の実践開発期は，ほぼ同時期の1980年代後半である。その意味で本章で取りあげる1987年ニューヨーク州社会科カリキュラムは二つの教育が社会科カリキュラムにどのように導入されていったのかを検証するには好個の事例といえる。

　中等段階の社会科においては，多文化教育は国内に向かって歴史学習のなかで，グローバル教育は世界に向かって地理学習の中で，それぞれ教科内領域における融合的なコース単元開発として導入されていった。その際，多文化歴史学習では社会史アプローチが採用され，グローバル地理学習では，網羅的な世界地誌学習ではなく，グローバル教育と関連するテーマ学習のアプローチが採用される。以下，詳しく見ていきたい。

第2節　第9，10学年「グローバル学習」（Global Studies）の構造

2.1.「グローバル学習」のねらい

　アメリカ合衆国では，伝統的に西欧および西半球としてのアメリカ大陸以外の学習が希薄であった。アジアやアフリカなど非西欧地域の学習は，教える側の教師自身の知識も不足がちであった。そこで，改訂にあたっては，次の二つのことが意図された（Syllabus 1987 G9-10：21-22）。

　まずは教師の地理的視野の拡大，さらには，アメリカを含めた世界における共通性や普遍性の強調である。

> 1. 教師に，他の社会科カリキュラムでは深く学んでいない諸地域と文化について教える機会をより多く提供することである。
> 2. グローバル学習において，私たちの世界文明を形づくっている共通点やつながりを示すような，まとまりのある二年間のカリキュラムを創ることである。

　カリキュラムの改訂は，「グローバルな視野やものの見方を養うために考案された枠組みのなかで他国とその文化を学習する」機会を生徒に提供するものとして，また，「民族的多様性，文化多元主義，国内外の暴力，およびますます深まっている相互依存によって特徴づけられる世界」で，生徒が有能に生きるために必要とされる「知識，技能，態度」を養うために行なわれたのである。このカリキュラムがめざす「21世紀における市民的能力」には，「私たち自身の価値や制度を形づくってきた西欧の役割は無視されてはならない」という要素が重要であるが，しかし，いまや，「西欧文明を特徴づける制度や社会形態にたいする慣習的な限界」を超えなければならないという要素も必要だとして，以下の四点が，西欧以外の学習の根拠として市民教育の観点から示される（*Syllubus 1987* G9-10：21）。

> 1. 視野やものの見方に対する意識（Perspective Consciousness）
> 2. 多文化への気づき（Cross-cultural Awareness）
> 3. グローバルな変動への気づき（Awareness of Global Dynamics）
> 4. 選択への気づき（Awareness of Choice）

　「視野／ものの見方に対する意識」とは，「世界を概観することは普遍的には共有されていないという認識」であり，「多文化への気づき」とは，「他の人々の生活や決定を形づくってきた多様性の観念，価値，伝統に対する知識」であり，「グローバルな変動への気づき」とは，「国家間の相互作用をもたらし，経済，技術，政治，社会において世界規模のシステムの形成をもた

らす鍵となるメカニズムへの理解」であり，「選択への気づき」とは「国内外の諸問題が頻繁に選択を提起し，地球規模の結果をもたらしていることへの理解」であるとされる（*Syllabus* 1987 G9-10：21）。四つの意識化は，揺籃期のグローバル教育において，ハンベイ（Hanvey R. 1976）が掲げたグローバル教育の「地球の現状」への気づきをのぞいた五つの目標（goals）と同じものである[3]。

また，第9，10学年だけではなく，中等段階の全学年（G7-12）において獲得すべき主要概念として，初等段階（K-6）の〈変化，市民性，文化，共感，環境，アイデンティティ，相互依存，国民国家，希少性，科学技術〉の10概念に加えて，〈選択，多様性，人権，正義，政治制度，権力〉の6概念が挙げられており，グローバル教育は，変化，市民性，相互依存，希少性，選択，多様性などのこれら諸概念にかかわるものであることは，前章でみたとおりである。

2.2.「グローバル学習」の内容構成と五つのテーマ

コース単元「グローバル学習」の内容構成は，表3-4のようになっている。

カリキュラムは8単元に分かれていて，アフリカ，南アジア，東アジア，ラテンアメリカ，中東，西欧，ソ連・東欧，および今日の世界である。全体で202ページあり，8単元全体で164ページ（平均20.5ページ）を割いている。最大の分量は，単元6の西欧で30ページ（18.3％）。東アジアは中国編12ページと日本編14ページがあり，合計26ページ（15.9％）である。西欧については，分量的には最大の配分であるが，コース単元の後半の第10学年での限定的な学習になっている。これはのちに，シュレジンガーが問題にしたところである（Schlesinger, A. M. 1991：64, シュレジンガー1992：74）[4]。

このコース単元の内容では，世界の諸地域のすべての国や文化を深く学べないことは前提となっていて，生徒は地理的な概観をしたあと，各自が一つのトピックや国家，民族をえらび，地域研究をしてクラスで共有することを

表3-4 「グローバル学習」の内容構成（*Syllabus 1987* G 9 -10：iv 筆者作成,数字は配分ページ数）

はじめに　社会科カリキュラム7-12の使い方	3
NY州の初等中等教育の目標／7-12学年社会科の目標	5
社会科のスキル	12
グローバル学習第9・10学年のカリキュラム	5
グローバル学習の目標	2
導入	7
単元1　アフリカ	20
単元2　南アジア・東南アジア	18
単元3　東アジア	26
単元4　ラテンアメリカ	20
単元5　中東	19
単元6　西欧	30
単元7　ソ連・東欧	23
単元8　今日の世界	8
付録　ハンディキャップの生徒	4

すすめている。

　第9,10学年の「グローバル学習」が，網羅的な地誌学習でも世界史学習ではないのは，ここに取りあげられている諸地域の国家と人々が,「1.自然的／歴史的条件」,「2.変化のダイナミックス」,「3.現代の国家と文化」,「4.経済的発展」,「5.グローバルな文脈のなかの地域」という，五つのテーマによって学ばれるようにデザインされているからである（*Syllabus 1987* G9-10：22）。五つのテーマはコース単元のスコープの役割を果たしているのである。

　「1.自然的／歴史的条件」とは，地理的条件や文化的特徴，重要な歴史的事件など地域にとっての所与の条件のことである。「2.変化のダイナミックス」とは，歴史的文脈における，地域の政治，経済，社会の変化，地域の発展と世界の事件とのつながりなどのことである。「3.現代の国家と文化」とは，地域の主要国をとりあげ，その地域における国家形成の困難さや成功を

第3章 教科融合学習としてのグローバル教育 (2)　77

描き出すものである。ただし国家を単独にみるのではなくグローバルなシステムの重要な要素としての視点からみていくことである。「4.経済的発展」とは，多様な経済システムや経済的意思決定，天然資源の効果的利用や技術の追求，グローバルな経済の中で繁栄する地域となった奮闘と努力などが学習内容である。「5.グローバルな文脈のなかの地域」とは，グローバルな政治の中で決定される外交関係や対外政策の観点からの地域の学習であり，国家の安全や自立とグローバルな政治的現実との関係からみた地域の学習である（Syllabus 1987 G9-10：22）。

　ここからわかるように，世界の諸地域は，歴史的には「変化のダイナミクス」というテーマによって，経済や政治などでは，グローバル・システムやグローバルな文脈のなかでの地域や主要国家が取りあげられていて，グローバル教育と関わりの深いテーマとなっている。多文化的歴史が社会史アプローチであるように，グローバル地理学習は，グローバル教育と関連したテーマ学習によるアプローチが採用されているといえよう。

2.3. コース単元「グローバル学習」の目標

　コース単元全体の知識，技能，態度の目標を表3-5に示した。知識目標における，グローバルコミュニティ（1），文化的多様性（2），諸国家の政治的，経済的相互依存関係（3），人間にとっての基本的な必要や人権（4），西欧文明（6），文化や国家における宗教的信念や価値の体系（7）などのキーワードは，相互依存の網の中にあるグローバルなシステム，文化的多様性や文化的，宗教的価値，人権などの普遍性などグローバル教育と関連する概念といえる。また，技能目標における「諸国家における個人やグループの国家をこえた結論についての理解検証力」（4）は，グローバル学習にふさわしい技能といえる。さらに，態度目標における，「文化相互の共感や理解に対する積極的な態度」（2）「ステレオタイプや偏見，不正義に対する否定的態度」（3），「保護され価値ある単一の種としての人類に対する自覚」（6）

78　第1部　アメリカのグローバル教育

表3-5　「グローバル学習」の知識・技能・態度目標
（*Syllabus 1987* G 9 -10：26-27より筆者作成）

知識目標
1. グローバルなコミュニティおよび個々の国家を作ってきた主要な歴史的，地理的，社会的，政治的，経済的な諸力や出来事
2. 文化的多様性や文化の伝播の原因と結果
3. 主要な国家や文化の他の国家や文化との政治的，経済的相互依存関係
4. 人間が必要とするものや人権を扱うために様々な国家や文化がとってきた手段
5. 学んでいる様々な国家や文化の経済的な意義
6. 知識，芸術，政治，経済における西欧文明の発展
7. 学習する文化や国家における宗教的信念や価値の体系の発展
8. 歴史上，ならびに学習する国家や文化における様々な時代における技術の影響
9. 現在の国際問題や諸課題にあたえた過去における決定や結論の影響
技能目標（社会科全体の技能に加えて）
1. 多様な学問からえたデータを確かなものにし，他の文化について推論や結論，一般をするために情報を駆使するための調査分析力
2. 説得ある見方を提示していくための話し，書く力
3. 民主的な意思決定に参加し，他の多様な見方や文化をもった他者と有能に働くための知識洞察力
4. 諸国家における個人やグループの国家をこえた結論についての理解検証力
態度目標
客観的な分析や探究に対する積極的な態度
1. 文化相互の共感や理解に対する積極的な態度
2. ステレオタイプや偏見，不正義に対する否定的態度
3. 歴史的な変化や社会的な相違，社会的な対立は建設的な結果をもたらしうることへの自覚
4. 文化的な借り物や貢献としての自他の社会に対する自覚
5. 保護され価値ある単一の種としての人類に対する自覚
6. 民主的な信念や政治や国際関係における意思決定の手続きを受容し，守っていく態度

などは，共感や公正への肯定とともに，人類への信頼を示す意味で，グローバル教育との関連を見いだすことができる。

2.4. コース単元「グローバル学習」の単元計画フォーマット

　グローバル学習は，単元1のアフリカから単元7のソ連・東欧まで，単元

第3章　教科融合学習としてのグローバル教育 (2)　79

表3-6　グローバル学習における単元計画フォーマット
（Syllabus 1987 G 9 -10より筆者作成）

単元名と単元目標（大単元とその目標）		
1．アフリカ，2．南アジア・東南アジア，3．東アジア，4．ラテンアメリカ，5．中東，6．西欧，7．ソ連・東欧）		
五つのテーマと目標（中単元とその目標）		
1．自然的／歴史的条件，2．変化のダイナミックス，3．現代の国家と文化，4．経済的発展，5．グローバルな文脈のなかの地域		
学習内容の概要	主要概念	活動モデル
各テーマの小項目 　ABCD…（小単元）	16の概念にかかわる一般化 （キーワードについては下線，太字）	学習活動の例（すすめ方の示唆）

名，単元目標，学習テーマ，学習内容の概要，主要概念，活動モデルからなる単元計画（フォーマット）によって示されている（表3-6）。単元構造からいうと，世界の諸地域を七つの大単元に分割し，次に，その学習を五つのテーマによって分割し，中単元とし，さらに各テーマにかかわる内容を細分化し，小単元としている。そして，それに対応して，学習活動のモデル（すすめ方の示唆）が示されている。社会科カリキュラム全体で獲得されるべき主要概念は，概念の羅列ではなく，それぞれの小単元の内容までおりていって，学習内容の概念的理解ともいうべき一般化された知識の中で獲得されるようになっている。単元計画のなかでは，下線や太字でしめされ，明示的になっている。

2.5.「グローバル学習」におけるテーマ学習の単元目標─単元1「アフリカ」と単元6「西欧」の場合─

　七つの地域のすべてを網羅的にとりあげることはできないので，ここでは，アフリカと西欧を例にとって，大単元と中単元の目標を比較し，その学習の意図を検討してみたい（資料3-2）。
　アフリカを取りあげた理由は，アメリカ合衆国の黒人のルーツがアフリカであり，宗教的，芸術的な価値に関わる文化的理解や奴隷制度などの歴史的

理解とともに，西欧諸国の植民地の経験，西欧的価値との葛藤，開発と発展の問題などの諸問題の理解が，合衆国国内の黒人理解と不可分だからである。他方，西欧を取りあげた理由は，合衆国の建国の思想となった自由と平等，社会契約，民主主義の諸価値のルーツは，ギリシャ・ローマ以来の西欧にあるからであり，加えて，思想や法制度のみならず，ルネッサンス，市民革命，産業革命などの歴史，二つの大戦における西欧の盛衰とアメリカの台頭などの歴史的なつながりは，西欧的文脈での合衆国の理解に不可欠であるからである。両者は，非西欧と西欧というアメリカ合衆国における多様性の象徴である。

大単元「アフリカ」と大単元「西欧」の目標は，両者ともおなじであり，これは他の地域についても同様である。つまり，大単元の目標は七つの地域で共通しており，それは，①各地域の文化形成要因，②地域の発展と他地域との相互関係（相互依存，つながり），③各地域のグローバル社会の中での役割という，知識理解型目標となっている。

次に，中単元となっている学習テーマの目標を見てみよう。

「1. 自然的／歴史的条件」では両者は対照的である。単元「アフリカ」では，天然資源に恵まれていることや人類の起源となったこと，イスラム教，キリスト教の伝播，アフリカ人の創造性などの理解が求められるのに対し，単元「西欧」では，西欧文明の歴史的条件としてのギリシャ，ローマ，ゲルマンの封建制，キリスト教（ローマ・カトリック）などの歴史学習的な理解が求められている。

「2. 変化のダイナミックス」でも両者は対照的である。アフリカに変化を起こしたヨーロッパ人との接触，奴隷貿易，植民地化などの理解が，単元「アフリカ」で求められるのに対し，単元「西欧」では，継続して歴史的な背景の理解であり，項目も多数である。西欧文明に貢献する他地域との交流，関わりを示す出来事として，十字軍，モンゴル帝国，ルネッサンス，大航海時代がとりあげられ，次いで絶対王政，重商主義，宗教改革，産業革

命，市民革命，国民国家，帝国主義，第一次世界大戦までが，ある意味，駆け足で学習される。ヨーロッパの客体としての「アフリカ」と，主体的，自立的な発展を遂げていく「西欧」という内容になっている。

単元「アフリカ」の「3．現代の国家と文化」は，コロニアリズムとその克服の課題，独立後の国民国家とアフリカ全体の政治的，経済的行動，伝統と現代などが学習される。一方，「3．現代の西欧諸国と文化」では，歴史的な学習をとりながら，民主主義や人権と厳しく対立するナチズムやホロコースト，第二次世界大戦の惨禍を生んだ科学技術，西欧の価値観，現代思想，文化などが学習される。

「4．経済的発展」では，単元「アフリカ」では，貧困，人権，開発，紛争などアフリカが抱える諸問題が取り上げられる。「西欧」単元では，ポスト工業社会における経済発展やヨーロッパ経済共同体などの統合の課題が取り上げられる。両者は，それぞれの地域が向き合う課題であるが，むしろ現代的課題としての共通性を見ることができる。

「5．グローバルな文脈の中のアフリカ」では，当時の冷戦構造を反映した親ソ連諸国（共産主義勢力圏）と親米諸国（非共産主義勢力），非同盟諸国などの，かなり政治的な文脈からグローバルが語られている。他方，「5．グローバルな文脈の中の西欧」では，第二次世界大戦における連合国，アジア・アフリカの諸国の独立によるヨーロッパの政治的地位の低下，核兵器の登場による安全保障の変容など，これもグローバルといいながら，政治的な文脈が強くなっている。

2.6.「アフリカ」単元の学習内容

次に，中単元の目標を達成するために，どのような学習内容を編成しているかを詳しく見ていこう。表3-7に単元1「アフリカ」の学習内容の概要を五つのテーマ学習（中単元1～5）にそって示した（詳細は資料3-3）。

「1．自然的／歴史的条件」では，アフリカの地理的な位置と自然（地形，

表3-7 単元1「アフリカ」の内容構成の概要
（*Syllabus 1987* G 9 -10：35-54より筆者作成）

1. 自然的／歴史的条件　学習内容
A. 大きさと位置
B. 鍵となる自然および地表の特徴
C. アフリカにおける初期の文化的発展と文明
D. 発展にたいする障壁
E. 宗教
F. アフリカの伝統芸術の役割と表現
2. 変化のダイナミックス　学習内容
A. 古代アフリカ文明の興亡と近代国家の出現
B. アフリカにおける奴隷制度と奴隷貿易
C. 発見と特許会社の時代
D. ヨーロッパ人によるアフリカ支配の結果
3. 現代の国家と文化　学習内容
A. アフリカの国家主義と汎アフリカ主義
B. 東アフリカと西アフリカの一国について深い研究が望ましい
C. 文化的，社会的制度における西洋の衝撃
D. 移り変わるアフリカ人の生活
4. 経済的発展　学習内容
A. 経済的自立を図るために経験している困難
B. 人口問題
C. 都市化
D. 農業と食料供給
5. グローバルな文脈の中のアフリカ　学習内容
A. アフリカの対外同盟と結びつき
B. アフリカ諸国における直接的な外交干渉
C. 合衆国とアフリカの関係
D. 世界の中のアフリカの役割

河川，湖，土壌，植生，気温など），発展を阻害した自然環境を学ぶだけではなく（A，B，C，以下アルファベットは表中の小単元のこと），文化的多様性の視点から，人類の起源地としてのアフリカ，初期文明への関心が喚起されている。また，伝統的信仰やイスラム教，キリスト教などの布教，信仰の地としてのアフリカも提示されている（C，E）。そしてアフリカ，もしくは，合衆国の黒人とも関わりのある伝統芸術についても肯定的に取りあげられている

(F)。

　「2. 変化のダイナミックス」では，変化の視点から，ヨーロッパ人の接触によるアフリカ社会の変動が描かれる（A, B, C）。また，権力の視点から，奴隷貿易や西欧の植民地化と，帝国主義的なアフリカの分割，植民地支配とその結果などが提示され（C, D），アフリカ社会にもたらされた社会変動の一端を学ばせている。

　「3. 現代の国家と文化」では，次の「経済的発展」の双方において，アフリカで知っておくべき主要国の国名が提示されている。それは，南アフリカ共和国，アフリカ東部の国家としてケニア，タンザニア，西部の国家として，ナイジェリア，ガーナ，コートジボアールである。また冷戦下の経済体制として社会主義や混合経済の例としてタンザニアとエチオピア，ケニアとナイジェリアがあげられている。内戦や紛争に関する国として，アンゴラやエチオピア，コンゴもあげられている。南アフリカ共和国（中単元3．小単元A.7）では，アパルトヘイトや人種差別など，人権の視点からの学習も見られる。

　「4. 経済的発展」では，アフリカが抱える人口，食料，都市化，砂漠化などの地域のそして地球的な課題も提示されている。「5. グローバルな文脈の中のアフリカ」では，冷戦化における西欧やアメリカ，ソ連など大国の政治的な関わりが主となっている。

2.7. 「西欧」単元の学習内容

　同様に，中単元の目標を達成するために編成された「西欧」単元の学習内容を詳しく見ていこう。表3-8に単元6「西欧」の学習内容の概要を五つのテーマ学習（中単元1～5）にそって示した（詳細は資料3-4）。

　五つのテーマに分かれているが，「1．自然的／歴史的条件」「2．変化のダイナミクス」「3．現代の西欧諸国と文化」「4．西欧の経済的発展」「5．グローバルな文脈の中の西欧」のどれも，ほぼ歴史的な視点，記述になってい

表3-8　単元6「西欧」の内容構成の概要
(*Syllabus 1987* G 9 -10：138-167より筆者作成)

1. 自然的／歴史的条件　学習内容
A. 自然地理
B. 地中海文明
C. 混沌とした西欧に結合を提供した封建制
D. 中世の教会：統一，安定，思想と表現の一体化
E. 迫害と移住をもたらした反ユダヤ法と分断政策
2. 変化のダイナミックス　学習内容
A. 異文化間の接触の影響
B. 国民国家の興隆と国際秩序の変化
C. 政治革命
D. 産業革命
E. 19世紀資本主義国民国家と経済行為に対する社会主義者の批判
F. 19世紀の帝国主義
G. グローバルな文脈における第一次世界大戦
3. 現代の西欧諸国と文化　学習内容
A. 現代の全体主義国家ナチの興隆
B. 第二次世界大戦：枢軸国の敗北
C. 政治的進化とイギリスの議会制民主主義
D. ヨーロッパの人々と生活
E. 政治的統一への運動
4. 西欧の経済的発展　学習内容
A. マーシャルプラン
B. ヨーロッパの発展：脱工業化経済への移行
C. 経済協力と統合への動き
D. ヨーロッパの社会主義
E. 現代の経済的諸課題
F. ヨーロッパとグローバルな貿易
5. グローバルな文脈の中の西欧　学習内容
A. 第二次大戦後の連合国の勝利のグローバルな影響
B. ヨーロッパにおける冷戦
C. ヨーロッパ支配の最終的な終焉とその余波
D. 国際連合：グローバル的な平和の追求
E. ヨーロッパの防衛手段

る。西欧の歴史の中から，アメリカ合衆国と関連の深い，文化的，宗教的な価値観，自由，平等，人権，公正などの概念も学べるようになっている。

すなわち，「1.自然的／歴史的条件」では，ヨーロッパの自然条件（A）に触れた後，ギリシャ，ローマなどの地中海文明，ゲルマン人，フランク王国の封建制，中世教会と続く（B，C，D）。「2.変化のダイナミックス」では，十字軍，モンゴル帝国，ルネッサンス，大航海時代など西欧と異文化圏との接触を学び（A），文化的多様性，文化的な影響について学んだあと，絶対主義，宗教改革，商業革命，技術革命などの社会変動（B）をとりあげ，啓蒙主義，アメリカ独立革命，フランス革命などの政治的変動の因果を学ばせる（C）。さらには，もう一つの社会変動である産業革命，産業資本主義，帝国主義，第一次世界大戦（D，E，F，G）と，20世紀へいっきに下っている。

「3.現代の西欧諸国と文化」においても，戦間期のナチズムの台頭やホロコーストによるユダヤ人虐殺，第二次世界大戦のグローバル性（兵器，戦場，当事者）が取りあげられ，戦後の西欧への政治的，経済的影響，くらしへの影響を考えさせている（A，B，C，D）。そして，経済共同体などの西欧の統合への新しい試みを紹介し，「4.西欧の経済的発展」へと続けている。アメリカの援助による西欧の復興，脱工業化社会としての発展，社会主義，貿易などが，経済的な視点からの記述が見られる（A，B，C，D）。

「5.グローバルな文脈の中の西欧」では，西欧に代わるグローバルパワーとしての米ソがその軍事力や安全保障体制の構築の中で支配的となったこと，超国家的政治組織としての国際連合への言及も見られる（A，B，C，D）。

2.8.「アフリカ」単元の授業計画例―活動モデルを中心に

最後に，以上の学習内容について，どのような授業計画が考えられるのかを，アフリカと西欧の場合についてみていこう。両単元とも二つの小単元を取り上げる。

まずは「アフリカ」からである（資料3-5）。

一つ目は、学習テーマ「1.自然的／社会的条件」のなかの小単元「E.宗教」、「F.アフリカの伝統芸術の役割と表現」である。二つ目は、同じく学習テーマ「2.変化のダイナミクス」のなかの小単元「D.ヨーロッパ人によるアフリカ支配の結果」である。前者は、アフリカの宗教と文化の学習が、アメリカの黒人の宗教的、文化的アイデンティティの検証のために有効であるし、後者は、西欧による植民地支配の功罪は、アフリカの諸問題の根元となると考えられるからである。

(1)「1.自然的／社会的条件：E.宗教，F.アフリカの伝統芸術の役割と表現」

「E.宗教」では、アイデンティティとしての学習項目と対応する主要概念に、「伝統的な宗教信仰は社会的、政治的秩序や癒し、再生、善悪、正義と不平等の概念と切り離せず、ほとんどすべての生活の側面に浸透している」とあるように、アフリカにおける宗教の優位性をわからせようとしている。また、アフリカに伝播したイスラム教、キリスト教の歴史や布教の範囲をとおして、「イスラム教は、法の統一性と正義の客観的な施行に貢献し、貿易と市場活動の拡大をもたらした。」、「宗教は、すでに起きている社会的、政治的変革の代行者の役割を果たす。多くのアフリカ人は、ヨーロッパ人の宣教師たちによって設立された教会や教会組織に由来するキリスト教の実践様式を発達させてきた。」という概念的理解ができるようにしている。

活動モデルでは、これらの認識にいたるために、図書の読書をとおして、個人レポートや発表などの学習活動を示唆している。さらに、白地図を使った民族、言語、宗教の分布図の作成や現在の国境までの変化の追究といった学習活動から、西欧の植民地支配と宗教の関係について理解させようとしていることがわかる。

「F.アフリカの伝統芸術の役割と表現」では、「偉大な芸術的伝統は黒人のアフリカで発達し、現代アフリカのおよび西洋の「現代」芸術に深い影響

を与えた。」という概念的理解をえるために，学習活動では『ナショナル・ジオグラフィック』などの写真をとおして，芸術的価値の探究をさせている。また，アフリカの民話や歌謡を使って，伝統的なアフリカ文化の価値を探究させている。

(2)「2. 変化のダイナミックス：D. ヨーロッパ人によるアフリカ支配の結果」

西欧の植民地支配については，主要概念のところに，「植民地時代は，アフリカから自給自足や自律を減らし，西洋の需要に依存させるようにした。」，「植民地の権力は，共通性のない民族的，政治的単位をよりおおきなものにくみいれることによって，アフリカのより大きな政治的，経済的，言語的統一に貢献した。」，「ヨーロッパ人の征服は，アフリカ人とヨーロッパ人の価値観や思想とを衝突させた。」，「大陸の分割において，ヨーロッパの帝国主義者は，歴史的，民族的，文化的つながりを無視して勝手に新しい境界を引いた。国境紛争は，今日のアフリカ全体の統一の主要な妨げになっている。」とあるように，アフリカ社会に大きな衝撃と社会変容を与えたことをわからせようとしている。

これらのことを理解させるために，ケニヤッタの文学作品やセシル・ローズの伝記などを読むことをすすめている。また，西欧の植民地支配の影響を「絵に描く」ようにすることで，支配の肯定，否定的側面について，道徳的，倫理的に考えさせる活動を示唆している。また，合衆国が新しい国家として直面してきた問題と現代のアフリカ諸国が直面している問題の比較をさせるような問いを用意していることも，現在のアメリカとアフリカとのつながりを考えさせるうえで興味深い。

2.9.「西欧」単元の授業計画例—活動モデルを中心に

ここでは，二つの小単元を取り上げる。

一つ目は，学習テーマ「2. 変化のダイナミックス」のなかの小単元

「C.政治革命」である。二つ目は，学習テーマ「5.グローバルな文脈の中の西欧」のなかの小単元「A.第二次大戦後の連合国の勝利のグローバルな結果」，「B.ヨーロッパにおける冷戦」(資料3-6)である。

　前者は，アメリカ独立と関わりの深い西欧の出来事であり，アメリカの生徒にとっては，民主主義，自由，平等といった思想や価値観の獲得に重要な契機となるからだ。後者は，二つの世界大戦の原因と結果の一端を担い，また舞台ともなった西欧が，アメリカ（およびソ連）にグローバルパワーを譲っていくことは，生徒にとって世界の中のアメリカを学ばせる契機となると考えるからだ。

(1)「2.変化のダイナミックス　C.政治革命」

　アメリカの独立が初めて，このグローバル学習で取りあげられる場面である。いいかえれば，アメリカのアイデンティティに該当する箇所である。主要概念に，「アメリカの独立とフランス革命は西欧の政府と非統治者の関係における基本的な変革を示すものである。この二つの革命によって。西欧は，平等と市民の権利が認められ，政府の権力は神聖な権利ではなく被統治者の同意に基づくという，より民主的なシステムに向かうことになった。」，「世界において，アメリカ独立革命とフランス革命は，十全な権利と民主的な市民権への参加をもとめた政治行動のモデルを示すものである」とあるように，ここでは市民権，社会契約の思想が，西欧起源のものとして学習される。活動モデルでは，ジョン・ロックの『市民政府二論』やアメリカ独立宣言を活用することで，学ばせようとしている。また，フランス革命の暴力的な経過を伴うことについても，考えさせようとしている。

(2)「5.グローバルな文脈の中の西欧：A.第二次大戦後の連合国の勝利のグローバルな結果，B.ヨーロッパにおける冷戦」

　「A.第二次大戦後の連合国の勝利のグローバルな結果」では，第二次世界

大戦において核兵器が登場し，その後の核開発競争によって，戦争概念が変化したこと，国際関係が変革したことなどを，米ソの指導者の証言を検討させることで，学ばせようとしている。「B.ヨーロッパにおける冷戦」においては，グローバルな文脈において西欧が冷戦構造の中でとってきた政策について，チャーチルやトルーマンなど指導者の考えを検証させることで，学ばせようとしている。総じて，アメリカの同盟国としての西欧の役割を理解させようとしている。なお，西欧が，その経済的，政治的パワーの低下を挽回するために経済共同体を志向していることの理解は，学習テーマ「4.西欧の経済的発展」で学習されることになっている。

　以上，単元「アフリカ」と「西欧」のなかの小単元について，主要概念や活動モデルを中心に見てきたが，これらは授業計画案というよりは授業の素案もしくはサンプルにすぎない。中等段階のカリキュラムが「シラバス」（概要）とされる所以である。

　しかしながら，その意図は，具体的な指導案の提示にあるのではなく，「グローバル学習」を五つの学習テーマに沿って内容的に配列し，社会科カリキュラム全体で獲得すべき主要概念を，学習テーマに対応して組み込むところにあった。活動モデルは，概念獲得のための学習活動の示唆にとどまっている。

　また，粗い素案になったもう一つの理由は，シラバスの目的が，「教師に，他の社会科カリキュラムでは深く学んでいない諸地域と文化について教える機会をより多く提供することであり，グローバル学習において，私たちの世界文明を形づくっている共通点やつながりを示すような，まとまりのある二年間のカリキュラムを創ること」（*Syllubus 1987* G9-10：21-22）にあったからである。

第3節　多文化教育とグローバル教育に対する批判と論争

　1987年ニューヨーク州社会科に代表されるように，1980年代後半に多くの州で，多文化教育やグローバル教育の考え方が，カリキュラム開発の形で採用されていったが，反面，批判や論争も生じていった（表3-9）。
　一つは，森茂（1996：13-24）が指摘したように，シュレジンガー（Schlesinger, A. M.）の多様性と統一をめぐる問題提起である。シュレジンガーの問題提起は『アメリカの分裂』（1992）という，ある意味センセーショナルな邦題で翻訳され，教育を含む多文化主義の議論がアメリカ社会にとって容易ならざる難問であることを示唆した[5]。発端は，社会科カリキュラムの第7，8学年の合衆国史・ニューヨーク州史における先住民族の記述をめぐってであったが，本質的には，「アメリカ人とは何なのか」，社会史のアプローチにおいてすべてのアメリカ人の経験，日常生活から歴史をみたとして，それは「アメリカ人のアイデンティティ構築に有用なのか」という問いであった。多文化主義が多様なエスニック・グループに依拠して語られると，分離主義を招き，アメリカの分裂を招く。そうではなく，合衆国に参画する市民として，アメリカの信条ともいうべき共通の言語である，自由，民主主義，平等，人権を語るべきではないか，というのが，シュレジンガーの主張であった。
　もう一つは，グローバル教育に対する論争である。
　安藤（1993：267-290）が指摘しているように，それは，当時，グローバル教育を推進していたデンバー大学付属国際関係教育センター（CTIR）を批判するカニンガム論文（「グローバル教育を中止せよ」1986年）に端を発し，全米社会科協議会などの対応（報告書「グローバル教育：躍進か禁止か」1987年）がなされていったものである（「国際関係教育センター論争」）。
　安藤（1993：267-290）によれば，グローバル教育批判の論点は，グローバ

表3-9 グローバル教育の実践,批判と論争（筆者作成[6]）

1982	NCSS, Position Statement on Global Education, *Social Education*, January 1982. （グローバル教育に関する全米社会科協議会の肯定的声明）
1983	*A Nation at Risk*（The National Commission on Excellence in Education ）『危機に立つ国家』（教育の優秀性に関する全米審議会報告）全米レベルの教育改革案
1986	Cunningham, G. L., *Blowing The Whistle on "Global Education"*, A paper prepared for Tancred, T. G., Secretary's Regional Representative, Region Ⅷ, U. S. Department of Education, January 1986「カニンガム・タンクレド論争」（デンバー大学国際関係教育センター（CTIR）をめぐるグローバル教育批判と論争）
1986	Kniep, W. M., Defining a Global Education 及び Social Studies within a Global Education（グローバル教育の本質的要素と基本概念の提示）
1987	Kniep, W. M. (ed.), *Next Steps in Global Education*（グローバル教育のカリキュラム開発の試み）
1987	*The United States Prepares for its Future: Global Perspectives in Education*, The U. S. Commission on Global Education（カー（Kerr）レポート，世界市場におけるアメリカの競争力向上，地球的視野を持って行動できる人材の育成のための教育改革案）
1987	ニューヨーク州の社会科カリキュラム，カリフォルニア州社会科カリキュラム（先住民族の記述をめぐって多文化主義論争が起きる）
1991	グローバル教育機会法案（議会提出）（ソ連崩壊 91年）
1991	Schlesinger, Jr. A. M, *The Disuniting of America Reflection on a Multicultural Society*（『アメリカの分裂』）
1992	Curriculum Guidelines for Multicultural Education, NCSS.（多文化教育のガイドライン，全米社会科協議会）
1993	1993 Massachusetts Global Education Project and Social Science Education Consortium. (1993). *Global Issues in the Elementary Classroom* (rev. ed.). Social Science Education Consortium Inc.（Kniepのカリキュラム開発モデルに基づく小学校版教授書）
1994	1994 Social Science Education Consortium, Inc. (1994). *Global Issues in the Middle School Grades 5-8* (Third Edition). SSEC Publications.（Kniepのカリキュラム開発モデルに基づく小学校版教授書）

ル教育が左翼に偏っているもので，アメリカの価値を否定するというものである。ややイデオロギー的な言説であるが，揺籃期の理想主義的なグローバル教育の考え方では，アメリカ合衆国よりも地球を優位におき，地球的な相互依存関係を強調し，その意味では，アメリカ合衆国の政治的，経済的地位

の低下を認めるものであった。

　本質的には，多文化主義論争と同様，グローバル教育においても，自国のナショナルな価値やアイデンティティを相対化するものだというのが，批判の根源にある。

　論争の結果，多文化主義については，全米社会科協議会（NCSS）が，1986年の多民族教育にかえて，多文化教育ガイドラインを1992年に提案し，同じくグローバル教育については，揺籃期の理想主義を修正し，クニープ（Kniep, W. M.）の統合的な社会科のなかでのグローバル教育をめざすものとしていった（1986年，1987年）。これについては，次章に譲ることにする。

おわりに

　1970年代のグローバル教育揺籃期では，第2章にみたように，伝統的な同心円拡大ではなく，ホウトン社会科（『私たちの世界への窓』1976年）における「四つの自己理解」の往還（自己拡大の原理）を中心に，ベッカーやアンダーソンらの実験的，理想主義的なカリキュラム開発が試みられた。

　しかし，1980年代のグローバル教育の実践開発期では，教科書や伝統的なカリキュラムへの対応から，中心概念や学年単元に，グローバル教育や多文化教育の考え方を融合させることで，カリキュラムや単元が開発されていった。すなわち，初等段階にあっては，グローバル教育は，理想的な実験学校をのぞけば，社会科という教科の中の融合的な領域もしくは概念獲得として具現化されていった。

　1987年NY州社会科の第3学年の単元「世界のコミュニティ」（*Program 1987 G 3*）はその一つであり，10個の中心概念の中に，グローバル教育や多文化教育の考え方が反映され，「概念・内容・技能」の三位一体型カリキュラム，より具体的には〈概念，内容，学習活動，技能，評価，資料〉の単元フォーマットとして具現化されていった。

このことは，中等段階の社会科カリキュラムにおいてより明確なコース単元として具現化され，社会科の内容専門（歴史，地理，政治経済）にかかわる配列となり，教科内融合の明確化がはかられたのである。すなわち　多文化教育と新しい社会史に基づく歴史学習（合衆国・ニューヨーク州史）としての第7，8学年（森茂1996：13-24，桐谷2012：95-144），グローバル教育の考え方によってたつ世界の諸地域の学習としての第9，10学年である。第7，8学年の多文化歴史，第9，10学年のグローバル地理という単元構造の領域化がはかられ，それが第11，12学年の政治経済学習に引き継がれていくカリキュラムであった。
　しかし，第9，10学年のグローバル学習は，単なる網羅的な世界地誌学習ではなく，グローバル教育の視野やものの見方，多文化，グローバルな変動，将来への選択といった「四つの意識化」に立った現代世界の概観であり，その観点からの地域の選択であり，西欧以外の世界の諸地域の学習であった。いわば，第7，8学年は歴史的な構成から，第9，10学年は地理的な構成から「アメリカ合衆国」の多文化性とグローバル性をみていくものであった。
　それゆえに，このような多文化・グローバルなアメリカ観は，それまでの西欧中心のアメリカ観の保持者からの批判を受けたのである。
　次章は，このような批判への対抗と妥協としての，グローバル教育＝総合社会科の立論についてみていく。

注
1）チェックリストの概要については藤原（1990：67-68）参照。評価項目の詳細については，今谷順重・藤原孝章（1989：63-102）参照。
2）桐谷正信（2012：183-193）によれば，このような多文化歴史カリキュラムの課題は，すべてのアメリカ人の経験，貢献に関して，社会史が記述する日常的行為に基づくスコープを構造化することであり，アメリカ歴史教育の究極の目的である多様性と統一性の相補的バランスをめざすものとされる。

3) Hanvey, R. (1976) は，グローバル教育の目標として，①ものの見方の意識（Perspective Consciousness），②「地球の現状」についての気づき（"State of the Planet" Awareness），③多文化への気づき（Cross-cultural Awareness），④グローバルな変動の知識（Knowledge of Global Dynamics），⑤人類の選択についての気づき（Awareness of Human Choices）の5つをあげている。
4) シュレジンガーは，西ヨーロッパの歴史を従来の全1年間から4分の1に圧縮したとして批判している。翻訳版では「二年間にわたる世界史の教材」とあるが，原著では A two-year global-studies course とあり，正確には「二年間のグローバル学習コース」である。また教材ではなく「コース単元」である。
5) 多文化主義と国民統合，社会的包摂の課題は，アメリカ合衆国のみならず，カナダ，オーストラリア，西欧諸国でも今なお継続中の課題である。移民労働者が増加しつつある日本や韓国でもやがてはこの課題に直面するであろう。
6) 安藤輝次（1993），金子邦秀（1986：131-152），金子邦秀（1988：131-155），金子邦秀（1995）森茂岳雄（1996：13-24）などを参考に筆者作成。

第4章 教科統合学習としてのグローバル教育
―学際的教科「グローバル・イシューズ」を中心に―

はじめに

　これまで見てきたように，日本の国際理解教育においては，社会科や英語科など既存の教科の中での単元開発や授業実践があり，また，学校の国際交流行事などの取り組み，ユネスコクラブなどでの課外活動，NGOや国際交流センターなどの社会教育機関が行なう活動など多岐にわたっていた。特に，近年のESD実践においては，地域との関わりを組み込んだ「グローバルでローカルな」視点にたった学習活動も増えている（第1章）。

　また，アメリカのグローバル教育においても，その揺籃期にあっては，ホウトン社会科（『世界への私たちの窓』）は，初等段階における理科や社会を統合した合科的な単独の教科として構想，実施されていた。また，その実践開発期にあっては，中等段階では，1987年改訂版ニューヨーク州社会科カリキュラムにみるように，歴史学習（第7，8学年合衆国史・ニューヨーク州史）における多文化教育，地理学習（第9，10学年グローバル学習）におけるグローバル教育が，社会科のなかのコース単元として考案されていた（第2章，第3章）。

　このように，グローバル教育の統合的で多様な実施形態とカリキュラム開発が可能なのは，その理念と教育目標，教育内容，学習活動が多様であり，歴史や地理，家庭科や芸術，国語など既存の教科と内容的に重複し，あるいは，それらの教科をこえる広がりをもっているからである。

　では，このような広領域で学際的な内容をどのようなカリキュラムとして

編成していけばいいだろうか。

第1節　カリキュラム編成論

1.1. 田・中村の「グローバル教育としての社会科」の場合

　グローバル教育の内容を，どのようにして組織，統合して学校カリキュラムに編成するのか，このような問題意識から，社会科とグローバル教育を結びつけたのは，田・中村（2004：77-95）である。なぜなら，グローバル教育は統合的性格をもっているので，いろいろな教科と活動のなかに持ち込む分科的カリキュラムとしての編成も可能であるし，各学問間の共通要素を統合して学際的な独立カリキュラムとしての編成や社会科に統合することも可能だからである。

　田・中村は，ドレイク（Drake, S. M.）のカリキュラム統合論に依拠しながら，次のような三類型を取りだした。

　一つめは，グローバル教育は既存のカリキュラムにグローバルな要素を加えて実施し，社会科では歴史・地理・公民領域を中心に社会認識を図るべきとする融合的カリキュラム編成論である。これは，各教科のなかにグローバルな視点を融合的に入れるもので，各教科の領域内の単元，分野レベルの扱いとするものである。飽和的な学校カリキュラムの中では現実的であり，社会科にすべてのグローバル教育を押し付けることはできないとするものである。領域内単元にする，各教科の固有の内容と関連づける，特別活動，行事や学級会議，教師のモデル化，模範教師の育成などの方法があるという。

　二つめは，変化するグローバル社会において生起する諸問題を，教科の枠を超えた横断的・統合的学習方法によって主題中心のカリキュラムとする統合的カリキュラム編成論である。これは，教科横断的な統合（いわゆる新教科，グローバル科や国際科）による系統と内容の編成を可能とするものである。人権，平和，環境などの地球的な諸課題を設定し，子どもの発達段階に

応じて，教科と学年の枠をこえる横断・縦断的方法で教育内容（新教科）を構成して，グローバルな視点を育成するものである。

三つめは，グローバル教育は総合的な要素を含んでいるので，本来，多学問的性格を持つ社会科に社会現象の原理や概念，問題等を統合して，科学的な社会認識と価値形成を図る社会科カリキュラム編成論である。これは，人文，社会，自然など多学問的で学際的な学習内容，問題解決学習や探究学習，体験学習といった学習方法における，グローバル教育と社会科との近縁性，同質性をもって結合させようとするものである。社会科カリキュラム編成論は，既存の社会科教育が追求した社会認識と共に，変化するグローバル社会現象を反映する内容で再編されることになる。こうして，社会科を中心にグローバル教育の要素を編成することによって，グローバル問題等の変化する社会現象を科学的に認識できる能力を形成し，社会科としての役割を強化することができる，とするものである（田・中村2004：77-95）。

以上が田・中村のグローバル教育の三つのカリキュラム編成論である。

しかし，これには大きな難点がある。それは，統合的カリキュラム論と社会科カリキュラム論の差異が不明であるという点である。統合的カリキュラム論は主題や課題中心の学習であるとはいえ，一方が新教科で，他方が既存の社会科であるという違いだけで，独立教科としては同じである。あえていえば，発達段階に応じた系統的な編成（シークェンス）の疎密のみである。

田・中村は，社会科カリキュラム編成論をクニープ（Kniep, W. M.）のグローバル教育のカリキュラム開発論（Kniep 1987）にもとづいた小学校の教授書「グローバル・イシューズ」（*Global Issues*）をもって，グローバル教育としての社会科としているが，すでにアメリカの揺籃期のグローバル教育でみてきたように，「グローバル・イシューズ」もまたホウトン社会科と同様，独立教科としての統合的カリキュラムに類型化されてしかるべきである。

また，松井・中村（2004：99-136）は，同じ書において，統合的カリキュラム論を，リアドン（Reardon, B. A.）のホリスティック価値からみた人権学

習のカリキュラムに相応させているが，これは人権中心の主題学習としてうなずけるものである。

こうしてみると，人権教育のカリキュラムもグローバル教育のカリキュラムも，新教科であれ，社会科であれ，どちらも統合的カリキュラムに相応するので，田・中村の三つの類型論は成り立たないと思われる。

では，田・中村が依拠したドレイクはどう考えているのだろうか。

1.2. ドレイクの統合的カリキュラムモデルの場合

ドレイク（1993）は，①諸教科アプローチ（Multidisciplinary approach），②学際的教科アプローチ（Interdisciplinary approach），③教科超越アプローチ（Transdisciplinary approach）の三つの統合的なカリキュラムモデルを示している（資料4-1）。

①の諸教科アプローチは，中心にテーマや主題（例えばグローバル・イシューや国際理解，人権，平和，シティズンシップなど）をおき，周辺に，音楽，文学，家庭科，科学，演劇，地理，美術，ビジネス，数学，デザイン＆技術，歴史などの既存教科が関連するもので，教科内領域や単元を中心とした教科融合カリキュラムである。

②の学際的教科アプローチは，焦点となる中心に，体育，言語芸術，歴史，地理，音楽，美術，テクノロジーとデザイン，科学，家庭科，保健，数学などの学際的なカリキュラムの輪が構成されるものである。そこでは，認識だけではなく，リテラシー，協同的学習，ものがたり，思考技能，計算，グローバル教育，リサーチ技能などの，誰にでも使える一般的技能の育成も重視される。この焦点となる中心となり，学際的なカリキュラムの輪になるのが教科として独立したものである（教科統合カリキュラム）。

③の教科超越アプローチは，大きな円のなかに，政治，法律，環境，科学技術，時間（過去，現在，未来），地球的な見方，社会問題，経済力，ビジネス，メディアがあり，一つの焦点をもった教科を超えた学習といえる。生徒

が将来有用な市民になるためにどう教えていくか，という問いを持ち，教科を超えて，学校全体で，意味と連関を強調する実生活の文脈の中に学習のつながりを求めていく本質的な学習である。

田・中村は，①諸教科アプローチを融合的カリキュラム編成論に，②学際的教科アプローチを統合的カリキュラム編成論に，③教科超越アプローチを社会科カリキュラム編成論としているようだが，教科超越アプローチを社会科カリキュラム論とするには相当の無理がある。

第2節 学際的教科としてのグローバル教育

2.1. クニープのグローバル教育のカリキュラム開発

田・中村による三つのカリキュラム編成論には無理があるが，「グローバル・イシューズ」をグローバル社会科と位置づけたことは間違いではなかった。それは，この教授書開発の考え方を提供したのがクニープ（Kniep, W. M. (ed.). 1987）であり，彼は，揺籃期のグローバル教育に対する批判と論争（国際関係教育センター論争）に応えて，その理想主義的な理念と合科的な内容を修正し，より社会科的なカリキュラムに近づけていったからである。

クニープおよび彼の研究グループは，グローバル教育のカリキュラム開発を行い，それを参考にした初等および中等段階の教授書を1980年代後半から90年代前半にかけて，提案している。それらは，理論モデルとしての，Kniep, W. M. (ed.)(1987) *Next Steps in Global Education: A Curriculum Development., Global Perspective in Education* American Forum 1987.（以下，*Next Steps* 1987と略記）であり，初等，中等段階の実践モデルとしての，1993 Massachusetts Global Education Project and Social Science Education Consortium (1993) *Global Issues in the Elementary Classroom* (rev. ed.). Social Science Education Consortium Inc.（以下，*Global Issues* 小学校版1993と略記）[1]，1994 Social Science Education Consortium, Inc. (1994) *Global Issues in the Middle School Grades 5-8* (Third Edition). SSEC Publications.（以下，*Global Issues* 中学校版1994と略記）[2]，Switzer, K. A., Mulloy, P. T., and Smith, K.（1987）*Global Issues Activities and resources for the High School Teacher* (Second Edition), Social Science Education Consortium, Inc. and Center for Teaching International Relations.（以下，*Global Issues* 高校版1987と略記）[3]の三つの教授書である。

　本章では，21世紀の市民的資質を育てるグローバル教育の使命と学習目標を明らかにしたうえで，学習領域や基本概念などの学習内容の編成の考え方としてのスコープ原理，初等から中等までの一貫性の考え方としてのシークェンス原理を析出し，その編成原理にもとづいたカリキュラムや単元開発の考え方を検証していくことにする[4]。なお，クニープのカリキュラム開発論については臭住（1995, 1997）および田（1997, 1999, 2004）の先行研究がある。

2.2. カリキュラム開発の諸段階と目標原理

　クニープは，グローバル教育の必要性とその学校教育への具体化について「プログラム開発の諸段階」としてまとめている（*Next Steps* 1987：32, 資料4-2）。

　まず，地球的な相互依存や人類共通の諸課題が深刻化し，国家のみならずさまざまな行為者が影響力をもち，グローバルでローカルな視野と参加が求められる「地球や地域の現実」を踏まえ，21世紀に生きる市民的資質を育てるという「教育の使命」と，そのために必要な「知識，能力，価値，社会参加の目標」を明確にする。そのうえで，地球的という言葉がもつ総合的な経験領域から学習すべき「重要な内容の確認」を行ない，スコープとシークェンスを決める。それに応じて，K-12までの「学校教育計画」を立て，授業実践を準備していく。これらが，教職員の養成もふくめて，一貫して原則を失わないように考えられている。

グローバル教育の知識目標は，歴史的なものの見方やシステム的なものの見方という，地球的諸課題の歴史的背景や現状の世界をみる見方であり，社会参加の基礎知識となるものである[5]。能力目標は，事象や現象に対する認識力，科学的探究力，関係理解力，問題解決能力，批判的思考力であり，情報の収集，分析力，伝達，表現力である。しかし，ここでいう能力とは単なる能力や技能ではなく，人間的であることによって，何か事をなそうとする子どもの可能性をさすものである（*Next Steps* 1987：150）。価値目標は，ものの見方・関心・傾向性・規範の四点にかかわるが，価値観は内容の選択や教え方・学び方に反映されることを前提にしている（*Next Steps* 1987：150-151）。社会参加の目標は，①知識，能力，価値は社会参加において達成されること，②政治や経済，社会のシステムのなかで責任をもって有能に参加すること，③地域的，国家的，地球的な問題解決のために役割を果たせることである。

資料4-3，資料4-4に，カリキュラムの優先順位とグローバル教育の優先順位を示した。これは，初等から中等まで（K-12）の一貫したカリキュラムを開発するための理論モデルである。後述のシークェンスの原理で詳しく触れるが，初等では，概念の基礎を身につけ，探究や科学的見方，批判的思考，リテラシーといった基本的技能の獲得に重点がおかれるという，1987年ニューヨーク社会科でもみられた特徴がここでも見られる。初等段階の基礎のうえに，理解をふかめ，地球的な諸課題の学習を通して専門的で高度な見方や考え方を養うというモデルが示されている。

2.3.「総合社会科」（統合教科）としてのグローバル学習

地球的（global）という言葉にはホリスティックな視点が含まれている。それゆえカリキュラム創造の基礎とすべき人間の経験領域を総合的にとらえていくことが必要である。クニープが，学びのあり方や知識の性質について，①知識，技能，価値の連関性（holistic enterprise），②参加型の学びの過

程 (an active and interactive process), ③具体的な活動を通した子ども中心の学び (student interaction with concrete examples), ④具体的な範例を通した概念の獲得とそのくりかえしの学習をあげているのは, 経験の総合性と学びのあり方を具体的にとらえたものである (*Next Steps* 1987 : 154)。

　アメリカ合衆国が国際社会に重要な位置を占め, 市民的資質の視点や意味が「地域, 州, 国家そして地球社会を含むものまでに拡大」しているという点でグローバル学習は広領域の社会科である。一方, 社会科も歴史学, 社会科学, 人文科学だけではなく, たとえば現代世界に関する「ジャーナリズム, 未来学習, 政策学習, 開発問題学習, 環境問題学習」のような学際的な分野を必要とし「統合的な考え方や合科的な問題解決」が求められているという点で,「総合社会科」がグローバル学習となる (*Next Steps* 1987 : 149)。

　しかし, このことは, グローバル教育論争のなかで, アンダーソンらの理想主義的なグローバル教育のカリキュラム (ホウトン社会科『私たちの世界への窓』) から惑星地球や自己拡大の原理を捨て, 地球的諸課題やグローバル史を導入して社会科に近づけていった結果ともいえる (安藤1993：282-288)。そのことで, 自然科学までも含んだ合科的なカリキュラムを広領域の総合社会科に変換していったのである[6]。

2.4. グローバル学習のスコープの原理

　クニープによればグローバル教育では, 現代世界に生きる私たちの総合的な「経験領域」は,「1. 人間の価値と文化」「2. グローバル・システム」「3. 地球的諸課題」「4. グローバル・ヒストリー」という四つの本質的要素から構成される。そして, この四つの要素が, 学習内容の領域を規定し, スコープの原理を構成する。この原理は教授書 *Global Issues* の全体構成に反映されている。そこで, 学習領域 (スコープ) と初等から中等まで (K-12) の授業事例と対応させた表を作成した (表4-1)。表4-1によると, (1)「地球的意識概念」が, 各年齢段階のはじめに導入として学習されること, (2)小学

校・中学校は，全く共通の学習領域の編成になっていること，(3)高校では，主として地球的な諸課題の学習に重点が置かれていること，など三つの特色が指摘できる。

　特色(1)について，導入場面が三つの学年レベルで共通しているのは，「地球的意識」という概念が，ハンベイ（Hanvey, R.）のいうグローバル教育の五つの目標，すなわち，1）ものの見方を意識すること，2）地球の現状に気づくこと，3）文化の相互交流の感覚，4）グローバルな力動性についての知識，5）人類の選択についての気づき，といった私たち（自己）と地球や世界との相互作用性やホリスティックな存在としての人間観をふまえており[7]，そうした世界観，人間観をくりかえし学習させたいというねらいがあるからだ。

　特色(2)について，小・中学校で学習領域が全く同じなのは，小学校（K-6）と中学校（G5-8）という学年が重なっていることが大きい。表4-1に見るように小学校では，低学年から開始される授業事例が5例しかなく（事例1パズル，4おもちゃ，7あそび，25香辛料，26世界の料理），全体として中学年・高学年での学習に重点がおかれている。低学年の事例が「導入部」を除いて，「Ⅱ人間的な価値」と「Ⅴグローバルな歴史」の領域に属するのは，低学年における文化の普遍性と多様性の認識，その歴史的背景など社会科にとって必要な文化や相互依存，希少性，変化といった概念の基礎的部分を学習させようというねらいからである（資料4-3）。事例3，14，15，25のように，内容的に全く同一の授業事例もある（表4-1）。

　特色(3)について，高校で地球的諸課題の学習に重点がおかれているのは，小学校低学年の場合と逆に，高校段階におけるより専門的な内容領域としての地球的諸課題の領域が選択されているからである（資料4-3）。しかも，高校における地球的諸課題の学習は，内容的に，他の領域（Ⅱ人間的な価値，Ⅲグローバル・システム，Ⅴグローバルな歴史）とかさなっており，それ以前の学校レベルでの学習を踏まえたものともいえる（表4-1）。

表4-1 *Global Issues* の全体構成（小学校版1993・中学校版1994・高校版1987より筆者作成）

学習領域	（該当学年）K-6・授業事例		G5-8・授業事例	G9-12・授業事例	学習領域
Ⅰ 地球的意識の概念の導入	K-3	1. 人々のパズル	1. 地球的なつながり	1. 縮小する世界 2. 国々の比較	Ⅰ 地球的意識の概念の導入
	G4-6	2. 地球の家（貿易）	2. 地球の子ども		
	G5-6	3. 私たちは何について知っているか、何を知りたいのか	3. 私たちは何について知っているか、何を知りたいのか		
Ⅱ 人間的な価値の学習 a. 普遍性―人間であることと標準性 b. 多様な人間の価値―文化的相違	K-3	4. おもちゃとおとぎ話	4. 「アメリカの家族の価値」は何か		
	G3-6	5. ことわざの知恵	5. さまざまな祝祭日		
	G5-6	6. 小説の世界：文学における地球的な考察	6. 宗教と価値		
	K-6	7. 遊びはどこでも同じ	7. 生命の木々		
	G4-6	8. より早く、より遠く、より高く：オリンピックと価値	8. 世界の音楽		
	G5-6	9. 二つの文化における教育：日常生活	9. 文化の輪をつくる		
Ⅲ グローバル・システムの学習 a. 経済 b. 政治 c. 科学技術 d. 生態学的	G3-6	10. ねずみ取り，懐中電灯，その他のシステム	10. システムとは何か	3. アメリカの世界貿易 4. 貿易の自由	Ⅱ 世界貿易と経済的相互依存
	G4-6	11. つながる世界	11. 彼らは世界全体を手にした		
	G4-6	12. 子どもの権利会議	12. 先住民族の権利		
	G4-6	13. より近くなる世界の旅	13. 通信ネットワーク		
	G5-6	14. 地球環境の共有	14. 地球環境の共有		
	G4-6	15. 南極探検：国際協力の事例	15. 南極探検：国際協力の事例		

2.5. グローバル学習のシークェンスの原理

　小学校低学年と高校段階におけるスコープ編成の違いを指摘したが，当然この背景には，シークェンスの原理（カリキュラムの優先順位）が作用している。

　資料4-3，資料4-4に示したように，K-12という小・中・高校の一貫した

Ⅳ 地球的な諸課題の学習 a. 平和と安全 b. 開発 c. 環境 d. 人権	G3-6	16. 地球的な課題の確認		16. 地球的で地域的な課題：調査	5. 軍備のコスト 6. 核戦争，その可能性		Ⅲ 地球的な対立と軍拡競争
	G3-6	17. 人口，多いか少ないか		17. 生物の多様性			
	G5-6	18. 子どもの健康の保護		18. 世紀の転換期における民主主義	7. 近代化過程の理解 8. 外国援助―援助額，援助対象		Ⅳ 経済開発と外国援助
	G4-6	19. 難民		19. 難民：受け入れはととのっているか			
	G5-6	20. 農薬：一つの地球的課題		20. 貧困と人口	9. 石油による海洋汚染，その制御 10. 環境問題の解決		Ⅴ 環境と科学技術
	G3-6	21. 野生生物種の危機：なぜ，どこで		21. 持続可能な開発	11. ガソリンの価格 12. 天然資源の配分と利用		Ⅵ エネルギーと天然資源
					13. 国内および外国における人権		Ⅶ 人権
Ⅴ グローバルな歴史の学習 (a. ～d. については欄外注参照)	G3-6	22. 発明の世界		22. 歴史的な関係			
	G4-6	23. 移住：移動する人々		23. 言語の系統図			
	G4-6	24. 建築とグローバル歴史		24. くらしのなかの香辛料			
	G2-6	25. くらしのなかの香辛料		25. ジャガイモの力：一つの食べ物がいかに世界を変えたか			
	G2-6	26. 世界の料理		26. ノーベル平和賞：20世紀の対立			
	G5-6	27. アメリカの独立とフランスの革命		27. 人類のよき契機			

(引用者注：右端の学習領域欄は小・中学校版の「大単元」であり，Ⅱ～Ⅴはクニープのいう本質的構成要素に相当する。左端の学習領域欄は高校版の「大単元」を示す。Ⅴグローバルな歴史の学習は，a.文化及び社会間の接触と受容，b.文化および価値の起源と発展，c.グローバル・システムの進化，d.地球的諸問題に先行する問題の下位領域を持つ)

カリキュラム編成として，(1)グローバル学習の基本概念の基礎および基本的技能を身に付ける初等（小学校）段階と，(2)それらの理解の深まりをはかる中等前期（中学校），(3)専門化，高度化をはかる中等後期（高校）というように大きく三つの段階に分けられている（*Next Steps* 1987：121）。

　初等学年において強調される基本概念とは，「文化，相互依存，希少性，対立，変化」という，グローバル学習の五つの基本概念をさしている。中等前期（中学校）で強調される「理解の深まり」は，小学校で学習した，「システム，人間の価値と文化，永続的な地球的課題，歴史的なものの見方（グローバルな歴史）」といった学習領域（グローバル教育の本質的構成要素）をスパイラルに学ぶようにしているためである。中等後期（高校）で強調される専門化，高度化は，科学的知識や地球的諸課題を通した問題解決的な理解をさし，社会参加の能力を高めていこうとするものである。

第3節　グローバル学習の初等・中等のカリキュラム

3.1. 初等・中等のカリキュラム構造

　次に，クニープが示した初等・中等段階のカリキュラムを具体的に見ていく（*Next Steps* 1987：152-157）。これを表4-2に示した。まず，初等段階と中等段階において違いがあることがわかる。基本的には，既述したように，小学校では概念の基礎づけ，中学校では理解の深まり，高校では専門化・高度化というシークェンス原理（カリキュラムの優先順位）をふまえている。

　しかし，さらに注意してみていくと，(1)小学校前半（G1-3）に概念の獲得学習があり，小学校後半（G4-6）では概念獲得学習のくりかえしと州・アメリカ合衆国・非アメリカ世界の学習が同時に考えられていること，(2)中等前期・中学校（G7-9）では領域テーマに基づいた学習（システムや人間の価値と文化，グローバルヒストリーの学習）と自国及び世界を特徴づける相互依存の発達を含む歴史的なものの見方の理解を深めていること，(3)中等後期・高校

(G10-12) では地球的課題を，行為者，構成要素，事件などの現象的なテーマの学習をおこない，それを通して，世界史や現代世界における合衆国やアメリカ市民の役割など地球的課題解決や社会参加の技能や態度を育成しようとしていることがわかる。

　ここでいくつかの疑問に出会う。一つめは，なぜ，初等と中等で概念テーマと領域テーマに分かれているのか，二つめは，なぜ，小学校後半で概念獲得学習が繰り返され，州・アメリカ合衆国・非アメリカ世界の学習と共存するのか，三つめは，領域テーマの学習の特徴および問題点は何か，である。魚住 (1995, 1997) および田 (1997, 1999, 2004) はこれらの疑問に十分に応えていない。

3.2. 概念探究とテーマ学習（初等段階）

　一つめの疑問を取り上げよう。たしかに，表4-1に示した全体構成では，初等（K-6）も中等前期（G5-8）と同一の学習領域で編成されている。しかし初等段階では，概念の基礎づけの重要性を優先したカリキュラム編成を提案している（資料4-3，表4-1）。グローバル教育における本質的構成要素（学習領域）と基本概念は基本的には対応しているので，学習領域をみればどの概念が中心となるのかがわかるからである。それゆえに，初等段階，特に低学年の学習で優先されるのは，テーマ学習を通した概念探究・獲得学習である。クニープは，このテーマ学習を学問の構造的要素にてらして，①探究を行ない，現実の構造や見方を表わすための「概念的テーマ」（五つの基本概念），②概念が行為者や構成要素，事件といった社会事象となってあらわれる領域としての「現象的テーマ」，③解決のための知識や説明が提供される「永続的な問題テーマ」（永続的な地球的諸課題），という三つのテーマ・モデルにわけている（表4-2）。

　これを，*Global Issues* 小学校版1993で，低学年から開始される五つの授業事例（事例1，4，7，25，26）でみていこう。授業事例は現象的テーマを

教材化したものである（以下，事例について表4-1に掲げたものである）。

事例1「人々のパズル」では，食べ物や飲み水，家などの私たちが基本的に必要とするものの認識を通して「希少性」という概念を獲得させている。事例4「おもちゃとおとぎ話」では，おもちゃという人間にとって共通性と

表4-2　初等・中等段階のカリキュラム（*Next Steps* 1987：154-157より筆者作成）

初等段階

学年	概念的テーマ	現象的テーマ		永続的問題テーマ
第1学年	相互依存	・人々のつながり，遊び，地域の人々の働く場のような社会状況での役割 ・生き物と世界の相互依存，生物学的システムの協働性	環境問題	・学校や地域にある汚染や廃棄物や事例の原因や解決の代案
	希少性	・必要と不足（Needs と wants） ・経済的選択行為とその分析		
第2学年	変化	・児童自身の変化の永続性の確認。 ・地域社会や環境のために記録をつける	開発	・地域社会や世界各地の飢餓と貧困。問題解決を考え対策をたてる
	文化	・自文化の検討，他文化との比較 ・文化の普遍性の認識		
第3学年	対立	・経済システムにおける地域の行為者。 ・協力的な側面とともに競争的な市場における需要と供給の相互依存	平和と安全	・安全を脅かす地域的，グローバルな対立の分析，対立の解決の代替案の検証
第4学年	州の歴史学習／文化	・先住民族から始まって州の発展までさまざまな集団の貢献の分析	環境問題	・州の主な地形，河川体系，森林と砂漠，主な都市とその生活の性質の貢献についての学習
	州の現代生活の学習／相互依存	・他の州や世界との経済的，政治的，文化的，科学技術的なつながりの確認		
第5学年	アメリカ史／相互依存性，対立，希少性	・アメリカの発展の概念的な理解。 ・アメリカを世界の国々の中で独自の国家にしている構成要素や価値の強調。憲法や連邦制，大統領制 ・歴史的，現代的なアメリカの他の世界との「相互依存性」，国家の発展における「対立」の役割 ・「希少性」の世界におけるアメリカの経済的進展	人権	・正義や平等，個人の自由という基本的な価値の実践におけるアメリカの課題や進歩
第6学年	A. A. LA 学習／変化，文化，対立，相互依存	・歴史的，現代的な見方を含むラテンアメリカ，アフリカ，アジアの学習	開発	・アメリカの役割や開発途上国に対する市民のつながりの強調

第4章 教科統合学習としてのグローバル教育　109

中等段階

学年	領域テーマ	学習内容・現象的テーマ	優先順位
第7学年	グローバル・システム（経済，政治，学際的＝環境，科学技術）	・前期：グローバルな経済システムの検証。アメリカの経済，主な経済システムやグローバルな経済の相互依存性の分析 ・後期：生徒たちは同じアプローチを通して政治システムの学習 ・同時に学際的な学習として，前期：生態環境システム，後期：科学技術システム	システムの理解の深化
第8学年	人間の価値（西欧的，非西欧的，学際的＝芸術など）	・アメリカ社会の基本的な価値（個人の自由と権利，公正，平等など）の分析 ・その価値の起源の追究（アメリカ建国の文書，西欧文明の文書，作品，運動など） ・非西欧的な伝統の分析（イスラムや東ヨーロッパの世界，そしてアジア，アフリカ，ラテンアメリカの文化や伝統） ・同時に学際的な学習として，思想の歴史や芸術，文学，音楽，他の美的表現における各伝統の価値	人間の価値と文化への理解の深まり
第9学年	グローバルな歴史（現代と過去，文明交流，国際関係及び歴史的背景）	・現代世界の過去との相互依存性（過去2000年の諸文明の継続的な接触と交流） ・初期の文明間の歴史的な接触と交流，およびその後に続いた移民，開発 科学技術の輸出，植民地化，現代技術の証拠と成果の検証 ・今日の国際関係を解釈するための広い歴史的な展望を提供する	歴史的なものの見方の深まり
第10学年	年代順のアメリカ史（地球的課題とアメリカ）	・アメリカの歴史と地球（世界）の歴史との関係 ・アメリカが開発，環境，人権，平和と安全の問題に対してとっている独自のアプローチ	歴史的なものの見方と永続的な課題へ理解の深まり
第11学年	現代世界の主な行為者（地球的課題と主な行為者）	・グローバルな政治的，経済的世界における国民国家。 ・永続的な問題に対する各国のアプローチの比較，それらの国々の社会的，政治的価値の分析 ・他の行為者の役割。国連，NGO，多国籍企業，組合，草の根の運動	永続的な地球的課題への理解の深まり
第12学年	現代の地球的な諸問題（グローカルな課題解決）	・社会科プログラムの最終到達点。テーマや先行学年の内容の適用 ・前期：探究計画をたてる。データを集め分析し，結論を導きだし，選択可能な解決を生み出す。課題に関する卒業論文の作成 ・後期：計画の実行。地域プロジェクトへの参加。地域サービス機関，政党，非営利団体との協力。現実の民主的な社会における市民の役割を経験する機会の提供	高度化，社会参加

（中等学校における「優先順位」はカリキュラムの優先順位のこと，この欄は作成者による追加）

文化による違いから「文化」という概念を探究させている。同様に，事例7「遊びはどこでも同じ」においても，遊びの多様性と共通性のなかからそれが文化的な価値を反映していることの認識をさせ，「文化」という概念を獲得させている。

事例25「くらしの中の香辛料」は，香辛料の広がりを通して文化間の接触や交流の歴史，それによる社会や文化の変容を学ばせることで，「変化」や「対立」の概念を獲得させようとしている。事例26「世界の料理」も同様に，文化によって異なる料理とその地球社会への伝播を通して，「変化」や「文化」の概念を獲得させている。これを簡略化して表4-3に示した。

次に，小学校後半における概念獲得とアメリカの州や歴史，世界の学習の共存という第二の疑問に移ろう。

概念の獲得は，繰り返し行われる必要があるとクニープはいっているが(Next Steps 1987：154)，それがアメリカの州や歴史，世界の学習という社会事象を通してなされている。社会事象は概念が現象する場であって，人や国家などの行為者，地域などの構成要素，歴史的，現代的事件などからなる。アメリカの州，歴史，世界学習をテーマに選んだのは，地域や学校，子どもの状況および「世界の中のアメリカ」を考慮したといえる。さらに，アメリ

表4-3 初等段階におけるグローバル学習（筆者作成）

学年		優先順位	概念的テーマ（表4-2）		Global Issues 小学校版1993事例
小学校前半	1年	概念の基礎付け，基本的技能の獲得	相互依存，希少性		1. パズル，4. おもちゃ，7. あそび，25. 香辛料，26. 世界の料理
	2年		変化，文化		
	3年		対立		
小学校後半	4年		州の歴史／文化・州の現代生活／相互依存		11. つながる世界，23. 移住
	5年		アメリカ史	変化，文化，対立，相互依存，希少性	27. アメリカの独立とフランス革命
	6年		A. A. LA		9. 二つの文化における教育，19. 難民，20. 農薬

（表中の「優先順位」とはシークェンス原理としてのカリキュラムの優先順位のこと，表4-4，4-5についても同じ）

カ社会科の伝統（アメリカ人のアイデンティティの育成）にしたがって，グローバル教育としての社会科という現実的な対応のために，合衆国史学習を導入したともいえる。

これを *Global Issues* 小学校版1993でみていくと，アメリカの州学習では事例11と23，アメリカ史の学習では事例27，アメリカ以外の世界学習では事例9，19，20などが該当する。

事例11「つながる世界」は，アメリカの特定の州と世界とのつながりを内容とするものではないが，児童の身近なくらしの中のものや経験が世界とつながっていることを実感し，そこから経済的相互依存の概念を確認し，その有利と不利について考えさせようとするものである。事例23「移住：移動する人々」は，移民国家アメリカの背景としての世界の人々の移住を取り上げ，児童の家族や親戚，地域コミュニティの人々に対して，ふるさとの国や移動の理由をたずねるインタビューなどを通して，児童の居住地や学校と世界とのつながり，地域社会の歴史的・文化的な背景に気づき，「文化」の概念を確認させるものである。

事例27「アメリカの独立とフランス革命」は，アメリカの独立革命を，フランス革命との関連でたどることで，合衆国の人権や民主主義の価値の誕生とその重要性を学び，「変化」「相互依存」「対立」などの基本概念を獲得させようとしている。事例9「二つの文化における教育：日常生活」は，韓国の10歳の女子児童の1日の生活時間などの資料を提示して，自分たちのアメリカの生活と比較しながら，韓国の文化における儒教や教育重視について学び，「文化」（の多様性）の概念を確認しようとしている。

事例19「難民」は，難民が現代世界の出来事であることを難民の定義とともに認識し，なぜ難民となるのかを考察していくなかで，世界有数の難民受け入れ国であるアメリカ合衆国や国連，NGOなど問題解決に貢献する多様な行為者の機能について理解していこうとする。これを通して「対立」「相互依存」などの基本概念を探究させようとしている。

事例20「農薬：一つの地球的課題」は，農薬という科学技術の進歩の結果生まれた物質が環境に有害であることを理解するとともに，アメリカで使用禁止の有害物質が越境移動して開発途上地域に販売され，使用された農産物を逆に輸入しているという錯綜した関係を認識し，「相互依存」「対立」「希少性」などの基本概念を確認させようとするものである。これを簡略化して表4-3に示しておいた。他の事例についても，アメリカの州（地域），国家，世界の中のアメリカなどの学習を見ることはできるが，どの事例にも世界性や普遍性が地域性や多様性と重複しており，基本的には同心円拡大のような区分ができない。だからこそ，現象的テーマ（授業事例）を通して，基本概念の探究と獲得，その活用を強調しているのである[8]。

3.3. 領域テーマによる学習（1）（中等前期）

第三の疑問に移ろう。それは，領域テーマの学習の特徴および問題点は何か，であった。

すでに述べたように，中等学校段階で強調されるのは，「理解の深まり」や知識・技能・価値・社会参加といったグローバル学習の目標を達成するための「専門化，高度化」であった。したがって，領域テーマの学習として，行為者，構成要素，事件といった現象的テーマが取り上げられたのであった。

表4-2では，第7学年「グローバル・システム」，第8学年「人間の価値（と文化）」第9学年「グローバルな歴史」，第10学年「年代順のアメリカ史（地球的課題とアメリカ）」，第11学年「現代世界の主な行為者（地球的課題と主な行為者）」，第12学年「現代の地球的な諸問題（グローカルな課題解決）」と学年ごとに区切られている。これに該当する事例を探っていくと，第7学年「グローバル・システム」では*Global Issues*中学校版1994の事例10～15が該当する。

事例10「システムとは何か」は，システムという言葉の定義と，地球その

ものが経済，政治，科学技術，環境の4つのサブ・システムをもつ巨大なシステムであるという確認をしていく。事例11「彼らは世界全体を手にした」は，多国籍企業というグローバル・システムの行為者を取り上げて経済的相互依存の理解を深めようとするものである。事例12「先住民族の権利」は，先住民族の権利がなぜ保護されなければいけないかを考え，世界先住民族年（1993年）を宣言した国連の役割に気づくことによって，政治システムについて理解を深めようとするものである。事例13「通信ネットワーク」は近年のグローバリゼーションの加速化に貢献した通信革命を通して科学技術のシステムについて理解を深めようとするものである。事例14「地球環境の共有」は学際的な学習であるが，化学工場の火災，湾岸戦争やチェルノブイリ原発，森林火災，酸性雨などの地球環境を脅かす事例を通して，地球環境システムの重要性を学ぶものである。事例15「南極探検」も学際的学習であるが，1989年の国際的な共同学術探検を例にとって，国際協力や知識の共有という観点から科学技術のシステムについて学ぶものである。（事例14，15は初等段階と全く同じ）

　第8学年「人間の価値（と文化）」では *Global Issues* 中学校版1994の事例4〜9が該当する。

　事例4「『アメリカの家族の価値』は何か」は，この領域の学習の導入的な部分で，家族という人間にとっての普遍的な価値を，アメリカの家族を例に確認させていこうとするものである。事例5「さまざまな祝祭日」は，移民社会であるアメリカではさまざまな文化的・民族的背景を持った祝祭日がある。これらの価値を探ることで多様性の理解を深めていこうとするものである。事例6「宗教と価値」は，さまざまな宗教に共通する価値について理解を深めるものである。事例7「生命の木々」は学際的な内容で，木にまつわるさまざまな文化の伝承や民話を通して，人間と環境の関係を考えていくものである。事例8「世界の音楽」も同じく学際的な内容で，音楽が人間社会で果たしている多様な機能を理解していくものである。事例9「文化の輪

をつくる」は，領域学習のまとめ的な部分であるが，私たちの身近な文化（大衆文化）をアメリカや他の国や地域を対象に探っていくことにより，文化の普遍性と多様性について理解を深めていくものである。

第9学年「グローバルな歴史」は *Global Issues* 中学校版1994の年齢段階とは一致しないが，中等前期の事例として考察する。すると事例22〜27が該当する。

事例22「歴史的関係」は，この領域学習の導入部分で，現象的テーマの一つである人や事件や地域が相互に影響したり，関連して，現代につながっていることを理解させようとするものである。事例23「言語の系統図」は，英語を例にとって，それが多様な言語的なつながり，文化的な相互接触をとおして成立した事実から，英語の文化的背景の多様性について理解を深めようとするものである。

事例24「くらしの中の香辛料」は，初等と同じ内容であるが，中等前期で行われる場合は，ヨーロッパ文明とイスラム文明の接触，大航海時代以後，香辛料の一般化によるヨーロッパ社会の変容など，現在のくらしに及ぼした影響などを焦点化して学んでいくものである。事例25「ジャガイモの力：一つの食べ物がいかに世界を変えたか」は，同様に，現在の主要作物であるジャガイモが「新大陸」発見後のヨーロッパ社会や世界史に大きな影響をあたえたことについて理解を深めていくものである。

事例26「ノーベル平和賞：20世紀の対立」は，平和賞そのものの価値を考察すると同時，その受賞者の業績の変遷を学習することによって，平和，人権，貧困など多くの課題を抱える20世紀について理解を深めていこうとするものである[9]。事例27「人類のよき契機」は，Global Issues 中学校版1994の最後のまとめであり，課題解決のための人類の選択について考えていこうとするものである。これらを表4-4に簡略化して示した。

表4-4　中等前期におけるグローバル学習（筆者作成）

学年	優先順位	領域テーマ (表4-1)	Global Issues 中学校版事例
7年	システムの理解の深化	グローバル・システム	10. システム、11. 世界を手に、12. 先住民族、13. 通信、14. 地球環境、15. 南極探検
8年	人間の価値と文化への理解の深まり	人間の価値（と文化）	4. アメリカの家族の価値、5. 祝祭日、6. 宗教と価値、7. 生命の木々、8. 世界の音楽、9. 文化の輪
9年	歴史的なものの見方の深まり	グローバルな歴史	22. 歴史的関係、23. 言語系統図、24. 香辛料、25. ジャガイモの力、26. ノーベル平和賞、27. 人類の契機

3.4. 領域テーマによる学習（2）（中等後期）

　中等後期（高校）は，グローバル教育の本質的構成要素をなす四つの学習領域のうち地球的諸課題を中心に学習する（表4-1）。*Global Issues* 高校版1987では，地球的諸課題を学年別に配当していないので授業事例の該当例を探ることは困難である。

　内容的にあえて配当してみると，表4-2によれば，第10学年では，アメリカの歴史と世界史の関係や，アメリカが地球的課題に対してとっている独自のアプローチを現象的テーマにしているので，事例5〜8が該当するだろう。

　事例5「軍備のコスト」は，当時（冷戦時代）のアメリカをはじめとする武器供与国の行為が開発途上国の軍事支出に与える影響や，社会政策が軍事支出の犠牲になっていることなど，国家予算のデータなどから開発途上国に対するアメリカの影響力を考察していこうとするものである。事例6「核戦争，その可能性」も冷戦時代の内容であるが，核戦争のシナリオなどを資料として示しながら，世界の平和創出における米ソの役割を考えさせようとするものである。

　事例7「近代化過程の理解」は，アメリカの歴史とアメリカがラテンアメ

リカやアジアなど世界各国の近代化に関与してきた行為を示す現象的テーマを通して近代化の意味を考え，考察を深めようとするものである。事例8「外国援助－援助額，援助対象」は，いわゆるアメリカの政府開発援助を扱ったものである。アメリカが世界の開発問題に援助政策をつうじてどのように貢献しているか，考察を深めようとするものである。

　第11学年は，国家や国連，NGO，多国籍企業など多様な行為者を現象的テーマにしているので，事例9～11が該当するだろう。

　事例9「石油による海洋汚染，その制御」は，石油による海洋汚染の原因であるタンカー衝突と問題解決について，それにかかわる四つの行為者のロールプレイを通して意思決定を行っていくという学習である。事例10「環境問題の解決」は，環境と科学技術の関係を，二酸化炭素の排出量や自動車台数の資料データをもとにさぐり，解決に向けた行為者について理解を深めようとするものである。事例11「ガソリンの価格」は，オイルショック（ガソリン価格の高騰）という事件を現象的テーマとして，産油国の資源ナショナリズムや先進工業国への影響，産油国でありながらも石油依存国であるアメリカの役割の学習を通して，市民として個人生活での行為選択について考察を深めていこうとするものである。

　第12学年は，社会参加も含めたグローバルでローカルな課題解決をねらいにしているので，事例12，13が該当するだろう。

　事例12「天然資源の配分と利用」は，20世紀において急速に需要が高まった石油をはじめとするさまざまな天然資源の開発，供給の限界，分配のあり方などについて，資料データをもとに考察し，将来に対する意思決定を探っていこうとするものである。事例13「国内及び外国における人権」は，この領域学習のまとめに相当する。*Global Issues*高校版1987の最後でもあり，グローバル学習のK-12における最後の学習でもある。なぜなら，人権は，国連の世界人権宣言にあるように，現在もっとも広く認められた普遍的な価値であり，その実現に向けて生徒たちが不断に努力していくべき価値であ

第4章 教科統合学習としてのグローバル教育　117

表4-5　中等後期（高校）におけるグローバル学習（筆者作成）

学年	優先順位	領域テーマ（表4-2）	Global Issues 高校版1987事例
10年	歴史的なものの見方と永続的な課題への理解の深まり	年代順のアメリカ史（地球的課題とアメリカ）	5. 軍備のコスト，6. 核戦争，7. 近代化，8. 外国援助
11年	永続的な地球的課題への理解の深まり	現代世界の主な行為者（地球的課題と主な行為者）	9. 海洋汚染，10. 環境問題，11. ガソリン価格
12年	高度化，社会参加	現代の地球的な諸問題（グローカルな課題解決）	12. 天然資源，13. 国内外の人権

る。そのような観点から今なお存在する人権侵害の事例や人権にたいする考え方の違いを提示して，行為選択や社会参加について生徒たちの態度や価値を確認し，考察を深めようとしている。以上について，表4-5に簡略化して示した。

第4節　グローバル学習における教材開発の論理

　以上，グローバル学習の授業事例を，表4-1に示した初等27事例，中等前期27事例，中等後期13事例の概観と，それらを表4-2に示した概念的テーマと領域的テーマにそって位置づけ，社会に「現象」するテーマとの関連で説明してきた。
　では，以上のような興味深い授業事例の根底にある教材開発の考え方はどのようなものだろうか。なぜ，このような授業事例が採択されたのだろうか。これを解明するために，初等段階の低学年，中学年，高学年，中等前期，中等後期段階の五つに区分し，六つの事例を抽出して考察したい（表4-6)[10]。
　すなわち，(1)初等段階における五つの基本概念の探究・獲得学習の教材開

表4-6　教材開発事例の分析の枠組み（筆者作成）

		(1) 概念探究・獲得	(2) 相互依存概念	(3) 人権問題
初等	低学年	①事例1 人々のパズル		
	中学年	②事例11 つながる世界	(事例11)	
	高学年	③事例27 アメリカ独立とフランス革命		(事例27)
中等	前期		④事例11 世界全体を手に	⑤事例18 世紀の転換期の民主主義
	後期			⑥事例13 国内外における人権

発の論理を探るために①②③を比較する。(2)小・中学校における同一概念探究・獲得学習の教材開発の論理を探るために，相互依存を例にとって②と④を比較する。(3)小・中・高校における「永続的テーマ」である地球的諸課題学習の教材開発の論理を探るために，人権学習を例にとって③⑤⑥を比較する（表4-6）。

4.1. 初等段階における基本概念の探究・獲得学習の場合

①低学年：事例授業1「人々のパズル」（学習領域：地球的意識の概念の導入，1時間，*Global Issues* 小学校版1993：5-9）

この授業のねらいは，食べ物，飲み水，家，愛，学習など，人間は多くの面で基本的には同じであることに焦点を当て，「希少性」（scarcity）概念を身に付けようとしたものである。

授業は，1）必要なもの（Needs）を話し合うブレーンストーミング，2）ジグソーパズルにした「料理をするアフリカの人」「学校で学ぶ南米の子ど

も」「アジアと北米（白人）の家族」の絵合わせをする，3）そうして，料理＝食べ物，学校＝教育，家族＝性愛，子育てといったベイシック・ヒューマン・ニーズ（Basic Human Needs，人間にとって基本的に必要なもの）が世界各地域において普遍的であることを学ぶ，といった三つの場面から構成される。経済学（社会科公民内容）の基礎概念である希少性概念がグローバル学習の導入場面で強調されるのは，人間にとって基本的に必要なものを地球的意識としてまずおさえておきたいからである。

> ②中学年：授業事例11「つながる世界」（学習領域：グローバル・システム，1～2時間，*Global Issues* 小学校版1993：57-59）

この授業のねらいは，身近な地域や州の現代生活を現象的テーマにしながら「相互依存」概念を獲得させようとするものである。

授業は，1）教師が外国出身のスポーツ選手の写真，スポーツ用品，音楽，流行グッズ，世界の犬の写真など児童に身近な実物を教室に持ってきて児童の経験と照らし合わせる，2）「全部アメリカ製といえるか」という教師の発問からそれらの品物の共通性を探っていく，3）その共通性とは「世界つながり」であり，児童の生活と世界との経済的な相互依存関係を発見する，4）そのような例を児童自ら調べ，「私とつながる世界」としてポスターやコラージュを作成して発表する，5）経済的相互依存（貿易）が及ぼすプラス・マイナスについて，討議資料を参考にペアで話し合う，6）それについてクラスで合意を形成する，という六つの場面から構成されている。

低学年だと1）～4）の場面でおわるところだろうが，後半5），6）の授業場面を加えることで，相互依存の中の対立や葛藤まで理解を深め，中学年の教材にしている。

> ③高学年：授業事例27「アメリカの独立とフランスの革命」（学習領域：グロー

バルな歴史, 1時間, *Global Issues* 小学校版1993：163-168)

　この授業のねらいは，アメリカ史（アメリカの独立とフランスの革命）の学習を現象的テーマにしながら，変化や相互依存（因果関係）といった歴史的なものの見方と現在の人権問題の背景理解を深めようとするものである。

　授業は，1）これまで授業で学んできた「世界の人々のつながり」を想起し，アメリカとフランスとが「共有した思想」（人権思想）を取り上げる，2）アメリカの独立とフランス革命に関する歴史資料を分析し，年代順に並べるなどの年表ワークをする（歴史資料や比較年表のワークシートは教授書に用意されている），3）二つの革命的な事件が起きた時間の流れを比較し，合衆国憲法とフランス人権宣言が相互に影響し，共通の人権思想が両国に変化をもたらしたことを，教師の発問やクラスでの話し合いをとおして認識していく，という三つの場面からなっている。

　人権思想は，社会科やグローバル教育において人間の普遍的な価値を示すものである。現代の価値が歴史的な淵源を持っていることを教材化したもので，次の中等学校段階での人権学習の基礎になるものである。

　以上，要するに，初等段階における概念の基礎を身に付ける学習活動は，多様な学習方法を採用しながら，ベイシック・ヒューマン・ニーズ（Basic Human Needs）を通して希少性を，世界のつながりや貿易を通して相互依存

表4-7　小学校における基本概念の探究・獲得学習（筆者作成）

小学校	概念	現象	学習方法・活動
低学年 事例1	希少性	ベイシック・ヒューマン・ニーズ（Basic Human Needs） （食べ物，教育，家族）	ジグソーパズル（絵合わせ）
中学年 事例11	相互依存と対立	世界のつながりや貿易	身近な品物（実物提示），話し合い，合意形成
高学年 事例27	変化と相互依存	革命と人権思想	資料分析，年表ワーク

と対立を，革命と人権思想を通して変化と相互依存を獲得させている。これを表4-7に示した。

4.2. 中等前期における同一概念探究・獲得学習（相互依存概念）の場合

④中等前期：授業事例11「彼らは世界全体を手にした」（学習領域：グローバル・システム，1時間以上，*Global Issues* 中学校版1994：67-69）

この授業のねらいは，さまざまな世界商品を現象的テーマにしながら，グローバル・システムの経済的行為者の一つである多国籍企業について理解を深めるものである。

授業は，1）グループワークとして，セイコー（時計），サムスン（テレビ），ネスレ（チョコレート），ニンテンドー（ゲーム），ソニー（メディア機器），ビック（筆記用具），リーボック（スポーツ用品）など「世界の企業」の本社のある国を推測する，2）その答えを聞いて疑問に思ったことを出し合う，3）多国籍企業の定義をし，それが現代の経済システムの主要な行為者であることを認識する，4）発展として，多国籍企業の製品を調べ，発表する，という三つないしは四つの場面から構成されている。

初等の事例11「つながる世界」に比べて，身近なくらしのなかの商品とその供給としての貿易という社会機能理解から，社会認識を一歩すすめ，経済

表4-8 初等・中等前期における同一概念探究・獲得学習（相互依存概念の場合）
（筆者作成）

段階	概念	現象	学習方法・活動
初等 事例11	相互依存それ自体	世界のつながりや貿易	身近な品物（実物提示），話し合い，合意形成
中等 事例11	相互依存の行為者	多国籍企業	グループワーク（世界商品の本社推測），多国籍企業調べ

システムの行為者について理解を深めている点が中等前期教材開発の特徴である。これを初等の事例とあわせて表4-8に示した。

4.3. 地球的諸課題学習（人権学習）の場合

> ⑤中等前期：授業事例18「世紀の転換期における民主主義」（学習領域：地球的諸課題，3時間，*Global Issues* 中学校版1994：129-131）

　この授業のねらいは，ソ連崩壊直後の民主化の動きをうけて，旧ソ連圏，アジアやアフリカ諸国における民主主義社会実現の課題を探り，民主的市民とは何かについて理解を深めようとするものである。

　授業は，1）民主的市民について，その性質，技能，態度，権利，責任などのサブ概念をもとに相互の関係をウェビング手法を使って探る，2）民主的市民とは何かについてクラスで話し合い，合意を形成する，3）資料をもとに南アや旧ソ連・東欧の民主化へのチャレンジや課題について話し合う，4）アメリカ人が諸外国の民主化を支援していることを知る，5）民主的市民を育てる教育について，3分間の発表ができるようにグループワークをする，6）発表をしてクラスで評価をする，という6つの場面から構成されている。

　この授業は，現代世界の各国の民主化の課題を民主的市民とは何かという観点から探らせることで，初等段階（事例27）で学んだ人権概念の普遍化（世界化，現代化）について考えさせる教材開発になっている。

> ⑥中等後期：授業事例13「国内および外国における人権」（学習領域：地球的諸課題，3〜4時間，*Global Issues* 高校版1987：106-118）

　この授業のねらいは，国連の世界人権宣言という普遍的な価値の実現に向

けて，今なお存在する人権侵害の事例や人権にたいする考え方の違いを提示して，生徒たちの行為選択や社会参加について考察を深めようとするものである。

　授業は，1）国連の世界人権宣言を提示する，2）世界人権宣言（普遍的人権）について，政治的・市民的権利と経済的・社会的権利の二つのカテゴリーに分類する，3）東西ブロックの世界では人権に対して認識の相違があり，この二つのカテゴリーの重要性に違いが生まれていることを知る，4）南ア，ソ連，イラン，韓国の「外国における人権」の状況を知り，世界人権宣言のうちのどんな権利が侵害されているかを考え，それに対するアメリカの外交政策の是非をグループに分かれて話し合う，5）クラスでの話し合いを通して，アメリカの外交政策を評価することは，一つのジレンマであることを認識し（たとえばソ連における人権侵害への反対は，米ソの軍事兵器交渉の妨げになるなど），政策の決定は一つの価値を犠牲にすることであることを理解する，6）アメリカ合衆国の国内における人権状況を資料で確認し，人権侵害が行なわれていることについて知る，7）アメリカ合衆国内の状況と対外的な人権政策の整合性についてクラスで討論する（アメリカ国内で人権が侵害されているのに他国を批判する倫理的権利はないということなど），8）世界人権宣言とアメリカの人権について作文を書く，という八つの場面から構成されている。

　この授業は，世界の人権状況に対するアメリカの政策には，国内の人権侵害や各国の人権認識の相違があり，人権の普遍化は，ジレンマを伴う永続的な課題であるという本質的な社会認識を得ようとするものである。

　かくして，初等から中等まで（K-12）の人権問題学習が，人権思想の成立を学ぶ初等，人権思想の普遍化への挑戦を学ぶ中等前期，多様な人権とそれを保障するための民主主義社会のジレンマについて学ぶ中等後期へ，人権問題の基礎的理解から国際関係など専門的な内容に基づいた意思決定や判断を必要とする段階へと高度化してく教材構造を持っているといえる。これを，

表4-9　小・中・高校における地球的諸課題学習（人権学習の場合）（筆者作成）

段階	人権問題	現象	学習方法・活動
初等 事例27	人権思想の成立	革命と人権思想	史料分析，年表ワーク
中等前期 事例18	人権思想の普遍化	民主化に挑戦する国々	ウェビング，合意形成，発表
中等後期 事例13	多様な人権思想，人権のジレンマ	世界の人権状況とアメリカの人権政策	資料分析，クラス討論，合意形成，作文

初等の事例をあわせて示すと表4-9のようになる。

第5節　学際的教科「グローバル・イシューズ」のカリキュラム開発からわかること

　以上の考察から，五つのことが明らかになった。

　一つには，クニープによるグローバル教育のカリキュラム開発論が，「グローバル学習＝総合社会科」の観点から，21世紀の市民的資質を育てるという使命と学習目標を組み込んだ教育プログラムを構想していることである。

　二つには，その構想が，学習領域や基本概念などの学習内容の編成の考え方，すなわちスコープとシークェンスに反映され，最終的には教授書編成の指針になっていることである。

　三つには，初等・中等の段階の教授書にはスコープとして，五つの学習領域に基づく授業事例が編成され，シークェンスとして初等段階は概念の探究と獲得を中心に，中等段階は領域テーマに基づく理解の深まり，専門化を中心に配列されていることである。

　四つには，授業事例の分析を通してこの原理が教材開発の理論として採用されていることである。すなわち，①小学校における概念探究・獲得学習では，グローバル学習の五つの基本概念を，授業事例（現象的テーマ）を通して獲得させていること，②同一の概念探究・獲得学習の場合では，小・中学

校において理解の深まりに違いを設けていること,③永続的テーマである地球的諸課題の学習では,K-12（初等・中等）を通じて,テーマとする問題の基礎的理解から専門的内容の理解へと社会認識の深化をはかり,問題の解決や社会参加のための市民的資質を育成しようとしていることである。

　五つには,こうして一貫したカリキュラムで得られる学習の成果は,グローバル教育＝総合社会科の学習内容としてもかなり密度が濃く,また,教材や学習方法のレベルからも,質の高いものとなっていることである。

　総じて,現代に生きる私たちの経験を「総合的・全連関的な経験領域」として内容化し,そこから使命と目標を設定し,スコープとシークェンスによって内容の編成と配列を組織し,K-12（初等・中等）を通じて,概念の基礎付けと社会認識の深化をはかり,問題解決や社会参加へむけた地球市民的資質を育成するための教授書を作成していく,教科統合学習としてのグローバル教育のカリキュラム開発モデルを示しているのである。それは,結果的に質的に高度な教育内容となり,『危機に立つ国家』（1983年）で求められた凡庸さ（mediocre performance）の回避,優秀性（excellence）の志向[11]への対応ともなっているのである。

　ここまで,アメリカ合衆国のグローバル学習のカリキュラム編成のあり方を論じてきたが,まとめると表4-10のようになる。ベッカー,アンダーソンらのグローバル教育揺籃期の理想的な学際的教科は,ホウトン社会科（『私たちの世界への窓』）であった。これは社会科の伝統的な同心円拡大の内容編成とは異なった,グローバル教育の理念型にもとづいた開発モデルであった。しかし,全米各州で実際に改訂された開発実践のカリキュラムになると,伝統的な社会科をはじめ現実への対応から,独立した学際的教科としてではなく,1987年NY州社会科のように学年のコース単元のなかにグローバル教育の考え方が取り入れられ,教科内融合領域として社会科のコース単元の開発モデルが示された。

　さらには,グローバル教育の理想・理念モデルへの批判や論争をへて,自

表4-10 カリキュラム編成の三類型（筆者作成）

	諸教科アプローチ 教科内融合／関連教科	学際的教科アプローチ 教科統合，独立教科	教科超越アプローチ 学校全体
初等	1987年 NY 州社会科（プログラム） →第三学年に西欧と非西欧のコース単元を設け，世界の様々なコミュニティを取り上げている。	ホウトン社会科（『私たちの世界への窓』1976 →社会科学から自然科学までを統合した学際的教科として編成し，同心円拡大モデルとも異なった自己と地球を直結する自己拡大の原理を示す。 →グローバル学習の理想・理念モデル *Global Issues* 小学校版1993	（サービスラーニング，コミュニティサービス）
中等	1987年 NY 州社会科（シラバス） →第7, 8学年に合衆国史・ニューヨーク州史のコース単元に社会史の観点から多文化主義を導入する →第9, 10学年にグローバル学習のコース単元を導入し，世界の諸地域をグローバル教育の観点から学ばせる。	*Global Issues* 中学校版1994 *Global Issues* 高校版1987 →グローバル学習を，学際的で広領域の総合的社会科とし，初等から中等まで（K-12）の一貫したカリキュラムとする。 →1. 人間の価値と文化，2. グローバル・システム，3. 地球的諸課題，4. グローバル・ヒストリーという四つの本質的要素からなるスコープと，①グローバル学習の基本概念の基礎および基本的技能を身に付ける初等（小学校）段階と，②それらの理解の深まりをはかる中等前期（中学校），③専門化，高度化をはかる中等後期（高校）というように大きく三つの段階のシークェンスから構成される。	（サービスラーニング，コミュニティサービス）

注：教科超越アプローチのカリキュラムモデルについては，アメリカ合衆国では，サービスラーニングやコミュニティサービスが該当すると思われる（唐木2010）

然科学や自己拡大の原理を修正した，広領域の学際的教科として再構築された。それが，グローバル教育の本質的要素からなるスコープと，初等から中等までの一貫したシークェンスからなる「グローバル・イシューズ」であり，グローバル学習としての総合社会科であった。しかしながら，それは，

教科内融合におけるコース単元ではなく，初等から中等までの一貫した広領域の総合的な学際的教科としての社会科モデルであった。その意味で，グローバル教育の理想・理念モデルの修正の一つでもあり，第二世代のグローバル教育のカリキュラム開発モデルともいうべきものであった。

おわりに

　1983年の『危機に立つ国家』は，アメリカのポスト産業社会における，国際競争力としての高度な学力（問題解決力，コミュニケーション力，思考力・判断力など）を求めていた。しかし，重要なのは，連邦政府による教育への関与（予算措置や教育改革目標）によって1980年代に多くのカリキュラム開発が試行されたことである。それが，各州の社会科カリキュラムフレームワークにおいて多民族教育や国際教育，グローバル教育の観点が導入されていき，実践開発期ともいえる状況を呈したのであった。その中で，グローバル教育は，アメリカの国際競争力をつけるにふさわしい教育として導入されたともいえる[12]。

　このような流れは，やがては，1990年代にはいって連邦政府や州レベルでのスタンダードにもとづく教育改革につながっていく（松尾2010）。クニープによるカリキュラム開発モデルに基づく「グローバル教育としての社会科」としての教授書「グローバル・イシューズ」は，民間の教育専門団体であるアメリカンフォーラムから出版されたものではあるが，そうしたスタンダード（教育内容スタンダード）を意図したものともいえよう。

　しかしながら，グローバル教育は，クニープの教科統合カリキュラムモデルの後，1990年代の全米スタンダードシステムの構築のなかに，埋没していったと考えられる。つまり，全米スタンダードとしての社会科カリキュラムのグローバルな視野，内容，単元として，いいかえれば，教科融合論のなかに埋もれていったのである。全米社会科協議会（NCSS）が1994年にまとめ

た社会科スタンダードの枠組みでは，学習の系統性を示す内容，テーマⅨにグローバルなつながり（Global connection）が初等から中等まで学ぶ学習として位置づけられている[13]。最近でも，グローバル教育の視点を組み入れた社会科教育を特徴づける要素とトピックスが示されるなど，社会科を中心にグローバル教育を普及させようとする試みが進行している（Meryyfield, M., Wilson, A. 2011）。

結果的に，表4-11にみるように，21世紀にはいって，時の政権による連邦政府の予算措置を含む教育への関与が，州政府レベルでのスタンダードとアカウンタビリティによる教育改革を加速させ，さらには共和党政権下の保守主義にさらされて，グローバル教育の学際的教科としての独自性はうすれていったといえよう[14]。

表4-11 アメリカ合衆国の連邦レベルの教育改革関連法
（松尾：2010を参考に筆者作成）

レーガン政権	1983	*A Nation at Risk*（The National Commission on Excellence in Education）『危機に立つ国家』（教育の優秀性に関する全米審議会報告）全米レベルの教育改革案
ブッシュ (Bush, G. H. W.) 政権	1989	連邦政府，知事，政財界のリードのもとでの歴史的な第1回教育サミット
	1990	全米教育目標（1.学習への準備，2.学校の卒業，3.生徒の学業成績と市民性，4.数学と理科，5.成人のリテラシーと生涯学習，6.安全，規律，アルコールと麻薬のない学校）
クリントン政権	1994	2000年の目標：アメリカ教育法（1990年の全米目標に，教師教育，教員研修，保護者の関与と連携の2項目を追加） ・アメリカ学校促進法（州政府の挑戦的なスタンダード改革にたいする連邦政府の補助金）
ブッシュ (Bush, G. W.) 政権	2001	9.11アメリカ同時多発テロ
	2002	「落ちこぼれを創らないための初等中等教育法」No Child Left Behind Act（NCLB法）
	2008	責任ある国家（*A Nation Accountable*）（『危機に立つ国家』25年後の報告書）
オバマ政権	2009	教育に関する演説（教育改革の5つの領域）

注

1) 1993 Massachusetts Global Education Project and Social Science Education Consortium の共同研究のプロジェクトは，1983年に始まり，Kniep のカリキュラムモデルをもとに編集したと，作成者の一人 P. T. Mulloy が「謝辞」および「序文」に記している。
2) 編者は，Kniep の本質的構成要素にそって内容構成をしたこと，同心円拡大のカリキュラムでは，グローバル教育の内容はいつも高校まで待たなくてならないことを「はじめに」で記している。
3) 1979年に初版。Kniep のグローバル教育の定義（"Defining a Global Education by its Content", *Social Education*, Oct. 1986, pp.437-446）を踏まえて高校（G9-12）用に開発し，1987年に第2版を出版したと「序文」にある。
4) 以下は，藤原孝章（2003a：40-53）を中心に改稿を施したものである。
5) これは1979年の NCSS のガイドラインにそったものである（*Next steps*, p.149）。
6) 総合社会・自然科学型社会科（「ホウトン社会科」）とグローバル教育の関係については，金子邦秀（1995：253-257）参照。
7) Hanvey, R. G. (1978)
8) 田（1999：66-69）および田・中村（2004：167-169）は，*Global Issues* 小学校版1993のシークェンスの特徴を明らかにするために，すべての授業事例を，小学校低・中・高学年の3段階に配列し，五つの基本概念と三つの中心テーマによって分類している。しかしながら，中心テーマである概念的テーマを低学年，現象的テーマを中学年，永続的問題テーマを高学年に分属させている点に疑問が残る。表4-2にみるように，これら三つのテーマは小学校全学年を通して設定されているからである。
9) 藤原（2003b：62-75）において詳しく取り上げた。
10) 以下は，藤原孝章（2002：1-14）を中心に改稿を施したものである。
11) 橋爪貞雄（1984）
12) したがって，アメリカのグローバル教育を自国の国際競争力重視というナショナルな利益からなされたものであるという批判は当然にある。しかし，第1章でのべたように，日本の国際理解教育の歴史においてのべたように，どの国の教育政策と民間の教育研究にも親和とせめぎあいがある。
13) 国立教育政策研究所（2004：9）。また，独立行政法人国際協力機構（JICA）地球ひろば（2014：53）によれば，民間団体であるアメリカン・フォーラム（AFGE）のグローバル教育に関するガイドライン「Guideline for Global and International

Studies Education: Challenges, Culture, Connections」をとりあげているが1995年のものである。ガイドラインの内容は，主な理念と知識，技能，社会参加の目標と鍵となる10のカテゴリーが示されているのみである。また主要教科にスタンダードとガイドラインの関わりについても示され，教科内融合になっていることが分かる。

14) 連邦政府の教育への関与は，予算配分と関連して州政府のスタンダードのカリキュラム開発を拘束し，さらにはそれが研究レベルの資金獲得にも影響を与えるという構図がここにみてとれる。アメリカの場合，冷戦時代，International はむしろ共産主義イデオロギーの一つとしてみなされたが（だからグローバル教育論争のときにはそのような批判もあった），冷戦以後は，アメリカという国民国家における外国理解という側面から International が使用されている。現在も，Global と International という用語が併用されるのは時の政権の変化に柔軟に対応するためだともいわれている（2010年3月の筆者のアメリカ調査）。

第2部　イギリスのグローバル教育

第5章　教科融合型学習としてのイギリスの
グローバル教育
―ワールド・スタディーズ・プロジェクトの場合―

はじめに

　前章で見た，クニープらによる教科統合型のカリキュラム開発である「グローバル・イシューズ」は，「グローバル教育としての総合社会科」（新しい統合教科）として，教育内容に関するスタンダードを意図したものともいえた。しかし，1990年代の全米スタンダードシステムの構築のなかで，グローバル教育は「新教科」としてではなく，既存教科としての社会科スタンダードのなかでのグローバルな視野，内容，単元として埋もれていった。教育の国家的な関与における「大綱」や「標準」（ナショナル・カリキュラム）が支配的になると，社会科や地理，歴史などの既存教科が優先され，教科統合論としてのグローバル教育（たとえば新教科創設）は困難になり，国際的な視野やグローバルな視点の導入といった，既存教科での融合論が現実的となるのである。
　しかしながら，ナショナル・カリキュラムが支配的ではない状況では，既存教科に縛られない自由なカリキュラム開発が可能であり，学校における教員や子どものニーズに応えた構想が登場し，ナショナル・カリキュラムの一種の「モデル」にもなりうる。それが，イギリスのグローバル教育といわれるワールド・スタディーズである。ワールド・スタディーズは，正確には，ワールド・スタディーズ・プロジェクトといわれ，政府や民間の資金援助をうけた教育運動であり，学校におけるカリキュラム開発と現職教員研修の二

つを目的にした1970年代，80年代のほぼ20年間に及ぶ一大プロジェクトであった。その成果物の代表が，ワールド・スタディーズ三部作ともいうべき次の三つである。

すなわち，(1) Fisher, S. & Hicks, D. (1985) *World Studies 8-13: A Teacher's Handbook*, Oliver & Boyd.（以下，*World Studies 8-13*（1985）と略記），(2) Hicks, D. & Steiner, M. (ed.). (1989) *Making Global Connections: A World Studies Workbook*, Oliver & Boyd.（以下，*Making Global Connections*（1989）と略記），(3) Pike, G. & Selby, D. (1988). *Global Teacher, Global Learner*, Hodder & Stoughton.（以下，*Global Teacher, Global Learner*（1998）と略記）である。三部作には，著者に代表される，ワールド・スタディーズのカリキュラム開発リーダーたちの世界観，教育観もさることながら，現職教員研修の中から生み出された数多くの活動事例（参加型学習）が豊富に収集され，広く国内に紹介されるとともに，大きな反響を生んだ。

三部作は，日本語にも翻訳され，(1)サイモン・フィッシャー，デーヴィド・ヒックス著（国際理解教育・資料情報センター編訳）(1991)『WORLD STUDIES 学びかた・教えかたハンドブック』めこん（以下，邦訳版8-13(1991)と略記），(2)デーヴィド・ヒックス，ミリアム・スタイナー著（岩﨑裕保監訳）(1997)『地球市民教育のすすめ方―ワールド・スタディーズ・ワークブック』明石書店（以下，邦訳版 Making (1997) と略記），(3)グラハム・パイク，ディヴィッド・セルビー著（中川喜代子監修・阿久澤麻理子訳）(1997)『地球市民を育む学習』明石書店（以下，邦訳版 Global (1997) と略記）を見た。

ワールド・スタディーズの先行研究には，当時，現地にあってワールド・スタディーズの成立と思想について紹介した岡崎・中川（1994：135-151），岡崎（1995a：100-117，1995b：9-18)[1]，開発教育等と比較してグローバル教育としてのカリキュラムや教材開発の特色を紹介した大津（1992)[2]，そして，「グローバルな理解と自己探究の結合」というワールド・スタディーズのカリキュラム開発原理の視点から，世界観から授業事例まで統一的に分析した

木村一子（2000）がある。

　本章では，このような先行研究に依存しながらも，先行研究がふれ得なかったナショナル・カリキュラムの開発プロジェクトとの関連なども指摘していく。なぜなら，ワールド・スタディーズ・プロジェクトは，政府予算の助成をうけていたように，1988年に創設されるナショナル・カリキュラムの開発プロジェクトでもあったからである。それは，教科的な制約の低い初等教育を中心とする学校での教科融合的な導入モデルとなり，中等教育での教科統合的なGSCE学習コースとしてもモデル化が試みられた。さらには，ワールド・スタディーズ・プロジェクトの政治的リテラシー重視やアクティブ・ラーニングの試行的経験は，2002年に，イギリスのナショナル・カリキュラムに導入された新教科「シティズンシップ」の開発モデルと無縁ではないと考えられるからである（以下，特に断らない限り，イギリスとはイングランドのことである）。

第1節　ワールド・スタディーズ小史―イギリスのグローバル教育の歴史的概観

1.1. ワールド・スタディーズ前史

　ワールド・スタディーズ邦訳版8-13（1991）を手にした時は，ある意味で衝撃的であった。絵本のような表紙で，中味は，国際理解教育や開発教育にかかわる教室での活動事例（アクティビティ）が数多く取りあげられていた。まるで明日にも授業で使えそうなものばかりである。副題に「学びかた・教えかたハンドブック」とあるように，当時，学校現場にいた私（たち）は，その成立の経緯や教材開発の背景にある思想や考え方を深く考慮することなく，簡単で便利な，楽しい事例集という印象をもった。

　しかしながら，そのような行き過ぎた方法主義に警鐘をならしたのは岡崎・中川（1994），岡崎（1995a，1995b）であった。図5-1に示したように，ワ

```
ワールド・スタディーズ前史
・新教育運動（19世紀の人間中心主義
の進歩主義教育）
・新教育運動の国際ネットワーク
（The New Education Fellowship、
1920年頃の国際協調の流れと相応）
・1939年　世界市民教育協議会
（Council for Education in World
Citizenship）
    ↓
・1948年　世界政府のための議員団    ←
（Parliamentary Group for World
Government）
    ↓
・1952年　ワンワールド財団（The
One World Trust、1980年代末まで）
J.ヘンダーソン
```

```
第一次世界大戦
1919年　国際連盟

第二次世界大戦
1945年　国際連合
```

```
ユネスコ
・1945年ユネスコ憲章
・1947年～「国際理解のための教育」
・1950～52年「世界市民性教育」
・1954年～ユネスコ共同学校計画
    ↓
・1974年　ユネスコ「国際教育」勧
告（グローバルな視野、人類共通
諸課題の解決）
```

```
1973年ワールド・スタディーズ・プロジェ
クト（World Studies Project第1期、
政府の助成。研究代表、R.リチャード
ソン、79年まで）成果物①、②
1980年ワールド・スタディーズ8-13プ
ロジェクト（World Studies 8-13
Project第2期、代表は、D.ヒックス
とS.フィッシャー、民間財団の助成、
89年まで）③、④
1982年教師のためのワールド・スタ
ディーズ研修プロジェクト（85年まで、
第2期のなかで別の助成、ヨーク大学
ワールド・スタディーズ教員研修セン
ターが拠点、所長はD.セルビー）成
果物⑤
1986年ヨーク大学グローバル教育セン
ターと改称（所長はD.セルビー、G.
パイクが副所長、92年まで）
成果物⑥、⑦、⑧、⑨、⑩、⑪
1990年ワールド・スタディーズ財団、
研究代表、M.スナイター成果物⑫、⑬
```

```
1970年代
開発教育、平和
教育、多文化教
育、人権教育
    ↓
1980年代
「〈開発／平和／
多文化／人権〉
についての教育」
から、「〈開発／平
和／多文化／人
権〉のための教育」
へ（新しい教育）
```

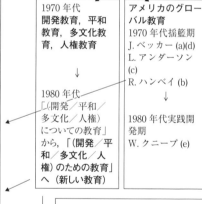

```
アメリカのグローバル教育
1970年代揺籃期
J.ベッカー (a)(d)
L.アンダーソン (c)
R.ハンベイ (b)
    ↓
1980年代実践開発期
W.クニープ (e)
```

```
1988年　イギリス：ナショナル・
カリキュラム
```

```
1990年代　グローバル教育：グローバル・シティズンシップ育成（NGOなど）
```
    ↓
```
ナショナル・カリキュラム新教科「シティズンシップ」（初等2000年、中等2002年実施）
```

図5-1　イギリスのワールド・スタディーズとグローバル教育関係図
（〈岡崎：1994、1995a、木村：2000、北山：2014〉などを参考に筆者作成）
（図の注釈・説明については資料5-1を参照のこと）

ールド・スタディーズは，19世紀の新教育運動[3]や第一次世界大戦後の国際協調の理想，第二次世界大戦後のユネスコの世界市民思想の流れを汲む「ワンワールド財団」が基盤となり，1970年代，80年代に政府や民間の助成をうけてできた「ワールド・スタディーズ・プロジェクト」という一連の教育運動をさすものである。その意味で，理想的な進歩主義教育が淵源にあって，従来のイギリスの開発教育や多文化教育，ユネスコの国際教育（74年勧告），アメリカのグローバル教育とは，当初は別個のものであった。およそ20年近くにわたる数次のプロジェクトのなかで，それらは相互に影響し合い，結果としてイギリスのグローバル教育とよばれるようになっていった（以下，第1節は，図5-1およびその注釈である資料5-1をもとに述べている）。

1.2. ワールド・スタディーズ・プロジェクト（第1期）

第1期のプロジェクトは，ロビン・リチャードソン（Richardson, R.）を代表にして，1973年にはじまり，1979年まで継続した。それは，ワンワールド財団が基盤であるが，ワールド・スタディーズ（世界学習）を中等教育に広げていくための，イギリス政府（教育科学省）の助成をうけた国家プロジェクトでもあった。当時のイギリスの社会系教科には地理と歴史しかなく，世界学習のような内容はなかったからである。このプロジェクトに先立って，リチャードソンは，「全英3000の高校生を対象に，そこにある未来への展望を自由回答によって集約する」調査を行なっていて，生徒たちのニーズから，未来志向と第三世界志向の学習がもとめられていると考えていた（岡崎1995a：105）。このような，教室や学校の現場のニーズからカリキュラム開発をデザインするという考え方は，以後の8-13プロジェクトでも現職教員研修[4]とセットで行なわれ，ワールド・スタディーズの特徴となっていく。

第1期のプロジェクトは，最終的に，合計4冊の教師向けハンドブックと4冊の教材集を成果として残したが，なかでも，① World Studies Project, Richardson, R. (ed.) (1976) と② Hicks, D. & Townley, C. (ed.) (1982) が特筆

されるものである。①は,「変革のための学び」とあるように,「価値・行動・問題・背景」をコアとする「世界学習のためのトピック・ウェブ」を示して,地球的諸課題と向き合うための視点や考え方と活動事例をとりあげ,ワールド・スタディーズの名を世に知らしめた。発行部数１万部を超えるベストセラーとなり,教師の関心も高まった（岡崎1994：136)。それに刺激され,二人の教師が,当時の中等教育修了試験の学習コース（CSE World Studies course）として,いわば学校設定科目のように,新しくワールド・スタディーズを導入した。その二人が,のちにプロジェクトの主要メンバーとなる,グロービー・コミュニティ・カレッジ（Groby Community College）の中等部教員デイビッド・セルビー（Selby, D.）であり,他一人は,イーリー・カレッジ（City of Ely College）の中等部教員ヒュー・スターキー（Starkey, H.）であった（岡崎1994：137，木村2000：41-70)。

1.3. ワールド・スタディーズ8-13プロジェクト（第２期）

　第２期のプロジェクトは,第１期の成功をもとに,ワールド・スタディーズの8-13歳への普及と現職教員研修を目的としたので「8-13プロジェクト」とされた[5]。民間財団の助成で1980年にはじまり,89年まで続いた。この時期のプロジェクト・リーダーは,リチャードソンのあとをついだ,ディビッド・ヒックス（Hicks, D.）とサイモン・フィッシャー（Fisher, S.）であった。
　「多文化とグローバル」の両面をもったカリキュラム開発を志向し,教員研修では参加型学習（active learning）が体験化され,教材開発が集合的になされていった。すでに指摘したように,これは1988年の教育改革によるカリキュラムのナショナル化（サッチャー政権による日本の学習指導要領を参考にしたナショナル・スタンダードをつくる動き）にそった「ナショナル・カリキュラム」の試行的なプロジェクトでもあった（*Making Global Connections* 1989：まえがき)。このプロジェクトを通して,ワールド・スタディーズの目的,定義が明確にされ,学習内容でも,70年代のプロジェクトでは別個に考えられ

ていた開発教育，多文化教育，反人種差別教育，平和教育など「新しい教育」が融合するものとなった。

第2期の成果は，すでに紹介したが，③ Fisher, S. & Hicks, D. (1985) と④ Hicks, D. & Steiner, M. (ed.). (1989) である。③は，8-13歳向けのワールド・スタディーズであり，ワールド・スタディーズの定義，指導方法，目標及び基本概念，基本概念を習得し，目標を達成するための活動事例を示した教師用指導書で，1989年までに1万部以上も売れ，商業的にも成功した[6]。イギリス民放やBBCでも教育番組として制作され，全英の半数にあたる合計50の地方教育委員会が関与し，ワールド・スタディーズ運動の象徴的成果となった。1991年には日本語版も出版された。（岡崎1994：137，木村2000：69）。

④は，③のような「バラエティに富む教材集」というよりも，同じ8-13歳向けとはいいながら，もっと上の年齢でも採用可能なテーマ学習の事例集である。また，ワールド・スタディーズが本来有していた「変革のための教育」（R.リチャードソン）の主旨を継続し，現代世界を理解するためには政治学習が不可欠であり，それが低学年から必要なこと，また，授業（教室）だけではなく学校全体の取り組み，改善が必要なことを指摘している点で，*World Studies 8-13*（1985）よりも思想的には重要である（木村2000：69）。こちらも，日本語版に翻訳された。

1.4. 教師のためのワールド・スタディーズ研修プロジェクト（第3期）

第3期のプロジェクトは，ワールド・スタディーズ8-13プロジェクトと平行して行なわれた別のプロジェクトである。このプロジェクトを実施するための拠点が，ヨーク大学ワールド・スタディーズ教員研修センター，のちのグローバル教育センターである。この時期のプロジェクト・リーダーはセルビーとグラハム・パイク（Pike, G.）である。

この時期は，「ワールド・スタディーズ・ジャーナル」が定期的に刊行さ

れるほか，現職教員研修を定期的に開催し，イギリス以外の研究者も交流を広げ，資料5-1注5に示したように，⑦ Grieg, S., Pike, G. & Selby, D. (1987)，⑧ Pike, G. & Selby, D. (1988)，⑨ Fountain, S. (1990)，⑩ Fountain, S. (1991)，⑪ Hicks, D. (ed.)(1988) など多くの成果物を生んだ。なかでも特筆されるのが，⑥ Pike, G. & Selby, D. (1988) である。著者の一人であるセルビーは，児童中心主義の理念を尊重しようとするイギリスのワールド・スタディーズの伝統を尊重しつつ，アメリカ合衆国の揺籃期のグローバル教育，ニューサイエンスのシステム的でエコロジカルな世界観，ホリスティックな視点を導入して，それまでのワールド・スタディーズ研究の成果をイギリスにおけるグローバル教育として集大成した（木村2000：70）（⑥，⑦，⑧，⑨は日本語版に翻訳された）。

1.5. 1990年以後のワールド・スタディーズ

1980年代末に，平行していた二つのプロジェクトが終わり，ワールド・スタディーズはミリアム・スタイナー（Steiner, M.）に引き継がれ，基金団体も，ワンワールド財団からワールド・スタディーズ財団（1990年）にかわり，拠点をマンチェスターに移した（岡崎1994：138, この時期の成果物として⑫，⑬があり，⑬については邦訳版がある[7]）。グローバル教育センターの代表であったセルビーも1992年にイギリスを去り，カナダに移り，1993年に人権教育を専門とするイアン・リスター（Lister, I.）があとをついだ。さらに，マーゴ・ブラウン（Brown, M.）が引き継ぎ，場所を同じヨーク市内の University College of Ripon & York に移した（1995年）[8]。

筆者は，1998年と1999年の2回，ブラウン時代のグローバル教育センターで，日本人教員対象のサマーセミナーを受けたことがある。参加者は10数名で，現地一週間ほどのセミナーであったが，ワールド・スタディーズ（イギリスのグローバル教育）の考え方を，参加型学習を通して学んだ。それは，プロジェクトで数多く行なわれていた現職教員研修の一部であった。邦訳版

8-13（1991）では，活動事例が多く並べられていたが，やはり実際に活動を通して，学習の思想的な背景を学ばなければわからないこともわかった。「ファシリテーターとしての教師」のあり方も，講師のブラウンを通して教えられた。当時は，保守党政権下でワールド・スタディーズは逆風の時代にあったが，「総合的な学習の時間」（1998年文部省学習指導要領告示）の創設で，ワールド・スタディーズの考え方と参加型学習に注目した日本の教員の現職研修プログラムは特筆されるのではないだろうか[9]。

　こうして歴史的に概観してみると，20年間にわたるワールド・スタディーズ・プロジェクトのカリキュラム開発の特徴が，学校におけるカリキュラム開発と現職教育研修における参加型学習（活動事例）の改善，集積だけではなく，多くのプロジェクト・リーダーたちが，開発，人権，多文化，平和，未来など「新しい教育」と呼ばれた教育の専門家たちの集合体であったことが見えてくる。それは，逆に，プロジェクトが終わったあとに，集合が拡散へ向かわせる原因ともなっていったと考えられる。たとえば，セルビーがカナダに去ったあとは，ニューサイエンス系のエコロジカルな考え方や視点は少し薄まっていったし，プロジェクト資金難の時代にリーダーたちはそれぞれが独自の道を歩んでいったともいえる。

　また，当時の保守党政権の教育改革がもたらしたナショナル・カリキュラム（全国共通カリキュラム）の策定による既存教科重視，「基礎へ帰れ」のかけ声，全国共通試験の実施などは，グローバル教育と参加型学習には逆風となっていったといえる[10]。グローバル教育が息を吹き返すのは，労働党ブレア政権の教育重視政策のもと，1998年のクリック・レポートを契機とした新教科「シティズンシップ」導入をめぐる動き以後である（初等では2000年から必修ではない非法定教科として，中等では2002年から必修である法定教科として実施された）。しかし，それは，ワールド・スタディーズとしてのグローバル教育ではなく，シティズンシップ教育としてのグローバル教育であった。

第2節 ワールド・スタディーズ（グローバル教育）の
カリキュラム開発

2.1. ワールド・スタディーズ三部作の全体構成

イギリスのグローバル教育とされるワールド・スタディーズについて三部作である，(1) *World Studies 8-13* (1985)，(2) *Making Global Connections* (1989)，(3) *Global Teacher, Global Learner* (1998)) を中心に，そのカリキュラム開発の考え方を見ていく。それぞれの全体構成を表5-1に示した。

いずれも，第1部は，理論編になっていて，第2部は活動事例が収集されている。そして第3部以降では，イギリスの現職教員や教育委員会関係者向けに書かれた，カリキュラム開発や教師教育への示唆となっている。日本では(1)，(3)について第3部が訳出されていないことからも，第2部の活動事例（参加型学習のアクティビティ）の紹介に重きが置かれていたことがわかる。(2)の第2部の活動事例は，大きな単元での授業事例（テーマ学習単元）であったため(1)ほど注目されていない。

理論編の第1部については，それぞれ特色がある。(1)は，ワールド・スタディーズの定義や目的，知識，技能，態度の目標，基本概念が分かりやすく述べられている。(2)は，ワールド・スタディーズにおける政治教育（ポリティカル・リテラシー育成）の必要性や，教育観，学習観の転換がのべられていて，思想的には深みのあるものとなっている。(3)は，アメリカのグローバル教育に影響されたセルビーの考え方が色濃く反映されていて，「外へ向かう旅，内へ向かう旅」で示されたグローバルな理解と自己との結合（木村2000）や，エコロジカルでホリスティックな世界観が述べられている。

2.2. ワールド・スタディーズの世界観とパラダイムの転換

カリキュラム開発にとって重要なことは，現状の世界や社会をどう認識

表5-1 ワールド・スタディーズ三部作の全体構成（一部翻訳参照，筆者作成）

(1) *World Studies 8-13* (1985)	(2) *Making Global Connections* (1989)	(3) *Global Teacher, Global Learner* (1998)
第1部 カリキュラムづくり 第1章 ワールド・スタディーズと世界 第2章 ワールド・スタディーズ教えること・学ぶこと 第3章 ワールド・スタディーズとカリキュラムづくり	第1部 ワールド・スタディーズを理解する 第1章 世界を理解する 第2章 政治教育から学ぶこと 第3章 教えること・学ぶこと	第1部 グローバルな学習者 第1章 グローバルであることの4つの次元 第2章 外へ向かう旅，内へ向かう旅 第3章 21世紀への学習
第2部 教室の活動事例 第4章 ここに世界がある。 第5章 他者とともに生きる 第6章 他の世界 第7章 明日の世界	第2部 原理：認識から実践へ 第4章 森林の環境 第5章 アボリジニーの視点 第6章 性差の問題 第7章 消費される「富」 第8章 食べ物こそ第一	第2部 グローバルな教室 第4章 学習コースのスタイルとリズム 第5章 緊張を解く 第6章 自己肯定感を高める活動 第7章 グループ討議の活動 第8章 体験的な活動 第9章 ロールプレイ 第10章 シミュレーション 第11章 行動 第12章 手法の反省と評価
第3部 現職教員のアイデア 第8章 教員とともに	第3部 つながりを作る 第9章 学校全体のアプローチ；ワールド・スタディーズと機会均等 第10章 評価の問題	第3部 グローバル教育のカリキュラム 第13章 教科中心アプローチ 第14章 授業の資料に関するノート 第15章 学際的な学習コース
		第4部 グローバルな教師 第16章 グローバルな教師の人物像 第17章 教師教育

し，それらはどうあるべきかという世界観である。ここでは，三部作，とくに，*Global Teacher, Global Learner*（1998：1-37）でしめされたグローバル教育の世界観を中心に見ていく[11]。

まず，グローバルであること（globality）とは何か，セルビーらはこれを，空間的，時間的，問題的，人間の可能性という四つの次元から把握し，

時間，空間，問題の三つの次元に対する意識の成長とともに，人間の可能性の次元が進んでいくという相互関係を示している（図5-2，図5-3参照）。

空間的次元（the spacial dimension）とは，経済生活，政治，文化や，さまざまな問題がグローバルな網の目（global web）で結ばれ，ますます相互依存関係を深め，世界をダイナミックで多層的なシステム（グローバル・システム）として把握することを意味している。私たちはそのようなシステム（網の目）から逃れられないのである。

時間的次元（the temporal dimension）では，時間と空間は切り離すことができず，時間もまた，目には見えないが相互作用的であるとされる。時間と空間は補完しあいながら，相互依存の世界を示している。未来もまた過去からの単純な流れとしてあるのではなく，私たちが未来について信じていることによっても左右される。未来は，私たちが現在をどう解釈するかによって変わってくる。したがって未来は，「未来への選択肢」（alternative futures）なのである。人間の行動と意志決定（あるいはそれらの欠如）が未来を作って

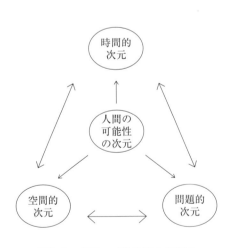

図5-2　グローバルの四つの次元
　　　　　（筆者作成）

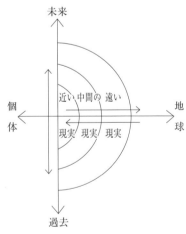

図5-3　四つの次元の相互作用[12]

いるのである。

　問題的次元（the issues dimension）では，グローバルな諸問題は，環境汚染，人種差別，核戦争の脅威など，人類の生命ないしは地球という惑星の健康に害を与えている現代的現象として定義されている。ここでも，問題およびその解決の相互依存が起きている。つまり，一つの原因／結果の枠組みでは理解できないような，相互作用や関係がダイナミックで複雑で，多層的な網の目の中にあり，その解決もまた国を超えたものになっている。

　人間の可能性の次元（the human potential dimension）は，近代合理主義の根源であるデカルト的な「機械論的パラダイム」から「システム的／全体論的パラダイム」へと転換する中での人間のとらえ方に関する概念である。システム的・全体論的なパラダイムでは，グローバルであること（globality）の空間的，時間的，問題の次元に気づくということは人間の可能性をグローバルに探求し実践していくことと一緒である。自己の外への気づきが自己の内的なあり方への気づきと相互作用の関係にある。

　このような世界観の根底には，認識論的なパラダイムの転換があった（資料5-2）。グローバル教育は，単に既存の学習内容に「地球的な視野」をつけ加えるものではなく，実は，〈人間（自己）－地球（自然）〉，〈主体－客体〉を二項対立的に扱ってきた西欧的・近代的世界観に対して，それらを全体的に（holistic），相互作用的にとらえようとするパラダイムの転換を意識した教育なのである。

　西欧的・近代的世界観とは，機械論的パラダイムであり，対象を〈主－客〉に分化し，対立的に，二元論的に把握する。デカルト的な明晰な理性によって対象（自然）を限りなく分析し，原子論的，機械論的に把握する。ひるがえって，明晰な理性とは，明晰な個人であり，ここに近代科学と個人主義が結合し，近代合理主義の世界観が生まれる。これにたいし，システム的（systemic）・全体論的（holistic）パラダイムとは，東洋思想や先住民族の世界観，欧米の現代原子物理学や生物学，システム理論，生態学に影響を受け

ている。世界はばらばらの物体ではなく，部分部分が互いに絡み合った一個の個体，有機的・活動的な全体である。部分に焦点を当てるのではなく，すべての生命のつながりや関係が強調される。地球的なつながりのなかで自分の位置を知る。グローバル・ウェブで示された世界観がこれである。

つまり，ここで示されているのは，「外への旅と内への旅」の相互作用であり，近い現実（地域のこと）を学ぶことも，中間の現実（国家や社会）を学ぶことも，遠い現実（地球や世界）を学ぶことも，そして，過去の現実や未来の現実を学ぶことも同じであり，それが「近い自己，中間の自己，遠い自己」「過去の自己，未来の自己」の探究になりうる，時空間で交差する「自己拡大＝縮小」の原理なのである。木村（2000）は，これをもって，ワールド・スタディーズのカリキュラム開発における「グローバルな理解と自己探究との結合の原理」とした。

2.3. ワールド・スタディーズの世界観と関連した教育目標

以上の世界観，パラダイムの転換から導かれるグローバル教育の目標とは何か。セルビーらは，(1)システムを意識すること（Systems consciousness），(2)ものの見方を意識すること（Perspective consciousness），(3)地球の健康に気づくこと（Health of planet awareness），(4)かかわりを意識し準備すること（Involvement consciousness and preparedness），(5)学習の過程に注目すること（Process mindedness）の五つをあげ，詳しく説明している（資料5-3）。

(1)については，身体や感情，霊といった非言語的なものにも着目した人間の能力や可能性に対するとらえ方として，ホリスティックでニューサイエンス的な傾向が見られる，(2)については，パースペクティブが，視点や見方という意味を超えて文化的な相対性や多様性，あるいは偏見や固定観念にかかわる思考枠組みといった意味で使われている。(3)については，「健康」が，単に地球環境の「健康」（環境汚染など）をこえて，地球社会の「健康」（貧困や開発の現状），将来への展望という意味で語られている。(4)については，問

題やその解決への関与（involvement）とそれを可能にするための政治的な学習やスキルの重要性が指摘されている。(5)については，学習が終わりのない旅であること，変容することが述べられている。

　ここに示された教育目標は，セルビーらも指摘しているように，アメリカのグローバル教育の揺籃期の研究者ハンベイの掲げた五つの目標（資料5-4）を参考にしたものである（*Global Teacher, Global Learner*, 1998：37注）。ハンベイは，①ものの見方を意識すること（Perspectives consciousness），②地球の現状に気づくこと（'State of the Planet' awareness），③多文化への気づき（Cross-cultural awareness），④グローバルな変動についての知識（Knowledge of global dynamics），⑤人類の選択についての気づき（Awareness of human choice）を目標として設定した。セルビーらの(2)とハンベイの①，③，同じく(3)と②は，ほぼ同じであるが，セルビーらの(1)は④を含んではるかに広くとらえられ，(4)と⑤を比べてもセルビーらの政治的スキルに関するねらいは明確である。また(5)はハンベイが取りあげていないものである。

　こうしてみると，両者の近縁性はありつつも，セルビーらの方が，イギリスのワールド・スタディーズの影響をうけて，より改革主義的といえる。

2.4. ワールド・スタディーズの知識・技能・態度の目標

　ワールド・スタディーズは，「多文化と相互依存の世界の中で，責任ある生き方をするために，相互に関連しあう知識・態度・技能を身につける学習」と定義されている（*World Studies 8-13*, 1985：8）[13]。原文には，この三者の背景に地球がすえられ，相互に関連しあう（relevant）様子を矢印で示しているが，これは三者の統一的な育成をめざす考え方に基づくものである（図5-4）。

　具体的には，知識目標として，(1)私たちと他の人々，(2)豊かさと貧しさ，(3)平和と対立，(4)私たちの環境，(5)明日の世界，態度目標として，(1)人間としての尊厳，(2)興味・関心，(3)他文化の尊重，(4)共感，(5)正義と公正，技能

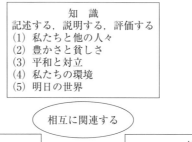

図5-4　ワールド・スタディーズ：知識・態度・技能の目標
（World Studies 8-13 (1985：26) より）

目標は，(1)調査，(2)コミュニケーションする力，(3)概念の把握(4)批判的思考，(5)政治的技能と，それぞれ五つがあげられている（資料5-5）。知識目標からは(1)が多文化，(2)が開発，(3)が平和，(4)が環境，(5)が未来と，当時の個別の教育の内容が取りいれられていることがわかる。態度目標と技能目標については，国際理解に関するものでは一般的であるが，(5)正義と公正および(5)政治的技能は，政治教育の重要性をとくワールド・スタディーズの特徴を示している。

2.5. ワールド・スタディーズの学習領域と基本概念―単元構成の方略―

　以上の目標を達成させるために，*World Studies 8-13*（1985）では，四つの学習領域と30の活動事例（授業単元）と10の基本概念が示されている（資料5-6）。

学習領域は，第4章「世界の中の私たちの教室」，第5章「一緒にやってみよう」，第6章「私たちがすでに知っていることは？」，第7章「わたしの未来」の四つである。第4章は，「私たち」が文化や言語，モノ，情報など相互依存のなかでとらえられている。第三世界との不平等な相互依存もこの中で扱われる。第5章は，平和と対立といった「地球的な課題」を扱っているが，性的な役割の固定化の問題も含めて，「他者」が，協力と対立の中で考えられている。第6章は，多文化や開発の問題をとりあげているが，不公平な世界やマイノリティの視点もふくめて，「世界」が，ものの見方（多様な価値観）の中で考えられている。第7章は，「未来」が予想や希望のなかで考えられ，社会変革の課題として，変化や行動，価値観や信念として考えられている。総じて，自己，他者，世界という空間と，未来という時間のなかで「外への旅と内への旅」のなかの自己拡大の原理として単元構成されており，グローバルであることの四つの次元の認識論が踏まえられているといえる。学習領域は，理論的には五つの知識目標に対応して構成されるが，学校への実際的な普及を優先させたために，四つに絞られたものと考えられる。そのために各章に多文化，開発，平和，環境，未来のテーマが複数込められたものと考えられるし，また各テーマよりも「グローバルであること」の原理が優先されたと思われる。

基本概念は，1.原因と結果，2.コミュニケーション，3.対立，4.協力，5.権力の配分，6.公正，7.相互依存，8.類似点と相違点，9.社会の変化，10.価値観と信念の10個が示されている[14]。資料5-6は，学習領域・授業単元と基本概念のマトリックスを示すものであるが，木村（2000：102-104）が，この基本概念は，社会科学に一般的な概念であり，ワールド・スタディーズに本質的なものではないと断じているように，参照枠の域をでない。なぜなら，*World Studies 8-13*（1985：29，邦訳版8-13, 1991：32）にあるように，基本概念の選択基準が，(a)子どもたちの現在の生活と関係している，(b)人間の行動や地球社会の本質を説明するのに役立つ，(c)カリキュラム

の様々な領域と関係がある，とされ，学校への普及のための一般化を優先したと思われるからだ。

では，*Making Global Connections*（1989）の単元構成はどうなっているだろうか。これを資料5-7に示したが，多文化と反人種差別に関するもの（第5章，第6章），環境，開発，先進国と途上国の関係などグローバルなものの見方に関するもの（第4章，第7章，第8章）などを，テーマ学習として単元化していることがわかる。ここでは，単元選択の論理は，知識目標にしめされた五つの学習領域に根拠がある。*World Studies 8-13*（1985）に比べると，それぞれの単元内容の構成度も高く，提示された活動事例もテーマと不可分のすすめ方になっていて，はるかに論理的である。8-13歳のなかでも高学年用ではないか思われる。また，教科学習以外に，テーマ学習やトピック学習として「総合的な（integrated）学習」を伝統的に行なってきたイギリスの学校風土（稲垣編1984）にもあうのではないだろうか。

また，ここでは，基本概念との相関にはふれられていないことから*World Studies 8-13*（1985）における基本概念は便宜的（実用的）であったことを示唆しているともいえる。

2.6. ワールド・スタディーズにおける教育のパラダイムの転換

ワールド・スタディーズ（グローバル教育）における世界観と合わせて認識論的なパラダイムの転換にふれたが，そこでは同時に，教え方や学び方，教師のあり方と関連して教育のパラダイムの転換も示されている（資料5-8）。

それは子ども中心主義や結果よりも過程を重視する考え方など，教育学における構成主義的な学習への転換を示すもので，認識論のパラダイムの転換と同様，ワールド・スタディーズ（グローバル教育）に特有のものではない。しかし，その五つの学習領域と参加型学習（active learning），そして政治的リテラシーのスキル重視と関連して，学びの文脈づくりが行われるとき，この教育観および学習観の転換はワールド・スタディーズ（グローバル教育）に

固有のものとなる。

このことは，資料5-9に示した「安心して学べる教室の雰囲気づくり→学ぶことに挑戦していく教室の雰囲気づくり→探究→原理（一般化）→行動」のプロセス，および，これらの学習過程のフィードバックのプロセスというリフレクティブな「学習過程」と，それを可能にする数多くのアクティビティ（資料5-10）を含む「適切な学習活動」が合わさって，より確かなものになっていく。

2.7. ワールド・スタディーズにおける政治的技能へのこだわり

ワールド・スタディーズ8-13プロジェクトは，初等教育を中心とする8-13歳への普及をねらいとしていたことはすでにのべたが，その技能目標に「政治的技能の育成」が掲げられている。*World Studies 8-13*（1985）には，政治的能力（ポリティカル・リテラシー）の育成をめざすワールド・スタディーズ8-13の役割が示されている（資料5-11）。ここには，ローカルからグローバルまでの政治的論争を取り上げること，政治における国家や政府，政党，労働組合，企業，金融機関，圧力団体，国際関係などの多様なアクター，生徒の政治的な気づきの政治的な言語化，多様な社会構成の提示，行動に伴う政治的スキルの訓練，正義や民主主義へのかかわりと人権意識の向上，価値観の明確化など，社会改造主義的な政治イデオロギーの注入にもとられかねないキーワードがならんでいる。これらは，アメリカのグローバル教育のカリキュラム開発にはなかった姿勢である。

では，なぜ，政治教育が8-13歳で必要だったのだろうか[15]。その理由は三つほど指摘できる（*Making Global Connections.* 1989：11-19，邦訳版 Making 1997：30-45，木村2000：105-120）。

一つには，ワールド・スタディーズが論争問題を扱っていることである。教育の原理的な機能の一つは，生徒たちに市民としての責任を積極的に全うさせることである。したがって，政治的に論争になっている性質の問題は，

カリキュラムの一部にあらかじめ組み込まれているべきだし，でなければ自発的にどこかで取り上げられるべきだからである。論争問題を取り上げ，伝統的な正答提示型の授業ではなく，子どもの個々の意見や多様な意見を尊重し，批判的な思考をそだて，子ども志向の主体的な判断や価値を明確化し，さまざまな解決策を選択していくことが重要だからである。ワールド・スタディーズは市民教育なのである[16]。

　二つには，早い段階からの偏見や固定観念を取り除くことである。子どもは早い年齢段階からテレビ，親などの影響を受けながら，人種，性別，外国，国際関係などについて，それなりの価値観を抱いており，それが思春期以降の寛容性をきめていくからである。資料5-12に年齢段階別の社会や政治に関する関心度を，「個人・地域・国家・地球」にわけて示しているが，国家や地球への関心度は9-13歳で高くなっている。だから，幼児期を含めた早期から政治的リテラシーを育てる必要があるのである[17]。

　三つには，イギリスには市民教育としての政治学習が少ないことである。イギリスの伝統教科は歴史と地理である。時事問題や論争的問題をとりあげる政治学習が入りにくい。時事問題や論争問題に取り組む学習背景が中等教育にもなかった。したがって，教師自身も政治教育に自信がないのである。学ぶ方も教える方も，まずは8-13歳から市民教育としての政治的リテラシー育成が必要とされる所以である（木村2000：106）。

2.8. ワールド・スタディーズのカリキュラム開発の特徴

　ここまで見てきてわかることは二つある。

　一つは，ワールド・スタディーズでは，アメリカのグローバル教育（たとえば第4章で明らかにしたクニープらの「グローバル・イシューズ」）でみられたような，各年齢段階に対応した密度の高い学習内容を示すカリキュラムはつくられず，学年別の系統性（シークェンス）は見当らない点である。*World Studies 8-13*（1985）でみられた学習領域や授業単元と基本概念の関連表

（資料5-6）にあるように，学校での幅広い実践を考慮し，投げ込み的にでも使えるように，具体的な授業展開は教師の主体にまかせたからといえよう（木村2000：116）。

次に，*World Studies 8-13*（1985）や *Making Global Connections*（1989）には，五つの知識目標に関わる学習内容に関する授業単元が多く取り上げられている。これは，木村（2000：117）によれば，繰り返してらせん的に学習することで，年齢が高まっても，自分自身からの視点を失わせないこと，どの年齢段階であっても，グローバルな理解と自己探究との統合（外への旅と内への旅の統合）を図ろうとしているからだという。

第3節　ワールド・スタディーズ実践における三つのアプローチ
　　　　―ナショナル・カリキュラムと関連して―

3.1. 教科融合型の開発モデル

ワールド・スタディーズ8-13プロジェクトが，1988年のナショナル・カリキュラム創設を見越したカリキュラム・モデルの開発プロジェクトでもあったことはすでに指摘したが，それゆえに，今後，「標準化」が予想される既存教科でもワールド・スタディーズの実践が可能であることを示す必要があった[18]。それが教科融合型の開発モデルである。

World Studies 8-13（1985：22-23）は，①相互依存，②地球的課題，③ものの見方，④未来というワールド・スタディーズ固有の四つの学習領域や視点と，既存の各教科のテーマや単元など学習内容を示すキーワードと関連づけて示している（資料5-13）。さらには，*Global Teacher, Global Learner*（1998：235-266）でも，章を一つ設けて，文章で丁寧に説明している[19]。ここからも，ナショナル・カリキュラムと関連して，ワールド・スタディーズを各教科で実践可能とするために，政府（教育科学省）や地方教育委員会，学校教員に，現職教員研修やこれらの成果物（出版物）を通して，単にキーワ

ードではなく，ワールド・スタディーズ（グローバル教育）の見方，考え方，世界観との関連を丁寧に示しておく必要があったことがわかる。

3.2. 教科統合型の開発モデル（総合的 integrated／学際的 interdisciplinary アプローチ）

これには，二つのアプローチが考えられている。一つは，*World Studies 8-13*（1985：19-21）に示された総合的（integrated）アプローチであり，他一つは，*Global Teacher, Global Learner*（1998：270-271）に示された学際的（interdisciplinary）アプローチである。

総合的（integrated）アプローチは，ワールド・スタディーズが，例えば，初等学校において，子どもたちの関心が高い，動物，外国，クリスマス，恐竜などのトピックや「地域の環境」といったテーマを，それ自体で一つの「総合的な学習」やトピック学習として「独立」できるとするものである。

イギリスの初等学校では，1920，30年代頃よりはじめられた総合学習の伝統があり，当時は，トピック学習やテーマ学習として全国に普及していた。インフォーマル教育と呼ばれるものだが，基本教科以外に，教師が子どもの興味関心にあわせて，特定の主題を設定し，週2，3回の授業で数週間から数ヶ月かけて行なわれていた（木村2006：94-95，稲垣編1984）。このような学校風土でのワールド・スタディーズ実践が可能であると提案している。*World Studies 8-13*（1985：19-21）では，それは一つの社会系のテーマ学習（Social studies）になりうるという。

学際的なアプローチは，ワールド・スタディーズを，日本の学校設定科目のように，正規科目として扱うものである。正規科目というのは，中等学校の修了試験（当時はCSE，現在はGCSE）に関わる学習コースにワールド・スタディーズを導入することである。アメリカのように社会科カリキュラムがなかったイギリスでは，CSEもしくはGCSE学習コースを設定することは，一つの「新規の教科」をたてることであり，教科統合型モデルといえ

る。

　これを初めて導入したのは，1979年のグロービー（Globy）校におけるD. セルビーであった（O/CSE World Studies course）。これについては，木村（2000：52-68）に詳しく紹介されている（資料5-14）。この学習コースの目的は，グローバルな視野，人類益，地球的な格差とその改善，文化の多様性，人類共通の価値といった1979年当時のワールド・スタディーズの視点から作られている（セルビーらがのちに提唱するシステム的でホリスティックな世界観や人間観はない）。

　学習内容については，コース単元のテーマを「地球村」とし，「1. 地球村」，「2. 地球村は危機的な状態にある」，「3. よりよい世界にむけての示唆」，「4. かかわりをもつ」，「5. 地球村を結びつける力」の五つのセクションからシラバスを構成している。木村（2000：61-62）によれば，R. リチャードソンの〈背景，問題，行動，価値〉の四関連モデルにしたがって，セクション1は「背景」，2は「問題」，3，4は「行動」（3は，国際機関など大きな組織，4は，NGO，個人，自分にできること），「価値」は，よき社会（よりよい世界）の形成に関わるものとして示されている（セクション5は評価に関わる場面）。

　なお，*Global Teacher, Global Learner*（1998）の付録には，1988年の教育改革でGCSEとなった修了試験のための「World Studies Syllabus」が示されている。しかしながら，知識やスキルの一般的なリスト，生徒用のプロフィールシート（学習カルテ）などで，具体的な学習内容を示すものではない。基本概念と視点（dimension）と基本的な考えからなる開発，平和，環境，人権の枠組みが示されているにすぎない。

3.3. 学校全体（Whole school）アプローチの開発モデル

　Making Global Connections, 1989：144-162（邦訳版 Making, 1997：255-284）では，ロンドンの学校での一年間の取り組み（「ワールド・スタディーズと機会

均等—全学的な取り組み」）が紹介されている。

　なぜ，全学的取り組みが大切かというと，一人の教師が，教室の実践，特に，反人種差別や反性差別のテーマなどの実践をいかに一生懸命にやっても，学校の隠れたカリキュラムや教職員の考え方が，つまり学校全体が変わっていかない限り，ワールド・スタディーズは広がっていかないからである。資料5-15に「全学的な取り組みの教職員の研修・ワークショップのプロセス」を示したが，これは，学校や教室の人種差別，性差別について，表面的なもの，日常的なものの中に隠された差別，平等や公正，公平，機会均等を阻害するものを見いだし，個々の教員ではなく，学校全体で取り組んでいくための一種の校務運営プログラムともいうべきものである。これは，学校全体で行った子どもの学習内容を具体的に示すものではないが，ワールド・スタディーズの考え方や手法を生かして，現場の教員たちが共に作り上げてきた，一年間のワールド・スタディーズ実践の結果（生成されたカリキュラム）でもある。その意味で，全学的取り組みとして紹介された開発モデルといえる。

　ナショナル・カリキュラムと関連して，ワールド・スタディーズ8-13プロジェクトがとった開発モデルは，主として教科融合型モデルであった。学校において標準化が予想される既存教科にどれだけワールド・スタディーズの考え方，基本概念，参加型学習などの活動事例が導入可能なのかを示す必要があった。なぜなら，教科統合型のGCSE学習コースとしての「ワールド・スタディーズ」（新教科としての取り扱い）は，当時として，ナショナル・カリキュラムとしての標準化は不可能に近かったからである。そこで，開発モデルとしては中等教育修了試験（GCSE）用コースとして示す他はなかったのである。8-13歳が優先され，伝統的に地理と歴史が優先されるイギリスの中等教育の現場では，ワールド・スタディーズの実践の蓄積も少なかったと思われる。

　学校全体型は，教員の視点から見た学校改革の取り組みしか紹介されてい

ない。この学校改革の試みは、それ自体としてはとても重要なことであるが、逆に、ワールド・スタディーズ実践の現状が、個々の教師のレベルにとどまっていたことを示してもいる。

おわりに

　以上、ワールド・スタディーズ・プロジェクトにおけるイギリスのグローバル教育におけるカリキュラム開発を検討し、六つのことが明らかになった。

　一つには、ワールド・スタディーズとは、進歩的で理想的な世界市民主義思想に立脚する教育運動として出発し、政府や民間の助成をうけた三つのプロジェクトを通じて、主として初等教育（8-13歳）への普及と現職教育研修を目的とするものとなっていった。その過程で、多文化、開発、平和、人権、環境といった、いわゆる「新しい教育」の多くの研究者、実践者、専門家が集合し、アメリカの揺籃期のグローバル教育に学びつつ、三部作に代表される成果物を得て、イギリスのグローバル教育が確立していった。

　二つには、理論的には、認識論的なパラダイムの転換を踏まえたホリスティックでシステム的な世界観をもとに、相互に関連する知識・技能・態度の目標を設定し、それに相応した学習領域、授業単元、数多くの参加型学習（アクティビティ）からなる内容編成、および、過程重視の学習、リフレクティブ（reflective）な学習過程を可能にした。

　三つには、そのカリキュラム開発原理は、〈個体と地球〉、〈過去と未来〉の連結点に自己をおき、自己が〈外へと向かい、また、内へと向かう〉相互に往還する自己の「拡大─縮小」の原理であった。だからこそ、どんな事象も、グローバルでかつローカルな視点からとらえられ、地球や地域、国家的な論争問題も、遠い世界のものではなく、自分にかかわりのあるものとされた。

四つには，しかしながら，それはアメリカのグローバル教育（クニープら）に見られるようなスコープとシークェンスが関連した緻密なカリキュラムではなく，8-13歳への普及と現職教員研修を中心としていたために，いわば「下から」の集積的なもので，たぶんに実用的であった。

五つには，イギリスの伝統教科である歴史と地理ではなし得なかった政治学習を目指していた。それは，論争問題をとりあげ，テーマやトピック学習を通した，シティズンシップ教育（市民教育）であった。しかも中等教育ではなく，幼児期も含む初等教育からの政治的技能やポリティカル・リテラシーの育成をめざしていた。

六つには，ワールド・スタディーズ8-13プロジェクトは，1988年の教育改革で創設されるナショナル・カリキュラムの開発モデル研究でもあった。そして標準化が予想される既存教科の中にワールド・スタディーズ（グローバル教育）の視点や考え方を取り入れていく「教科融合型」開発モデルとして成果をみた。

もちろん欠点や批判もある。

一つめは，現職教員研修を通した積み上げ型の欠点である。それは，スコープとシークェンスが対応した緻密なカリキュラム（いわば研究理論モデル）というよりも，学校への導入を優先した実用的な活動事例集となったことである。それは，*Global Teacher, Global Learner* (1998) にみられる，理論（グローバル教育の世界観）と参加型学習の実践事例の乖離ともなった。その結果，理論と実際の授業実践との適切な連結は，研修に参加した個々の教員の力量に任されるものとなってしまった。

二つめは，教科融合型開発モデルの欠点である。ワールド・スタディーズのプロジェクトは8-13歳への普及をめざすものであった。ナショナル・カリキュラムで標準化が予想される既存教科への導入をめざすあまりに，一般的な基本概念を提示したり，実践可能な活動事例を数多く集積している。このことは，結果的にはワールド・スタディーズの「教科統合」化を不可能にし

た。ナショナル・カリキュラムとしての新教科「ワールド・スタディーズ」が生まれなかったのはそのためである。

　三つめは，専門家の集合体の欠点である。ワールド・スタディーズは，R. リチャードソンに始まって，S. フィッシャー，D. ヒックス，M. スタイナー，D. セルビー，G. パイク，I. リスター，M. ブラウンと，プロジェクトごとにリーダーが交代していった。そして，それぞれは，人権，開発，多文化，平和，グローバル教育などの専門家であった。このことは専門家集団の集積体としての共同研究の独創的な成果をもたらすとともに，逆に資金獲得が途絶えた時の拡散の要因ともなっていった。グローバル教育そのものも，その構成要素である人権や開発，多文化，平和，未来に拡散していったのである。

　ワールド・スタディーズが残した課題のいくつかは，2002年に導入される新教科「シティズンシップ」に引き継がれていく。それは「教科統合」型市民教育の出現であり，それゆえの多様な実践アプローチが可能となった。グローバル教育からいえば，それは，トータルな目標概念としてのグローバル・シティズンシップの育成であり，グローバル・パースペクティヴの育成であった。

注
1）執筆当時の1994年，岡崎裕は，ヨーク大学国際グローバル教育センターの助手をしていた。
2）大津和子は，当時兵庫県の県立高校の教員であったが，1989年にヨーロッパの開発教育を視察している（関西セミナーハウス編（1990）『ヨーロッパ開発教育視察報告書』）。
3）集団かつ一斉の指導による知識の伝達を目的とした近代学校システムの教育課程に対して，児童や生活経験をもとにした教育への改革を目指すもの。「19世紀末から20世紀前半にかけて，子ども中心を標榜して，世界的に広がった教育改革運動。ドイツでは改革教育，アメリカでは進歩主義教育，日本では大正自由教育とよばれ

ることが多い」(比較教育学会編 (2012：229)「新教育運動」『比較教育学事典』東信堂)。イギリスでは，1920, 30年代初等学校の「インフォーマル教育」と呼ばれる「総合学習」の伝統があった(木村浩2006：21)。
4) 中央政府の学校教育への関与が少なかったイギリスでは，地方教育当局の権限のもとで行われる現職教員研修(in-service teacher training)は，教員の専門職化を保証する一つであった(ピーター・カニングハム2006：148-163)。
5) 8-13歳という年齢段階の画定がどういう根拠であったかはよくわからない。1970年代は，1944年の教育法以来できあがっていた中等学校の三分岐制(グラマー，テクニカル，セカンダリーモダンの三学校システム)から総合制中等学校(Comprehensive School)に代わっていく時期で(木村2006：162)，8-13歳はミドルスクールの年齢段階に近い。これは当時としては中等教育(アッパーやセコンダリー)の前という意味で，初等教育の意味合いが強かったのではないかと推測できる。S.ファウンテン(1990)においても，幼児期を4-7歳として考えており，当時は〈4-7歳，8-13歳，14-16歳〉という年齢区分が〈幼児・初等・中等〉の前提になっていたのではないかと思われる。現在のイギリスの学校制度では8-13歳は初等と中等を含んでいる(教育課程上のキー・ステージ2および3)。なお，イギリスでは初等教育の教員は基本的に全教科を教えることになっている。
6) イギリスには，いわゆる日本の検定済教科書はない。自由発行制である。だからこそ，教員研修を踏まえた教員のニーズの把握をしたうえでカリキュラムを開発する必要がある(木村2006：97-98)。*World Studies 8-13* (1985)の成立過程は，ある意味で，自由発行制のもとでの「教科書」制作のプロセスでもあったといえよう。
7) ミリアム・スタイナー著(岩﨑裕保・湯本浩之監訳)(2011)
8) 現在もグローバル教育センターは，York St. John University におかれ，「公正な未来のための教育」(education for a just future)を推進している。
http://www.centreforglobaleducation.org/ (2014. 06. 29. 閲覧)
9) ブラウン時代のグローバル教育センターとは，邦訳版8-13を翻訳した国際理解教育・資料情報センター(NGO)が，1995年から研修や翻訳などの提携をしていたが，その後，「地球市民教育センター」(NGO)が引継ぎ，教員研修のサマーセミナーを実施した。セミナーの日本側企画者の中には邦訳版 Making (1997)の訳者も，筆者を含めて数名参加していた。
10) ただ，新教科「シティズンシップ」の大きな要素である「アクティブ・シティズンシップ」は，保守党政権時代にコミュニティーサービス，社会奉仕的なボランティア学習から人格教育との関連で推奨されていた(北山2014：49-50)。クリック

(Crick, B.) も，その報告書の中で，前政権のシティズンシップ教育は公民性（civic）に偏りすぎていたと批判している（Crick Report 1998：para. 2.3, 2.5，長沼・大久保編2012：118-119）。

11) グローバル教育の世界観から目標，基本概念，学習領域などについての記述は，藤原孝章（1995b）をもとに加筆，修正を加えたものである。

12) *Global Teacher, Global Learner*（1998：22），邦訳版 Global（1997：42）に平和教育の理論的枠組みとして示されているもの。

13) 邦訳版8-13（1991：10）では「多文化が共存し，人々が相互に依存しあう世界の中で，責任ある市民として生きるために不可欠な知識・態度・技能を育てるための学習である」とあって，relevant の訳が「不可欠」と意訳されている。

14) *World Studies 8-13*（1985：30）および邦訳版8-13（1991：34）には10個の基本概念について詳しい説明がなされている。

15) 北山（2014：45-47）によれば，1970年代は，1969年の選挙権年齢18歳引き上げを契機として，中等教育において政治的リテラシー教育運動が興隆した。第1期のワールド・スタディーズ・プロジェクトもこのような文脈で考えると分かりやすいし，第2期においてより低学年（8-13歳）を対象にしていったのも理解できる。

16) この問いは，のちの新教科「シティズンシップ」が政治教育の復権であるとされたことと重要な関連がある。「シティズンシップ」は，キー・ステージ1＆2（初等）では必修ではなく，キー・ステージ3＆4（中等）で必修とされたからである。

17) S. ファウンテン（1990）（邦訳版1994）は，幼児期にはすでに，広い世界や他文化への関心があり，親の態度などによる偏見も身についていくとし，自己肯定感（self-esteem）やコミュニケーション能力，協力する力を育てることの重要性を指摘している。これも政治的技能の基礎にあたるものと考えてもよい。

18) 1988年の教育改革で決められた既存教科とは，英語・数学・理科の中核教科（core subjects）の3教科と，歴史・地理・技術・音楽・美術・体育・外国語（中等学校のみ）の基礎教科（foundation subjects）の10教科をさし，必修とされた。共通必修教科については各学校段階（7，11，14，16歳）の修了時に全国共通テストが行なわれることになった（木村2006：93）。学校段階は，教育課程上，キー・ステージ（KS）にわけられ，KS.1は，Year 1-2（5-7歳），KS.2は Year 3-6（7-11歳），KS.3は Year 7-9（11-14歳），KS.4が Year 10-11（14-16歳）である。

19) *Global Teacher, Global Learner*（1998：235-266）では，言語系，人文系，理数系，芸術系の四つ，12教科について述べている。体育を除いてほぼ重複している。またのちに，パイクとセルビーは，教科融合型モデルとしてのグローバル教育につ

いて，ナショナル・カリキュラムからグローバルへの接続を試みた本も出している (Pike, G. and Selby, D. (1995) Reconnecting from National to Global Curriculum. WWF (UK).)。

第6章 教科統合型学習としてのイギリス「シティズンシップ」科目におけるグローバル・シティズンシップの育成

はじめに

　イギリスのグローバル教育は，ナショナル・カリキュラムに新教科「シティズンシップ」が入ることが決まって，それまでのワールド・スタディーズにおけるグローバル教育から，新教科「シティズンシップ」におけるグローバル教育へと，変容をせまられるようになる。全国共通のカリキュラムでは，内容編成（単元構成）の概略と緻密な単元計画が作成されるようになる。強制力はないが，ワールド・スタディーズの時代とは大きな違いがある。グローバル・シティズンシップの育成をめざすシティズンシップ教育はより具体的なカリキュラム開発が課題になってくる。

　新教科「シティズンシップ」の実施までのスケジュールは，まず，新教科の必要性を答申した「クリック・レポート」(1998年) がだされ，それにもとづいてナショナル・カリキュラム (1999年) が公表され，そして非法定教科として初等教育での実施 (2000年)，さらには法定教科として中等教育での実施 (2002年) と続いていく。その後，2007年での改訂，2013年改訂をうけた2014年度の新カリキュラムをへて現在に至っている。

　新教科「シティズンシップ」の構想と実施に大きな影響を与えたのは「クリック・レポート」(1998年) である[1]。筆者は，2014年までに，シティズンシップ教育やグローバル教育・開発教育の調査などを目的にイギリスを訪問する機会を多くもった。その内容は，政府関係機関や学校，教員養成大学院

への訪問, NGO の訪問, 教材などの資料収集, セミナーや学会への参加である[2]。

本章では, これらの調査内容をふまえながら, まず, イギリスの新教科「シティズンシップ」について,「クリック・レポート」およびナショナル・カリキュラムをとりあげて, そのカリキュラム開発モデルを明らかにする。次に, ナショナル・カリキュラムを参考にしたシティズンシップの教科書の内容を分析し, グローバル・シティズンシップの育成の論理を明らかにする。さらに, イギリスにおけるシティズンシップ教育の単独教科にとどまらない幅広い実施形態を紹介しながら, シティズンシップ教育のカリキュラム開発モデルのあり方を検討する[3]。

第1節　イギリスにおける新教科「シティズンシップ」の成立

1.1.「クリック・レポート」までのイギリスの教育・社会状況

イギリスの教育制度に大きな影響を与えたのは, 保守党サッチャー (Thatcher, M.) 政権（1979〜1990年）による1988年の教育改革法である。イギリスにはじめて全国共通のカリキュラム（ナショナル・カリキュラム）を導入し, 必修教科（英語, 数学, 理科の中核教科と歴史, 地理, 技術, 音楽, 美術, 体育, 外国語の基礎教科）では[4], キー・ステージの1（5-7歳), 2（7-11歳), 3（11-14歳), 4（14-16歳）の各段階の修了時（7, 11, 14, 16歳）に全国共通テストを課し, しかもその成績の順位（リーグ・テーブル）を公表することとし, 教育内容の標準化と競争化をもたらしたからである。

サッチャー政権は, 彼女の強い個性とリーダーシップによって新自由主義にもとづく規制緩和と民営化を導入し, 財政の改善と経済の活性化, グローバル化に取り組んでいったが, 社会の格差化や雇用不安の改善にはいたらなかった。メージャー（Major, J.) 政権（1990〜1997年）も含めて18年におよぶ長い保守党政権のあと, 政権を担当したのはニューレーバー（新労働党）と

呼ばれたブレア（Blair, T.）政権（1997～2007年）であった。

ブレア政権は，従来の労働党のような社会福祉政策を採用せず，保守党の新自由主義的な政策も引き継ぎながら，「第三の道」（ギデンズ）と呼ばれる政策[5]を採用し，階級という集団ではなく，多様な個人に対する「資格付与と技能による社会統合（social inclusion）」（藤原2007a：51-52）をはかるために[6]，教育に重点をおいたのである[7]。

この目的を達成するために採用されたのが，シティズンシップ教育のナショナル・カリキュラム化であるが，この導入には四つの背景がある。

一つには，若者の学校内外における問題行動の増加である。具体的には，競争主義の弊害として，落ちこぼれ・落ちこぼし，怠学者の増加，放校処分者などによる犯罪の増加があった（ロンドンの街路泥棒の40％，車窃盗の3分の1，家への盗みの30％が10歳から16歳の子どもで，それが学校の時間帯で行なわれている）[8]。若者の疎外感が，怠学，破壊行為，無差別暴力，計画的犯行，常習的な麻薬の使用になって現れている（Crick Report 1998：para. 3.6)[9]。

二つには，若者・市民の政治無関心，政党の低支持率であり，政治的教養からの逃避やサブカルチャーへの傾倒であり，社会的関心の低下である（Crick Report 1998：para. 3.5, 3.8）。またそれゆえの新たな形での政治教育の復権の要請である[10]。

三つには，産業界の要請や世界の中のイギリスの変化である。有能な労働者しての資質，信頼性，率先性，柔軟性，コミュニケーション・スキル，異質なパートナーと協働できる力など，通常の学習のみならずボランティア活動などで養われる力が求められる[11]。また，イギリスのEU重視によるグローバルな競争に打ち勝つ人材の育成[12]，地球社会というより広い共同体に参加する態度，関心の育成の要請である（Crick Report 1998：para. 3.3, 3.16）。

四つには，シティズンシップ教育の改革である。栗原久（2001：26-35）によれば，シティズンシップ教育は，サッチャー政権からの課題で，1990年にナショナル・カリキュラム協議会（National Curriculum Council）が『市民性

のための教育』と題する教師向け指導書をだしていたが，その学習内容はコミュニタリアニズムにもとづく公共の優先，市民の義務を説くものであった。「クリック・レポート」では，この流れを引き継ぎつつ，前政権のシティズンシップ教育は，善良な市民や奉仕的なボランティア活動を求めるものと批判し，コミュニティに参加可能な積極的な市民性（active citizenship）の必要性を説いている（Crick Report 1998：para. 1.6, 2.3, 2.5）。

1.2.「クリック・レポート」とは何であったか（教育観およびカリキュラム開発の基礎）

「クリック・レポート」は，シティズンシップ教育の意義や，その必要性とねらいについて記した「はじめに」，主な提言と今後の方法について述べた「提言」，シティズンシップ教育の枠組み：到達目標や他教科との関連，主要なスキル，学校全体の取り組みや論争問題の取り扱いについてのべた「詳説」の三部からなっている。このなかでも報告書の根幹をなすのが次の三点である。

一つめは，シティズンシップ教育を構成する本質的構成要素ともいうべき社会的・道徳的責任（social and moral responsibility），コミュニティへの参加（community involvement），政治的リテラシー（political literacy[13]）の三つの柱（strand）である。

シティズンシップは，市民的共和主義（コミュニタリアニズム）と市民的自由主義（リベラリズム）の双方に軸足をおいており，双方は矛盾し対立するものであるが，ここにいう三つの柱も同様の性質をもっているが，クリックらの立場は，先にも述べたように前政権のような単なるボランティア，単なる「善良な市民」ではなく，多様性を基調とする社会，ローカル（地域），ナショナル（国家），リージョナル（EU），グローバル（英連邦や世界）といった重層的なコミュニティの存立する社会にあって，政治的な判断や批判的な能力を有した個人の権利と責任にもとづく参加民主主義を理想とするもので

ある[14]。

　二つめは,知識・技能・価値・基本概念の統一的育成と,それらのキー・ステージごとの到達目標の明示である。

　ワールド・スタディーズでもそうであったが,カリキュラム開発の基礎となるのは,めざすべき教育に関わる知識・技能・価値にかかわる内容を確定し,それらに関わる基本概念を決め,それらの関連性を示すことである。そうすることによって学習内容や方法が組織化されていくからである。のちのナショナル・カリキュラムに反映されていくが,「クリック・レポート」においてもワールド・スタディーズと同様に,知識・技能・価値の統一的育成が,基本概念ともに立方体の形で示されている(資料6-1)。

　しかし,「クリック・レポート」が,ワールド・スタディーズと違っているのは,資料6-2に示されるように,それらを到達すべき学習成果(learning outcome)として明示したことである(Crick Report 1998：para. 6.10～6.14)。

　労働党政権の教育政策の根底に,個人に対する資格付与と技能による社会統合があることはすでに述べたとおりであるが,クリックらは,単なる知識・技能・価値,基本概念の提示だけではなく,それらが各キー・ステージの修了段階において,そして義務教育が修了する段階において,どれだけ学習者に学習成果として身についているか,到達しているかを明示し,それを評価することとしたのである。これは,ナショナル・カリキュラムの各段階時における全国共通テストやGCSE(義務教育修了時の試験)とも関係することであるが,この学習成果(到達目標)と評価が一体になったカリキュラム開発モデルは,個人の学習の質を保証し,ひいては資格付与と技能による社会統合にいたるための重要な教育装置になっている[15]。

　三つめは,政治教育および政治的リテラシーと関連する論争的問題の取り扱いである。到達目標を明示した学習成果アプローチは,ナショナル・カリキュラムに記述されるべきは,何をどう教えるかではなく,結果として何が身につくかを示すことを意味している。

つまり，学習成果アプローチを採用することによって，学習者が，どこにどれだけ到達したかを明示できるようにし，1970年代以来懸案であった政治教育における注入主義や，政治教育に対する非専門性を理由とする教師の躊躇や不安を回避しようとしたのである。ワールド・スタディーズにおいては個々の教師の力量に任されていた政治学習が，到達目標の明示によって，学びの証拠や学びの過程，教師と学習者の相互の応答による評価を可能にし，教師にも学習者にも客観的なものとなったのである。

さらに，「クリック・レポート」では，意見の分かれるような論争問題の学習について多くをさき，「中立司会者」（Neutral Chairman），「均衡」（Balanced），「明示参加」（Stated Commitment）の三つのアプローチを示して，それぞれが程よく合わさって採用されることが大切だとして，教師が政治教育に躊躇しないように配慮している（Crick Report1998：para. 10.1～10.16）。ここに，政治教育の復権にかけたクリックの強い意志を見て取ることができる。

1.3. 新教科「シティズンシップ」の学習領域と単元構成

カリキュラム開発のための教育思想が「クリック・レポート」で示されたあと，諮問委員会のメンバーであった国立教育研究財団（National Foundation for Educational Research：NFER）のカー（Kerr, D.）を中心に教育課程と到達目標が作成され，新しい教科「シティズンシップ」がナショナル・カリキュラムとして具現化していった（Crick Report 1998：para. 5.1.2）。

このことは，必ずしもグローバル教育ではないが，シティズンシップ教育のカリキュラム開発モデルの構築論からいえば，教科融合型の「ワールド・スタディーズ」モデルに対し，教科統合型（単独教科）としての「新教科」モデルを示したものといえる。もちろん，シティズンシップ教育の実施形態は，のちにのべるように，単独教科型にとどまらず，内容の広領域性から関連教科での教科融合型アプローチや，参加民主主義の性質上，学校全体でのアプローチが可能であった。

第6章 教科統合型学習としてのイギリス「シティズンシップ」科目におけるグローバル・シティズンシップの育成　169

では，単独教科としての新教科の学習内容の全体構成はどのようなものだろうか。ここでは，必修教科となった中等教育（キー・ステージ3および4）におけるシティズンシップの学習領域と単元構成についてみていく（表6-1，表6-2)[16]。単元構成（表6-2）は，題名しか示していないが，実際は，学習内容と授業過程のサンプル（スキーム・オブ・ワーク Scheme of Work）も提示されていて，日本の学習指導要領よりも詳細である。しかし，これらはあくまでも参考例であり，学校あるいは教師ではこれらをもとに単元開発や授業計画を作るのである。市販されている教科書も，公式サイトのものよりは具体

表6-1　教科「シティズンシップ」の学習領域・学習内容
（ナショナル・カリキュラム「学習プログラム」より簡略化して筆者作成）

学習領域	KS3	KS4
学識ある（informed）市民についての知識と理解	1a. 法律，人権，責任，刑罰 1b. UK 国家の多様性（地方，民族，宗教）と相互尊重 1c. 中央と地方政府，公共サービス，財政 1d. 議会政治 1e. 選挙と投票 1f. ボランティア団体の地域，国家，国際的なレベルでの活動 1g. 公正な紛争解決 1h. 社会の中のメディア 1i. 地球的な共同体としての世界（政治，経済，環境，社会の関わり，EU，英連邦，国連の役割	1a. 法律，人権，責任，刑罰 1b. UK 国家の多様性（地方，民族，宗教）と相互尊重 1c. 議会，政府，裁判所の役割 1d. 民主的な選挙における役割 1e. 経済（商業，財政を含む） 1f. 個人やボランティア団体の地域，国家，国際的なレベルでの社会を変える活動 1g. 情報とメディア，報道の自由 1h. 消費者，雇用者，被雇用者の権利と責任 1i. EU，英連邦，国連とUKの関係 1j. 持続可能な開発，相互依存と責任
探究（enquiry）とコミュニケーションのスキル	2a. 時事的，政治的，精神的，道徳的，社会的，文化的な論争問題，課題，事件の情報分析（KS4では調査が加わる） 2b. 2a.についての個人の意見の研究 2c. グループやクラスでの討論への参加	
参加と責任ある行動のためのスキル	3a. 他者の意見や経験の共有，想像力の活用 3b. 学校や地域の活動において，交渉，決定，責任を果たす 3c. 参加の過程についてふりかえる	

表6-2 教科「シティズンシップ」の単元構成
(ナショナル・カリキュラム，スキーム・オブ・ワークから筆者作成，
QCA：http://www.qca.org.uk/。括弧内の数字は小単元の数，詳細な内容については略)

KS3（21単元・109小単元）	KS4（12単元・42小単元）
01. シティズンシップとは何か（4）	01. 人権（3）
02. 犯罪（7）	02. 犯罪——若者と自動車犯罪（3）
03. 人権（4）	03. 人種差別と偏見への挑戦（4）
04. イギリス——多様な社会？（7）	04. 法律はなぜ，いかにしてつくられるか（3）
05. 法律は動物をいかに保護しているか——地域と世界の学習（4）	05. 経済の働き（4）
06. 政府，選挙と投票（6）	06. 商売と企業（3）
07. 地方の民主主義（3）	07. 参加——地域のイベントを企画する（3）
08. 地域における余暇とスポーツ（5）	08. ニュースを創る（3）
09. 社会におけるメディアの重要性（4）	09. 消費者の権利と責任（6）
10. 地球的課題に関するディベート（6）	10. 労働の世界における権利と責任（4）
11. 今日の世界で平和を維持することはなぜ困難なのか（6）	11. ヨーロッパ——誰が決定する？（3）
12. イギリスでは，なぜ女性と男性が投票をめぐって争うのか。今日の投票制度のポイントは何か（13）	12. 地球的課題，地域での行動（3）
13. 紛争や対立をどう処理するか（5）	
14. 民主的な参加のスキルを育てる（4）	
15. 犯罪と安全の意識——学校と諸機関の取り組み（4）	
16. 人権の称賛——学校全体の市民教育活動（4）	
17. 学校間の連携（6）	
18. 校庭づくりと地域（4）	
19. KS3の学びの成果と進歩の評価（4）	
20. 公共的な関心とは何か（5）	
21. 人々と環境（4）	

的で，内容豊富である。もちろん，教科書も教師や学校にとって強制的なものではない。

　学習領域と単元構成（表6-1，表6-2）をみると，「シティズンシップ」では，法律（刑法や民法），人権，犯罪と刑罰，議会政治，政府，メディア，雇用，消費者，ボランティア，EU，英連邦，国連，持続可能な開発といった項目が示すように，知識・理解（「学識ある市民についての知識と理解」）の内容としては日本の中学校社会科（公民的分野）や公民科と共通するところが多

い。しかし，「シティズンシップ」は知識・理解だけではなく，時事的問題や現代的課題についての論争問題を通して，探究やコミュニケーション，社会参加や行動に関するスキルを身に付ける教科でもあり，時事問題学習教科ともいえる[17]。その点で，知識中心教科としての日本の社会科とは異なる。

また，ワールド・スタディーズ以来のグローバル教育と関連するところは，「地球的な共同体としての世界」（KS３）や「持続可能な開発，相互依存と責任」（KS４）である。単元として教科融合的にグローバル学習がナショナル・カリキュラムに取り入れられたのである。

1.4. 新教科「シティズンシップ」の到達目標（学習成果）―評価と GCSE

ナショナル・カリキュラムでは，「資格付与と技能による社会統合」をはかるためには，学習成果の到達目標とその評価が重要であった。この評価規準が，キー・ステージ３および４でのシティズンシップの達成目標（Progression in Citizenship）（資料6-3）であり。キー・ステージ３における市民教育の評価基準例である（資料6-4）。これらは，QCA（基準認定局）が出している『評価，報告，記録に関するガイダンス』（Guidance on assessment recording and reporting）に示されているものであるが，学校（教師）は，キー・ステージの修了時に，生徒が「期待する目標以上のことをした（working beyond）」「期待する目標に達成している（achieving）」「期待する目標の達成に向かっている（working towards）」かを，生徒の優れたパフォーマンスや才能などもふくめて，報告書に記録することを求められるのである（CPD Handbook 2006：141-166）。

これをみると，知識については，教科「シティズンシップ」で学習する内容の理解と基本的な概念，市民的価値に対する理解が求められている。特徴的なのは，二つのスキル（技能）に関する評価規準が，かなり具体的でアクティブである。検証や分析をとおした科学的な探究はもちろんのこと，議論や討論，発表をとおした意思決定，コミュニティへの参加など具体的な行

動，リフレクションも含まれている。

　評価の仕方も，当然のことながら，ポートフォリオ的な記録や資料，リフレクションの記述など，学校および教師の専門的な力量および労働量が必要とされる。評価については，日本の「総合的な学習の時間」などでも同様の課題が学校や教師に求められているが，イギリスのシティズンシップの方が，質量ともに大きいと思われる[18]。

　このような評価と記録を踏まえた上で，「資格と技能」の証明となるGCSE（一般中等教育資格試験）がある。教科「シティズンシップ」のGCSEは，外部審査機関（AQA，Edexcel，OCRという三つの審査機関）が担当し，コースワーク40％と筆記試験60％の2つで判定することになっている[19]。コースワークとは，学校が用意する調査書のようなもので，シティズンシップでの活動記録であり，生徒による報告書である。学校や地域，生徒会などの記録や単元例にあるようなシティズンシップの課題についての取り組みなどを示すものである。活動の計画性，実行，自分の活動への評価や他者の貢献の評価，かかわりなどへの説明も求められる。コースワークは教師が採点し，監督者（moderator）に送られる。AQAの解説によると，監督者は，採点基準がすべての学校で同じかを確認，検証する。教師と監督者は，活動の計画性（10点），出来事とその役割の知識理解（10点），証拠の説明（15点），評価（15点），別にエキストラ（アイデアなど）（3点）の合計60点＋3点で，採点するようである。

　筆記試験は，各機関によって若干の異同があるようだが，四つの問題タイプがある。事実的な知識を問う選択式のもの，選択・理由記述・短答式のもの，シティズンシップでの活動に関わる説明記述，そして小論文（論述）である。興味深いのは，どこかの受験会場で一斉に受験生が受験するのではなく，事前に問題冊子が学校に送られてきて，生徒は所定の時間内（90分程度）で答えるという形式である。こうして見ると，たとえば日本の大学入試センター試験やふだん高校の教室で行われている知識中心の定期試験とは，問題

の形式，内容ともにかなり異なっていることがわかる。

第2節　市販教科書 *This is Citizenship* にみる「グローバル・シティズンシップ」—領域内単元としてのグローバル教育

2.1. ナショナル・カリキュラムと市販教科書

　シティズンシップ教育におけるグローバルなコミュニティに関する学習は「クリック・レポート」の要望であり，ナショナル・カリキュラムに反映されてきたことはすでに述べたとおりである（表6-1，表6-2）。

　では，ナショナル・カリキュラムを参考にした市販教科書はどのようなものとなっているのか，特に，新教科「シティズンシップ」のなかの「グローバル・シティズンシップ」の育成の論理はどうなっているかを具体的に見てみよう。

　もとより，イギリスの場合，ナショナル・カリキュラムのなかに，単元計画例（スキーム・オブ・ワーク）が教員向けにかなり詳細に提示されている。教科書も多くあるが，国家の検定を受ける必要もなく，日本のように必ず採択して，学習者に無償で配布されるものでもなく，市販されているものである。市販教科書は，一つのサンプルであり，単元計画や授業展開の参考になるものであるが，生徒の活動例なども記載されていて，構想されたシティズンシップ教育の授業事例ととらえることが出来る。また，市販の教科書といえども，最終的には GCSE と関連した学習成果がとわれることになるから，その学習内容や学習方法は，評価とも関連して，大きな枠では拘束されることになる。教科書を分析する所以である。

　シティズンシップの導入時期前後（2002年前後）は，市販の教科書は多種多様で，ロンドンの書店にいくと山積みになった教科書類を見かけた（2014年現在はほとんどみかけない）。そのようななか，片上（2009：98-114）は，中等教育の代表的なシティズンシップ教科書をとりあげて，知識重視，技能重

表6-3 シティズンシップの教科書の三類型と合体型

(片上2009：98-114より筆者作成)

類型	教科書（プロジェクト名）	出版社
知識重視型	*Citizenship and You*	Heinenman
技能重視型	*Citizens and Society*	Hodder and Stoughton
参加志向型	*Get Global!*	プロジェクト
総合型	*Activate!*	Institute for Citizenship
融合型	*This is Citizenship*	John Murray

視，参加志向という基本的な三類型とその合体型である総合型，融合型の五つを紹介している（表6-3）。

2.2. *This is Citizenship* の全体構成と「グローバル・シティズンシップ」単元

ここでは，基礎編と発展編にわかれ，「螺旋的発展構造型で，知識・技能・参加（実践）の融合型」（片上）とされる *This is Citizenship* を取りあげる。もとよりシティズンシップの本質的な要素である知識・技能・価値の統一的育成と，三つのストランド（社会的道徳的責任，コミュニティ参加，政治的リテラシー）の構造的でかつ実践的な内容を組織化しているからである[20]。

This is Citizenship は，KS.3用のもので，1と2の分冊があり，1は基礎編，2は発展編である。各分冊の全体構成は，ルールや法律，権利と責任，コミュニティ，政府，メディア，地球市民の6単元に分かれている（表6-4）。グローバル・シティズンシップに関わるのは第6単元である。表6-5に，第6単元の学習内容を，ナショナル・カリキュラムとスキーム・オブ・ワークに対照させて示した。

この単元は，ナショナル・カリキュラムでは，グローバルなコミュニティ（「地球的な共同体としての世界」）に関わる市民的教養・学識を身につけるものとされ，スキーム・オブ・ワークでは，地球的課題（「地球的課題に関するディベート」など）を取りあげるものとされる内容領域である。これに対応し

表6-4　This is Citizenship の全体構成（筆者作成）

単元	KS.3基礎編	KS.3発展編
単元1．ルールと公正，参加	何がルールを公正にさせるか？	法律は若者を公正に扱っているか？
単元2．人間の権利と責任	互いの尊重と理解。誰の権利か？　誰の責任か。	すべての人々にとって平等な権利とは？
単元3．地方政府とコミュニティ	あなたたちの生活している地域は講が運営しているか？	地方政府の決定に，どうしたら意見をいうことができるか？
単元4．中央政府と議会	誰が国を運営しているか？	政治はどのように動いているか？
単元5．メディアと社会	何が起きているのか，どのようにして見つけるか？	ニュースとは何か？
単元6．グローバル・シティズンシップ	あなたたちは世界の中でどのような役割を担っているか？	あなたたちは世界を変えることができるか？

表6-5　KS.3におけるグローバル・シティズンシップ：ナショナル・カリキュラム（市民的学識・知識理解）におけるスキーム・オブ・ワークと This is Citizenship 第6単元「グローバル・シティズンシップ」の内容比較（筆者作成）

ナショナル・カリキュラム	スキーム・オブ・ワーク	This is Citizenship 基礎編	This is Citizenship 発展編
1i．地球的な共同体としての世界（政治，経済，環境，社会の関わり，EU，英連邦，国連の役割）	10．地球的課題に関するディベート ・授業単元例としてアマゾンの熱帯林について6時間の展開例。 ・人権侵害，麻薬取引，HIVとエイズ，開発途上国との貿易なども地球的課題としてあることを例示。 11．今日の世界で平和を維持することはなぜ困難なのか ・授業単元例として現代の紛争と平和の維持について6時間の展開例	S.6．あなたたちは世界の中でどのような役割を担っているか？ 1．他の国について何を知っているか？ 2．難民と移民 3．チャリティーによる支援のあり方 4．［情報］世界を援助する団体，世界人権宣言	S.6．あなたたちは世界を変えることができるか？ 1．貿易はどうすればより公正になるか？ 2．貿易の罠—フェアトレード・ゲーム 3．きびしい労働！ 4．観光は他の国の人々にどのような影響を与るか？ 5．Myssiaでの観光をどのように発展させるか？ 6．ツーリズム—良い面，悪い面と醜い面 7．連合王国とヨーロッパ連合 8．［情報］ヨーロッパ連合

て、*This is Citizenship* の基礎編では、「あなたたちは世界の中でどのような役割を担っているか？」、発展編では「あなたたちは世界を変えることができるか？」という刺激的なテーマのもと、「難民と移民」（基礎編）、「援助（チャリティー）」（基礎編）や、「貿易とフェアトレード」（発展編）、「児童労働」（発展編）、「観光開発」（発展編）などの内容がとりあげられている。

また、アクティブ・シティズンシップに関連して、地域奉仕やサービス・ラーニングでは扱いにくいグローバルな課題について、象徴的・模擬的な手法を用いた社会参加学習を採用していることも特徴的である[21]。たとえば、基礎編では、途上地域の人間開発にかかわるようなチャリティの企画が取り上げられている。発展編では、「貿易とフェアトレード」の小単元では、グローバリゼーションにおける一次産品生産農家がおかれた不公正な貿易のあり方について、「フェアトレード・ゲーム」などが考案されている。「観光開発」の小単元では、シミュレーションとしての観光開発が取り上げられている。

より具体的に見るために、資料6-5に単元「グローバル・シティズンシップ」の単元観、学習項目、学習活動、キーワードを示した。

基礎編では、キーワード（移民、難民、庇護を求める人々、グローバル、チャリティ、人権）にあるように、人やモノの地球的な相互依存、情報や人の移動といった緊密化する世界が語られ、一方で、紛争や災害の結果生じる困難（難民や被災民など）への共感と援助の必要性が記述されている。発展編では、キーワード（児童労働、環境への影響、フェアトレード、観光）が示すように、地球的な相互依存のなかでも、貿易や観光、気候変動など、より高度な内容をとりあげ、私たちの日常的行為の自己および他者への影響が記述されている。基礎編に比べると、行為の背景となる構造や行為の相互影響、行為の変容性について、具体的な事例や体験的な学習（シミュレーションやゲーム）を通して理解させようとしている。また、EUにおける英国（連合王国）の役割や市民生活とのかかわりについてもふれている。

具体的な授業事例については，藤原（2006b：51-60）が基礎編小単元3「チャリティーによる支援のあり方」の授業展開例を詳しく紹介している[22]。

　イギリスの学校を訪問した際に，アクティブ・シティズンシップといえば，「チャリティ」という言葉が返ってきた。日本の学校では，「チャリティとは募金であり，募金といえばユニセフである」という固定観念がある。しかし，ここではもっと広い意味（いわゆる援助）で使われている。寄付金もふくめたNGOの活動支援も含んでいる。しかも，開発とはなにか，貧困とは何か，人間開発や基礎的ニーズなどの基本概念（グローバル・シティズンシップにとっての知識・理解）が考慮されている。のみならず，NGOの援助のあり方に関する討論や実践者とのコミュニケーション，さらに，チャリティの企画と実践といった積極的な社会参加も取り入れられている。社会認識を基礎にした，討論や意思決定，そして社会参加の学習原理が組み込まれているのである。同じく，藤原（2007b）は発展編小単元2「貿易の罠─フェアトレード・ゲーム」の授業展開例を詳しく紹介している。

　イギリスの学校を訪問した際に，移民の子孫が多く在籍し，どちらかといえば生活が困難な住民が多い地域を校区にもつ学校では，「フェアトレード」を積極的に取り上げていた。移民の出身地が，イギリスの旧植民地であるアフリカや南アジア，西インド諸島・カリブ海地域であり，貿易や歴史が身近であるからだと推察できる[23]。また，フェアトレードは，言葉の本来の意味で，政治学習に値するものである。「シティズンシップ」では，政治的な学習として，議会のことや政党のことなど国家機関のしくみや制度を教える。しかし，生徒はあまり制度的なことには関心はない。しかし，日常生活のなかにあることがらが，政治的な背景をもっていることには興味がある。フェアトレードは，日常の中で，南北格差や途上国での人々のくらしが学習できるので「政治的」な学習になるのである[24]。

2.3. 教科「シティズンシップ」における「グローバル・シティズンシップ」単元の特徴

以上の考察から，教科「シティズンシップ」における「グローバル・シティズンシップ」単元の特徴を三点あげることができる。

一つには，「地球市民」「地球村」「地球的な共同体」といった，超国家的な共同体概念が，地域，連合王国，EU，英連邦，国連とともに明確に登場し，それらが，ローカル，ナショナル，リージョナル，グローバルといった共同体の重層的な空間認識にかかわっており，形式的で同心円的な空間概念ではなく，貿易や援助，環境問題や開発問題といった地球的な課題と相互依存関係における実体的な関係概念として構築されていることがわかる。ここには，前章で見てきた，自己と地球の拡大縮小（内への旅と外への旅の相互作用）というワールド・スタディーズの考え方を見て取ることができる。

二つには，このような地球的な課題や相互依存関係は，イギリスの植民地支配や現在の国際社会における位置など，歴史的な認識をふまえて設定されていることである。「グローバル・シティズンシップ」単元は，シティズンシップの数ある単元の一つであり，どちらかというと若者の社会生活やメディアにかかわるものも多いが，国内的な課題を扱う単元でも，移民や難民の子孫がイギリス国民として暮らす多文化社会が現実にあり，それは歴史性を抜きに考えられないものである。

三つには，個人や自発的な団体（NGO）などとかかわって，ゲームやシミュレーションなどの教材の活用など，地域奉仕やサービス・ラーニングなど積極的な社会参加では扱いにくいグローバルな課題をもとりあげており，そこでの社会参加や行動が肯定的に取り上げられていること，である。

総じて，これらは，世界理解の方法，植民地支配と移民などの歴史的認識，参加型学習教材の活用などの点で，1980年代からのイギリスの開発教育やグローバル教育の経験を引き継ぐものであり，そのトピック性や時事問題性，内容の高度性において，外国理解や異文化理解を中心とする教科書レベ

ルでの日本の国際理解教育とは，かなり異なるものである。

第3節　シティズンシップ教育の実施形態

3.1. 初等教育の場合

　教科「シティズンシップ」は中等教育では，法定教科として必修となったが，初等教育では，非法定教科として，従来あった「PSHE」(Personal, Social and Health Education，個人・社会・健康教育）に「Citizenship」を付加した「PSHE & Citizenship」として，2000年から実施されることになった。非法定とは，フレームワークの提示はしているが，教師が自らの必要に応じて採用し，責任をもって教えるというもので，保護者への説明責任はあるとされる。

　川口（2009：59-73）によれば，PSHEとは「子どもたちが，自信を持ち健康的で独立した生活を送るために必要な知識とスキルを与える」教科であり，「子どもたちが，個人的・社会的に発達する方法を理解し，成長する過程における道徳的，社会的，文化的課題に取りくむことを促す」教科である。そこで，初等段階におけるシティズンシップ教育は「人格・社会的発達と同時に実施され，それに貢献する役割を果たす」ために複合的になった。したがって，その教科目標は，PSHEとCitizenshipの双方が異なる領域をもっていること，しかし，知識スキルについては総合的育成をはかることとなっている。資料6-6は，ナショナル・カリキュラムに示されたキー・ステージ1および2の単元構成とその学習内容の概略である（単元6まではKS.1 & 2，単元7～11はKS.2，単元12は最終学年の第6学年とされる）。学習方法については，資料6-6に示すことができなかったが，ペアやグループ，クラスでの様々な集団での活動を取り入れ，質問や，討論，ディベート，発表，プレゼンテーションなどを多用している。また授業だけにとどまらず，サークルタイム[25]，クラスでの話し合い，児童会ランチタイム，遊び時間，全校集会

なども考慮している。

　初等教育における複合科目「PSHE＆シティズンシップ」は，中等教育の教科「シティズンシップ」（表6-2）と比較して，その特徴を三点ほど指摘できる。

　一つには，教科「シティズンシップ」のように，「グローバル・シティズンシップ」単元が明示されていないこと，逆にいえば，EUや世界，地球といったレベルではなく，地域（ローカル）や国家（ナショナル）のレベルでの問題が主となっている。しかし，第5単元の「多様性のある世界で生きる」は，イギリス社会の多文化，多人種の現状に即しており，地域がそれ自体で世界であるから，その意味では世界に対して閉じられているわけではない。

　二つには，教科「シティズンシップ」と同様に，家庭，学校，地域，国家といったコミュニティの多重性，多元性が考慮されている。同じく，動物愛護や校庭づくりの単元をのぞけば，人権，メディア，ルール，犯罪，議会といったテーマが採用されている。子どもたちは，初等，中等と同じようなテーマを繰り返し学ぶことになる。動物愛護の単元は初等教育らしい。

　三つには，教科「シティズンシップ」と同様に，政治的リテラシーの特色が強い。学校の校庭づくり（単元6）や地域レベルの民主主義（単元10）のように，計画，実行，振りかえりといったアクションのプロセスを学習させようとしている。参加民主主義を初等から育もうとしている。

3.2. シティズンシップ教育の多様な実施形態

　「シティズンシップ」は新しい教科であったので，学校現場の教員にとまどいをもたらしたことは想像に難くない。そこで，政府は教員研修用に，「シティズンシップ」はなぜ重要なのか，何のための「シティズンシップ」か，「シティズンシップ」はどう学ばれるのか，どこで学ばれるのか，といった根本的な疑問に応えるための冊子を2004年に配布し，2006年には幼稚園からポスト16までのシティズンシップ教育の解説書を出版した（CPD Hand-

表6-6 シティズンシップ教育の多様な学習：三つのC（CPD Handbook 2006：10）

①**カリキュラム（Curriculum）の中で教えられる。** 「具体的な教科やコース，活動で行なう」「他教科，コース，活動の一つで行なう」「これらの組み合わせで行なう」 ②**校風や学校文化（Culture and ethos）** 校風や学校文化の中でシティズンシップは学ばれる。組織の中で若者が活動的な役割をはたせるような風土があると効果的。自分たちの学びを語る，意思決定に参加する，責任ある立場につくなど ③**より広い地域（Wider community）** シティズンシップは地域やより広く世界との関わりの中で学ばれる。たとえば，学校間の連携や交流。世代間のプロジェクト，仲間教育，地域の施設の開発，政治家，警察，地域のリーダーとの連携，キャンペーンや募金活動

book 2006）。

　そこでは，「シティズンシップ」はカリキュラム，文化，地域の「三つのC」で学ばれるとし，具体的で多様な学習のあり方を示している（表6-6）。

　カリキュラムの中の三つの実施形態は，教科統合（単独教科）としての具体的な教科「シティズンシップ」のことであり，教科融合的な他教科関連アプローチであり，組み合わせとは学校全体アプローチにつながるものである。学校全体アプローチで重要なのは校風や学校文化である。民主主義の主旨や手続き，政治的なスキルの学習を保証する学校のあり方が重視されている。さらには，コミュニティの多層性，多元性を意識したアクティブな市民性が重視されている。教科としてのシティズンシップが中心にあり，そのまわりに他教科でのシティズンシップ関連の授業があり，さらに生徒会，クラス代表，理事会といった学校全体の文化があり，さらにそのまわりに，より広いコミュニティとしての地域や国家，世界との関わり，参加がなければシティズンシップは育たないといっているのである（CPD Handbook 2006：49）。

　新教科「シティズンシップ」は，「クリック・レポート」から四年後の2002年秋からの実施であるが，教科担当に専任教員を養成するには時間がかかる。経過措置として地理や歴史，PSHEの教員が担当せざるをえない。そこで実際の実施形態は，関連教科アプローチや学校全体のアプローチも採用

せざるを得ない。三つのカリキュラムの実施は，現実的な対応でもあった。長沼・大久保編（2012：81）では，2004年当時のシティズンシップ実施状況は，単独教科が15％，PSHEの一部として52％，PSHEとして22％，他教科が20％，課外活動が8％というQCA2005年のデータを紹介している。私たちの調査では，先進的な取り組みをしている学校や教師を主として訪問したので単独教科での実施を見ることが多かったが，当初はPSHEでの取扱いが多くなることも聞いていた。

関連教科でのシティズンシップのテーマ例としては，歴史では「市民権はどのようにして発達したのか」「奴隷制はなぜ間違っているのか」，地理では「環境規制はより厳格であるべきか」「道路は増やすべきか否か」，PSHEでは，「喫煙，麻薬，肥満，家庭内暴力，機会均等」，宗教では「学校でヘジャブは許可されるべきか」「正義の戦争はあるか」「私の隣人は誰か」，理科では「クローンは禁止すべきか」「臓器移植は同意すべきか」「遺伝子組み換え農作物は許されるか」があげられている（CPD Handbook 2006：61）。

3.3. 社会統合の課題—貧困地域対策と多様性

イギリスのシティズンシップは法定教科であるため，政府機関と地方教育委員会との関係（中央，地方教育行政），大学における教員養成，現職教員研修などの教師教育，カリキュラム開発や教科書作成に関わる外郭団体，アクティブ・シティズンシップのためのボランティア団体などが関わったイギリス社会をあげての改革である。これらについては，池野範男研究代表（2009）やCPD Handbook（2006：61）に詳しい。

シティズンシップの導入の背景の目的は，社会格差や多様性が広がるイギリス社会にあって，個人に対する資格付与と技能による社会統合であった。しかし，2005年7月7日にロンドンで地下鉄とバスを同時に爆破するというテロ事件がおき，多くの死傷者がでた。さらに，犯人が英国生まれのムスリムの若者であったことは，イギリス社会に大きな衝撃を与えた。2001年9月

11日のアメリカ同時多発テロに続くものとして，世界にも，多文化社会における「分断」の深刻さを印象づけるものとして，衝撃をもって受け止められた。イギリスでは，もともとあったシティズンシップにおけるコミュニタリアンの側面がより強調され，イギリス人性（Englishness, Britishness）とは何か，公共性とは何か，が問われることにもなった。それまでは寛容であったムスリムの人々が多い地域での学校教育へも批判の目が向けられることにもなった。

逆に，シティズンシップには多様性に対する配慮が不足していたとの批判があがり，2007年には「アジェグボ（Ajegbo, K.）・レポート」がでて，「クリック・レポート」の三本柱に，「アイデンティティと多様性」（Identity and Diversity）という柱が加わった[26]。ナショナルアイデンティティと社会的包摂（social inclusion）はシティズンシップ教育の大切なテーマとなった（北山 2014）。

2010年には労働党から保守党と自由民主党の連立政権になり，教科「シティズンシップ」を必修から外す動きも見られたが，2014年度からは必修とはなったもののコア教科（英，数，理）重視となった。民間の活力にまかせる「大きな社会」政策導入により，労働党政権時代の教育予算はかなり削られ，全国共通テストの結果による業績主義による傾斜配分が卓越し，競争のみの側面が残っている。

筆者らが，訪問した学校には貧困地域の学校も多く，学校ランキングも低かったが，労働党政権時代は，シティズンシップ教育を導入することにより，地域と学校を改善するために多くの予算を投入して，子どもたちや学校をサポートする，エンパワーするという政策がとられていた。しかし，いつしか中央政府に近い校長になり，政権交代後は特に予算獲得のため，学校ランキングや業績のみの成功が強調されて，地域のこどもたちが通えなくなるという現象も見聞きした[27]。

おわりに

　前章および本章でイギリスのグローバル教育について，ワールド・スタディーズとシティズンシップをとりあげて，そのカリキュラム開発モデルの論理を考察してきた。考察のまとめとして以下の表を作成してみた（表6-7）。表6-7は，カリキュラム開発の手続きにそって，「世界観，社会観」，「教科の規定」，「教科のねらい」，「目標（知識・技能・価値）」，「カリキュラム観」，「内容構成（単元構成）」，「学習過程」，「学習方法」，「教科書（指導書）」，「評価・達成目標」にわけて，特に比較する項目として「シティズンシップ・アイデンティティ」「政治教育」を設けた。

　相違点は三つある。

　一つめは，最大の違いであるが，プロジェクトとナショナル・カリキュラムという教科の規定である。その世界観も，「新しい教育」といわれた開発教育や多文化教育，グローバル教育といった教育思想にもとづくワールド・スタディーズと，クリックらの政治教育の復権，参加民主主義を掲げたシティズンシップでは異なっている。

　二つめは，シティズンシップが，資格付与と技能による社会統合をめざす政策のために，到達目標を明確にし，評価と一体化させた学習成果アプローチを採用している点である。単元構成や展開案の詳細な提示もナショナル・カリキュラムだからこその成果である。こうして見ると，教員個々人の裁量にまかすのではなく，学習者の学びとその評価に対する規準と説明責任を明確にしたという意味で，法定教科として教科統合的な新教科が導入されることの意味や意義は大きいといえる。

　三つめは，教科のねらいである。ワールド・スタディーズの側から見れば，「グローバル」単元が「公認」されたことになるが，そのねらいは，一方がグローバル教育がゆえの「世界市民」であるのに対し，他方がナショナ

表6-7　ワールド・スタディーズとシティズンシップにおけるカリキュラム開発
(筆者作成)

	ワールド・スタディーズ	ナショナル・カリキュラム：シティズンシップ
時期	1980年代	2000年代
世界観，社会観	「新しい教育」：多文化，相互依存，ホリスティック／システム	「クリック・レポート」(三つの柱：社会的道徳的責任，コミュニティへの参加，政治的リテラシー)
教科の規定	8-13プロジェクト	ナショナル・カリキュラム
教科のねらい	世界市民／地球市民 ローカルでかつグローバルな視野	イギリス市民 (Britishness) より広いコミュニティ (地域，国家，EU，世界)
目標 (知識・技能・価値)	三者の統一的育成 基本概念	三者の統一的育成 立方体 (知識，技能，価値，基本概念)
カリキュラム観	教科融合型 (ナショナル・カリキュラムと関連して)	教科統合型 (単独教科) を中心に，関連教科，学校全体の三つのアプローチ
内容構成 (単元構成)	教授・学習理論と活動事例	内容構成 (全国共通) 単元展開案 (スキーム・オブ・ワーク)
学習過程	学習者中心。構築主義的。理解も重視	学習者中心。構築主義的。到達目標と関連する。
学習方法	参加型学習	学校や地域も含む多様な学習形態，アクティブ・ラーニング。活動だけではない (評価／GCSE)
教科書 (指導書，プロジェクト)	*World Studies 8-13*	*This is Citizenship, Citizens and Society, Get Global!* など多数の市販教科書
関連団体／NGO	Oxfamや地域の開発教育センター (DEC) などのNGO	CSV (コミュニティ・サービス・ボランティア)，Citizenship Foundation などの教科書，教材，教員研修組織，OxfamなどのNGO
評価・達成目標	教師の裁量。ただし，ナショナル・カリキュラム用にモデル化	学習成果アプローチ。緻密なで多様な評価方法，教師による説明責任。
シティズンシップ・アイデンティティ	多文化とグローバル 自己拡大・縮小の原理	ローカル，ナショナル，リージョナル，グローバル。重層性，多元性の原理
政治教育	重視 (早期：4-7 & 8-13歳から)	重視 (三つのストランドの一つ)。中等教育を中心に初等からPost16まで

ルなカリキュラムがゆえの「イギリス市民」という違いとなってあらわれている。シティズンシップ・アイデンティティにしても，一方が自己と地球の相互作用をなすグローバリティにもとづくのに対し，他方がコミュニティの空間的な重層性，多元性にもとづくという違いがある。

　しかし，継続性や共通性もある。

　一つめは，ワールド・スタディーズで試みられた政治教育が，三つの柱の一つとして明示され，シティズンシップによって「復権」したことである。このことは，世界理解のための参加型学習などのアクティブ・ラーニングが，シティズンシップでも取り入れられ，むしろ，政治的リテラシーと参加民主主義の実現のために多用されていることからもわかる。

　二つめは，グローバル・シティズンシップの学習である。ワールド・スタディーズはいうまでもないが，シティズンシップでもより広いコミュニティとして「グローバルな次元」が入り，教科領域内の単元とされ，シティズンシップ・アイデンティティとしても多元的なものの一つとなった。

　三つめは，学習過程における学習者中心の構築主義的な考え方である。教育観の転換をふまえた構築主義的な，個人に応じた教育の過程は継続している。

　四つめは，地域との関わりやNGOなど関連団体を重視する点においても，学校や授業だけで完結しない両者のカリキュラムの特徴を示している。イギリスでは，市民社会レベルで国際協力や開発援助，グローバル教育に携わるNGOも多い。政府のシティズンシップ教育とは不即不離の関係をもって，学校教育や教員研修にも携わっている。

　次章では，このようなNGOレベルでのグローバル・シティズンシップの育成事例をとりあげてイギリスにおけるグローバル教育のあり方を考察してみたい。

注

1）Qualifications and Curriculum Authority：QCA（1998）。1997年に誕生したブレア首相の労働党政権（教育雇用省大臣）の諮問に対して，バーナード・クリック（Crick, B.）を座長とする「シティズンシップ教育に関する諮問委員会」が提出した報告書で，通称「クリック・レポート」と呼ばれる。邦訳版は長沼豊・大久保正弘編（2012：111-210）にある。

2）多くは次に示す助成金を得てのものである。①2004（平成16）〜2006（平成18）年度科学研究費補助金（基盤研究(C)(1)，研究代表・水山光春，研究課題「社会科公民教育における英国シティズンシップ教育の批判的摂取に関する研究」，②2005（平成17）〜2008（平成20）年度科学研究費補助金（基盤研究(A)，研究代表・池野範男，研究課題「我が国を視点とした英国シティズンシップ教育の計画・実施・評価・改善の研究─地方行政局と大学が連携した教育 PDCA 開発─」，③2007（平成19）〜2010（平成22）年度科学研究費補助金（基盤研究(B)，研究代表・水山光春，研究課題「英国市民教育の批判的摂取に基づく小中高一貫シティズンシップ教育カリキュラム開発」，④2011（平成23）〜2013（平成25）年度科学研究費補助金（基盤研究(B)，研究代表・山西優二，研究課題「多言語・多文化教材の開発による学校と地域の連携構築に向けた総合的研究」，⑤2013（平成25）〜2016（平成28）年度科学研究費補助金（基盤研究(A)，研究代表・池野範男，研究課題「多様性と民主主義を視点としたシティズンシップ教育の国際比較研究」。

3）以下の論考は，藤原孝章（2006a：21-38），同（2006b：51-60），同（2007a：51-79），同（2007b：152-176）における考察に，加筆修正を加えたものである。

4）外国語は中等教育のみの必修。

5）ブレア政権の政策背景に，ケインズ主義でも古典的な自由主義でもない新自由主義的な考え方（A. ギデンズ1999）があった。

6）個人に対する「資格付与と技能による社会統合」は，学校教育だけではなく，移民や難民とその子孫を多くかかえる多文化社会イギリスの成人教育においても課題になっている（藤原・奥本2007：1-10）。

7）ブレアの「エデュケーション，エデュケーション，エデュケーション」の有名なフレーズは，私たちのシティズンシップ教育の調査でも，訪問先の研究者や教員から聞くことができた。

8）日本ボランティア学習協会（JVLS）編（2000：7-8）

9）「クリック・レポート」の内容については，原文および長沼・大久保編（2012）翻訳の双方を参照した。訳語については私訳も入れている。

10) 1970年代に選挙年齢が18歳に引き下げられたことによる政治教育への関心は前章で指摘したとおりであるが，クリックはその中心人物で，政治教育プログラムを発表していた（栗原久2001：27）。
11) 日本ボランティア学習協会（JVLS）編（2000：7-8）
12) 佐貫（2002：175-180）
13) political literacy は，「政治的教養」「政治的素養」と訳されることが多いが，シティズンシップ教育における文脈の場合，批判的な理解，判断の意味もふくんでいるので，「政治的リテラシー」と表記しておく。
14) 小玉重夫（2008：202-215）によると，発足当時の労働党政権には，中央集権的な公共をもとめる保守的な立場と，参加の実践を求める進歩的な立場があって，後者に近い立場のクリックは，政府の矛盾には目をつぶって，三つの柱のなかで，政治的リテラシーや積極的な市民性を強調する文脈を報告書に入れようとしたと指摘している。
15) このようなナショナル・カリキュラムの考え方を，池野範男は「向上主義」といっている（池野2009：52-58）。
16) 基準認定局（Qualification and Curriculum Authority：QCA）の2001, 2002版にしたがった。
17) 藤原孝章編（2009）
18) 教員研修用の冊子（CPDハンドブック2006）にも評価の内容と方法について触れられている。
19) Campbell, J., Patrick, S.（2003），The Citizenship Foundation（2002）参照。教科「シティズンシップ」は2002年段階ではGCSEショートコースであった。
20) Fiehn, T.（2002），Fiehn, T., Fiehn, J.（2002）。水山光春研究代表（2007）で詳細を紹介している。
21) 藤原孝章（2006b：51-60）
22) 筆者はこの授業展開例を参考に，独自の教材を作成し，実践している（藤原2011b：29-40）。
23) 2004-06年に訪問したLangdon Schoolおよび2006年に訪問したBethnal Green Technology Collegeなど（いずれもロンドン）。
24) 2006年11月20日に訪問したLangdon Schoolにおける教員および生徒のインタビューから。
25) イギリスの初等教育における伝統的な学習形態で，教師のまわりに子どもたちがあつまり，絵本や物語を読み聞かせ，感想や意見を述べさせ，話し合いをさせる活

動。
26) Ajegbo, K., Kiwan, D., Sharma, D. (2007)
27) 私が2011年に訪問したロンドンのヒースロー空港に近いランプトン・スクール（Lampton School）は，空港で働く人が多く住み，多文化で貧困層が多い地域で，予算的な補助をうけ，それらに配慮した学校運営をして成功したが，2011年時点では政府に近い校長のもと，業績向上をアピールして優秀な生徒を集めようとしていた。また，私が，2004年以来訪問していたロンドンのラングドン・スクール（Langdon School）は，学校全体での生徒会活動がよく，政府から表彰もうけていたほどだが，政権が変わったからか，管理職がすべて交代し，従来のホームページも更新され，別学校の様子を呈していた（山西優二研究代表科研調査）。

第7章　教科超越型学習としてのイギリスの
グローバル教育
―「シティズンシップ」の学校全体アプローチ：*Get Global!* の場合―

はじめに

　ワールド・スタディーズが，当初は，20世紀初頭の新教育運動や第二次世界大戦後の世界市民性教育に思想的な淵源をもっていたが，初等教育における政治学習（世界理解）の普及とナショナル・カリキュラム導入（1988年）に向けて，政府や民間の資金を得て，1970年代から1980年代にわたって取り組まれたプロジェクトであったこと，それをとおして，同時代に新しく興った開発教育や人権教育，平和教育やアメリカのグローバル教育などの「新しい教育」を取り入れながら，イギリスのグローバル教育として成果をみていったことは，前々章で述べたとおりである。しかしながら，長い保守党政権（1979～1997年）の「小さな政府」政策のもと，このような民間への政府資金は減少し，イギリスのグローバル教育を支えてきた開発や人権にかかわるNGOやNGOセンターは，1997年に労働党政権が誕生するまで，いわば「冬の時代」を迎えることになる。
　もちろん，イギリスの市民社会レベルでのポテンシャルな力は大きく，政権の交代によってすべてが左右されるわけではなし，資金にしてもイギリス政府だけではなくヨーロッパ・レベル（EU，ヨーロッパ評議会など）での獲得も可能である。1980年代をもってプロジェクトが一応終結したワールド・スタディーズの成果は，グローバル教育センター（Centre for Global Education，ヨーク）や開発教育協会（Development Education Association：DEA，ロンド

ン），マンチェスターやリーズ，バーミンガムなど移民とその子孫の多い都市にある開発教育センター（Development Education Centre：DEC）や，オックスファム（Oxfam）などの国際 NGO によって，1990年代も継承されていった。

そして，1997年の労働党政権の誕生によって新教科「シティズンシップ」の創設による「グローバル・シティズンシップ」単元の融合化といった状況が生まれ，教育予算の増大など，新たな局面を迎えることになった。そのような中で，もう一つの大きな変化は，労働党政権による開発援助政策の転換である。それまで外務省の一部であった海外開発庁を省に格上げし，国際開発省（Department for International Development：DfID）としたのである。国際開発省は，国際的な開発援助政策においてイギリスのプレゼンスを高める方針を打ち出し，おりしも2001年から始まる国連ミレニアム開発目標（MDGs）にも積極的に関わっていった。また，国内的にも開発教育，グローバル教育をすすめる NGO に対して積極的に資金援助などをしていくこととなった。

開発援助やグローバル教育に関わる NGO は，新教科「シティズンシップ」における「グローバル・シティズンシップ」のための視点を提案する一方，他方で，協同プロジェクトとして参加型開発やアクション・リサーチの手法を活用した学校との取り組みを実施していった。前者は，Oxfam の一連の「グローバル・シティズンシップ教育」（Oxfam 1997, Young, M. with Commins, E. 2002〈以下 Oxfam2002と記す〉，Oxfam 2006）や，教育技能省（DfES）や基準認定局（QCA）による『グローバルな次元』などの冊子（DfES 2005, QCA 2007）である。後者は，ゲット・グローバルと呼ばれる試行プロジェクトである（Action Aid, CAFOD, Christian Aid, Oxfam, Save the Children & DFID（2003），以下プロジェクトでは *Get Global!*，引用については *Get Global!* 2003と記す）[1]。

以下，本章では，ワールド・スタディーズの成果を継承してきた NGO の側からのグローバル教育（グローバル・シティズンシップ教育）について，グロ

ーバルな視点や次元の考え方，学校全体アプローチへの取り組みを中心に考察していきたい。

第1節　オックスファム（Oxfam）のグローバル・シティズンシップ教育

1.1. グローバル・シティズンシップの定義と基本要素，育成のためのカリキュラム

　Oxfam は，1942年ナチス軍の攻撃によって窮地に立っていたギリシャに食料や古着を送ったことにはじまり，「オックスフォード飢饉救済委員会」（Oxford Committee for Famine Relief）として活動し，その後，現在の名称になった。2011年現在，98カ国で活動をする貧困克服と開発援助を目的とした国際 NGO である。本部はオックスフォードにあるが，古着などを集めた Oxfam のチャリティー・ショップはイギリスにはいたるところにあり，市民生活にとけこんでいる。アドボカシーや教育にも力をいれ，ミレニアム開発目標のための教材やグローバル教育に関する出版物も数多くだしている（日本国際理解教育学会編2012：290）。

　Oxfam は，グローバル・シティズンシップ育成のためのカリキュラム必要性を，政府機関や学校の管理職，教員に提案している。

　まず，「地球市民」（the Global Citizen）について，表7-1のように定義している。また，グローバル・シティズンシップを育てるための基本要素（知識・技能・価値）を取り出し（表7-2），それらが幼児期から中等教育後期までの学校段階での視点についてのモデルを示している（資料7-1）。

　これらの知見は，すでに労働党政権が誕生した1997年7月にできており，教科「シティズンシップ」への政府の動きを見てのものであることがわかる。これらは広く使われたのか，教科「シティズンシップ」がナショナル・カリキュラムに新設され，実施されたあとでも，ウェブサイトに，同じ内容

表7-1　Oxfam による地球市民（the Global Citizen）の定義
　　　　　（Oxfam 1997：2 より，Oxfam 2002：1，同2006：3 も同じ）

地球市民とは，次のような人間である。 1. より広い世界を意識し，世界市民としての自己の役割を意識している。 2. 多様性を尊重し，それに価値を置く。 3. 世界の経済，政治，社会，文化，科学技術，環境について理解をしている。 4. 社会的不正義に怒りを感じる。 5. 地域から地球まで，それぞれのレベルのコミュニティに参加し，貢献できる。 6. 世界をより公正にし，持続可能にするために進んで行動する。 7. 自らの行動に責任を持つ。

表7-2　責任あるグローバル・シティズンシップを育てるための基本要素
　　　　　　　　　　（Oxfam 1997：14-15，Oxfam 2006：4 より）

Oxfam		
知識・理解	技能	価値・態度
1. 社会正義と平等 2. 多様性 3. グローバリゼーションと相互依存 4. 持続可能な開発 5. 平和と対立	1. 批判的思考 2. 効果のある議論ができる力 3. 不正義と不平等にチャレンジする力 4. 人やものを大切にする 5. 協力と対立の解決	1. アイデンティティと自己肯定感 2. 共感 3. 社会的正義や平等への関与 4. 多様性に価値を認め，尊重する。 5. 環境への関心と持続可能な開発への関与 6. 人は変わり，違いを生み出すことができるという信念
（参考）*World Studies 8-13*		
(1) 私たちと他の人々 (2) 豊かさと貧しさ (3) 平和と対立 (4) 私たちの環境 (5) 明日の世界	(1) 調査 (2) コミュニケーションする力 (3) 概念の把握 (4) 批判的思考 (5) 政治的技能	(1) 人間としての尊厳 (2) 興味・関心 (3) 他文化の尊重 (4) 共感 (5) 正義と公正

のものが掲載されている（2006年版）。

　地球市民の定義に見る，世界市民，多様性，世界理解，正義と公正，持続可能性，コミュニティ参加，責任ある行動といったキーワードは，ワールド・スタディーズの継承といえる。ここで大切な点は，地球市民とは実体的な市民（根無し草の地球人）というより，市民性，つまり「〜ができる」「〜

をする」人間という意味で，行動様式を示すものであり，学校における校風の基礎になるものである（Oxfam 2002：2）。

また，知識，技能，価値の基本要素については，多様性，相互依存，平和，環境と未来（持続可能）など，知識についてはワールド・スタディーズそれほどの大きな差異はない。しかし，技能や価値については，全体的な傾向性に大きな差異はないが，個別の項目としては，それぞれの時代と状況の違いなのか，異なるものも多い。なお，「クリック・レポート」にみられるシティズンシップの「義務教育修了時点で達成したい本質的な要素」（資料6-2）にみられる基本概念や知識，技能，価値と比べると，当然のことだが，「クリック・レポート」の方がはるかに広い。

しかしながら，これらの具体的な提示は，定義や本質的要素が明確であるがゆえに，教科「シティズンシップ」における「グローバル・シティズンシップ」単元での学習内容づくりに影響を与えたものと考えられる（前章で紹介した教科書 *This is Citizenship* の「グローバル・シティズンシップ」単元参照）。

Oxfam のグローバル・シティズンシップ教育のカリキュラム開発モデルのもう一つの特徴は，知識・技能・価値のそれぞれの下位要素を視点にして，幼児期・初等教育から中等後期（16-19歳）までの一貫した見方をモデル化した点である（資料7-1）。知識・理解については，具体的なものから抽象的なもの，構造的なものへと変化をみることができる。技能については，聴く，話す，見る，知ることなど学習に対する一般的な技能から，高学年ではシティズンシップに必要とされる議論や意思表明，立場構築，参加や行動などへと政治的リテラシーも含めたスキルが求められている。価値・態度についても，気づきや意識化の段階から価値観形成，関わり，参加，責任へとより自覚的なものへと高めている。これらは，単元づくりや授業実践の視点というべきもので，学習領域（スコープ）でもなければ系統性を担保したシーケンスでもない。その意味では，厳密にはカリキュラム開発モデルとはいいがたいが，シティズンシップに組み込まれた「グローバル」単元に関し

て，必修であるか否かをとわず，学校段階のすべてわたって一貫した学習成果を示そうとしたものと評価できる。

1.2. Oxfam のグローバル・シティズンシップ教育：学校全体アプローチ

シティズンシップ教育がナショナル・カリキュラムに導入されるに際して，グローバル・シティズンシップをどう取り扱えばよいか，学校教員の関心，質問，懸念は，Oxfam（2002）によれば，以下のようなものであった（表7-3）。日本でも国際理解教育の導入，実践については同様の懸念や不安があるが[2)]，まさにここに掲げられた不安や懸念は十分に理解できるものである。これらへのサポートの一部が，これまで見てきた Oxfam のカリキュラム・モデル（表7-1, 7-2, 資料7-1）であった。

学校全体アプローチに対する不安，懸念にも Oxfam は応えている。たとえば，環境プロジェクトやエコ・スクールなどの成功例をあげて，「学校全体アプローチを採用することで，カリキュラムと校風の両方が適切な知識・理解，技能，価値・態度の深まりに貢献できる」（Oxfam 1997：21），「グローバル・シティズンシップ教育は，学校全体の改善の道具になる。それは，教えること，学ぶことの双方に，結びつき，目的，動機づけを提供する。カリ

表7-3 グローバル・シティズンシップ教育の実践にあたっての不安，懸念
（Oxfam 2002： 8 より筆者作成）

①学校全体で実践するにはどうしたらよいか。
②グローバル・シティズンシップをどう明確化し，共有すればよいか。
③グローバル・シティズンシップをカリキュラムにどう統合すればよいか。
④カリキュラムにいれる時間がない。
⑤いくつかの問題は子どもにはむずかしい。
⑥もっとグローバル・シティズンシップの問題を知るにはどうしたらよいか。
⑦保護者はグローバル・シティズンシップの考え方を好むのか。
⑧偏見の固定化をさけ，一面的でない国や課題の全体像をどう提供すればよいか。
⑨「多様性を評価すること」は見せかけではないか，本当に反人種差別の行動に結びつくのか。
⑩グローバル・シティズンシップは，単一文化が優先する社会で本物になりうるか。

キュラムと学校生活全体にわたって，グローバル・シティズンシップ教育の原則を統合化することは，多くの挑戦を生む」(Oxfam 2006：9) として，学校全体アプローチの意義を肯定的に示している。

さらに，初等教育の場合だが，「学校全体アプローチの構造図」(資料7-2) を示して，グローバル・シティズンシップと教科，学校文化，地域との関連性をわかりやすく提示している。構造図は，四つの円の重なりからなっていて，まず，中心に「全員のための学校全体アプローチ：初等学校レベルでのグローバル・シティズンシップ」がある。次に，その外周（第二円）に，「持続可能な開発のための教育，平和教育，ワールド・スタディーズ，反人種差別教育，人権教育，開発教育，多文化教育，価値教育，ジェンダー教育，シティズンシップ教育など，いわいる「新しい教育」がある。そして，第三円に「理科，環境学習，地理，現代研究，宗教・道徳（RE/R&ME），数学，図工表現，ICT，英語，ウェールズ語，歴史，体育，デザインと技術，PSE/PSD/PSHE & Citizenship」いった既存教科がある。最後に，第四円として「より広いコミュニティ，校長，保護者，職員，学校理事／理事会，生徒，教員」といった地域やマネージメントの領域となっている。これは，前章（表6-6）で紹介した，CPDハンドブック（CPD Handbook 2006：10）にいうカリキュラム，学校文化，コミュニティの「三つのC」にも通ずるもので，その構造化といってもよいものである。また，これこそがS.ドレイク（1993）のいう教科超越アプローチ（Transdisciplinary approach）を示したものともいえる。

さらには，学校全体アプローチの評価指標として，資料7-3の評価ワークシートを作成し，学校教職員がどのような視点から学校全体のアプローチをすればよいか，その到達目標を示したのである。これによれば，学校の理念，学校環境，平等な参加，児童会（生徒会），多様な教育方法，行事やイベント，地域の多様性を反映した学校運営組織，多文化，持続可能性，環境，開発などイシューやトピックに関わった教育，地域との協働，職員の賛同と

協力といった，まさに学校づくりそのものであるし，資料7-2の構造図を評価指標に翻案したものといえる。

第2節 「シティズンシップ」における「グローバルな次元」

新教科「シティズンシップ」は，初等教育では，非法定の「PSHE & Citizenship」という複合的教科として2000年から出発することになったのであるが[3]，学校教員には，従来の「PSHE」と新しい「シティズンシップ」の区別がわかりにくいものであった。Oxfam（1997）のグローバル・シティズンシップ教育のカリキュラムモデルは，厳密には，教科融合型モデルともいえない，視点やキーワードを示した簡単なものではあったが，この複合的教科における両者の区別やつながりを示すものとなり，教員の支持が高かった。

そこで，DfID（国際開発省），DfES（教育技能省），QCA（資格教育課程総局）の政府および関連機関と NGO である DEA（開発教育協会）の支援と協力のもとで『グローバルな次元』シリーズが2000年（DfEE 2000）にできていった（Oxfam 2002：4）。その後，改訂版（DfES 2005），学校事例集版（QCA 2007）が継続して出版される。

DfES（2005）では，シティズンシップのカリキュラムに組み込むべきグローバルな次元として，①グローバル・シティズンシップ（Global citizenship），②多様性（Diversity），③人権（Human rights），④相互依存（Interdependence），⑤対立の解決（Conflict resolution），⑥社会正義（Social justice），⑦価値と理解（Values and perceptions），⑧持続可能な開発（Sustainable development）という，八つの基本概念をあげている（表7-4）。

これらの基本概念は，カリキュラムの中で考え，構築するための一つの概念枠組みとして提示されるもので，「グローバル・シティズンシップ」は，八つの中の一つに明確に現れているが，しかし，これらのどの概念もナショ

表7-4 グローバルな次元：八つの基本概念（DfES 2005：12-13）

①グローバル・シティズンシップ 見識があり、活動的で、責任のある地球市民になるために必要な概念や機関についての、知識や理解、技能を獲得すること	⑤対立の解決 対立の本質、それらが開発に与える影響について理解し、また、その解決と調和の促進がなぜ必要なのかを理解する。
②多様性 違いを理解し、尊重する。そして、それらを私たちに共通の人間性と関連づけること。	⑥社会正義 持続可能な開発とすべての人々の福祉の改善の両方の契機としての社会正義の重要性を理解する。
③人権 国連子どもの権利宣言を含む人権について理解する、	⑦価値と理解 地球的課題の表象について批判的な評価をし、そして、それらが、人々の態度や価値観に与えている影響について認め、理解する。
④相互依存 人間、場所、経済、環境のどれもが密接に互いに関連しており、選択と行為はグローバルな規模で影響しあってきたことを理解する。	⑧持続可能な開発 惑星としての地球にダメージを与えることなく、将来の世代のために、今の生活の質を維持し、改善する必要について理解する。

ナル・カリキュラム「シティズンシップ」の学習プログラムと関連させることができるし、他の教科を通しても獲得されるべきである、と説明している。

八つの基本概念は、Oxfam（1997）の五つの本質的要素のなかの知識の下位要素の五つ（1.社会正義と平等 2.多様性 3.グローバリゼーションと相互依存 4.持続可能な開発 5.平和と対立）に、「グローバル・シティズンシップ」と「人権」、「価値と理解」を加えたもので、本質的な違いはない。重要なことは、OxfamなどNGOがグローバル・シティズンシップ教育のカリキュラムモデルを開発してきたそのモデルを教育雇用省（DfEE）が「公認」し、より一般化したという点である（初版は2000年[4]）。

一方、QCA（2007）は、「グローバルな次元」をとりいれた学校の成功例、おそらくは、教育水準局（the Office for Standards in Education and Skills：以下、Ofsted）の評価がよかった取り組みを紹介したもので、14の初等、中

等学校がケーススタディとして詳しく紹介されている（QCA 2007：12-41）。

　各学校のテーマをあげると，たとえば，「学校の日常生活での変化と世界最大の問題への挑戦」，「学校連携を通した多文化の認識への挑戦」，「他言語の学習と新しい文化に対する知識」，「生徒の参加を最大限にし，地球市民のスキルを育成」，「若者を肯定的な変化のための代理人になるように促す」，「ITを活用した現実の人と場所の連結」，「グローバルな連携を通して他文化に対する学びの姿勢を変化させる」，「グローバルな連携を通して，現実の人と場所に対して，持続可能性と不正義のような問題を表明する」など，八つの基本概念と関連する，多文化プロジェクト，他文化理解，持続可能な開発やグローバルな課題への参加などがあげられている。

　また，学校と連携する団体もブリティッシュ・カウンシル（英国協会），アクション・エイド（Action Aid），Oxfam，地域の開発教育センター（Development Education Centre：DEC），Link Community Development などがあげられている。各学校は，DCSF や DfID などの政府機関，外国語支援機関（Foreign Language Assistants）などから助成金をうけているところもある。

第3節　シティズンシップ教育におけるナショナル・カリキュラムとNGOの関係

　以上，イギリスのシティズンシップ教育については，一方で，ナショナル・カリキュラムにおける新教科「シティズンシップ」の動きがあり，他方で，NGOレベルによる従来の開発教育やグローバル教育に関わる動きがあった。シティズンシップ教育のカリキュラムにおいても，一方で，教育雇用省 DfEE（1995年から。2001年に教育技能省 DfES，2008年に子ども・学校・家族省 DCSF，2010年に教育省 DfE と名称変更）など政府機関，QCA など関連団体による教科「シティズンシップ」のグローバル単元の具体化をめぐる動きがあり，他方で，国際開発省 DfID など政府機関や，Oxfam，DEA など開発教

育やグローバル教育を担ってきた国際 NGO の側からのグローバル・シティズンシップ育成のカリキュラム化の動きがあり，両者の重なる所に，「グローバル・シティズンシップ」単元が位置しているようにみえる[5]。しかし，丹念にみてきたように，「グローバル・シティズンシップ」単元のカリキュラム開発の視点や基本概念，考え方は，NGO（開発教育・グローバル教育）の側に大きく依存しており，Ofsted の視察による学校評価をのぞいて，教育省系の政府機関は公認もしくはオーソライズの機能を果たしていたことがわかる。

第4節　学校全体アプローチ：*Get Global!* の場合[6]

4.1. *Get Global!* 成立の背景とプロジェクトの成果

　Get Global! は，NGO の側からのグローバル・シティズンシップを育成する学校全体アプローチの提案である。2002年からの教科「シティズンシップ」導入をふまえ，2001年に，国際開発省（DfID）と，アクション・エイド（Action Aid），カフォード（CAFOD），クリスチャン・エイド（Christian Aid），Oxfam，セイブ・ザ・チルドレン（Save the Children）といった国際的にも有名な NGO とが協働して立ち上げたプロジェクトである。このプロジェクトは，2001年から2年間にわたって，ウエールズとイングランドの30の学校，1190人の生徒がかかわり，大きな成功をおさめた。2003年の春にその成果物（教師用手引書）が出版され，多くの学校に配布（2000～3000部）された（*Get Global!* 2003）[7]。

　筆者は，2003年9月にヨーロッパの開発教育・グローバル教育の政府担当者・国際 NGO の国際会議（ロンドン）に出席した際，このテキストを紹介された。2004年9月には，プロジェクトの協力校の一つであるラングドン校（Langdon School，ロンドン）を視察するとともに，編集や学校との連携の中心的な役割を果たした国際 NGO である Action Aid と Oxfam を訪問し，テ

キストの成立背景やシティズンシップ教育とNGOのかかわりなどについてインタビューをする機会を得た。それによると，テキストは配付するのみで，どれだけの教員や学校が採用しているかは未検証であるとのことであった。

　Get Global! の2003年秋のレポート（*Get Global!*, the latest briefing paper 2004）によれば，プロジェクトは，アクション・リサーチの手法を用い[8]，多くの生徒が，貧困や不平等，ホームレス，妊娠・安全なセックス・エイズなどを含む若者の健康，テロリズム，動物虐待，リサイクル，グローバリゼーション，学校のトイレと犯罪などの主題や課題について学習をしたとある。そこでは，三分の二の生徒が主題について学びの成果をえたと答えている。七つの実験校（フォーカス・グループ）の生徒は，教師に与えられるのではなく自分で課題を見つけることができた，自分の見方ができた，世界に起きていることを考える機会ができたなどといった「学びへの自信」や，協働や協力，チームワークなど「組織的・相互作用的な力」が身に付いたなどの感想を寄せている。

　また，スキルについては，プロジェクト実施30校の生徒のうち92％（High 50%, Medium 42%）が討論や意志決定のスキルがついたとし，活動への責任感については91％（High 53%, Medium 38%）が，活動について考えたり，ふり返ったりした時間については88％（High 37%, Medium 51%）が身に付いたという成果が報告されている。さらに，知識・理解については，69％の生徒が世界の人々は何らかのつながりがあると理解し，その内47％が，*Get Global!* プロジェクトによって地球的課題の理解が深まったとしている。なかでも17％は世界の不平等と不公正についてもっとも学んだとしている（以上，*Get Global!* the latest briefing paper 2004より）。このように，*Get Global!* プロジェクトは，生徒の身近に起きる問題と世界とを結びつける学習活動であることが見て取れるのである。

4.2. *Get Global!* の内容構成とその特色

(1) *Get Global!* の特色—学びのデザインと参加型学習

 Get Global! は「教室で活動的な地球市民を育て，評価するための教師用の手引書」である。しかし，以上の成果に明らかなように，「生徒たちが自分の学びを確かめデザインする」，すなわち，アクション・リサーチの手法によって，「生徒たちが，自分たちにとって重要な課題を考えることからはじまって，計画を立て，行動に移し，その結果，できたことをふりかえり，活動全体を評価できる」ようにつくられているところに特色がある。多様な学習領域・科目やどんな学年にも使えるように，「内容中心のアプローチよりもスキル中心のアプローチ」としての参加型の学習活動が生徒の学びのデザインを保証し，学習のスキルを高めるのである (*Get Global!* 2003：1)。

 Get Global! で重視される方略は，開発途上地域で実践されてきた参加型農村調査法 (Participatory Rural Appraisal : PRA) として知られる学習方法に基づいている。R. チェンバース (2000：5) によれば，援助や支援・協力の対象者である現地住民のリアリティをいかに把握するか，その調査の方法・考え方として導入された PRA が，概念を広げて，教育学においても，学習者のニーズやリアリティをいかに把握するか，学習者がいかに自らの学びを組織し，デザインするかといういう「参加型学習」や「参加型学習行動法」(Participatory Learning and Action : PLA) へと応用されていることが指摘されている。

 Get Global! は，このような PRA から PLA への流れに位置づくものと理解できる。それは，地域の人々の生活に関わる課題をもとに探求しようとするもので，参加型学習や視覚教材を用いて，地域における人々の役割や，地域をどのように変えていけばよいのかを身近に感じ，理解しようとするものである。それによって，一人ひとりの個人や集団が力をつけ，生活における重要な課題に関わり，課題を話し合い，解決するためのスキルを高め，自信を深めるものである。テキストで採用されている「ふりかえり (reflection)」

という活動も，参加型学習の一つであり，アクション・エイドが，1993年にパウロ・フレイレの理論とPRAを融合させて開発したものであるとしている（*Get Global!* 2003：3）。

一方，イギリスの世論調査（MORI）によると，「自らのくらしについて選択をする場合に，地球的な諸課題についての理解を必要とするか」の問いに，若者の80％が必要だと答え，33％は大変必要だと答え，残りの54％は，必要だがそれについてどうしたらいいのかわからない，と感じている（*Get Global!* 2003：3）。

Get Global! は，若者のこのような課題に応え，「生徒が学校，地域社会，国家，地球といったコミュニティにおいて意見を言い，責任ある行動を取ろうとする」とするシティズンシップの課題にも応えようとしてつくられた。それはまた，活動的な地球市民にかかわるスキル（「コミュニケーション，探究，批判的なものの考え方」）が，グローバルで相互依存が拡大する世界に求められる本質的なスキルであるという信念に基づいてつくられている（*Get Global!* 2003：3）。

Get Global! の特徴は，他の「シティズンシップ」の教科書とは異なり，1990年代のイギリスの開発教育やグローバル教育の蓄積をふまえ，アクション・リサーチや参加型農村調査法などの手法に学んだ参加型学習をカリキュラム開発の方略にしている点にあり，アクティブ・グローバル・シティズンシップの育成をめざすものである。

(2) *Get Global!* の中心テーマとアクティブ・シティズンシップ

アクティブ・シティズンシップとは，社会奉仕や社会体験ではない。それは，問題解決的な学習の中で営まれる相互関係的なアクションであり，社会参加的な学習である。そしてその結果獲得されるスキルや責任能力を示すものである。

Get Global! で，強調されるのは，生徒たちが地球社会に十分に参加でき

表7-5　*Get Global!* の中心テーマ（*Get Global!* 2003：3 より筆者作成）

①活動を通して生徒自身が変わった・学んだ（make a difference）という成果を経験として知ること
②探究，参加，ふりかえり（reflection）のスキルを高めること
③地球共同体としての世界理解を進め，そのことの政治的，経済的，社会的および環境上の意味について話し合うこと。

るようになるための活動的なアクティブ・グローバル・シティズンシップである。それは教科「シティズンシップ」の三つ学習領域（前章表6-1）に対応した三つの中心的なテーマによって示される。（表7-5）。

(3) *Get Global!* の全体構成

　Get Global! は，全体として119ページに及ぶテキストである。資料7-4に示すように三部に分かれ，第一部は内容の中心をなし，地球市民的資質に求められる知識，価値，態度の探求をするための問いをたてるステップ1（質問をしよう），学習課題を発見するステップ2（課題を見つけよう），調べ活動を行うステップ3（情報を集めよう），行動計画を立てるステップ4（計画を立てよう），行動の場面となるステップ5（行動しよう），ふりかえりの場面のステップ6（考えてみよう）という六段階からなる学習プログラムが提示されている。どのステップにおいても，生徒が暮らす地域・コミュニティと国家のレベル，地球のレベルとの関係性・接続性についてふれている。また，各ステップには，活動的な地球市民を支援する活動事例が数多く示されている（六つのステップで合計41の学習活動例がある）。

　第二部は，評価とふりかえりの枠組みを示し，そのための具体的な18の活動が例示されている。第三部は，ゲームのアイデアが示されている。また，活動ワークシートや評価ワークシートがあり，コピーができるようになっている。さらに，プロジェクトの成果を生かした授業風景の写真や教員や生徒の感想，イラストなどが随所にあって，カラフルで見やすく，「シティズンシップ」の授業実践の様子を垣間見ることができる（他に，デモテープも配付

されている)。

(4) *Get Global!* の学習過程

 Get Global! の学習過程は，生徒たちが，自分たちにとって大切だと思う課題を選ぶところから始まり，地域や地球レベルでの探求を行ない，行動を立案し，参加する。そして，自分たちの実践を分析し，ふりかえり，学習全体を記録し，評価することで終わる (*Get Global!* 2003：3)。

 学習過程の特色は，すでに述べたように，①アクション・リサーチの手法を採用していること。次に，②三つの中心テーマの一つである「活動を通して，生徒自身が変わった (make a difference) という成果を経験として知ること」というプロセスがかかわっていること。そして，③各ステップの内容に対応し，「探究，コミュニケーション，参加のスキル」がくりかえし「ねらい」に掲げられ（資料7-5)，三つの中心テーマの他の一つである「探究，参加，ふりかえりのスキルを高めること」に強く焦点を当てていること。さらに，④学習課題として地球的な課題や地域の課題が選択されることによって，中心テーマの最後の一つである「地球共同体としての世界理解を進め，そのことの政治的，経済的，社会的および環境上の意味について話し合うこと」が焦点化されていく。かくして，ステップが進むにつれ，中心テーマとスキルが発展し，深まっていき，ステップ6まで到達すると，生徒たちは活動的な地球市民について明確に理解し，変化を起こすためにプラスとなるような何らかのスキルを身につけることができるのである (*Get Global!* 2003：14)。

(5) *Get Global!* の学習プログラム

 Get Global! は具体的にどのようにして計画され，実施されるのだろうか。テキストは，キー・ステージ3および4における「学校全体アプローチ」の教師用手引書なので，中等学校のなかでどの学年にどの時期に実施す

るのかは，学校や教師に任せられる。したがって，これらのすべての活動が実施されるわけではない。そこで，テキストには二つの授業実施例が見本としてあげられている（資料7-6）。

　事例1は九つのレッスン（授業），事例2は14のレッスン（授業）となっているが，必ずしも1レッスンが1校時分とは限らない（実際は，半期や年間を通して行われる場合もあるだろうし，地域社会との連携，学校行事や関連教科での授業と組み合わせて行われるだろう）。

　資料7-6に従って，学習プログラムの作り方の特徴を見てみよう。テキストでは，成功する活動計画の要点として，「単純であること」「半期か全期か，時間外の日程のものか，配分を決めること」「生徒の要求に見合った活動とゲーム」「生徒やグループの求めに応じて活動をよりよいものにし，計画を柔軟にすること」といったアドバイスがなされている。二つの事例を見ると，活動やゲーム，各ステップのワークシート，評価シートが組み合わせを考えて，採用されていることがわかる。いくつかの基本的な活動と楽しいゲーム，アイデアに溢れたワークシートが活用され，それらがさまざまな文脈で使われることで，協同的で組織的な学習が保証され，生徒の学びをファシリテーションによって引き出し，共有し，跡付けることができるように構成されている。生きた，変化のある，わくわくするような学びと教育がどのようにしたら確かなものになるかを示しているのである（*Get Global!* 2003：10-11）。

4.3. *Get Global!* と「学校全体アプローチ」

　「シティズンシップ」の実施形態は三つあるが，そのねらいを達成するためにはどんな実施や学習方法がいいのか，*Get Global!* は，一つの回答として，「学校全体アプローチ」を採用し，アクション・リサーチの手法に基づいた六段階の学習過程と，三つの中心テーマと関連したスキル中心の学習を提案する。「シティズンシップ」の三つの学習領域（「市民的教養・知識理解」，

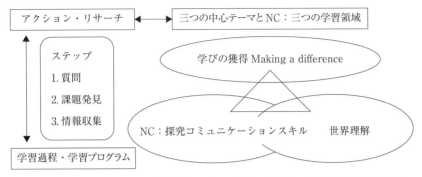

図7-1 *Get Global!*：アクティブ・グローバル・シティズンシップを育てる学習の構造
（*Get Global!* 2003より筆者作成）

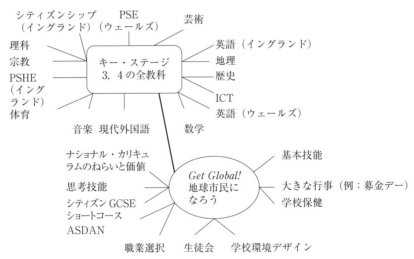

図7-2 学校全体アプローチと *Get Global!*（*Get Global!* 2003：7より）

「探究・コミュニケーション・スキル」,「参加と責任の活動スキル」）という本質的な要素は，アクション・リサーチの手法に基づいた学習過程とスキルに基礎を置くアプローチとを組み合わせてこそ，学習者に学びの文脈が生まれ，アクティブなシティズンシップが育つのだと主張している。デービス（Davies, I.）（2003：131）のいう「市民科の本質的な概念と手法的な概念とを関係させ

るアプローチ」の一つの提案がここに見られる。

　図7-1はこのような，*Get Global!* の学習の構造を示したものであり，図7-2は，それらの学習構造は，学校の全教科，学校行事，地域コミュニティ，ナショナル・カリキュラムのねらいとの有機的な結びつきをはかるなかで達成されるという考え方を示すものである (*Get Global!* 2003：7)。それは，学校が，NGO や地域のコミュニティと連携し，生徒の学びの獲得や学習のデザインを支援するとことを通して，アクティブなシティズンシップ育成の論理をしめすものとなっている。すなわち，関連教科や教科「シティズンシップ」を含んで，もしくは，それらの教科を超越して，学校全体でのグローバル・シティズンシップの育成のカリキュラム開発モデルを示しているといえる。

第5節　学校全体アプローチ：ラングドン校の場合

　Get Global! は，具体的にはどう実践されているのだろうか。ここでは，その実験校の一つであるロンドン東部にあるラングドン校 (Langdon School) を紹介したい。筆者は2004年から三年間継続して当該校を訪問しているが，ここでは2005年の調査を中心にした紹介をする (以下，特に断らない限り2005年時のデータである)[9]。ラングドン校は，QCA (2007：24-25) でも，「若者を肯定的な変化のための代理人になるように促す」というテーマでの，学校全体アプローチの優れた実践モデル校として取りあげられている。より具体的には「PSHE など従来の教科とあわせながら生徒会，学校行事などを通してシティズンシップ教育を行う学校全体のアプローチ」の取り組みである。

5.1. 学校の概要

　ラングドン校は，1953年に設立され，1972年に三つの学校が統合して，現在の総合学校 (mixed comprehensive) になった。1998年スポーツカレッジと

なり，2000年には地域との連携などを深める優秀実践校（Beacon 学校）に認定されている。学校は，ロンドンの東部イーストハム（East Ham）に位置し，南アジア系移民が多い地域にある。7学年から11学年（12歳から16歳まで）の生徒，約1800人が学んでいる。いわゆる白人は数えるほどで，90％がカラードである。南アジア系の他に南アフリカ，東ヨーロッパ出身の生徒も多い。生徒が家庭で話す言語は50を超えているが，95％が英語を第一言語にしている。難民は100人ほどである（東ヨーロッパからが多い）。校長，副校長以下，教員は130人。100人のサポートスタッフを持つ。小学校をはじめ，地域との連携を非常によくとっている。

ラングドン校におけるシティズンシップ教育は，*Get Global!* プロジェクトの実験校の一つとして，「PSHRE（Personal, Social, Health & Religious Education）& Citizenship」（個人・社会・健康・宗教に関する教育）において始まった。教科コーディネーターは五人いるが，副校長のドハーティー（Doherty, V.）先生が，シティズンシップ及び地域コーディネーターとして活躍されている。若いインド・パキスタン系教員のシャー（Shah, A.）先生も教科「シティズンシップ」担当として加わっている[10]。

学校要覧（*Langdon School Prospectus* 2005/2006：10）によると，ラングドン校のカリキュラムについて，次のように記している。

> 教えることと学ぶことはラングドンにおけるすべての行為の中心である。私たちは，生涯にわたる学習をすすめるために，全ての生徒に，幅広い，バランスの取れた，刺激的なカリキュラムを提供している。全ての生徒は，キー・ステージ3（7学年から9学年）および4（10学年と11学年）の両方にわたって，いくつかの興味ある要素を加えつつ，ナショナル・カリキュラムにしたがって学んでいる。私たちは，国家の方針にしたがって，リテラシー（読解力），計算力，情報科学，シティズンシップを支援している。これは，全ての生徒が各自のレベルに応じて試験をうけるための学校の方針である。

同じく，学校要覧（*Langdon School Prospectus* 2005/2006：11）には，学校視察のための政府機関であるオフステッド（Ofsted）および政府視学官（HMIs）の評価も掲載されている。

・生徒はその能力をもって，スタッフの熱意と関与のおかげで，学問的な領域であれ，ドラマ，スポーツ，他者へのケアであれ，すべてにおいて十分な達成をみている。（Ofsted）
・生徒は，十分に成績を達成し，その成果に自信を持っている。校長および学校のすべてにわたって，リーダーシップ，展望，誠実さを有している。その校風において，ラングドンは，人々に快く受入れられ，広い範囲にわたってその成果をあげている。学びの共同体の中心として学校を位置づけるカリキュラムをもっている。（HMIs）

5.2. アクティブ・シティズンシップ

ラングドン校の特徴は，アクティブ・シティズンシップにある。それは，生徒会（School Council）を中心にした学校全体の取り組みにある。副校長のドハーティ先生がその責任者である。

たとえば，私たちゲストが訪問すると，約束の時間に校門の前で生徒会の生徒が二人ほど待ってくれている。わずか一日（実質は半日ほど）の訪問にも関わらず，その日の訪問スケジュールを書いたウエルカム・ペーパーが用意されていて，それを手渡し，ゲストを出迎えてくれる。そして彼らが，学校を案内してくれるのである。

廊下には，生徒会をはじめとするこの学校の数々の活動成果が掲示されている。彼らは自信を持ってそれを説明してくれる（活動成果はニューズレターとしてまとめられ，保護者や教育関係者に配られる）。ゲストの応対は，生徒会の重要なシティズンシップ活動の一つと考えられている。

生徒会の生徒は，学校リーダー・コース（School Leadership Course）で，

プレゼンテーション，交渉，責任などを含むリーダーシップを学んでいる。生徒会を中心とするラングドン校のグローバルなコミュニティに関わるシティズンシップ活動（Citizenship in Action）は，イギリス国内でも有名で，マンデラ南アフリカ共和国元大統領やエリザベス女王，メージャー首相など要人も来校している。

なぜ，このようなことが可能なのか。ラングドン校のアクティブ・シティズンシップの取り組みを示す資料を紹介して考察してみたい（資料7-7，キー・ステージ３，第９学年に関するもの）[11]。

これによると，生徒会活動だけではなく，第９学年の生徒が，集会への参加，フェアトレードや難民週間，動物愛護週間のような特定の課題週間への関わり，外部ゲストの出迎え，キャンペーンや募金活動への参加，生徒会活動など学校全体の活動への参加が求められていることがわかる。地域の活動への参加も奨励されている。ボランティア活動等を顕彰する（Award）活動にも登録することが求められている。

副校長のドハーティ先生の話によれば，ラングドン校の生徒は，イギリス政府に選ばれて，オリンピックの開催地決定（2005年７月）の場所シンガポールに26人の生徒が参加したり，政府のグローバル・キャンペーン・プロジェクトに関わり，先進国首脳会議Ｇ８（2005年７月）の開催地であるエジンバラに12人の生徒が派遣され，Ｊ８（子ども会議）に出席し，ウガンダの教育目標と気候変動について発表したという。ロンドンでも有数の貧困地域に住む生徒にとっては，これらの活動は自信になっているという[12]。外部から「若者を肯定的な変化のための代理人になるように促す」（QCA2007：24-25）と評価される所以であろう。

このように，ラングドン校の生徒は，学校全体で，グローバル・シティズンシップにも興味や関心を持って活動している。たとえば，Make poverty history!（貧困を過去のものに，というMDGsのキャンペーンの一つ）に代表される貧困撲滅の課題に関して，フェアトレードがよく取り上げられるが，その

理由として，生徒たちは，「『シティズンシップ』の授業で勉強する，議会のことや政党のことなどしくみや制度にはあまり関心はないが，日常生活のなかの政治的な背景をもっていることがらには興味がある。なぜなら，フェアトレードは，日常の中で，南北格差や途上国での人々のくらしが学習できるので政治的だから」，という。南北問題は，生徒たちのルーツ（出身地，大英帝国の旧植民地）にかかわるので，貧困撲滅やフェアトレードは，それ自体で身近な政治的トピックになる。トピックや課題を通した学校全体アプローチが政治的リテラシーの学習を可能にしているのである。

第6節　学校全体アプローチとは何であるか

　ここで，カリキュラム統合論からみて，学校全体アプローチとは何であったか，まとめてみよう。
　学校全体アプローチは，ドレイク（1993：46-47）によれば，教科超越アプローチ（Transdisciplinary approach）のカリキュラムであった。「教科超越アプローチは，大きな円のなかに，政治，法律，環境，科学技術，時間（過去，現在，未来），地球的な見方，社会問題，経済力，ビジネス，メディアがあり，一つの焦点をもった教科を超えた学習といえる。生徒が将来有用な市民になるためにどう教えていくか，という問いを持ち，教科を超えて，学校全体で，意味と連関を強調する実生活の文脈の中に学習のつながりを求めていく本質的な学習である」（第4章参照）。
　シティズンシップ教育は，「カリキュラム，学校文化，より広い地域」の「三つのC」で学ぶべき多様な学習形態と学習内容をもったものである（CPD Handbook 2006：10）。コミュニティ・サービスやボランティア学習などで学校と関わることが多いイギリス有数のNGOであるCSV（Community Service Volunteers）でも，シティズンシップ教育が必修として認められたことの意味を，シティズンシップは全員に関係し，地域と手を取り合い，価値

中心的な参加民主主義の中で教えられるものとして，他の教科とは異なる独自性があると指摘している（Potter, J. 2002：101）。すなわち，グローバル・シティズンシップの育成もふくめれば広い意味でのグローバル教育やイギリスのシティズンシップ教育は，そのカリキュラム構造からみて，教科超越アプローチに適した教育であるといえる。

では，学校全体アプローチが成立するためには何が重要で，どんな取り組みが必要なのだろうか。

これまでの考察であきらかになってきた，学校全体アプローチに必要とされるカリキュラムの構成要素と実践的方略を，表7-6にまとめてみた。構成要素を四つに区分し，教育観を示す領域1，教科等の学校のカリキュラムを示す領域2，隠れたカリキュラムを示す領域3，学校を取り巻く地域やより広いコミュニティを領域4とした。また実践的方略については，知識やスキ

表7-6 学校全体アプローチのカリキュラムの構成要素と実践的方略（筆者作成）

構成要素	領域1 中心テーマ 教育観	シティズンシップ グローバル・シティズンシップ 三つの柱＋1：政治的リテラシー・社会の道徳的責任，コミュニティ参加，アイデンティティと多様性 開発教育，グローバル教育
	領域2	関連教科，既存教科
	領域3	かくれたカリキュラム　学校管理職，学校施設・環境，教職員，保護者，多様な背景をもつ生徒，生徒会
	領域4	地域，NGO より広いコミュニティ（ローカル，ナショナル，リージョナル，グローバル）
実践的方略	本質的要素	市民的学識・教養，探究とコミュニケーションのスキル，参加と責任ある行動のためのスキル グローバルな次元，グローバルな視野
	手法的概念	参加型学習，アクティブ・ラーニング アクション・リサーチ
	学習者	学びの文脈，学びの変容（make a difference） 人生設計，現実の生活の方法

ルなどの本質的要素と手法，学習者の三つの視点からみた。

このうち，すでに1980年代に，ワールド・スタディーズ・プロジェクトでは，多様な文化的背景をもつ生徒がいる学校や，人種やジェンダーについて偏見や固定観念がある教室では，授業だけでは変えていく力が弱く，学校のかくれたカリキュラムや教職員の考え方が変わっていかない限り，ワールド・スタディーズは広がっていかないという指摘がなされていた。表7-6の領域3に関わって，学校全体で取り組んでいくための校務運営プログラムが必要であるというのだった（*Making Global Connections*, 1989：144-162，邦訳版 Making, 1997：255-284）。

教員のためのシティズンシップのガイドブックであるCPDハンドブックは，「三つのC」が重要だといい，CSV（Potter, J. 2002：118）は，1000校以上の学校と直接，間接に活動してきた経験をもとに，①リーダーシップ，②カリキュラムづくり（ねらいと目的，基準，学習体験，グローバルな次元，生徒の参加，アセスメント，評価と研究），③教員研修，④マネージメント，⑤文脈（地域との連携を含む），⑥視察，という六つの観点から学校全体アプローチを進めていくべきだと述べている[13]。CPDハンドブックやCSVは，「クリック・レポート」の三つの柱（教育観）を中心に，シティズンシップの多様な学習や独自性に着目して，領域2から領域4を見通したカリキュラム開発の重要性を指摘した。

Oxfam（2002）では，グローバル・シティズンシップの育成のためには，開発，人権，平和，多文化，ESDなど諸教育の考え方を背景にもち，それらが既存教科・関連教科のカリキュラム，授業と関連し，さらに管理職，地域，教職員，保護者，生徒が関わり，推進するという構造図（資料7-2）を示したうえで，特に領域4の地域やより広いコミュニティとの関わり，NGO活動との協働の重要性を指摘した。

今谷（2004：1-10）は，シティズンシップ教育が，学習者の学びを引き出し，自己をエンパワーし，成長させていく人生設計型カリキュラムであるこ

とを指摘した。これについても単なる個々人の自己実現の側面だけではなく，学校全体アプローチの中で，アクティブ・ラーニングを通して，地域と関わり，他者や異年齢の人々と関わる中でこそ実現していく「学びの変容」を伴うものであることを *Get Global!* (2003) は明確にしている。

　こうして，*Get Global!* (2003) では，シティズンシップの三つの学習領域に関わる本質的な要素とアクティブ・ラーニングの結合こそが重要だとし（図7-1），学校全体アプローチにおける実践的な方略の重要性を指摘し，試行プロジェクトでそれを実証してみせた。

　すなわち，*Get Global!* (2003) は，形式的な構成要素の重要性ではなく，それらの構成要素が，知識やスキルといった本質的要素および学習過程やアクティブ・ラーニングの実践的な手法と結合して初めて，学習者に学びの文脈が生まれ，学校全体アプローチの内実が確保されることを示した点に意義を認めることができる。それが可能であったのは，Oxfam など国際 NGO の開発教育やグローバル教育のカリキュラム開発の蓄積であり，開発途上地域の開発援助の経験にもとづく参加型学習，アクション・リサーチなどの手法と学校のシティズンシップとの結合ゆえのことであった。

おわりに

　本章では，イギリスの NGO の側からのシティズンシップ教育，とりわけグローバル・シティズンシップの育成のカリキュラム開発について考察してきた。それは，ワールド・スタディーズ以来のグローバル教育の視点からシティズンシップの育成を考案するカリキュラムであった。

　本章の考察をとおして分かったことが四点ある。

　一つには，ワールド・スタディーズ以来のグローバル教育については，Oxfam など開発援助・国際協力に関わる NGO が担っており，ナショナル・カリキュラムへの教科「シティズンシップ」導入後は，「グローバル・シテ

ィズンシップ教育」として，新教科の「グローバル・シティズンシップ」単元や他教科での実践のための「グローバル・シティズンシップ育成のための視点」や「グローバルな次元（八つの基本概念）」といったカリキュラム・デザインの開発を可能にした。

　二つには，Oxfam などNGO は，学校との協働の経験をいかしてシティズンシップの多様な学習のあり方に応じて，学校全体アプローチのカリキュラム開発についても提案し，その試行モデルを *Get Global!* というプロジェクトにおいて示した。

　三つには，*Get Global!* は，関連教科を超え，学校や地域を巻き込んだ教科超越型のカリキュラムではあったが，知識・技能，政治的リテラシー，参加民主主義に関わるシティズンシップの本質的な要素と，アクションリサーチの手法にもとづく参加型学習やアクティブ・ラーニングとの結合を図ることによって，学校全体の構成要素だけではなく，手法的概念のレベルにまで包括した学校全体アプローチの開発モデルを示すものであった。

　四つには，*Get Global!* による学校全体アプローチは，学習者の学校生活や人生の設計という観点から学習者の学びの変容や自己成長のエンパワーをはかることで，単なるサービスラーニングやボランティアにおわらないシティズンシップ教育のあり方も示すものであった。

注
1）イギリスの開発教育・グローバル教育に関する NGO ベースの冊子や資料，教材の収集および DEA および主要都市の DEC，Oxfam などの NGO 訪問は，2003〜2004年度（財）科学技術融合振興財団助成金（研究代表・藤原孝章）研究課題「イギリスにおけるシミュレーション＆ゲーミング教材の活用状況に関する調査研究—現代的課題の学習を中心に—」，2004〜2006年度科学研究費補助金（基盤研究(C)(2)）（研究代表・藤原孝章）研究課題「時事的問題学習の単元開発に関する実践的研究—難民，平和・紛争，国際協力を中心に—」などにおける調査研究において行なったものである。

2）一例を示すものとして，米田伸次・岡崎裕・高尾隆（2006：1-36）「現場教師を対象とした国際理解教育の実態調査」多田孝志研究代表『グローバル時代に対応した国際理解教育のカリキュラム開発に関する理論的・実践的研究 第2分冊（理論研究）』（平成15年度～平成17年度科学研究費補助金（基盤研究(B)(1)研究成果報告書：課題番号15330195））がある。

3）非法定とは，フレームワークの提示はしているが，教師が自らの必要に応じて採用し，責任をもって教えるというもので，保護者への説明責任はあるとされる（前章より）。

4）DfES（2000）年版では，八つの基本概念は，関連教科アプローチにそうように各教科と概念の関連を示しており，その意味で，ワールド・スタディーズのモデルと同じである。

5）独立行政法人国際協力機構（JICA）地球ひろば（2014：24-25）。

6）以下の論考は，藤原孝章（2006a：21-38），同（2007a：51-79）に加筆，修正を加えたものである。

7）テキストは，Action Aidの公式サイトで現在も入手できる（2014.07.31閲覧）。http://www.actionaid.org.uk/sites/default/files/schools_get_global.pdf

8）アクション・リサーチとはいわゆる「Plan（計画）Do（実行）See（評価）」を相互循環的に行う学習活動のことである（日本教育方法学会編（2004：48）『現代教育方法事典』図書文化社）。

9）以下の論考は，藤原孝章（2009：155-166）に加筆し，修正をくわえたものである。

10）シャー先生のクラスのシティズンシップの授業については，藤原（2009：155-166）参照。

11）2004年9月にラングドン校を訪問し，入手した資料。

12）2005年7月7日にロンドン地下鉄テロ事件が起きた。その年の9月にラングドン校を訪問した時，このことを話題にした。ドハーティ先生によると事件が起きたのは，ちょうど生徒がシンガポールとエジンバラに派遣されていた時期で，帰国や帰宅などの移動と重なったので大変な一週間だったと，事件にかかわる顛末を伺った。シャー先生は，授業でなぜ事件がおきたのか，という問いを中心に話しあったといわれた。テロ事件は，彼らの輝かしい活動のなかにはさまれたショッキングな事件であったことは確かだ。事件の容疑者が英国生まれのマイノリティであることに対して，自分たちは多様なバックグラウンドを持っているがロンドン子だと思っている。事件の実行者たちの気持ちとはちがっている。私たちも自問自答をしてい

る。私たちは多様なバックグラウンドを認めているのだと述べて，会議室に集まった生徒会代表の生徒と教員が自分のバックグラウンドを語ってくれたが，実に多様だった。ドハーティ先生はアイルランド系，シャー先生はインド・パキスタン系，生徒は英国系が三人，ガーナ，インド，ギリシャ，タイと次々と出てくる。多様性とアイデンティティ，がイギリスのシティズンシップ教育のもう一つの柱になっていく，2007年「アジェクボ・レポート」の背景を知る思いをした。

13) 筆者（池野科研2005-2008年度）は，CSVが実施している学校の生徒会のリーダーシップ養成コースの様子を視察したことがある。各学校の生徒会が教員引率のもと，欠席を公認されて，YMCAの施設に集まり，CSVのファシリテーターの指導のもと話し合いやワークショップをしていた（2006年11月17日）。またロンドンにあるCSV本部も訪問した（同20日）。

第3部　グローバル教育の授業実践

第8章　教科融合型グローバル学習単元と授業実践
—中学校社会科（公民的分野）
「世界の中の日本経済―アジア・ニーズと我が国の経済」単元の場合―

はじめに―グローバル学習の授業実践と分析の視点

　これまでのカリキュラム開発および単元開発の理論的な検討を踏まえて，本章以降は，日本におけるグローバル学習の授業実践研究に入っていきたい。その際，筆者が学校や大学等で行った次の三つの授業実践を対象にする（表8-1）。

　数ある実践の中で，なぜ自らの実践に絞ったのか。それは，分析の視点を，〈教材研究→単元開発→授業実践→事後省察〉という授業研究におけるアクションリサーチの方法をふまえて[1]，自らの実践を開発モデルの検証と授業実践の省察を同時に行ない，それによって授業実践研究の質的保証を確保できると考えたからである。

表8-1　授業実践研究の対象とした筆者の授業実践

①教科融合単元として，中学校社会科（公民的分野）「世界の中の日本経済―アジアニーズと我が国の経済―」単元（以下，「アジアニーズ」単元と略す）
・実施時期・対象：1989年2月，私立報徳学園中学校3年1～3組，4時間の開発単元
②教科統合単元として，高等学校，学校設定科目「国際理解」における「外国人労働者問題」単元（以下，「外国人労働者問題」単元と略す）
・実施時期・対象：1990年4～7月，私立報徳学園高等学校国際コース2年，全20時間の単元（1992年，1993年，1995，1996年にも同様の内容の実践）
③教科超越単元（プログラム）として，大学授業科目「海外こども事情 A」：タイ・スタディツアー・プログラム（以下，「タイ・スタディツアー」単元と略す）
・実施時期・対象：同志社女子大学2～4年生，2005年8月より隔年，計5回，各回約20名

具体的には，教材研究においては，自らの単元開発と授業実践にいたるまでの教育観の形成を，第一部で検証分析してきたグローバル教育のカリキュラム開発モデルにもとづいた教育学的な視点[2]と，当該実践を行うにあたっての教科内容的な教材開発の視点の二つからみていくことにした。また，事後の省察においては，市民性育成，ドレイク（1993）の統合的カリキュラム類型，および，実践者としての専門的成長，すなわち，教師の職能開発（Professional development）という三つの視点から省察をすることにした[3]。

第1節 「アジア・ニーズ」単元の開発にいたる教育観の検証と形成

授業単元「世界の中の日本経済―アジア・ニーズと我が国の経済―」（以下，「アジア・ニーズ」単元と略す）は，政府の臨時教育審議会答申（1987：9-16）で「教育の国際化」が提唱されていた時期に，1989年2月に当時の勤務校である私立報徳学園において，中学校3年（1～3組）を対象に中学校社会科（公民的分野）の4時間の開発単元として実践された。本実践の記録は，今谷・藤原（1990：63-101），藤原（1990：57-84）に取り上げられている。本章ではこれをもとに，教科融合型グローバル学習単元と授業実践について述べていきたい。

1.1.「世界の中の日本」という世界観の形成

「アジア・ニーズ」単元の開発にあたって，当時（1990年代）の日本が世界の中でどのような位置にあるか，役割をもっているか，1970年代，80年代とくらべて何が違っているか，を明らかにしようとした。

社会科教材研究にあたるものだが，当時のデータを提示し単元観（単元開発）の基礎にすえた（藤原1990：58）。

①世界全体 GNP の10%を超えた「一割国家」になったこと
②政府開発援助（ODA）がドルベースで世界最大になったこと
③日本語が，英語とともに，「環太平洋の重要な普遍語の一つ」になること
④外国人留学生が急増していること
⑤外国人労働者が増えていること
⑥企業の海外進出（多国籍化）が拡大し，海外子女や帰国子女が増えていること

　1980年代後半から90年代にかけての日本の国際化状況，すなわち人，モノ，資本，情報，文化，言語が国境を越えて広がり交差する様子は，あきらかに1960年代，70年代とは異なった特色をもっていた。それは，一言でいうなら，日本が本当の意味で，西欧，アメリカと同等の経済的，社会的，政治的水準に達したという世界認識である。
　大前（1985）は，当時これを，日米欧「6億人の市場」形成，日米欧「トライアド（3人組）」世界の出現と称し，「日米欧の先進諸国に住む人々は，生活環境，学校で教わること，テレビで見ること，スーパーで売っているものなどが，ほとんど同じなのだ。つまり生活体験自体が同質化されている」（大前1985：201）。「日本は東南アジア，アメリカはラテンアメリカ，ヨーロッパは中近東，アフリカという」発展途上地域とつながりを深めている点でも共通している（大前1985：214），と述べている。
　日本にとっては，国と国とのモノだけの交易といってもよかった1960～70年代の国際化状況と比べ，人，モノ，資本，情報，文化，言語の世界的な広がりを視野にいれなければならないようなグローバルな国際化状況が出現したという意味で歴史的なことである。世界のシステム化・ネットワーク化の主役的な存在に日本が位置するようになった。このような「世界の中の日本」もしくは国際化に対する認識は，「アジア・ニーズ」単元の開発だけではなく，筆者の国際理解教育，グローバル教育のカリキュラム構想における基礎を作っていくものであった。

1.2. 学習指導要領（社会科）国際単元における教育観

　一方，日本の文教政策に目を転じると，臨時教育審議会は最終答申(1987)として，「ひろい心，すこやかな体，ゆたかな創造力」，「自由・自律と公共の精神」とともに「世界の中の日本人」を21世紀の教育目標として取りあげ，日本人としての主体性と異文化に対する理解，国際的コミュニケーションの育成を不可欠のものと認識し，「国際社会への貢献」をうたっていた。筆者は，それを国際化の時代にふさわしい「公民的資質」の育成を問うたものであると解釈し，社会科教育，国際理解教育の実践の根拠の一つとした。

　また，これを受けた1989年改訂学習指導要領では，国際化への対応として高等学校の教育の多様化がうたわれたが，中学校社会科においても，社会科の改善の視点として「世界史を背景にした『世界の中の日本』という観点」（歴史的分野）や「国際化，情報化など社会の変化に対応するとともに社会や文化についての見方」（公民的分野）が重視されていた。なかでも「情報に関する学習や異文化学習」「経済生活の国際的なかかわりに関する学習」や「契約の重要性を理解させる」消費者教育などがあげられていた。

　かくして，具体的な社会科教材研究と教育施策上の課題が，「世界の中の日本」の単元開発の根拠となっていった。

1.3. アメリカのグローバル教育・多文化教育の教育観

　社会認識（世界観）および教育観としての「世界の中の日本」は了解できた。では，これを具体的に社会科や国際理解教育として押し進めていくにはどうすればよいか。具体的な単元開発の視点としてもっておくべき教育観は何なのか。「日米欧先進国」（大前）に共通する視点はあるのか。

　このような課題にたいして，指導助言者の今谷順重が紹介したのが，アメリカのグローバル教育と多文化教育である。

　当時，アメリカ合衆国では，社会科教育の改革期にあたっていて，スプー

第8章 教科融合型グローバル学習単元と授業実践 227

トニク・ショック (1957) の後の教育の現代化のなかで進められた1960年代の社会科学概念志向型の社会科, そして1970年代の市民生活志向型教育などへの変化がみられた。それは, 国際化, グローバル化に対応した「グローバル教育」,「環境教育」,「異文化教育」,「多民族教育」など教育内容上の変化と, 建国200年 (1976年) やウォーターゲート事件 (1974年) を契機に民主主義や人権の本来の価値に立ち帰り, 感情や価値の明確化, 意志決定, 社会参加などをカリキュラム構成の中に積極的にとり入れていこうとする方法論上の変化という二つの変化を同時にもつという特徴を有していた (大野1979～1980)。これらは, アメリカの新社会科の動向としてのちに論じられていくものであるが (社会認識教育学会編1985, 金子1986, 1988, 今谷1988), 社会科教育とグローバル教育, 多民族・多文化教育がセットで捉えられている教育観は,「アジア・ニーズ」単元, ひいては社会科的な国際理解教育を志向するうえで筆者の教育観となっていった。

特に, 当時, 筆者が取りあげて検討したのは, レミー (Remy, R. C.) やベッカー (Becker, J. A.) らによる1970年代の揺籃期のグローバル教育／国際教育の研究であり, バンクスらの多民族教育／多文化教育である。

レミーらは, 従来の主権国家, 国民国家を前提にした国家中心的世界観は, 世界が一つの相互依存のシステムであり, 宇宙船地球号であるとするグローバル・システム世界観にとってかわられるべきであるとし, 世界は一つの人類共同体であり, 世界志向の市民的態度が求められているとして, 道徳的な世界観をも説いていた。そして「世界教育のためのチェックリスト」を掲げ, 社会科カリキュラムの改善を提唱していた (Remy, R. C., Nathan, R. C., Becker, J. A., Torney, J. V. 1975)。

また, バンクスは, 合衆国建国以来支配的であった同化主義や, その後登場してきたメルティング・ポット (人種のるつぼ) 論に対しても, 英国系アメリカ人の文化を強制するもの (Anglo-conformity) だとして批判し, またメルティング・ポット論批判として登場した「サラダボウル理論」あるいは

「文化多元主義」の考え方についても,「各民族文化がアメリカ社会の中で独自の役割を担い,社会全体に貢献」するという意味で,民族の「文化的貢献」を強調してはいるが,「その概念はあまりに広く包括的すぎて,アメリカ社会のなかの民族集団の貢献および民族差別から生じた課題を明確にできない」と批判して,「新多元主義」あるいは「民族多元主義」を提唱した(Banks, J. A. 1977)。

新多元主義(民族多元主義)にもとづくバンクスたちの多民族教育の主張は,合衆国が建国200年を迎えて,「生まれながらの平等」や「差別されない権利」というその精神に立ちかえるものである。またそれは,1950-60年代の公民権運動の成果も踏まえ,「民族性が社会の多様性の根源」をなすアメリカ人にとって「民族的アイデンティティが重要である」という認識に立っているという点で,アメリカ固有の社会科教育の新しい動向ともいえよう。バンクスたちは,こうした考え方にもとづいて,学習指導要領(course of study)だけでなく,学校環境全体を改革することが必要であるとし,多民族教育のためのガイドラインとそれにもとづくチェックリストを提案した(Banks, J. A., Cortes, C. E., Gay, G., Garcia, R. L., Ochoa, A. S. 1976)。

1.4. 日本における国際理解教育観の変容

日本では,戦後,国連のユネスコ理念に基づいた国際理解教育が大きな役割を果たし,ユネスコ協同学校を中心に,戦後憲法や国際連合の平和,人権理念を土台に,「他国理解」や「人権理解」,国連など「国際機関の研究」を学習してきた。しかし,それらは,ともすれば知的理解,観念的理解にとどまるものであった。しかし,1974年のユネスコ「国際教育」勧告以後,従来の他国理解に加えて,「文化相互理解(諸文化間の相互理解)の重視」と「国際的相互依存関係と世界の共通重要課題の認識を通しての世界連帯意識と世界的視野の育成」に力点が置かれるようになってきた(日本ユネスコ国内委員会編1982)。

表8-2 「国際理解教育」のコンセプト・チェンジ（藤原1990：72）

- 戦争，民族，国家の19世紀的な世界像から，非戦争（相互依存），地球社会の21世紀的世界像へ
- インターナショナルからインターピープル・インターパースンへ
- 他国理解の教育から相互依存や地球環境，南北問題の教育へ
- 国家間の理解から異文化間の理解へ，
- 知的理解から共感的理解，そして問題解決的態度形成へ
- 欧米中心からアジア・太平洋地域の理解へ
- 受信から発信の情報・文化へ

当時，国際理解教育のこのような変容は，グローバル教育や多民族教育のみならず，開発教育，未来教育，環境教育，異文化教育など多様化の様相が指摘されるようになっていた（永井1985）。これは，当時，民間の国際理解教育研究所が発行していた『国際理解』を概観してみても，1980年に入ってから帰国子女教育や異文化理解，日本語教育，開発教育などに関する論文が増え，多様な問題意識があることがうかがえた（帝塚山学院大学国際理解教育研究所1972-1987）。

こうした内外の国際理解に関する教育の諸状況を総合して，国際理解教育の教育観として，上のようなコンセプト・チェンジの認識をえた（表8-2）。

1.5. 社会科教育の研究成果

社会科教育に目を転じてみても，今谷（1988）は，1980年代になって登場してきたアメリカ社会科の中心目標である「市民的資質（citizenship）」の内容構成を「タバ（TABA）社会科」やJ. A. バンクスの授業構成論を例に取りあげ，学習活動のレベルにまで下降して分析し，感情・価値・意志決定・主体的な社会参加などの人間的な諸要素が究明されようとしていることを指摘し，方法論的検討を加えて，次の五つの授業構成からなる「新しい問題解決学習」を提唱していた。

この授業構成論にみられる問題意識は，従来ともすれば，暗記中心の知的理解に偏りがちであった社会科授業の改革の視点となるばかりでなく，グロ

表8-3 「新しい問題解決学習」の提唱（今谷1988）

①問題場面の発見（事実的知識の獲得）
②心情への共感（情緒的な豊かさと鋭敏さと柔軟性の拡大）
③原因の探求（概念的・法則的知識の獲得）
④願い・価値の究明（行為の目的の明確化）
⑤合理的意志決定による社会参加の促進（自立的な社会的行為の実践）

ーバル社会の問題解決と積極的な社会参加を求められる21世紀の日本の子どもたちの教育にとっても、とくに感情や価値の明確化を構造化している点で有意義な方法的視座ともなりうるものであった（表8-3）。

第2節 「アジア・ニーズ」単元の授業実践

2.1.「アジア・ニーズ」単元の概略

以上の教育観、教材研究をもとに、中学校社会科（公民的分野）のなかの国際単元に相当する単元「世界の中の日本経済―アジア・ニーズと我が国の経済」（4時間）を開発し、授業において実践した。授業構成は今谷の「新しい問題解決学習」の方法論を参考にした。

すでに述べたように、素材・教材に関しては、NHKの「世界の中の日本」シリーズ（「経済大国の試練」「経済大国の苦悩」「アジアからの挑戦」）の映像を活用しながら、アジアの近隣諸国の国際的な水平分業や相互依存を示す事例を取りあげることに留意した。中学生ということもあって身近な事例から取りあげ、体験や主体的な行動が可能な調査（夏休み課題）を踏まえた。さらに教室に日本語を学ぶアジアの留学生をゲスト・スピーカーとして招待し、話し合いの機会をもつという体験的要素をとりいれた。これらを構造図に示したのが図8-1である。

なお、この単元は、グローバル教育のカリキュラム開発論からいえば、社会科における国際的視野の育成というねらいから鑑みて、現在では、教科融合単元として位置づけられるものである。

```
┌─────────────────────────────────────┐  ┌─────────────────────────────────────┐
│ Ⅰ素材・教材の理論的根拠              │  │ Ⅱ体験・行動                          │
│ ・グローバル化,相互依存,世界経      │  │ ・夏休み課題 電化製品調べ(電器店)     │
│  済システム                         │  │ ・ゲスト・スピーカー(日本語留学生)    │
│ ・民族交流の拡大,多民族状況         │  │  のスピーチと話し合い                │
└─────────────────────────────────────┘  └─────────────────────────────────────┘
```

```
        ┌─────────────────────────────────────┐
        │ Ⅲ学習内容・問題テーマ                │
        │ ・国際経済(中学社会・公民、国際単元)  │
        │ ・アジア・ニーズの成長と日本         │
        └─────────────────────────────────────┘
        ┌─────────────────────────────────────┐
        │ Ⅳアプローチの方法的理論              │
        │ ・新しい問題解決学習                 │
        │ ・授業構成と各時のねらい             │
        └─────────────────────────────────────┘
```

①問題場面の発見
　資料やテレビの映像からからアジアの新しい変化や動きを発見させる
②原因の探求・心情への共感
　韓国を例にとってアジア・ニーズの成長の秘密を探り,ニーズの人々がその成長や生活水準の向上に抱いている気持ちを究明させる。
③価値の究明、合理的意志決定（選択）
　アジア・ニーズの成長が日本に与える影響の明暗を分析し,そうした現実上の矛盾を克服することの大切さを考えさせる。その際,多国籍化をはかる企業の例をあげるとともに,生徒たちに身近な生活という視点から彼ら自身の価値と選択を考えさせる。
④社会的参加行為（体験的交流と新しい問題意識の獲得）
　アジア諸国との相互依存体制が深まるにつれ,経済発展一元観やマスコミなどがつくるステレオタイプ(固定観念)を克服し,民族や文化の理解をふまえた多元的で豊かなアジア観をもつことが大切であることを気づかせる。

図8-1 「アジア・ニーズ」単元の構造（藤原1990：74）

2.2.「アジア・ニーズ」単元の授業実践

　全4時間を,問題場面の発見（第1時），原因の探求・心情への共感（第2時），価値の究明・合理的意思決定（第3時），社会的参加行為（第4時）と分けて実践した。

　第1時は,今アジアでなにが起こっているかということに焦点を当て,ビデオの映像や資料からアジア・ニーズの成長というアジアの新しい動き（新しい問題事象）の発見をさせた。第2時のねらいは,韓国を例に,アジア・ニーズの成長の原因を探り,ニーズの人々が,その成長や生活水準の向上に抱いている気持ちを究明させた。第3時は,国際分業は競争による対立や摩

擦の両面を引き起こすが，相互依存の大切さ，「身近な生活の豊かさ」という価値観からも問題事象の価値を考えさせ，意志決定を選択させていこうとした。第4時は，そうしたモノの相互依存ばかりではなく，人の交流拡大がもたらす実際の外国の人々との身近なふれあいを通して，生徒たちのステレオタイプな認識を多元化し，豊かなものにしようとした。

　なお，各時のねらいおよび学習活動，留意点の概略については表に示したとおりである（表8-4〜表8-7）。また，授業内容および板書の結果を再現するために，当時，授業で使用したワークシートのコピーを資料8-1〜資料8-4に掲げておいた。また，アジア認識の変容を図ることが単元のねらいでもあったので，授業の実施前と事後でのアジアイメージのグラフも掲げておいた。写真は授業の光景である。なお詳しい授業記録は今谷・藤原（1990：63-101）にある。

　授業を終えるにあたって，生徒たちに，「アジアの人たちとどう付き合っていったらいいか？」と質問をしたところ，単に「仲良くする」というレベルから，つながりを深め，「技術の交換」をし，「良きライバル」として向上していくというレベルまで差はあるが，他方で，「共同して」「信頼しあって」「アジア一丸となって」「助け合う」「親しくする」「貿易摩擦や戦争を起こさない」というような言葉に現われるような意見および態度の形成に至っていると思わせるような表現が多かった。また，ゲストスピーカー（外国人留学生）とのふれあうことで，生徒の学びが深まり，課題意識（態度形成）も明確化していた。

　単元全体のねらいは，相互依存というグローバルな視野を身につけることによるアジアイメージの変容があった。その結果，アジア・ニーズに対するイメージは授業の前後で大きく変わっていた。変容の代表的な事例は，「今まで韓国や台湾，シンガポールは，未開発で，暗いと思っていたが，豊かで活気があって，大きく成長している姿を見て驚いた」という感想である。このように，大多数の生徒の表現に見られる意味は，新興工業地域の成長に驚

表8-4　第1時：問題場面の発見（1989年2月2日第2時限）中学3年40名

ねらい
　第1回目は，今アジアでなにが起こっているかということに焦点を当て，ビデオの映像や資料からアジア・ニーズの成長というアジアの新しい動き（新しい問題事象）の発見をさせるのがねらいである。予め調査したアジア・ニーズを中心とする各国のイメージはソウル・オリンピックの韓国を除いて，台湾，シンガポールに対する将来性の評価は大変低かった。ビデオは少し古いが1986年5月16日に放映されたNHK特集「世界の中の日本・経済大国の苦悩」である。これを，授業用に編集し，情報・ハイテク国家に変身を図ろうとするシンガポール，海運業界やパソコン生産に成長著しく，貿易黒字も世界3位になった台湾，カナダでホンダを抜いたポニーで有名な韓国自動車産業の様子など，総じてアジア・ニーズの成長を示すものにした。導入は，夏休み課題として電器店での家電製品中の外国製品を調査させていたので，身近な関心からアジア・ニーズの成長という問題事象の発見をさせるようにした。

学習活動（指導過程）	留意点
〈問題の発見〉 ①「夏休み調べもの課題報告」で，生徒が店員に聞いた次のような分類にしたがって，次のA〜Cに該当する企業名を答えさせる。 A. 日本国内で生産している企業 B. 外国で作り日本に輸出している日本企業 C. 日本に輸出している外国の企業 →A. ソニー，B. 東芝，C. フェアメイトなどの答え ②値段が安いのは主にどこで作られたものか，「課題報告」から探させる。 →台湾，韓国，シンガポールなどの答え ③それらの地域や国はまとめて何と呼ばれているか。 →ニーズ（NIEs）　　　　　　　　　　　　　　　（10分）	○夏休みの課題を授業に使う電器店で，ラジカセ，扇風機，ヘッドフォンステレオの製造国，企業，価格などを調査させている。のべ445件の製品のうち外国製は約10%だった。
④ビデオを見たあと，安い電化製品だけがこれらの国や地域の工業製品だろうか，生活の様子はどうか，答えさせる。 →シンガポールは情報，韓国は自動車，台湾は海運，コンピュータなど，活気のある生活，発展している様子などの答え ⑤「各国経済成長の予測」の資料の見方を説明し，これらの国や地域の一人当りGDPが日本の1980年の水準（先進国水準）に到達する年代を答えさせる。 →シンガポールは1998年，香港は1995年，台湾は2003年，韓国は2006年などの答え　　　　　　　　　　　　　　（45分）	○NHK特集の映像をみせる。（18分） ○低価格商品だけがNIES製品の特徴ではないこと，活気ある生活の風景や成長の早さ，大きさを映像や資料を通してつかませる。生徒たちのアジア「後進国」イメージを揺さぶる。
⑥今アジアでどんな変化が起きているか，まとめを板書する。 ・新興工業国の出現，日本のほかに4つの先進国 ・米国市場における日本製品の強力な競争相手 ・日本市場への進出　　　　　　　　　　　　　　（50分）	○1980年代後半の円高以後の現象。

表8-5　第2時：原因の探求・心情への共感（1989年2月3日第3時限）
中学3年39名

ねらい
　第2回目は，アジア・ニーズの成長の秘密を韓国を例にとって探り，ニーズの人々が，その成長や生活水準の向上に抱いている気持ちを究明させるのがねらいである。韓国を例に取った理由は，隣国で，日本の植民地であったこと，ソウル・オリンピックが開催され，情報が豊富になっていることなど，歴史的にも経済的にも関係が深いからである。授業は，韓国自動車や家電メーカーの商品CM，ソウル牛乳，キムチラーメンなど食品CMのビデオから始まり，自動車，鉄鋼，家電製品，半導体など韓国の工業生産の急成長を示す資料から「漢江の奇跡」を読み取ったのち，その急成長が韓国の現代史（植民地体験や朝鮮戦争）のなかの厳しい条件から達成されたことにたいする原因を探求し，韓国国民の心情への共感を明確にしていく。最後に日本人の戦後の復興，生活向上への願いや喜びを考えさせ，それが今のアジア・ニーズの人々の気持ちにも通じるところがあることを気づかせるようにした。

学習活動（指導過程）	留意点
〈原因の探求〉（40分） ①アジア・ニーズの成長の秘密をソウル・オリンピックが開催された韓国を例にとって探ってみることを話し，テレビCMは国民の関心や好みを表現していることなどを説明し，導入とする。 →珍しいのか，楽しそうに見ていた。　　　　　　　　　　　（10分）	○韓国のテレビCMビデオ（8分），日本のテレビCMについても夏に調査させたので，比較しやすく，身近である。
②ビデオを見たあと，韓国の成長が「漢江の奇跡」とよばれていることを話し，「奇跡」は何年ごろから始まっているか，資料の見方を説明したあと，答えさせる。 →1970年代前半（生徒たちが生まれたころ） ③急成長の様子を資料から読み取らせていく。 ④「漢江の奇跡」以前の状態で韓国について知っていることがあるか答えさせる。 →朝鮮戦争，南北分断，日本の植民地などの答え	○資料は国際収支，1人当りGNP，鉄鋼，自動車，家電製品，半導体などの生産量と拡大速度を示す。
⑤韓国の現代史に関連する事項を板書し，説明したあと，「漢江の奇跡」以前の韓国社会の状態は日本より恵まれていたか，答えさせる。 →恵まれていなかった。ゼロからの出発 ⑥「ゼロから出発」して「漢江の奇跡」が起きた原因は何か。 →日米の資本・技術の援助，輸出中心の工業化などを板書	○日本の植民地体験や朝鮮戦争による国土の荒廃が工業化にとってはゼロに等しい条件だったことに気づかせる。 ○原因を列挙し説明するに留める。
⑦「漢江の奇跡」をおこし，大統領を選挙で選び民主化をも達成した韓国は，オリンピックを成功させ，生活も向上し，先進国の仲間入りをするまでに成長した。もし，君が韓国の国民だったら今日の自分たちの国や社会に対してどう感じているだろうか，考えさせる（答えさせる）。 →豊かになったなあ，誇りに思う，国に感謝するなどの答え	○立場を代えて，相手の気持ちになってみたその感情の明確化。
〈心情への共感〉（10分） ⑧私たち日本人も敗戦の荒廃から懸命に働き経済を発展させた。そとには私たちの生活向上への願いや喜び」があった。アジア・ニーズの人たちの気持ちはどうか。 →日本人と同じだと思う，などの答え ⑨またその気持をどう評価できるか。 →共感できるという答え	○授業プリントのニーズに関する参考データを見せ，自分たちと比較させ，ゼロからの成長という共通点に気づかせ，感情を表現させてみる。

表8-6　第3時：価値の究明・合理的意志決定（1989年2月6日第4時限）

中学3年39名

ねらい
新聞記事からアジア・ニーズの成長が日本に与える影響、特に日本企業にとって脅威となるものや貿易摩擦を引き起こしているものなどを編集して資料とした。先進国間の貿易摩擦も深刻ではあるが、ニーズと日本との貿易摩擦は今後増大するだろうから、いずれも場合も相互依存という視点を抜きにして日本のあり方を考えることは不可能であるという認識に立っている。だから、アメリカ合衆国における「日本叩き」のような感情的反応（アクション）などの表出の可能性にも気づかせながら、松下電器が生産拠点をアジアに移し、本社は情報・技術開発センター化し、多国籍化・世界企業化を図ろうとするビデオ（NHK特集「世界の中の日本・経済大国の苦悩」より編集）を見せて、水平分業地域としてアジア・ニーズが必要であることを考えさせる。また、生徒たち自身の「身近な生活の豊かさ」という視点（価値観）からも問題事象の価値を考えさせ、意志決定を選択させていこうとした。

学習活動（指導過程）	留意点
〈価値の究明〉（15分） ①アジア・ニーズの成長で日本が困っていることを新聞記事の見出しを読ませて、内容をつかませ、答えさせる。 →繊維・鉄鋼・家電製品の安売り、日本製品の売れ行き不振 ②アジア・ニーズの成長の原因には日本からの資金や技術の提供があったがために、感情的反発が生まれる可能性がある。日本の困っている人や企業はどんな気持ちを抱くと思うか。 →腹が立つなどの答え、「恩を仇で返す・韓国脅威論」の板書 ③アジア・ニーズの成長は日本に悪いことばかりもたらすのだろうか、「フジ三太郎」の漫画を見て答えなさい。 →安く手に入る、などの答え。 ④こういうことはどこかでありましたね。それはなにか、漫画を見て答えなさい。→日米貿易摩擦	○資料2は、韓国・台湾製扇風機の安売り、ニット製品の日韓貿易摩擦、鉄鋼ダンピング記事を集めた。 ○アジア・ニーズの成長が日本に与える影響の明暗について考えさせる。 ○漫画（図）を見て貿易摩擦では、日本はアメリカとニーズの間で、二重の立場にあることを気づかせる。
〈合理的意志決定〉（30分） ⑤私たちは21世紀に向けて、良い面と悪い面のどちらに重点をおいて日本の方向を選んでいったらいいか、企業の選択の事例をビデオを見せ、次の点に注意させながら、考えさせる。 ○松下のラジカセを分担生産している国はどこか →シンガポール、マレーシア、台湾、韓国 ○松下の日本本社はどんな働きをしているか →技術開発などの答え、（難しいのか答えが出にくい） 　新分野の開発、世界企業の情報センター化などを板書 ○松下の選択は、アジア・ニーズを必要としているか 　それはなぜか。 →必要、アジア・ニーズで生産した方が安いから、など答え 板書…欧米企業と競争するために世界企業になる必要がある。 ⑥君たちなら身近な生活のなかでどう選択するか。その理由はなにか。 →アジア・ニーズが必要、理由…安く手に入るから、の答え ⑦まとめを板書して説明し、今後の課題について触れる。　　（5分）	○NHK特集の映像を見せ、多国籍化の実体と意味をつかませる。（8分） ○ラジカセは夏休みに調べているので具体的である。 ○企業の選択基準は利潤追求と生産の合理性である。生徒はこれと異なっている。身近な生活の豊かさという視点から考えさせたい。 ○図　のまとめ。

表8-7　第4時：社会的参加行為（1989年2月7日第4時限）中学3年39名

ねらい
三回の授業で学習したことは，経済的には「雁行理論」であり，経済過程における相互依存関係の深まりである。しかしながら，そうであればなおさら，相互依存の深化がもたらす人的な交流に伴う異文化，異民族理解は不可欠であり，今後の課題でもある。第4回では，大阪YMCA日本語カレッジに学ぶアジア・ニーズとイギリスの留学生4人を教室にゲスト・スピーカーとして招待し，自国のことや日本との関わりについて話してもらい，実際の外国の人々と身近にふれるなかで，生徒たちのステレオタイプな認識を多元化し，豊かなものにすることをねらいとした。なお，生徒たちのアジア各国に対するイメージ調査を一連の授業の前に行っていたが，それらの国に対するマイナス・イメージが高かったことも招待したもう一つの理由であった。もちろん彼らにも予め見せておいた。

学習活動（指導過程）	留意点
韓国（丁君），台湾（李君），シンガポール（ジョアンナさん），イギリス（リチャード君）の4人留学生に5分ずつ自国のこと日本のこと，アジアのことなどについてスピーチをしてもらう。 ＊アジアの留学生は生徒たちのイメージがマイナスである点を正そうとしていた。イギリスの留学生は日本人の働きすぎと仕事以外の価値観について話した。生徒から質問をさせる。 ＊昭和天皇の死について ＊日本の良い点と悪い点	○欧米志向が強いなかで，実際にアジア・ニーズの留学生を前にして，話しを聞くことで，このテーマの授業の締めくくりと　すると同時に，日本とアジアとの関係という問題は，経済だけでは解決しがたいオープン・エンドの継続的な課題であることをつかませたい。 写真：ゲストスピーカー 左からリチャードさん（イギリス），丁さん（韓国），ジョアンナさん（シンガポール），李さん（台湾） 

きと警戒と共感（仲間意識）とが一緒になったような内容である。それらの発見が留学生との接触でより個人的に深化されていたのだと思う。

第3節　グローバル・シティズンシップの育成から見た省察

「アジア・ニーズ」単元の授業は，通常の社会科の授業では，円高による日本企業の海外展開で終わる単元を，アジアで起きていることを，国際的な視野からより共感的に理解できるようにした。社会科としては自動車や電化製品の市場における国際分業システムの知識，日本の国益にそった相互依存の知識などの獲得をねらいとするが，グローバル教育・国際理解教育の視点

からは，東アジアの人々の暮らしや生活の願いを汲み取ったうえでの共感的な理解，相互依存がもたらす東アジアの協同的な関係に視野を広げることがねらいである。そのために単元の最後に，日本語を学ぶ韓国，台湾，シンガポール，イギリスからの留学生を招待し，スピーチをしてもらった。「顔の見える関係」から東アジアの国際分業，相互依存関係を実感させたかったのである。

　本単元の授業は概ね成功した。その理由は，一つは，完成品としての工業製品しか知らなかった中学生に，自動車や電化製品の部品生産におけるアジア各国の分業の映像をみせ，日本企業の海外依存（国際分業）の事実を具体的に示したことである。二つには，モノだけではなく，ゲストスピーカーとして人もまた国際化の現実であることを実感させたことである。三つにはそれらを通して，日本だけが発展し，他は停滞しているという近隣アジアに対するイメージの転換をもたらしたことである。

　この意味では，「アジア・ニーズ」単元の授業は，社会科（公民的分野）における教科融合単元としてのグローバル教育の授業といえるだろう。しかしながら，社会科の一部として授業をおこなったために，国益（世界の中の日本）から見た国際分業（競争と序列化）の視点と，グローバル・シティズンシップ育成の視点からみた共感的な相互依存（「メイド・イン・アジア」に依存する共生の価値）の視点との区別が曖昧であり，国際理解教育の深まりが課題として残った。

　この実践から25年以上もたった現在，東アジアの経済システムは驚くほどの変化を示している。韓国ではヒュンダイやサムスンなど世界企業が成長し，中国は「世界の工場」となって，GDPでは日本を抜いて世界第2位になり，やがてはアメリカを抜いて世界最大の経済大国になることが予想されている。シンガポールや香港は世界の金融センターになっている。東南アジアはASEAN経済共同体（AEC）が2015年末に成立した。日本は，長い不況期に入り，さらには関西（1995年）と東北（2011年）で二つの巨大地震を経験

し，経済的な地位は相対的に低下した。東アジアの人々の暮らしにおける相互依存のネットワークが格段に進み，競争による摩擦や対立ではなく，相互依存による共生，協力の価値観を育てる時に来ており，当時の授業のねらいは現在も有効である。

第4節　統合的カリキュラム論から見た省察—教科融合単元の実践の意義

最後に，「アジア・ニーズ」単元を，教科融合単元の視点から検討してみよう。

第3章で検討したアメリカのグローバル教育におけるニューヨーク州社会科（1987）の教科融合単元と比較をしてみた場合，それは，K-12の社会科の一貫したカリキュラムの中の第9，10学年のコース単元であり，第7，8学年の「多文化歴史」と対をなす「グローバル地理」の教科内の領域（分野）に相当する，独立性の高いものであった。これに対し，「アジア・ニーズ」単元は，社会科の領域（分野）のなかの「国際単元」におけるトピック学習ともいうべき開発単元（4時間）であり，カテゴリー的には下位に位置するものであった。

また，第5章で検討したイギリスのグローバル教育におけるワールド・スタディーズ（1985）の教科融合単元と比較してみた場合，トピックやテーマを中心にした学習であり，既成教科内での投げ込み的な単元開発という点ではとしては近縁性があるが，アジアイメージの転換をねらいにしており，ワールド・スタディーズの自己と世界の相互接続性への視点は不十分であったといえる。

第1章で検討した日本版グローバル教育と比較した場合，「アジア・ニーズ」単元は，社会科（公民的分野）における開発単元であったので，国際理解教育という大きなカリキュラムの中での単元開発ではなかった。当時，日

本の現場に即した研究はなされておらず，まさに，筆者の実践的課題でもあった。なぜなら，すでに決定していた1989年4月からの報徳学園高等学校国際コースの予備授業をかねており，新科目「国際理解」(Global Studies)の科目構想とその中での本単元の位置づけや単元開発，授業実践の課題として残されたからである。

「古い革袋に新しい酒を入れる」という言葉があるが，教科融合単元は，既成教科に新しい視点や考え方を導入するという意味で，既成の教科内容や方法を改善するという点では試行的な意義がある一方で，既成教科の目標やねらいとの整合性をめぐっての葛藤を拭いきれない。新しい独自の科目構想の中で，グローバル教育のカリキュラムとその授業実践が課題となる所以である。これについては，次章にゆずることになる。

第5節　実践者としての専門的成長（教師の職能開発）から見た省察

教師の実践者としての職能開発からみれば，大学の研究者である今谷順重の指導と助言にほかに，校内における研修時間の保障と自己研鑽による，内外の教育動向の研究からえられた教育観が重要な役割を果たした。しかし，個別の教材開発や授業観においては，個人的な体験が重要な契機をなしていた。

「アジア・ニーズ」単元の開発においては，1986年の，筆者にとっては初めての海外旅行であった香港でのフィールドワークが印象的であった。香港の乱立する高層ビル群や難民キャンプでの光景は，アジアに起きている経済成長の息吹と活気，モノだけではなく人の移動の不可避さ，総じて，日本だけが発展しているというアジア認識の転換が必須だ，という体験的な実感を伴うものであった。また，同じ頃，オーストラリアとニュージーランドを教員視察旅行で訪問し，日本語への関心，オセアニアとアジアの経済的相互依存関係についても学ぶことができた（藤原1987：13-66）。

さらに，当時，筆者が日本語ボランティアとして，日本語学校の留学生（韓国，シンガポール，台湾，イギリス）と交流があったことも，バンクスら（1976）の「多民族教育ガイドライン」における「教育資源の活用」の観点から，授業におけるゲスト・スピーカーとしての活用となった。

「アジア・ニーズ」の単元開発と授業実践では，このような具体的な体験が教材研究のバックグラウンドを形成し，専門的成長を促していったのである。

注

1）日本教育方法学会大会校企画「世界の授業研究」(2014年10月10日広島大学)，キャサリン・ルイス発表の「レッスン・スタディ・サイクル」および秋田喜代美，キャサリン・ルイス（2008：28）におけるアクション・リサーチの方法を参照した。
2）米英のグローバル教育のカリキュラム開発の分析と検証によって開発モデルを確定し，その実践的応用として自らの授業実践を位置づけるという，工学的アプローチ（佐藤学1996, 2004）もしくは「技術的熟達者」（ショーン2001, 2007）の方法を参考にした。
3）授業実践→省察→授業開発という，羅生門的アプローチ（佐藤，同上）もしくは，省察的実践者（ショーン，同上）の方法を参考にした。

第9章　教科統合型「国際理解」(Global Studies) と授業実践
―学校設定科目「国際理解」における「外国人労働者問題」単元の場合―

はじめに

　前章で述べたように，教科融合単元としての，社会科公民的分野における「アジア・ニーズ」単元の開発と実践のあと，勤務校である私立報徳学園高等学校に新設される「国際コース」の学校設定科目「国際理解」(Global Studies)（以下,「国際理解」）の科目構想とカリキュラム開発の課題が残されていた。

　「アジア・ニーズ」単元もふくめて，新教科「国際理解」の教科統合の中の学習単元を開発する必要があった。本章でとりあげる「外国人労働者問題」単元はその一つである。「外国人労働者問題」単元は，国際コースの全20時間の単元として，1990年の1学期（4月～7月）に，高校2年生（1クラス）を対象に行われた。国際コースが廃止される（1999年）まで行われたが，筆者の実践としては1992年を含め5回ある。本実践の記録としては，藤原（1991：49-80），同（1994）がある。

　以下，本章では，教科統合カリキュラムの「国際理解」の開発，授業実践，および，そのなかの開発単元としての「外国人労働者問題」とその授業実践について論じていきたい。教科統合の視点を，科目構想カリキュラムとともに，授業単元レベルにおいても検証したいからである。

第1節 新科目「国際理解」(Global Studies) にいたる教育観の形成

1.1. 科目構想（カリキュラム開発）

「アジア・ニーズ」単元開発と授業実践（1988年度）と平行して，1989年4月から開設される勤務校国際コースの学校設定科目「国際理解」の構想と単元開発，授業実践が課題となっていった。

この時期，「国際理解」(Global Studies) 科目の構想の参考になったのは，アメリカのグローバル教育からクニープ（Kniep, W. N）の所論を紹介した魚住忠久（1987）である。クニープは，第6章で詳細に検討したように，1970年代のベッカーやアンダーソンを継承して，1980年代に「総合社会科としてのグローバル教育」を提案し，初等・中等教育（K-12）を一貫する統合教科カリキュラムの開発モデルを示した研究者である。しかし，当時は，魚住の紹介と理解というレンズを通したグローバル教育であり，国際理解教育観の形成であった。

魚住（1987：7）によれば，グローバル教育は，「高度情報化・技術化社会を背景に地球的規模で相互関係を深めつつある『地球社会化』の現代的諸傾向に注意を払い，単に自民族，自国家中心の日本人一般の公民性形成ではなく，日本の文化・伝統にねざしながらも同時に『宇宙船地球号』の一員として人類史を共有するとともにグローバルな利益の実現に関心をもち，その形成に参画する個性の確立した一人ひとりの日本人としての公民性を探る」ものであり，「グローバル公民性の育成」を提唱していた。

さらに，魚住（1987：57-58）は，クニープが考案した学習内容や概念群を参考に，「高校社会科『グローバル研究』カリキュラム構成要素表」を作成していた。これは，四つの研究領域と問題テーマ群，「相互依存，変化，文化，希少性，葛藤（紛争）」の概念群や関係概念群を一覧表にしたもので，

当時，筆者が課題としていた「国際理解」科目構想に役立つものであった。

　筆者は，試行案として，「世界の中の日本」や「相互依存」の視点，グローバル社会の問題を解決し，積極的に参加しようとする態度の育成をめざした「グローバル社会における『国際理解』の問題テーマ群」を「アジア・ニーズ」単元開発の際に考案し（藤原1990），その上で，表9-1のような，学習領域，基本概念，学習内容（単元テーマと知識内容）を中心とする特設科目「国際理解」を考案した（藤原1994：26）。

1.2. 参加型学習という教育観の形成

　「国際理解」科目の各単元の授業では，ブレーンストーミング，ゲームやシミュレーション，ロールプレイ，ランキング，インタビューなど知識だけでなく共感的能力や技能，態度の育成をめざす参加型の学習方法を導入しようとした。このような教育観は，イギリスのワールド・スタディーズ（グローバル教育）に学ぶところが大きかった。ワールド・スタディーズでは，参加型学習が，地球的課題の主な学習テーマにおいて，開発や環境の問題，先進国と途上国の格差（豊かさ・貧しさ）という学習内容とセットで統一的に学ばれることを重視していたからである。

　当時，筆者は，社会科＝開発教育の実践やワールド・スタディーズの研究をしていた大津和子らとともに関西の教員を中心とする開発教育の研究会に集い，神戸や京都で年数回のセミナーを開催することで，開発教育の教え方・学び方を追究し，その推進を図っていた（開発教育推進セミナー編1995）。

　そこでは，学習テーマ・内容を提供する開発教育，教育目標としての「地球市民」，そして，学習方法としての参加型学習がキーワードであった。「アジア・ニーズ」単元や「国際理解」の各単元の授業構成においては「新しい問題解決学習」という方略を，大学の研究者（今谷順重）から学んだが，それだけではなく，同僚である現職教員の自主的な研修サークル（学びの共同体）における学びと研鑽が，筆者の教員としての力量開発に大きな役割を果

表9-1 「国際理解」(Global Studies) の内容構成 (筆者作成) ○は筆者による実践

領域		主な学習テーマ（例）	知識	価値・中心的概念
地球的諸課題	開発と協力	○外国人労働者問題 ○援助と協力―ODAとNGO ・発展途上国と食品―バナナとえび	・先進国のくらしと発展途上国（豊かさ・貧しさの意味） ・南北間の経済格差 ・発展途上国の貧困と開発問題 ・政府開発援助と民間協力活動	・相互依存 ・共生
	環境・資源	○地球環境問題―熱帯林破壊／酸性雨／地球汚染／地球温暖化 ・資源・エネルギー問題 ・食料・人口問題	・限りある資源・環境・人口（宇宙船地球号、限りある地球） ・発展途上国の開発と環境 ・先進国の消費文明と環境・資源の配分	・相互依存 ・希少性 ・葛藤 ・公正
異文化理解		・伝統と近代 ・観光開発 ・少数民族の生活と文化 ・文化摩擦（認識格差）	・文化の交流と摩擦 ・文化の多様性と共通性（宗教・価値観、生活様式） ・伝統文化と近代（欧米）文化	・文化の広がり、多様性・独自性、普遍性 ・文化の相互作用、葛藤、相互理解
グローバルシステム	世界経済	・EC統合 ○アジア太平洋の時代と相互依存―アジアNIESの成長と日本 ○社会主義の変容とその行方 ○日米摩擦―先進国経済の相互依存	・世界経済（歴史的背景と動向） ・アジアNIES（発展途上国の工業開発モデル） ・市場経済（資本主義経済）、経済統合・経済摩擦 ・社会主義経済（計画経済）	・変化 ・葛藤や摩擦 ・相互協力 ・相互依存
	世界政治	○湾岸戦争―ポスト冷戦時代の世界新秩序 ・核と国際紛争 ・人権問題 ・民族紛争と難民	・世界政治（歴史的背景と動向） ・民主主義・自由と国家 ・政治統合と国家 ・国際社会の平和と安全 ・国連のしくみと役割	・変化 ・葛藤や摩擦 ・相互協力、協調、公正 ・法とルール

たしていった。

筆者の「国際理解」科目の教育観の形成は，科目構想の大きなフレームについてはアメリカのグローバル教育（魚住・クニープ），単元の授業構成についてはアメリカの新社会科（今谷），そして個別単元の学習内容や学習方法，授業実践については，イギリスのワールド・スタディーズ（大津，開発教育推進セミナー）によっていたといえよう。

第2節　新科目「国際理解」（Global Studies）の授業実践

2.1. 科目の概要

　新科目「国際理解」（Global Studies）の授業は，高校2・3年の国際コース1クラス対象で，各2単位（合計4単位）の履修とした。したがって，授業単元は，あまり細分化された単元よりも，1学期に一つか二つぐらいのテーマを採用し，およそ10時間から20時間程度（定期試験を除く）という長めの設定とし，広く深く学べるようにした。また，高校2年では「地球的諸課題」，高校3年では「グローバル・システム」の領域から学習テーマを選択することにした（表9-1）。

　教科書がなく，ワークシートや授業プリントを作成する必要があり，準備が大変であったが，カリキュラム構想では他の授業者でも実施可能な学習テーマをあげておき，得意のテーマを選べたり，創造できるようにした。表9-1で○印の付した単元は，筆者が実際に授業で実践したものである。

　評価方法については，基本的には，知識理解を問う定期試験とテーマに対する考え方や社会展望などについて論述する課題レポートによる評点とし，それを8：2の比率で配分した。さらに教科書がないので，各単元には高校生でも入手可能な，新書や普及書レベルの参考文献を5冊程度紹介することにした。

　この科目内容（カリキュラム）の特徴は四つほど指摘できる（藤原編2009：

36)。

① 文化理解や他国理解よりも，人類共通の地球的な課題を意識的に取り上げており，グローバル時代の国際理解教育を重視した独創的な科目構想になっている。
② 単元群から判断して社会科の内容が中心になっている。特に，高校3年で履修する後半の，「グローバル・システム」領域では，社会科（公民科）の「政治・経済」の国際単元と重なっている。
③ 今日的で現代的な課題を扱っており，社会科の内容を総合的に取りあげている。その意味で「時事問題学習」であるともいえる。
④ 学習内容の総合性からいえば，学習指導要領（1998年告示）の中学校社会科公民的分野の「3分野関連単元」に近似している。あるいは高等学校の「総合的な学習の時間」における「国際理解」の例示内容の先取りともいえる。

2.2. 学習のねらい

科目の目標については，「国際理解を図り，国際的視野を身に付けた地球市民の育成をめざす」ものと設定した。当時作成したテキストには，なぜ「国際理解 GLOBAL STUDIES」という科目を学習するのか，記述している（資料9-1）。

「世界は変化しつつある。グローバル・コミュニティという考え」という見出しでは，私たちの日常生活が，国境を越えたネットワークとシステムのなかの相互依存の網の目のなかにあり，グローバル・コミュニティ（地球村）という考え方が可能であることを示している。そうした状況において「21世紀に生きる人間として」求められているのは，そのような社会を実現した日本（人）への自覚と「世界の中の日本人として，自国および他文化を理解し，人々とのコミュニケーションをとおして，問題を発見し，分析し解決していく能力」であり，「21世紀に生きる人間として，人間の尊厳（ヒューマニ

ズム）に基づいて世界の人々の問題に共感し，共に生き，協力していく態度」であるとしている（藤原1994：24-26）。

ここには，世界の中の日本（人）という当時の国際化の命題と，地球的な市民としての価値観と態度化というグローバル教育の課題がよく示されている。「グローバル時代の国際理解教育」という教育観の実践的な成立をここに見ることが可能であろう。

2.3. 単元の概略—「新しい問題解決学習」による授業構成

「アジア・ニーズ」単元と同様に，「新しい問題解決学習」を採用して，単

表9-2 「国際理解」（Global Studies）地球的諸課題（開発・協力分野）
単元「外国人労働者問題…モノからヒトの国際化」概要（全20時間）（藤原1994：35）

導入（1時間）	テーマのねらいの説明，参考文献，事前の調査など
問題の発見 (6時間)	日本における外国人労働問題の発生…新聞記事から ・どんな仕事についているか。労働条件は？ ・「不法就労」といわれるがなぜか ・異文化間の摩擦はないのであろうか
原因の探求 (3時間)	外国人労働者はなぜやってくるか…ビデオから ・受け入れる側（日本側）の事情…人手不足・円高 ・送り出す側（途上国側）の事情…貧困・高い失業率・経済格差
心情への共感 (4時間)	日本の近・現代史における労働力移動…新聞，ビデオなど ・日系移民：第二次大戦中の強制収容のことなど ・「からゆきさん」 ・朝鮮人労働者（第二次大戦中の強制的徴用）
価値の究明 (2時間)	欧米の外国人労働者問題（外国の事例から学ぶ）…ビデオから ・ドイツの事情 ・アメリカ合衆国の事情
態度の育成 (2時間)	ロールプレイを通して考える。 ・アパート経営者小林さんと住人のパキスタン人シッキムさんの訴えをめぐるトラブルの解決法と外国人労働者受け入れの論議を話し合う。
まとめ（2時間）	外国人労働者問題の考え方
社会的参加	ニュージーランドでの外国人体験（海外語学研修，1ヶ月）
課題作文「西暦2001年の自分と外国人労働者問題」（1600字以上）	

なる知識教授ではなく，共感的理解や価値の吟味，意思決定，社会参加の場面を導入した単元の構成をめざした。教科融合単元では，既成教科の指導計画の中での実践のため，数時間の範囲でしかできなかったが，教科統合（単独科目）では，学校の裁量のなかで，科目の中のテーマ学習（領域）として大胆に10時間や20時間（学期の半分や1学期分）の内容を組織できるメリットがある。「新しい問題解決学習」も十分な時間をとって実施可能である。

表9-2〜4は，筆者が行った主なテーマ学習（単元）の概略である。表9-2は，外国人労働者問題，表9-3は，援助と協力，表9-4は，社会主義の変容とソ連の崩壊をしめすものである。いずれも1990年前後の時事的なトピックである。

苦労したのは，一つは，共感の場面の構成の仕方である。「外国人労働者問題」単元では，日本の過去の移民史，「援助と協力」単元では，開発途上国の貧困の現状，「社会主義・ソ連」単元では，政変の渦中の人々の様子などを，それにあてた。もう一つは，社会的参加や態度化の場面である。「外国人労働者問題」単元では，外国人労働者の受け入れや生活上のトラブル解決のためのロールプレイ，「援助と協力」単元では，民間の国際協力団体へのインタビューであった。しかし，「社会主義・ソ連」単元では，当時は，冷戦の終結やソ連の崩壊という政治的な情勢をめぐる報道やニュース，映像を中心に紹介した授業になり，残念ながら社会的参加の授業場面を創ることができなかった。

第3節　グローバル・シティズンシップの育成から見た省察
　　　　—国際理解教育からグローバル教育へ

「国際理解」を2年間にわたって実践したあと，大学の研究者の指導助言や自主的な研修サークルのなかで，アメリカのグローバル教育やイギリスのワールド・スタディーズを，学びつつ，カリキュラムや単元開発，参加型学

第9章　教科統合型「国際理解」(Global Studies) と授業実践　249

表9-3　「国際理解」(Global Studies) 地球的諸課題 (開発・協力分野)
単元「援助と協力 (ODA と NGO) ―私たちにできること」概要
(全20時間)(藤原1993, 1995a)

問題の発見	新聞記事から ・ODA 批判の記事 ・青年海外協力隊や NGO などの協力活動の記事 ・世界最大の日本の ODA について問題はないのだろうか
原因の探求	なぜ日本の援助が問題となるか ・日本の ODA のしくみと特色 ・途上国から見た日本の ODA の特色 ・資料はビデオや ODA レポートの書籍から
心情への共感	本当にのぞまれる援助とは何か ・途上国の貧困の実情 (無人島ゲーム, ORS の話) ・貧困と援助の構造 (一枚の絵から, 貿易ゲームなど) ・「援助開発」幻想
価値の究明	援助シミュレーション (貧困の輪, 援助ランキング)
態度の育成・社会的参加	NGO 調査 ・インタビュー　・資料請求　・報告まとめ
課題作文「西暦2001年に向けて私たちができること」(1600字以上)	

表9-4　「国際理解」(Global Studies) グローバル・システム (世界経済分野)
単元「社会主義の変容とその行方」概要 (全20時間)
(補足「ソ連邦の崩壊と東アジア」全10時間)(藤原2009)

単元の導入	本授業単元 (テーマ) のねらい提示する。ソ連および社会主義についてのイメージを調査する。
問題場面の発見	時事的な出来事 (今, ソ連・東欧で起きていること) を提示し, 授業で取り上げていく学習課題を理解し, 授業のねらいを確かめていく。
心情への共感	ソ連邦の崩壊, 社会主義体制の転換という, 大きな歴史的変動を体験するソ連や東欧に住む人々の思いに触れる。
原因の探究	なぜ東欧革命が生じたのか, なぜソ連邦が崩壊したのか, 問題事象の背景にある要因や, 問題事象が生じた原因について, 事実を提示して, 因果関係などを探究する
願い・価値の究明	ソ連や東欧の人々の願いに迫り, ヨーロッパや新しいロシアの課題を考える。
補足	ソ連邦の崩壊と東アジア 日露, 日ソ, 日ロの交渉史から, 北東アジアの国際的な課題を考える。
課題作文	「世界の中の日本と私…ソ連邦崩壊から学ぶこと」(2000字以上)

習の授業研究をおこなってきたので，グローバルな時代に相応した国際理解教育のカリキュラムと自らの実践の位置づけが課題になってきた。

そこで，筆者は再び学び直すことにし，現職業務を継続しながら大学院（修士課程）に在籍し，筆者の教育観を形成したグローバル教育と地球市民（グローバル・シティズンシップ）の育成について研究した。

前提としてのグローバリゼーションとは何か，国際化とはどう異なるのかをあきらかにし，国民国家の歴史性，「国際理解」「国際化」の限界を論じたうえで，国境をこえたグローバリゼーションを踏まえた世界像を構築した。次に，これを教育学に落とした場合の世界観・人間観の変容を考察した。第5章で詳細に論じたイギリスのグローバル教育であるパイク（Pike, G.）やセルビー（Selby, D.）のテキスト（Pike, G. & Selby, D. 1988, 邦訳1997）が役に立った。彼らは，空間的，時間的，問題的，人間の可能性という4つの次元からなる「グローバル化（globality）の4つの次元」が相互に連関する全体論的（ホリスティック）／システム論的な世界観を提示していた。そこにおける学習者（自己）は，過去・現在・未来という時間と，地球や地域という空間と，そこでおきている問題事象の網の目（グローバル・ウエブ）の中にある「自己と世界の往還」としとらえられていた（第5章参照）。

この世界観は従来の国際理解教育の言説ではみられなかったものであった（藤原1997a：26-30）。名称の不備はあるが，グローバル教育を「グローバル時代の国際理解教育」としてあえて位置づけ，多元志向，地球志向，未来志向，方法志向という四つの志向性をもつ原理をカリキュラム開発の基礎としたのである（図9-1）。

そして，地球市民（グローバル・シティズンシップ）とグローバル教育について，イギリスのグローバル教育（ワールドスタディーズ）に学んだ大津和子（1992）を継承し，グローバル教育を「商品，サービス，情報，資本，そして労働が世界的に国境を越えて広がり，地球的な相互依存関係を深めている現実や環境，平和，開発，人権など一国内では解決不可能な地球的な諸問題

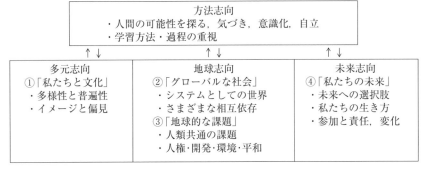

図9-1　「地球市民」育成のための4つの学習領域と原理（藤原1995b）

が浮上してきた現実のなかで，将来に向かって，地球上の多様な価値や文化を理解し，公正で，平和な世界を作ろうとする市民的資質，つまり地球市民としての資質（知識や技能，態度）(global citizenship) を育てようとする教育」と定義したのである（藤原1994：23，1995b）。

かくして，新科目構想の際は，科目名称も「国際理解（Global Studies）」として未分化であり明確ではなかった国際理解教育を，「地球市民を育てる教育」すなわちグローバル教育として意味転換し，明確化したのであった。

第4節　教科統合カリキュラムから見た省察

筆者の国際理解教育のカリキュラム開発は，第4章で詳細に論じたクニープらの所論を参考にしたものである。統合教科カリキュラムとして「総合社会科としてのグローバル教育」を開発したように，「国際理解」は，広い意味での社会科である。もちろん科目目標は地球市民の育成であり，学習内容が近似したり，重なってはいても，学習指導要領社会科とは本質的に異なるものである。こうして，大学院での学び直しによって，表9-1を改善した高校「国際理解」の科目構想を提示することができた（資料9-2)[1]。

では，クニープらのグローバル教育（教科「グローバル・イシューズ」第4章

参照）と「国際理解」のちがいはどこにあるだろうか。

　一つめは，系統性の相違である。「グローバル・イシューズ」は初等から中等教育にいたるまでの12年を通したK-12のカリキュラムであり，系統性を担保していた。それに対し，「国際理解」は，後期中等教育の2年間（高2，高3）のみである。この理由は，クニープらが大学の研究者である一方で，筆者が高等学校の実践者であったからである。実践者として，中高一貫（6年間）ましてや初等から12年間のカリキュラムを考案することは現実的に不可能であった。初等から高校まで12年間「総合」の時間が設けられている現在でも，一貫したカリキュラムはできていない。

　二つめは，学習領域の近似である。系統性の相違に比べて学習領域の近似性は容易である。その理由は，「グローバル・イシューズ」も「国際理解」もテーマやトピックを中心に内容や教材が選択されており，問題はその領域区分の原理性であり，グローバル教育にとっての基本概念の提示である。四つの志向性の中に，内容や教材を区分すればよいからである。

　統合教科カリキュラムとはいえ，グローバル教育は，たとえば，歴史を何度も学習する社会科のように，知識の系統性よりも，同一の分野・領域にあって内容の専門性，テーマやトピックの深まりによって，系統性を担保することの方がいい。同じ内容を何度も学習することで認識の深まり，意識化，気づき，基本概念や方法の習得，態度化の育成を図る学習に適しているともいえる。

第5節　「国際理解」（Global Studies）のなかの　　　　「外国人労働者問題」単元の場合

5.1.「外国人労働者問題」単元の教育観

　「アジア・ニーズ」単元は，「国際理解」の内容構成では，グローバル・システムの領域に位置づけられたが，「外に向かっての国際化」を授業単元に

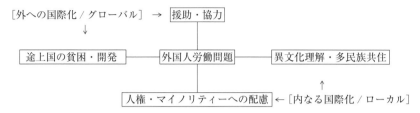

図9-2 「外国人労働者問題」単元を位置づける視点（藤原1994：21をもとに作成）

するものであった。しかし，グローバル化と多民族化・多文化化は，コインの裏表の関係にある。日本における「内なる国際化」は，1980年代まではおよそ8割を占めていた在日韓国・朝鮮人に加えて，1990年代に入って「ニューカマー」とよばれた日系ブラジル人やアジアからの労働者が急増したことで，多民族化・多文化化する社会の課題となっていた。グローバル教育のカリキュラムとしての「国際理解」科目のなかで，「内なる国際化」（地域の多文化化）を授業単元にする課題は残されたままであった。

これを，グローバル教育の視点から図9-2のように構造化し，「国際理解」科目に位置づけ，単元開発の視点とした。

以上のような，教育観と視点の獲得には筆者の体験（教師の研修）が大きく関わっている。1989年3月に神戸YMCAが主催するタイ・ワークキャンプに参加し，タイ北部農村で行なった活動は，開発問題と貧困削減という外への国際化・グローバルな視点と，国境を越えた人の移動，国内における外国人の就労という内なる国際化の視点の統合の課題に気づかせてくれた。

5.2.「外国人労働者問題」単元の授業実践

単元の実践にあたっては，以上のような教育観を構築したうえで，「国際理解」科目のなかで，グローバル教育の視点，知識・技能・態度の諸目標，基本概念からおさえておく必要があった。それが表9-5であり，単元の知識構造を示すのが図9-3である。

表9-5 「外国人労働者問題」単元の視点と目標，基本概念（藤原1995bより作成）

グローバル教育の視点	知識目標	技能目標	態度目標	基本概念
グローバル／外への国際化，ローカル／内なる国際化 過去，現在，未来	南北格差 労働力の移動 異文化理解 多民族の共生	ものの見方 意志決定 （価値の明確化） 問題解決能力	多様性の尊重 共感 寛容と共生 社会参加	相互依存 対立とその解決 文化 変化と未来

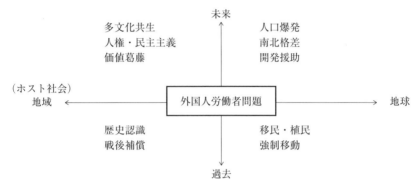

図9-3 外国人労働者問題の知識構造（藤原1994bより作成）

　こうして大きな教材の枠組みを構築したあと，各回の授業実践にはいっていった。授業実践にあたっては，テキストづくりからはじめる必要があった。教科書がない授業だから「自由」にできると思われがちだが，全体的な計画のなかで教材や資料を用意することは逆に難しいものである。資料9-3に示したように，テーマに関する文献をはじめ，テレビの討論番組や記録映像，新聞記事，さらにはワークキャンプでの自身の体験などを教材化していったのだが，教材の配列や位置付けに労を要した

　定期試験を除いて20時間の長い授業の組織化には，「新しい問題解決学習」を採用した。表9-2に示したように，当時の就労の実態など日本における外国人労働が社会問題となっていることを，新聞記事などを通して発見し，なぜ外国から就労を求めてやって来るのか，受け入れ国と送り出し国における原因を探求したうえで，実は日本にも労働者（移民）を送り出した時代や旧

植民地から受け入れた時代があったこと，現在の外国人が直面している課題と共通していることがあったことを学び，そして日本よりも先に多くに移民労働者を受け入れている欧米での議論をふまえて，社会の多民族化・多文化化に求められる価値観は何かを検証していった（各回の学習項目や資料，各授業場面のねらいの詳細については資料9-3参照）。

また，知識や価値観を踏まえて，体験的・共感的な理解と問題解決への態度化を進めるための活動的な学習ツールとして「外国人労働者問題ロールプレイ」を導入した。理念としての多文化を説くのではなく，社会が多文化化することによって起こる摩擦（アパートのゴミ出しや騒音のトラブル）と，それに地域の住民としてどう対応していくか，態度化がせまられることを模擬的に体験させる意図で開発したものである。

ロールプレイの登場人物の背景を資料9-4に示した。それぞれの人物の背景が，単元で学習してきた外への国際化，内なる国際化，歴史や現在の知識を内包化したものである。また，外国人労働者の受け入れや生活上のトラブルをめぐる立場については，摩擦をめぐって排除と包摂をめぐる価値葛藤を示すものである（資料9-5）。このように，ロールプレイという参加型学習は単なる模擬討論ではなく，それまで学習してきた知識と価値観を動員したものであり，それを学習者が活動的に学ぶことで，自らの態度化を図ることを意図するものである。

5.3. グローバル・シティズンシップの育成から見た省察―グローバルとローカルの視点の統合

「外国人労働者問題」単元は，国際コースに学ぶ高校生には，外国人労働者問題という時事的で現代的なトピックの学習であり，コース独自の学習体験であった。内容的にも映像や資料など豊富な資料を活用し，ロープレイなど活動的な学習方法を導入した点で，独創的な授業となった。また，外国人労働者の受入の是非をめぐる意識と態度化を，授業場面ごとに数量的に評

価していった。このような取り組みは，幸いにも，メディアの取材をうけたり，外部からも，優れた授業として評価された（第16回国際理解教育奨励賞最優秀賞論文：藤原1991：49-80）。

　すでに見たように，グローバルな視点（世界へ向かう視点）とローカルな視点（国内へと向かう視点）の統合化をはかっていった。「外への視点と内への視点」の統合化は，イギリスのグローバル教育でも強調されているもので，地球市民（グローバル・シティズンシップ）育成の視点である（第5章参照）。

　この単元の実践後も，外国人労働者はますます増加し，雇用，国際結婚，子どもの教育，暮らしにおける「法（制度）・ことば・心」の三つの壁とその克服，すなわち日本における多文化共生の課題が高まってきた。特に，修士課程を終える年に阪神・淡路大震災（1995年1月17日）がおき，被災した外国人への多言語情報の提供など具体的な課題が浮き彫りになった。

　また，グローバル教育における参加型学習の広がりのなか，筆者は，「外国人労働者問題」単元での実践家としての職能開発の経験を生かして，多文化共生の課題に応えるべく新たな教材開発（シミュレーション「ひょうたん島問題」）を手がけることになり（藤原1997b，2000，2008），外部の教員研修などで地球市民教育の取り組みとして発信していった。

第6節　実践者としての専門的成長（教師の職能開発）から見た省察

　教科書のない「国際理解」科目の構想，開発，実践は，筆者の教員（実践家）としての職能開発（Professional development）に多いに貢献した。筆者が大学の教員になった際にも活用され，「外国人労働者問題」単元は「多文化共生とこども」，「援助と協力」単元は，「世界の貧困問題とこども支援」という授業科目のモデルとなり，ベースとなった。

　しかし，内部の勤務校の教員にとってはどうであっただろうか。残念なことに，現職の現場の分担の限界から，新科目の構想と開発，単元の開発と実

践については筆者個人に任され，協同の試みではなかった。国際コース担当の同僚教員は多くいたが，英語科と社会科であり，筆者の開発したテキストをもとに同じ内容の授業を追試したのは，社会科の同僚教員1名であった。同僚教員は，実践家としての職能開発（研修）には積極的であったが，日本史の担当ということもあって，あらたに「国際理解」の単元を自ら創造し，実践することはできなかった。国際理解教育の実践の担い手を要請することは簡単なことではない（勤務校の「国際理解」科目も，私学の経営上のカリキュラム再編によって，1999年をもって終了した）。

注

1）この改善された科目構想の基本的枠組みは，日本国際理解教育学会の科研費による共同研究の成果に継承され（多田孝志研究代表2006：18-28），最終的に第1章において筆者が，日本版グローバル教育として位置づけた当該学会の刊行物となった（日本国際理解教育学会編2010）。

第10章　教科超越型「グローバル学習」と授業実践
―大学授業科目「海外こども事情 A」
（タイ・スタディツアー・プログラム）の場合―

はじめに

　これまで論じてきたのは，初等・中等（K-12）の学校教育におけるグローバル教育のカリキュラム論であり，単元開発と授業実践であった。それは，グローバル教育の世界観，人間観，学習内容，基本概念などの既成教科における導入（教科融合）であり，独立した新しい教科（科目）の構築（教科統合）であり，さらには，教科を超えた学校全体の活動（教科超越）におけるグローバル教育であった。しかし，グローバル教育は，広い学習領域と育成する市民性ゆえに，多様な担い手（教員，NGO 職員，市民など）と学び手（子どもから大人まで）が存在し，生涯にわたる学習が可能である[1]。

　本章で取りあげるのは，教科超越型カリキュラムとしてのグローバル学習である。海外研修やスタディツアーという交流や体験を対象とする教科を超えた単元（プログラム）である。単元の開発と実践の事例は，対象が，初等・中等段階の児童・生徒ではなく，高等教育における学生であるが，既存の教科や大学の講義科目をこえた活動的な学習（アクティブ・ラーニング）におけるプログラムの開発と実践を論じる意味で，教科超越型に位置づけた。

　プログラムの開発と実践は，筆者の勤務する大学の授業科目「海外こども事情 A」（タイ・スタディツアー・プログラム）として行われた（以下，「タイ・スタディツアー」単元と略す）。「タイ・スタディツアー」単元は，2005年より隔年で2013年までの計５回実施されている（継続中）。参加者は大学二年生以

上, 毎回約20名を数えている。本実践の記録としては各回の報告書（2005, 2007, 2009, 2011, 2013年版）があり, 検証の論文としては藤原（2013：58-74）がある。本章は, これらをもとに2013年実践に検証を付加して改稿したものである。

第1節 「タイ・スタディツアー」単元にいたる教育観の形成

1.1. シティズンシップの思想

　第6章で詳述したように, イギリスの中等教育で新教科「シティズンシップ」が2002年より必修化されている。新教科の構想, 意義を論じた「クリック・レポート」（1998年）では,「社会的・道徳的責任」「コミュニティへの参加」,「政治的リテラシー」の三つの柱が強調され, その後, 2007年に「アジェグボ・レポート」によって「アイデンティティと多様性」が追加され, 現在は四つの柱を不可欠の要素としている。新教科の理想とするところは, ローカル（地域）, ナショナル（国家）, リージョナル（EU）, グローバル（英連邦や世界）といった重層的なコミュニティの存立する社会, 多様性を基調とする社会にあって, 政治的な判断や批判的な能力を有した個人の権利と責任にもとづく参加民主主義である。

　特に, 第7章で詳述したように, イギリスのグローバル教育（ワールド・スタディーズや開発教育など）の系譜を引く国際協力 NGO などは, 地球市民（the Global Citizen）を, 多様性や公正の価値観, コミュニティへの参加, 持続可能な社会のための行動などの資質を備えた人間として定義し, グローバル・シティズンシップ教育を提案してきた（Oxfam 1997, 表7-1）[2]。

1.2. アクティブ・ラーニングの考え方

　第7章で詳述したように, イギリスのシティズンシップ教育の特徴は, 教科の知識理解にとどまらない, コミュニティへの参加などの活動的な学習を

柱の一つとするものである。その意味で，教科を超えた学校全体の学習も実施されている。この学校全体のアプローチにおけるシティズンシップ教育の一つのあり方を示したのが *Get Global!* プロジェクトであった (*Get Global!* 2003, 藤原2006：21-38)。それは，活動的な地球市民を育てるためにアクション・リサーチの手法を用い，さまざま社会問題について学習するもので，①活動を通して，生徒自身が変わった・学んだという成果を経験として知る。②探究，参加，ふりかえりのスキルを高める。③地球共同体としての世界理解を進め，そのことの政治的，経済的，社会的および環境上の意味について話し合う，という三つのねらいとするものである。

アクション・リサーチとは，自ら課題をみつけ，現地での探求，交渉，調査を通した課題解決を模索し，自分たちの実践を分析し，ふりかえり，協働の学びの中で自らの学びの変容を省察するという，プロセスの一連の学び方をさすものである[3]。

1.3. 観光開発（ツーリズム）論の系譜

筆者は，これまでイギリスのワールド・スタディーズやグローバル・シティズンシップ教育のバックグラウンドから多くを学び，フェアトレードなどの教材や授業プログラムを開発してきた（藤原2011：29-40)。

「タイ・スタディツアー」単元の開発にあたって学んだのは，観光と開発のあり方に関する考え方（ツーリズム論）である。それは，国際協力 NGO などが開発教育の一つのテーマとして提起するマス・ツーリズム（大衆観光）に対するオルタナティブツアー（大衆観光に代わるツアー）の考え方である（藤原・栗山2014：42-50)。

第二次世界大戦後，マス・ツーリズムが，途上国にとって外貨の獲得・環境保全・伝統の再興・文化の振興などに有効な手段であると見なされ，観光開発の推進がうたわれた。国連の「国際観光年（1967年)」のスローガンは「観光は平和へのパスポート」であった。しかし，1970年代に入って，特に

開発途上国において，マス・ツーリズムの弊害が指摘されるようになった。途上国である貧しい観光地は，先進国の企業に支配され，混雑，売春，犯罪，薬物，感染症などの社会問題や，文化変容の問題，自然破壊，汚染，ゴミなどの環境問題を生み出し，新植民地主義であるといわれた。

こうした状況に対抗するために，1980年代以降に議論され，1990年代に実践プログラムとして提唱されたのがオルタナティブ・ツーリズムである。エコツーリズムやエスニックツーリズムともいわれるが，その内容は，コミュニティ中心志向，地域資源の活用，ホストとゲストの親密かつ対等な関係，自然の保護，小規模な観光施設などの特徴をもち，学習テーマの専門家を解説者として伴い，観光の教育的意味を持つ「学ぶ旅」であり，ホストとゲストの相互作用による新たな価値や文化の創出の可能性も視野にいれたものである。このようなツアーを教育と学習の面からとらえたものをスタディツアーという。

観光と開発のあり方は，ワールド・スタディーズにも紹介されており（邦訳版8-13，1991：122-124），筆者にとっても教材開発の課題となっていた。「タイ・スタディツアー」単元の開発には，日本のNGO（神戸YMCA）の「タイ・ワークキャンプ」（1989年）への参加の経験と人的交流，つながりをもとに，ツアーの実施のうえで不可欠の現地のパートナー（タイ：チェンマイYMCA）が形成されるようになったことが大きい。スタディツアーは単なる観光（観る，遊ぶ旅）ではない，現地の人々（NGOスタッフ，若者，子ども）と交流し，学びあう旅だからだ。こうして，筆者は，観光のあり方をスタディツアーの観点から再構築すべきであると考えるようになった。

1.4. 若者意識とスタディツアー

現在の若者意識の特徴の一つに，内向き志向，海外志向の低さがあげられている。それは，海外旅行をしないというわけではない。海外旅行の中味（プログラム）の問題なのだといわれている（山口2010）。

たしかに，戦後，日本では，海外旅行が珍しい時代から，大衆化されて誰でも行ける時代となり，また円高や格安航空券の普及によって海外旅行への関心が高まり，海外修学旅行やバックパッカーなど若者の「歩く旅」も急激に増え，海外で見聞を広めたり，また，自分を見つめたり，日本を「発見」したりしてきた。そして現在，旅行代理店の提供する団体パックツアーとともに，個人旅行，自由旅行はもはや当たり前の時代となっている。

しかし，現在，若者が海外へと誘発されるのは，国内旅行と変わらないアジアの主要都市やリゾート地へ向かう「見る，食べる，遊ぶ，買う」の自由旅行（スケルトンツアー）であり，かつてあった自己探求や異文化とのふれあい，日本の「発見」の旅ではない。若者が海外で異文化や海外の社会的現実に触れる「歩く旅」や「学ぶ旅」が従来ほど見られなくなった。海外体験から学ぶという課題意識が希薄になってきたのである。もちろん，HISや「地球の歩き方」という旅行代理店が提案する「海外ボランティア」の旅など，海外をめざす若者の「歩く旅」の潜在的な需要に光をあてたプログラムもある。

スタディツアーは，従来はNGOなどが国際協力の現場を紹介する意味で，行われてきたものであるが，大学が学生（若者）に提供する海外体験学習や語学研修をのぞく海外研修にはスタディツアー（学ぶ旅）を目的とするものも増えてきた（大学教育における「海外体験学習」研究会2005～2012）。

1.5. 学びの変容のみとりに関するアプローチ

「歩く旅」にしろ，「学ぶ旅」にしろ，そこには何らかの個人の学びがあり，自己の変容がある。ツアーのプログラムの内容（学校教育でいえば教師の指導計画）だけではなく，そこに参加する参加者が体験から学び，どう変容したのかのみとり（学校教育でいえば学習者の学びの評価）が課題となる。海外体験では非日常的な高揚感や感動体験が得られることが多い。しかし，それは往々にして，日常への回帰の中での一過的な体験となってしまう。感動的

な体験を個人の経験として昇華させ，生涯にわたる学びへの契機とするには，どんなみとりが必要なのか。

　教科超越型カリキュラムの特徴として，教科の知識や一般的技能ではなく，変化への対応，粘り強さ，自信，問題解決など将来の有用な市民のための技能が指摘されているが（Drake, S. 1993：46-47, 資料4-1），「タイ・スタディツアー」単元もそのような内実をもつための教科超越型のアプローチが必要である。参加者（学生）は，どのような目的や課題を持って参加し，どのような学習方法で体験学習をおこなうのか，参加者（学生）は，海外での体験学習の成果をどう自己評価し，将来に生かし，社会とどう関わろうとするのか，多様性や公正，人権などの普遍的価値と関連してグローバルなシティズンシップ獲得の可能性を探る視点の形成が求められる。筆者は，これをメジロー（Mezirow, J. 2012）の生涯学習論を参考にして学習の変容をみとるようにした。

　以上，「タイ・スタディツアー」単元の教育観の形成には，参加者の地球市民意識（グローバル・シティズンシップ）の育成，アクティブ・ラーニングの学習方法，オルタナティブなツアーとしてのスタディツアーのプログラム開発（海外体験学習），参加者の学びの変容へのみとりという要素があることを示した。

　こうして，「問いを持った旅，学びを創る旅」としての海外体験学習である「タイ・スタディツアー」単元が成立した。それはまた，自ら問いをたて，行動を立案し，探究や参加，ふりかえりのスキルを高め，グローバルなコミュニティとしての世界を理解し，自らの変容の経験をするというアクション・リサーチの方法を活用した，教科を超えた活動的学習としてのグローバル・シティズンシップ教育ともなっていったのである。

第2節 「タイ・スタディツアー」単元の授業実践

　筆者は，「タイ・スタディツアー」単元を2005年から隔年で2013年まで計5回実施してきた（継続中）。訪問地は，2005年の首都バンコクをのぞいて，すべてタイ北部のチェンマイである。時期は，夏休みの8月の10日間で，参加者は毎回約20名である。参加者の基本データを表10-1に示した。全学的に実施される海外研修プログラム（全学対象科目）であるが，筆者の所属する学科がプロデュースする科目であるので，GK（現代こども学科）の学生が大半を占める。対象は2年生以上であるが，中心は2，3年生である。さらに，「タイ・スタディツアー」単元を個人のキャリア形成からみるために関連事項として，大学の1年生から海外の子どもの問題や子どもとの交流，学

表10-1　海外こども事情Ａ：参加者基本データ（2014年現在の把握）（筆者作成）

		2005年	2007年	2009年	2011	2013
実施場所		バンコク	チェンマイ	チェンマイ	チェンマイ	チェンマイ
参加者数		20	19	20	20	22
学年	4年	3	1	3	0	0
	3年	3	7	10	3	10
	2年	12	11	7	17	12
学科	GK	11	16	20	18	20
	GS	6	1	0	2	0
	その他	3	2	3	3	2
国際こども研究会 DEC		7	4	7	14	6
筆者のゼミ選択者		5	5	14	13	9
進路	教員	8	11	9	10	12
	企業など	12	9	11	10	10

注：GK：現代社会学部現代こども学科，GS：現代社会学部社会システム学科。筆者のゼミ：社会科教育・国際理解教育・開発教育。「海外こども事情Ａ」の経験をより深めることが可能。国際こども研究会DEC：同志社女子大学現代社会学部現代社会学会の下部組織で，現代こども学科1期生の学生が，2004年に開発途上国の様々な問題を研究し，子ども支援のあり方を研究する目的でつくった（「NGO開発教育研究会」が前身，2010年より現在の名称に変更）。

習支援などを考える研究会（DEC），スタディツアーで得た体験や学びを深めていくゼミ，および将来の進路選択などをあげておいた。

2.1.「タイ・スタディツアー」単元のプログラム

　当初，単元の目標は，日本とタイとの文化の相互理解を図るとともに，経済的な相互依存や格差の問題を考え，現地の人々の協力のもとに顔と顔の見える関係を築き，ボランティアや子ども支援について課題を見つけていくことであった（2005年，2007年）。しかし，回を重ねるごとに，参加学生の「体験による学びとその構成」ともいうべき「省察的な学び」をめざすようになった。すなわち，学生たちがどんな問いや課題をもって，スタディツアーという「社会体験」に参加し，様々な課題に直面している開発途上地域のフィールドから何を学び，自らの経験として構成できるのか，学士教育としての実践の課題ともなってきた（2009年，2011年，2013年）。

　表10-2には，2013年のプログラムを基準に，主な訪問先と活動内容を示した。これを見るとタイ北部における開発と貧困，環境と持続可能な農業，観光と売買春，児童労働，HIV/AIDS，国境，人身売買，山岳民族の問題などトピックをあげている。これらはいずれもタイだけの問題ではなく，日本にもつながり，世界にもつながる地球的な課題である。

2.2. バンコクでのプログラム（2005年）

　2005年に大学における正規の授業科目として始まった「海外こども事情A」ではあるが，最初は，バンコクYMCAのスタッフをパートナーとして，首都バンコクでの体験学習を企画，実施した。「開発途上国におけるこども支援」をメインテーマとし，「コミュニティにおけるNGOの活動と絵本プロジェクト」という二つの主要なプログラムを設定した。

　一つは，バンコク最大のクロントイ・スラムと，そこで活動する現地のNGO（DPF：ドゥアン・プラティープ財団）と日本のNGO（SVA：シャンティ国

表10-2 タイ・スタディツアー：主な訪問先と活動内容（筆者作成）

訪問先・活動	課題・イシュー	学びの視点
象キャンプ，山岳民族資料センター，ストリートマーケット，ドイステップ寺院などの名所観光	観光文化，観光のための開発，山岳民族，ストリート・チルドレン，経済のグローバル化	観光：見る側・見られる側の視点・ボーダーレスなモノ，人の移動
売春の当事者たちの意識向上や生活支援にかかわるエンパワー財団	山岳民族，売買春，HIV/AIDS，女性のエンパワー	売買春：売る側・買う側の視点。ボーダーレスな人の移動
サオヒン YMCA，ISAC（持続可能な農業地域研究所）の社会教育活動	環境教育，持続可能な開発，女性のための職業訓練（工芸品製作）	社会教育における環境教育や職業訓練の意義
チェンマイ郊外，W 小学校，絵本の贈呈，人形劇の実演	タイ北部の一般的な公立小学校での交流	タイの学校教育の事情
チェンライ郊外，M 小学校，絵本の贈呈，人形劇の実演	貧困，HIV/AIDS とこども支援，参加型地域開発	援助する側・される側の視点。支援のあり方，地域における学校・教師の役割
チェンライ YMCA（こどものケアのプロジェクト），Wakatake ホーム	保健医療活動をとおした地域開発北タイの地域開発，タイにおける山岳民族の若者寮でのくらし	北タイおよび近隣諸国におけるYMCAの活動の意義
タイ・ミャンマー国境，国境警察署	国境地帯における人の移動，児童労働，移民労働者，麻薬問題	経済のグローバル化とボーダーレスな人，モノの移動
バーンロンサイ（日本のNGO）	エイズで親を失った子どもの支援	施設収容型支援のあり方
スラムにおけるチェンマイ YMCA のこども支援	ストリート・チルドレンと児童労働，子ども支援	ボーダーレスな人の移動がもたらす格差，貧困，子どもへの影響
チェンマイ市内のフェアトレード・マーケット（朝市），コーヒー栽培農家訪問	貧困問題の解決の取り組みと国内フェアトレード，山岳民族支援のためのコーヒー栽培	タイの農村が直面する貧困や山岳民族の生活への問題解決のあり方
C 高校生対象のワークショップ，交流	文化交流，ピアサポート	学びの共有
日々のふりかえり，英語による発表	スタディツアーでの学び	学びの共有，プレゼンテーション

際ボランティア会)を訪問し,貧困地域の子どもたちの現状を知り,幼稚園や小学校の設立,移動図書館や絵本プロジェクトなど教育支援を通したコミュニティづくりのあり方を学ぶことであった。もう一つは,エイズなどで親を失ったり,保護者から離れたりしている子どもを保護し,生活の場を提供している施設(バンコクYMCAと横浜YMCAが共同で支援・運営しているハッピー・ホーム)を訪問し,子どもたちとの交流を通して,子どものケアやエイズ問題,観光開発の問題を考えようとするものである(他には,一般的な公立小学校の訪問・交流,マングローブの植林とエビや魚などの加工工場の見学,売買春問題に取り組むNGOへの訪問,アユタヤ総合大学見学などがあった)。

2.3. チェンマイでのプログラム(2007, 2009, 2011, 2013年)

2005年のプログラムが成功裡に終わったので,以後もバンコクで実施したいと考えていたが,2007年以降は危機管理の課題から,場所をチェンマイに変更し,パートナーもチェンマイYMCAとした。NGOに限らず,大学や学校が行なう海外体験学習やスタディツアーの重要な課題に,危機管理があることはすでに指摘されている(スタディツアー研究会2002)。急病,下痢,感染症などの医療アクシデント,盗難,交通事故などのほかに政変や紛争,テロなどの政治的アクシデントも想定しておく必要がある。2007年はバンコクでの政変が起きた。通常の観光とは異なるスラムなどの貧困地域への訪問を含むプログラムは,危機管理上,避けなければならなかった。メインテーマの「開発途上国におけるこども支援」はかわらないが,「コミュニティにおけるNGOの活動」については,DPFとSVAという国際的に有名なNGOから,タイ北部で活動するチェンマイYMCAの活動を対象とした。「絵本プロジェクト」は,参加学生が自主的に集う大学の国際こども研究会DECの活動にかえた。

チェンマイのプログラムは,観光開発,経済のグローバル化,売買春,HIV/AIDS,スラム,山岳民族,人の移動,ストリート・チルドレン,児童

労働，環境保全などにかかわっている。具体的な訪問先は，現地の小学校のほか，象キャンプ，スラム，エイズの子ども支援，売買春に取り組むNGO，環境教育，山岳民族の若者を支援する施設，人身売買や麻薬取り締まりにかかわるタイ・ミャンマー国境などを加えた。2011年からは，タイにおけるフェアトレードのマーケットも訪問し，2013年は，実際のフェアトレードのためのコーヒーを栽培している農家の訪問もプログラムに加えた。

このような多様なプログラムが実現したのは，筆者の発案・企画に丁寧に応えてくれたチェンマイYMCAのパートナーシップと日々の支援活動の結果である。もちろん，筆者の「丸投げ」ではなく，現地での内容の調整を含めてのものである。また，年次ごとの改善も含めて，最近10年におよぶタイ北部のグローバル化や農村の変容にともなう社会の変化とYMCAの支援の変化が背景にあることはいうまでもない。

2.4. 参加者の学びのプロセス

体験学習において重要なことは，参加学生が何を体験したのか，何を学んだのかという内容だけではなく，どう学んだのか，そのためにどんな活動をしたのか，現地での体験をどうふりかえったのか，という学習の方法であり，プロセスである。

これについては，第1回以来一貫していることは，アクション・リサーチとふりかえり（reflection）を重視する参加型学習である。イギリスのシティズンシップ教育のテキストなどを参考にし，事前から現地での体験，事後を見通した①から⑦の学習のプロセスをデザインした。現地ではわずか10日間の体験だが，全体としては学期（ほぼ半年）にわたる学習過程である。

①参加動機（作文・面接）
②事前学習：学ぶ目的・課題の発見
③事前学習：私のテーマ・目的

④問題状況への参加・体験(現地)
⑤テーマ・目的の検証,学んだことの確かめとふりかえり(現地)
⑥事後研修:プログラム評価と自己評価,事後レポート
⑦報告書,DVD作成

「タイ・スタディツアー」単元は,「異なるもの・非日常なるもの・怖いもの」見たさだけの旅行ではないし,学校を訪問するだけの単なる交流の旅でもない。学生たちの交流や訪問が現地の人にとってどんな意味があるか,自分たちは何者なのかを反省的に思考していくものである。そのためには,現地でのふりかえりが決定的に重要である。筆者が,最も重視したのは,現地での日々のミーティングを欠かさないことであった。当日にあったこと,学んだことの確認とふりかえりを行い,グループで討議をするのである。

プログラムのおわりには,そのまとめとして,ツアーで学んだことをいくつかの「関連キーワード」を示し,パートナーである現地スタッフの前で,全員が英語でのプレゼンテーションを行なうのである。そして,最後に,プログラム評価,自己評価を行い,帰国後は課題レポートを提出し,報告書や学生自作のDVDをつくる。

ふりかえりや学びの確かめのポイントは,観光,売買春,貧困,スラム,児童労働,人身売買,不公正貿易など開発をめぐる個々の課題をつらぬく相互作用的な視点である。見る側・見られる側,売る側・買う側,支援する側・される側といったゲスト(参加者)とホスト(現地の子ども,コミュニティ)の二重の視点から体験を見直す,問いなおすことである。参加者の一方的な視点から考えるのではなく,ゲストとホストが出会う,相互作用的な視点,多様なものさしを獲得していくのである。

ゲストの一方的な視点だと,「貧しい」人は助けを待つだけの人と写る。多様なものさし,二重の視点からだと,「貧しい」人々は決して「無力な人々」ではない,支えや協力が必要ではあるが,人々は自ら状況を改善する力がある。貧しい子どもや困難な状況にある子どもを,単に施設に収容する

のではなく，地域が支えていくことができる。現地の人々が自らのおかれた状況を切り開き，自立的な社会形成や参加型の地域開発に取り組んでいることが見えてくる。

2.5. 学びのプロセスの明確化—「学びの履歴シート」による知の構成（2011年）

　第4回目となる2011年から，ポートフォリオ型の「学びの履歴シート」（以下，学びカルテ）による記述を課した。帰国1ヶ月後の提出である。図10-1，10-2は，全体ふりかえりのプレゼンテーションのために作成した内容知に関する関連キーワードとその記述の例である。

　図10-1の学生は，内側に「貧困の輪」を，外側に問題解決のための取り組みや方策（「支援の輪」）を書いている。さまざまな問題状況を目にし，単なる外側からの支援ではなく，内側にいる人びとが力をつけること（内発的な力，エンパワー）が重要だと認識するに至っている。それを「支援の価値観の変化」として表現している。

　図10-2の学生は，現地でのプレゼンテーション用のキーワードの具体的な関連は写真ではわかりにくいが，帰国後，写真の下に「タイでの学び」をテーマにしたウェビングを試み，関連キーワードの背後にあるメタ的な学びについて書いている。そして記述では，「人と人，原因，学び」のつながりについて述べ，特に，「タイで起きていることは少なからず日本も関わってい

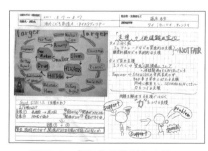

図10-1　参加者の学びカルテ1

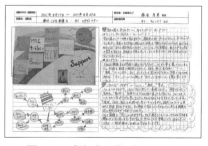

図10-2　参加者の学びカルテ2

る」と，日本での課題にも気付くようになっている。個別の内容知の背後にある状況の認識として優れたものとなっている。

2.6. 学びのプロセスの分析の視点

次に，これをNGOが主催するスタディツアーにおける学びの視点から考察してみよう。渡辺恵（2001：11-21）は，筆者と同様に，「NGOが提供する学習機会の特質は，何を学ぶのかという学習内容にあるのではなく，いかに学ぶのかという学習形態にある」として，「参画性，状況性，関係性，連結性」の四つの特徴をあげている（表10-3）。

参画性については，「海外こども事情A」に参加する学生にとっては，志望動機や選考面接，事前学習が自らの課題の設定を可能にしている。参加学生のなかには，「国際こども研究会DEC」の学生も多く含まれている。彼らは，「絵本を贈る」「フェアトレード」「ワークショップ型学習」に関する3つのプロジェクトなどをもって活動しており，これら通して日常的に課題意識を深めている。実際に，現地での社会参加学習として，現地の子どもたちにタイ語の翻訳シールを貼った絵本を贈呈したり，日本のおとぎ話を紹介してきた。2011年にはタイ語での人形劇も行なった。現地の高校生には「フォトランゲージ」という手法でワークショップ型の学習を共有した。「フェアトレード」プロジェクトでは，マーケットを訪れ，現地のコーヒー栽培農家の人の話をきき，国内フェアトレードという新しい知見と意義を学んだのである。

表10-3　NGOが行なうスタディツアーの学びの特徴（渡辺2001，筆者による要約）

①参画性	参加者による学習課題の設定，学習支援者としての現場スタッフ。
②状況性	脱文脈化された知識，机上の知識ではなく，実践されている活動の現場における文脈の知。
③関係性	参加者間，現場スタッフなどの関係から学ぶ。あらかじめ決められた知識ではなく，その都度創られていく知識＝「動的情報」
④連結性	学習経験の転移，動的情報の他の場所へのつながり。

第10章　教科超越型「グローバル学習」と授業実践　273

　状況性については，後述するように，事前に調べてきたこと，本やネットで仕入れた知識が，スラムやエイズの子どもを支援する小学校区（コミュニティ），性産業に関わるNGOを訪問して，驚きや意外性とともに認識の変容がすすんでいく。それは，象キャンプで象に乗った体験でさえ，日々のふりかえりのなかで観光開発の問題であることに気づいていくことからもわかる（文脈化された知になっている）。

　関係性については，参加学生には，単なるゲストやプログラムの消費者であることにとどまらず，問いをたて課題意識をもって，現地での交流や活動を働きかけ，そのことでお互いがチェンジできる契機（ex-change）を共有できるように促している。なかでも，プログラムのおわりにおける，一人ひとりによる学びの成果のプレゼンテーションは，パートナーである現地スタッフにも「動的情報」の共有の機会になっている。

　筆者が「受けいれ側のインパクト」を図るべく現地スタッフに実施した調査（「あなた方が私たちのツアーから学んだことはありますか」）でも，「学生の学び方，学生への教え方を学んだ」「協働することによって自分たちもタイの社会問題について新たな活動の課題をえた」「若い人たちと社会問題を考えていくプログラムに自信と経験，ネットワークを得た」といったような回答から得られ，彼らの学びにも貢献していることがわかる[4]。

　連結性は，グローバル・シティズンシップの獲得と深く関わるものである。海外体験学習で学んだことが，「はじめに」で述べたように，参加学生個々のキャリア意識の形成に関わり，自己分析やアピールの材料になっていくのである。卒業研究のテーマとして，タイで学んだことが日本で追究するテーマや日本の課題にもなっていく。研究会に集う学生にとっては，帰国後に，タイで学んだことを近隣の小学校の子どもに報告したり，学びのワークショップを出前授業したり，フェアトレードの公開研究会をしたりするといった「連結した」学び，社会に参画する市民性の獲得にもなっている。

第3節　グローバル・シティズンシップの育成から見た省察
　　　　　―地球市民になるしかけ

3.1. 学習者の評価

　筆者は，評価シートを事前に作成し，プログラムが終了するにあたって，毎回，現地で参加者から評価を記入してもらっている（資料10-1）。評価項目は，①事前研修，②現地プログラム，③企画者・コーディネーター，④参加者自身の自己評価の四つのカテゴリー，11項目にわかれている。

　その目的は，プログラムの評価と改善にある。記入は5点法での得点評価とその理由についての自由既述である。特に，④の自己評価については自由既述を重視している。5点法の得点率はどれも高得点で，学習効果も非常に高いことがわかる。特に，プログラムの個々の活動項目のほかに，毎日のふりかえりや現地スタッフ，学び度，推薦度など，学びの契機を促すプログラムや共同性，関係性への肯定感を見て取ることができる。

3.2. 学びの自己評価

　自己評価においても，肯定的な記述が高揚感とともに語られている。
　「参加度」では，「常に人より前へ，スタッフにぴったりガードの10日間だった」（2005），「すべての活動が参加する意欲をかき立てるような内容」（2007），「どの日も思いっきり活動で来た」（2011），「わからないことはとにかく質問した」（2013）と強い積極性がみられる。
　「学び度」でも，「事前学習からは考えられないほど多くのことを学んだ」（2005），「タイのことも学んでいるつもりが実は日本について考える機会の場であったことに気づかされた」（2007），「ふりかえりもあり，学びの多い10日間だった」（2009），「知識だけではなく考え方も学べた。様々な〈ものさし〉を手にいれることができた」（2011），「ここに来なければ一生得られ

ないことがある」(2013)と，現場性・臨場性が創る文脈における学びが獲得されている。

さらに，「推薦度」でも，「こんなに充実した日々をすごしたことはない」(2005)，「他者の意見を聴いて話し合う中で，みんななかよくなれたのもこの旅の魅力だった」(2007)，「自分のこれからの将来で，このタイでの経験はとて

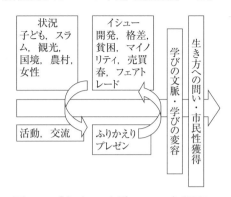

図10-3 「タイ・スタディツアー」単元における学びの方略

もプラスになると強く感じました」(2009)，「最高！これが授業とは驚きです！」(2011)，「もう一度同じツアーをしてほしい」(2013)といった魅力が語られている。

このような肯定的な記述の理由は，訪問や交流を通して，子ども，スラム，観光，国境，農村，女性などの状況を知り，開発，格差，貧困，マイノリティ，売買春，フェアトレードなどの課題について，共に考え，ふりかえることで，書物や講義とは異なった体験を通した学びの文脈が生まれたこと，そして，学んだことを発表することを通して，学びの獲得と変容に自覚的になり，それらが自己の行き方への問いかけを生み，公正や平等，持続可能性，多様性の価値観，コミュニティへの参加という資質といったグローバルな市民性の獲得にいたる「場」（臨床的な知を生み出す関係性，共に創る学びの契機）を提供できたからだと考える（図10-3）。

第4節　教科超越型カリキュラムから見た省察
——メジローの変容学習論を手がかりに

第4章で指摘したように，ドレイクは教科超越型カリキュラムにおいて

は，知るに値するのは，変化への対応，粘り強さ，自信，問題解決といった将来の有用な市民のための技能であり，そのためには，私たちは，生徒が将来有用な市民にするためにどう教えていくか，という問いをもつことが重要であり，意味と連関を強調する実生活の文脈の中に埋め込まれたつながりを創っていくことが，本質的な学習を生み出すものであるとのべていた（第4章，資料4-1）。

ここでは，教科超越的なカリキュラムにおける学びのあり方をメジローの生涯学習論を手がかりにみていくことにする。

メジロー（2012：235-236）は，子ども期の学習が，社会化や学校教育を通じた形成的学習（formative learning）であるのに対して，おとな期の学習は，他者によって定義された社会的現実を受動的に受け入れるかわりに，批判的に，省察的に，合理的に意味や目的，価値を交渉させることを学ぶ変容的学習（transformative learning）に特徴があることを指摘した。メジローは，省察や合理的理性にもとづいたコミュニケーション（話し合い，対話，議論）の重要性を指摘している。私たち成人（個人）の学習は，経験をどのように理解し，意味を構成し，変容させていくかが重要なのであるとし，個人の認識変容が行動を促し，社会との関わり，参画へとつながっていく10のプロセスを示している（メジロー2012：235-236）[5]。

筆者はこれを参考に，次のような問いをもって学習者の学びとその変容を描いてみた（藤原2013：58-74，表10-4）。

旅のおわりにとった評価は，高揚感にあふれていて冷静な評価とはいえない。そこで，参加学生は，事後研修として帰国後1ヶ月以内に，落ち着いた状態で，事後レポート（約3000～5000字）を提出している。ここではレポートの記述から体験学習がどのような学習の変容と認識の再構築をもたらしたのかを探っていく。事例は，各回の参加者から1人を取り出した（資料10-2）。

事例1は，①では，事前研修で得られたスラムに関する知識が先入観を構成していたが，現場を訪問することで予想をこえた事態に「揺さぶり」をう

表10-4　メジローの学びの変容のプロセス（筆者による簡略化）

①脱文脈化された知識や考え方（自己の今までの経験とその認識）への気づき，疑問，吟味，批判などのふりかえりができているか。
②他の参加者や現地の人々，コーディネーターともに，ジレンマや困惑をのりこえ，状況の中で知識を文脈化し，新たな自己への確立や行動を模索しようとしているか。
③文脈化された知識や新たな自己を学びの成果として自覚し，それをもとに社会に投企し，試みようとしているか。

けた。②では，スラムのなかの小学校の校長先生に，貧困や支援の問題に対する真剣な取り組みの必要性を問われ，自分の問題として考えはじめ，③では，自分が教師になってできることをめざすようになっている。

　事例2は，①では，タイにおける多様な社会問題が断片的にあったものが，現地にいくことで問題は一つであることへの気づきが得られている。②では，観光を含む社会問題をとらえる視点としてゲストとホストという二重の見方，考え方の大切さに気づいている。③では，正しいことを性急に求めることよりも，現実を受け止め，一歩前に踏み出す「覚悟」のようなものを得ている。

　事例3は，①では，ワークキャンプとスタディツアーが別個ではないことに気づき，②では，顔の見える関係や支援のあり方の重要性を指摘できるようになっている。③では，本当の支援が現地での顔の見える交流であることを感じ取っている。

　事例4は，①では，研究会や事前研修でのフェアトレードに関する知識が，現地に訪問することで，いかに一般的であったかを知らされ，認識への揺さぶりをかけられている。しかし，②では，タイの現状にあったフェアトレードのあり方という新たな認識が獲得されるようになり，③で，その認識を研究会などでひろめていこうという意思決定ができている。

　参加者全員が，表10-4の③までのステップに届いているわけではないが，変容の軌跡と学びの成果をみるために，大学4年間の学習や進路に関わる属性，現在のキャリアを知りえる筆者のゼミに所属した参加者をあえて，事例

(1-4)として取りあげたことを断っておく。

第5節　実践者としての専門的成長（教師の職能開発）から見た省察

　以上，三つの実践を，実践家としての専門性（教員としての職能開発）から見た場合，社会科という教科のなかの単元であった「アジア・ニーズ」単元にはじまり，「国際理解」という新たな科目と「外国人労働者問題」単元，そして教科や科目をこえたインフォーマル／ノンフォーマルな場での「タイ・スタディツアー」単元に至るまで，社会科の中の国際的視野，新科目の中での地球市民的資質，そして教科を超えた体験学習のなかでのグローバル・シティズンシップの育成と，国際理解教育・グローバル教育における単元開発と授業実践の広がり，深まり，ねらいの変容と明確化として跡づけることができる。

注
1）このことは，国際理解教育やシティズンシップ教育，持続可能な開発のための教育とて同様である。たとえば，外国人学校などで行われる人権教育や民族教育，行政やNGOなどが実施する市民教育や地域日本語教育，博学連携の教員研修における教師教育（中牧・森茂・多田編2009）や博物館学習（中山京子2012），あるいは，地域を掘り下げ，世界とつながる学びをデザインしている開発教育（（特活）開発教育協会内ESD開発教育カリキュラム研究会編2010），海を越えて開発途上地域のコミュニティレベルでの識字教育や開発教育，国際教育協力などノンフォーマルな場所での教育（丸山・太田編2013）が報告されている。
2）2014年現在，ユネスコ（UNESCO：2013, 2014）では，国連ESD10年（2005-2014）のあとの教育としてグローバル・シティズンシップ教育（GCE）が提唱されているが，イギリスでは早くからそれが論じられてきた。
3）アクションリサーチには，授業研究における教師の行動的な観察，評価の研究をさす場合もある。
4）調査は，パートナーであるチェンマイYMCAのプログラム・コーディネーター

四名に対して，2012年8月に実施した。質問と回答（記述式）は英語で行なった。
5）メジローによるパースペクティブ変容の10のプロセスは以下の通りである。
　1．混乱を引き起こすジレンマ
　2．罪悪感や恥からの自己検討
　3．認識的前提，社会文化的前提，あるいは，精神的な諸前提についての批判的アセスメント
　4．自分の不満と変容のプロセスが共有できるものであり，その人たちも同様の変化を乗りこえたことに気づく
　5．新しい役割，関係，行動の選択を探る
　6．行動の策を練る
　7．自分の計画を実行に移すための知識と技能を習得する
　8．新しい役割を暫定的に試行する
　9．新しい役割のなかで能力と自信を身につける
　10．自己の新しいパースペクティブに基づいた条件を土台にして自分の生活を再統合する

表10-4の①はプロセス1～3，②は4～7，③は8～10に相応している。

終章　研究の成果と課題

第1節　研究のまとめ

　序章では，本研究の目的，意義についてのべた。グローバル社会に対応した教育のあり方としてグローバル教育が求められ，広領域におよぶ学習内容の編成および授業実践について教科融合，教科統合，教科超越の三つのアプローチからとらえることによって，内容編成の開発と実践の多様なあり方とグローバル・シティズンシップの育成の論理を明確にできるとした。

　第1章では，戦後日本の国際理解教育史を概観し，国際理解教育のめざす人間像，目標は多様であり，またそれらは，並存しているのではなく，ナショナル・カリキュラムとの間では，親和と対抗の関係性を有していることをあきらかにした。国際理解教育の民間の研究成果は，「日本版グローバル教育」の立場から，このような関係性に対して，シティズンシップ教育として地球市民的資質（グローバル・シティズンシップ）の育成を目標としつつも，グローバル社会の認識から導かれた重層的なアイデンティティと市民像を構築することで対応していることを示した。しかし，既存教科との関係，独立教科としての特色，学校全体の関連，特別な活動との関係などカリキュラム編成の課題があることがわかった。

　第2章では，1970年代および80年代のアメリカ合衆国における，揺籃期および実践開発期のグローバル教育の初等段階のカリキュラムを取りあげた。

　揺籃期にあっては，グローバル教育は，ベッカーやアンダーソンらの実験的な試み，理想主義的な試みとしてのホウトン社会科（『私たちの世界への窓』）において，多教科的で合科的なカリキュラムとして実現した。それは

従来の同心円的な経験領域の拡大ではなく,自己拡大の原理として,自己と惑星地球という直接的なつながりの認識,地球規模の相互依存への気づきを説くグローバル教育の理念や目的を直接的に具現化したものであった。

　実践開発期にあっては,教科書や伝統的なカリキュラムへの対応から,同心円的な内容編成に配慮しつつも,中心概念や学年単元にグローバル教育や多文化教育の考え方を融合させることで,カリキュラムが作られていった。初等段階では,理想的な実験学校をのぞけば,この時期のグローバル教育のカリキュラム開発は社会科という教科の中の融合的な領域もしくは概念獲得として具現化されることがわかった。

　第3章では,1987年 NY 州社会科の中等段階の社会科カリキュラムを取りあげた。グローバル教育は,より明確なコース単元として,社会科の内容専門(歴史,地理,政治経済)にかかわる配列となり,教科内融合の明確化がはかられた。多文化教育と新しい社会史に基づく歴史学習(合衆国・ニューヨーク州史)としての第7,8学年,グローバル教育の考え方によってたつ世界の諸地域の学習としての第9,10学年という単元構造の領域化がはかられ,それが第11,12学年の政治経済学習に引き継がれていくカリキュラムであった。

　しかし,第9,10学年のグローバル学習は,単なる網羅的な世界地誌学習ではなく,グローバル教育の視野やものの見方,多文化,グローバルな変動,将来への選択といった「四つの意識化」に立った現代世界の概観であり,その観点からの地域の選択であり,西欧以外の世界の諸地域の学習であった。いわば,第7,8学年は歴史的な構成から,第9,10学年は地理的な構成から「アメリカ合衆国」の多文化性とグローバル性をみていくものであった。それゆえに,このような多文化・グローバルなアメリカ観は,それまでの西欧中心のアメリカ観の保持者から批判を受けたのである。

　第4章では,広領域のグローバル教育の内容編成を取りあげる際に,ドレイクの統合的カリキュラム論を取りあげ,そこから,諸教科アプローチとし

終章　研究の成果と課題　283

ての教科融合型，学際的教科アプローチとしての教科統合型，教科超越アプローチとしての教科超越型の三類型を取り出し，本研究の分析視点とした。

そして，クニープらによって学際的教科として開発されたグローバル教育のカリキュラム「グローバル・イシューズ」を取りあげ，それが「グローバル学習＝総合社会科」の観点から，21世紀の市民的資質を育てるという使命と学習目標を組み込んだ教育プログラムとして構想され，学習領域や基本概念などの学習内容の編成の考え方がスコープとシークェンスに反映され，最終的には教授書編成の指針になっていることを明らかにした。

「グローバル・イシューズ」は，また，現代に生きる私たちの経験を「総合的・全連関的な経験領域」として内容化し，そこから使命と目標を設定し，スコープとシークェンスによって内容の編成と配列を組織し，K-12（初等・中等）を通じて，概念の基礎付けと社会認識の深化をはかり，問題解決や社会参加へむけた地球市民的資質を育成するための教授書を作成していく，教科統合学習としてのグローバル教育のカリキュラム開発モデルを示すものであることを明らかにした。

第5章では，イギリスの1970年代，80年代ワールド・スタディーズ・プロジェクトにおけるグローバル教育のカリキュラム開発をとりあげた。

ワールド・スタディーズは，進歩的で理想的な世界市民主義思想に立脚する教育運動であったが，多文化，開発，平和，人権，環境といった，いわゆる「新しい教育」の多くの研究者，実践者が集合し，アメリカの揺籃期のグローバル教育に学びつつ，イギリスのグローバル教育となっていった。それは，理論的には，認識論的なパラダイムの転換を踏まえたホリスティックでシステム的な世界観をもとに，相互に関連する知識・技能・態度の目標を設定し，それに相応した学習領域，授業単元，数多くの参加型学習からなる内容編成，および，過程重視の学習，リフレクティブな学習過程を含むものであった。

そのカリキュラム開発原理は，〈個体と地球〉，〈過去と未来〉の連結点に

自己をおき，自己が〈外へと向かい，また，内へと向かう〉相互に往還する自己の「拡大－縮小」の原理であった。だからこそ，どんな事象も，過去，現在，未来の視点，および，グローバルでかつローカルな視点からとらえられ，地球や地域，国家的な論争問題も，遠い世界のものではなく，自分にかかわりのあるものとされた。

ワールド・スタディーズは，アメリカのグローバル教育（クニープら）に見られるようなスコープとシークェンスが関連した緻密なカリキュラムではなく，8-13歳への普及と現職教員研修を中心としていたために，いわば「下から」の集積的なもので，たぶんに実用的であった。また，イギリスの伝統教科である歴史と地理ではなし得なかった政治学習の試みであり，テーマやトピック学習を通して，幼児期も含む初等教育からの政治的技能やポリティカル・リテラシーの育成をめざすシティズンシップ教育（市民教育）であった。

ワールド・スタディーズは，グローバル教育の内容編成論からいえば，1988年の教育改革で創設されるナショナル・カリキュラムの開発モデル研究でもあった。標準化が予想される既存教科の中にワールド・スタディーズ（グローバル教育）の視点や考え方を取り入れていく「教科融合型」開発モデルでもあった。

第6章では，2002年以降にイギリスの中等教育で実施された，法定教科としての教科統合的な新教科「シティズンシップ」を取りあげた。

「シティズンシップ」では，ワールド・スタディーズで試みられた政治教育が，クリック・レポートに示された三つの柱の一つとして明示され，政治的リテラシーと参加民主主義の実現が意図されている。世界理解のための参加型学習などのアクティブ・ラーニングが，シティズンシップでも取り入れられ，学習者中心の構築主義的な教育観もワールド・スタディーズを継承している。また，より広いコミュニティとして「グローバルな次元」が入り，グローバル・シティズンシップの学習が教科領域内の融合的単元とされた。

しかしながら，ワールド・スタディーズの側から見れば，「グローバル」単元が「公認」されたことになるが，そのねらいは，一方が，グローバル教育がゆえの「世界市民」であるのに対し，他方が，ナショナル・カリキュラムがゆえの「イギリス市民」という違いとなってあらわれている。シティズンシップ・アイデンティティにしても，一方が自己と地球の相互作用をなすグローバリティにもとづくのに対し，他方がコミュニティの空間的な重層性，多元性にもとづくという違いがあることを明らかにした。

第7章では，イギリスのNGOの側からの，すなわち，ワールド・スタディーズ以来のグローバル教育の視点からのシティズンシップの育成を考案するカリキュラムをとりあげた。

ワールド・スタディーズ以来のグローバル教育については，Oxfamなど開発援助に関わるNGOが担っており，ナショナル・カリキュラムでの教科「シティズンシップ」導入後は，「グローバル・シティズンシップ教育」として，新教科の「グローバル・シティズンシップ」単元や他教科での実践のためのグローバル・シティズンシップ育成の視点やグローバルな次元といったカリキュラム・デザインの開発が試みられた。*Get Global!* というプロジェクトはその一つであった。

Get Global! は，関連教科を超え，学校や地域を巻き込んだ教科超越型のカリキュラムであった。それは，知識・技能，政治的リテラシー，参加民主主義に関わるシティズンシップの本質的な要素と，アクションリサーチの手法にもとづく参加型学習やアクティブ・ラーニングとの結合を図ることによって，内容的要素だけではなく手法的概念のレベルにまで包括した学校全体アプローチの開発モデルであった。それは，学習者の学校生活や人生の設計という観点から学習者の学びの変容や自己成長のエンパワーをはかることで，単なるサービスラーニングやボランティアに終わらないシティズンシップ教育のあり方も示すものであった。

第8章〜第10章では，筆者の授業実践のなかから，グローバル教育の内容

編成の三類型に応じて三つの実践を事例としてとりあげ，グローバル・シティズンシップの育成の論理を検証した。

第8章では，筆者が1989年に当時の勤務校で行った中学校社会科（公民的分野）「世界の中の日本経済――アジア・ニーズと我が国の経済」の授業実践をとりあげた。

既存の社会科（公民的分野）のなかの4時間のグローバル学習単元として構想，開発し，中学校第三学年の教室において実践した。構想，開発，実践のプロセスにおいては，大学の研究者から助言と指導をうけ，筆者自身もアメリカのグローバル教育，多文化教育についての研究を行った。加えて，筆者自身のアジアでの見聞や体験をふまえて，当時のアジアの動向を，グローバルな経済の相互依存の視点から教材化し，外国人留学生（ゲストスピーカー）との話し合いなどの学習方法をとりいれ，授業実践としていった。それは，教科融合型実践であり，教科（社会科）における国際的視野の獲得をめざすものであった。

第9章では，筆者が当時の勤務校で行った1990年（とそれ以後4回）の高等学校特設科目「国際理解（Global Studies）」における「外国人労働者問題」の授業実践を取りあげた。勤務校の国際コース新設にともなう新教科「国際理解（Global Studies）」の構想であったので，科目名称は「国際理解」ではあるが，「Global Studies」と，既存の国際理解教育からの概念転換をはかった，グローバル教育の実践を意図し，クニープらの教科統合型のカリキュラムやイギリスのワールド・スタディーズなどを研究しながら，グローバル・コミュニティへの気づきと意識化をめざす科目として構想し，高等学校第2，第3学年の二年間4単位として実践した。単元としての授業実践としては「外国人労働者問題」（20時間）を開発，実践した。それは，第8章で試みた教科融合型実践としての国際的視野の獲得から一歩すすめて，人の移動にともなう相互依存と多文化共生の視点から教材化し，ロールプレイなどシミュレーション学習をとりいれた，教科統合型実践としての地球市民の視点の獲得を

めざすものであった。

　第10章では，筆者が現在の勤務校で行った2005年（とそれ以後4回）の大学授業科目「海外こども事情A」（タイ・スタディツアー・プログラム）の授業実践をとりあげた。グローバル教育は，グローバル・シティズンシップの獲得をめざすのであれば，初等・中等教育の学校にのみならず，生涯学習の視点も取り入れ，高等教育（学生）や成人においても実践されるべきである。そこで，海外体験学習を教科超越型「グローバル学習」として位置づけ，実践した。構想，開発にあたっては，イギリスの学校全体アプローチである *Get Global!*（アクティブ・ラーニング）に学び，開発と貧困の問題という地球的課題の学習とともに，経験学習における学習者の学びの変容とリフレクションを重視した。それは，教科超越型実践としてのグローバル・シティズンシップの獲得をめざすものであった。

第2節　グローバル教育の内容編成の特質

　三類型の統合的カリキュラム論からみた米英のグローバル教育の内容編成に関する特質は以下のとおりである（表終-1参照）。

　一つには，アメリカで提唱されたグローバル教育そのものが，惑星としての地球から地球的な諸課題に関わる地球的な視野，自然史をふくめた人類史的な歴史観，自己から国家，世界に至る幅広い共同体（コミュニティ）に生きる人間観とアイデンティティなど，幅広い領域をもっていたことである。それは学校教育をこえて，広く社会をも，児童生徒を超えて成人をも対象とするものでもある。

　二つには，それゆえに，グローバル教育を学校教育に限定したとしても，社会科学から自然科学までの広い学際的な学習内容を含んでおり，アメリカのホウトン社会科（『私たちの世界の窓』）のように合科的な教科統合型カリキュラムが理想とされた。その際に採用されたカリキュラム開発原理は，アイ

表終-1　日米英のグローバル教育と三つの統合的カリキュラム類型（筆者作成）

	教科融合型	教科統合型	教科超越型
Drake1993: 46-47 Planning Integrated Curriculum	諸教科アプローチ Multidisciplinary approach	学際的教科アプローチ Interdisciplinary approach	教科超越アプローチ Transdisciplinary approach
	中心にテーマ，周辺にウェブとして，音楽，文学，家庭科，科学，演劇，地理，美術，ビジネス，数学，デザイン＆技術，歴史。多様な教科を学ぶためには何が重要か？	中心に，リテラシー，協同的学習，思考技能，リサーチ技能，周囲に科学，地理，歴史，文学。一人の生徒に高度な能力をどう教えていくか。	焦点のまわりに政治，法律，環境，科学技術，時間，地球的な見方，社会問題，ビジネス，メディア。私たちは，生徒が将来有用な市民にするためにどう教えていくか。
アメリカのグローバル教育（揺籃期，実践開発期）	1987年改訂版ニューヨーク州社会科（1987）Social Studies Tentative Syllabus. (7-12) 中等教育の9/10学年コース単元「Global Studies（グローバル学習）」。7/8学年の社会史にもとづく多文化歴史に対応したグローバル教育の視点を導入した世界の諸地域学習（地理学習）。	ホウトン社会科：『私たちの世界の窓』（1976）Windows on Our World（K-6）初等教育。合科的な学際教科。グローバル教育の理念にもとづき，自己拡大の原理から，自己，集団，人間，地球の住民のアイデンティティの気づき。	
アメリカのグローバル教育（確立期）		クニープ（1987）Next Steps, Global Issues, 小1993，中1994，高1987 初等から中等（K-12）。「グローバル教育＝総合社会科」として編成。ホウトン社会科にくらべて現実的な対応として，自然科学の要素をなくし，広領域の社会科とした。	
イギリス ワールド・スタディーズ World Studies 8-13 (1985), Global Teacher, Global Learner (1998)	初等教育（8-13歳）。アメリカのグローバル教育に見られた自己拡大の原理をもとに，「内への旅と外への旅」の相互性の世界理解。知識，技能，価値の目標，基本概念を設定し，どの教科でもできるようにテーマ，トピックを学ぶ参加型学習を考案。	中等教育におけるコース単元での実施例もある。	学校全体での取組がワールド・スタディーズをより確かなものにするという留意点。

終章 研究の成果と課題 289

イギリス ナショナル・カリキュラム、新教科「シティズンシップ」 2002年以降	中等教育。ナショナル・カリキュラムの中に正式に、グローバル・シティズンシップの単元が入る。各教科でもシティズンシップ教育ができるように配慮。	中等教育。シティズンシップ教育としては統合教科として編成。社会的・道徳的責任、コミュニティへの参加、政治的リテラシーの三つに多様性とアイデンティティの要素から編成。トピック学習。初等では既成教科（PSHE）のなかで実施。	知識内容は社会科であっても、ローカル、ナショナル、リージョナル、グローバルの広いコミュニティへの参加とアクティブ・シティズンシップにもとづく学校全体のアプローチにも配慮。
イギリス NGO などのグローバル・シティズンシップ教育 Oxfam (1997, 2002, 2006), *Get Global!* (2003)	ワールド・スタディーズを継承し、ナショナル・カリキュラム新教科「シティズンシップ」なかのグローバル単元でのグローバル教育の実践の視点野提供（Oxfam）。		学校全体での生徒のグローバル学習について、アクションリサーチなどNGOが開発教育で培ってきた方略をもとにアクティブ・シティズンシップの提案（*Get Global!*）。
『グローバル時代の国際理解教育』(2010)	社会科の国際単元や英語科でのコンテンツ中心の学習、家庭科の消費や食の単元で可能。	学校設定科目や「総合的な学習の時間」において「国際理解」が例示され統合的な学習が可能。	修学旅行、海外研修などの特別活動やボランティア活動、地域での市民講座、海外（開発途上国の）地域活動で可能。

デンティティや視野の重層性に配慮したがゆえに、伝統的な同心円拡大原理ではなく、グローバルな世界観にもとづいた自己拡大の原理となった。

　三つには、アメリカにおける『危機に立つ国家』（1983年）の報告を受けて、アメリカの国際競争力のための教育の質的向上がめざされ、中等教育社会科教科書編成のためのカリキュラム・モデルの開発が課題となった時には、アメリカのグローバル教育の理想は、ニューヨーク州にみるように教科融合的なグローバル地理学習となっていった。

　四つには、アメリカの保守層ナショナリズムからの批判を受け、グローバル教育としての現実的な対応をとらざるを得ない際には、教科統合としての初等から中等までの「グローバル教育＝総合社会科」として考案された。しかし、現在のアメリカでは、ナショナルな教科スタンダードがあり、社会科の中のグローバルな視点の導入といった教科融合型カリキュラムが一般的である。

　五つには、イギリスのワールド・スタディーズでは、アメリカのグローバ

ル教育の考え方などを取り入れて，ナショナル・カリキュラムがない時代に，独自の知識・技能・価値（態度）の目標と基本概念を開発し，将来のナショナル・カリキュラム策定時（1988年）に備えて，教科融合の視点から，初等教育のどの教科でも「世界学習」ができるようにトピックやテーマ学習をとおした参加型学習を現職教員の研修とあわせて普及させていった。

六つには，ワールド・スタディーズで試みられたのは，初等教育における政治教育でもあったが，その理想は，ナショナル・カリキュラムにおける新教科「シティズンシップ」で実現した。シティズンシップは，知識内容的には社会科であり，その意味で，既成教科の中の地理や歴史でも学習できるように配慮され，また，コミュニティへの参加などアクティブ・シティズンシップを重視したので，教科を超えた学校全体での学習も配慮された。つまり統合教科としての単独教科に加えて，教科融合，教科超越の三つの学習が可能とされた。これは，「シティズンシップ」の基本原理（三つの柱）に関わることでもあるが，同時に，教育現場での新教科の実践のあり方へも配慮したものであった。

七つには，新教科「シティズンシップ」にはグローバル・シティズンシップの単元が設けられ，その意味では，ワールド・スタディーズ以来の教科融合カリキュラムの伝統は，新教科に融合的に導入されたといえる。一方，民間の教育運動としての側面もあったワールド・スタディーズ以来のグローバル教育は，国際NGOなどに継承され，新教科「シティズンシップ」のアクティブ・シティズンシップを担えるように，教科超越型の学校全体アプローチを提案していった。

八つには，英米のグローバル教育の統合的カリキュラムの三つのアプローチを可能にしているのは，トピックやテーマを取りあげた学習，探究や問題解決，参加型の学習，アクションリサーチなどの学習方法であった。しかし，イギリスの場合，ワールド・スタディーズにせよ，「シティズンシップ」にせよ，テーマやトピック中心で，必ずしも系統性が緻密に整備されてはい

なかった。

　九つには，新しいカリキュラム開発の動きと普及化は，政府や民間の助成金などの関係でナショナルなレベルでの教育政策の動向と結びついていた。アメリカにおいては，『危機に立つ国家』以後の1980年代後半の改訂社会科における多文化やグローバルな視野の導入，イギリスにおいてはナショナル・カリキュラム策定を控えた1980年代のワールド・スタディーズ・プロジェクト，同じく新教科「シティズンシップ」のナショナル・カリキュラム導入時の *Get Global!* プロジェクトなどの動きがそれである。

　最後に，日本版グローバル教育とした『グローバル時代の国際理解教育』(2010) について触れておきたい。そこでは，体験目標に加えて，四つの知識・理解目標（文化的多様性，相互依存，安全・平和・共生，未来への選択），三つの技能目標（コミュニケーション能力，メディア・リテラシー，問題解決能力），三つの態度目標（人間としての尊厳，寛容・共感，参加・協力）があげられ，学習内容領域としては，Ａ 多文化社会（文化理解，文化交流，多文化共生），Ｂ グローバル社会（相互依存，情報化），Ｃ 地球的課題（人権，環境，平和，開発），Ｄ 未来への選択（歴史認識，市民意識，参加・協力）という四つの領域があげられている。

　そして，国際理解教育が育成すべき人間像（ゴール）として，「人権の尊重を基盤として，現代世界の基本的な特質である文化的多様性および相互依存性への認識を深めるとともに，異なる文化に対する寛容な態度と，地域・国家・地球社会の一員としての自覚をもって，地球的課題の解決に向けてさまざまなレベルで社会に参加し，他者と協力しようとする意思を有する人間」であり，同時に，「情報化社会のなかで的確な判断をし，異なる文化をもつ他者ともコミュニケーションを行う技能を有する人間」をあげている。

　このようなカリキュラム観の背後にあるのは，米英のグローバル教育である。示されている人間像（ゴール）も，現代のグローバリゼーションがもたらしたローカル，ナショナル，リージョナル，グローバルな課題が，相互に

接続し，相互に作用し，重なり合い，自己と世界が直接的につながっている「自己拡大＝縮小」の原理によってたつ重層的アイデンティティをもった市民的資質を示すものであり，教科融合型，教科統合型，教科超越型のグローバル学習をも可能とするものである。

第3節　グローバル教育の授業実践の特質

筆者が行った三つの授業実践について，授業実践に先立つ教育観と実践の省察という二つの観点からまとめた（表終-2）。

教育観の形成はカリキュラムや単元開発の基礎となるもので，それは理論的な教育学的研究と，授業の具現化にかかわる教材内容研究および学習方法研究から構成される。三つの実践は，米英のグローバル教育，シティズンシップ教育を背景にしているという意味で，グローバル・シティズンシップ教育をも射程におくものである。

実践の省察からえられるものは，決して最初から意図したものではないが，結果としては教科融合，教科統合，教科超越の内容編成にそうものであった。それはまた，国際的視野，地球市民的視点への移行，グローバル・シティズンシップの獲得という，市民性育成の展開過程でもあった。

そして最後にメタ的に認知されたことは，筆者自身の実践者としての専門的成長であり，研究者と実践者の融合の地平であった。

第4節　今後の課題

本研究は，国際理解教育もふくめた日米英のグローバル教育の多様なカリキュラムと授業単元を，開発，実践された事実として受けとめ，その内容編成に関する論理とグローバル・シティズンシップの視点の獲得から論じるものであった。

表終-2　グローバル教育の授業実践の特質（筆者作成）

	教科融合型	教科統合型	教科超越型
単元開発と授業実践	市民性（知識，技能，態度・価値）の育成		
	中学校社会科「世界の中の日本経済―アジアニーズと我が国の経済―」単元	高等学校，学校設定科目「国際理解」における「外国人労働者問題」単元	大学授業科目「海外こども事情A」：タイ・スタディツアー・プログラム
教育観の形成 ①教育学的研究	アメリカのグローバル教育の視点と新しい問題解決学習にもとづく社会科授業計画プログラム	イギリスのワールド・スタディーズ，クニープの教科統合型グローバル教育や社会科問題解決学習にもとづいた独自の教科プログラム	イギリスの Get Global! にもとづいた，アクティブ・ラーニングを中心とした独自の海外研修プログラム
教育観の形成 ②教材内容研究	アジアニーズと日本に広がる国際的相互依存関係（国際分業システム）	外国人労働者問題を取り巻く世界および日本の社会状況，移民の歴史と現在	開発途上国における貧困問題とこども，女性の状況，持続可能な開発
教育観の形成 ③学習方法研究	ゲストスピーカーとの出会い（学習活動への参加，交流）	参加型学習（ロールプレイなどのシミュレーション学習）	アクティブ・ラーニング，学習変容とふりかえり
省察 ①GCの育成	社会科（国際単元）の学び 国際的視野（世界の中の日本）の獲得	総合（特設教科）の学び 国際的視野から地球市民の視点へ	生涯の学び グローバル・シティズンシップの獲得へ
省察 ②統合的カリキュラム	既成のカリキュラムである社会科の分野の中でグローバル単元の開発	教科書のない授業づくり，オリジナルな単元開発，総合的社会科＝グローバル教育。限られた学年，コース単元に近い	成人教育，生涯学習，活動を通した学習，教科に拘束されないが，評価軸の創造が課題
省察 ③実践者としての専門的成長	研修者の指導と助言。職場での自己研修。アジア体験	自主的研究団体と学びのサークルによる研修。アジア体験。教室から社会へ（授業のアウトリーチ）	研究と実践の融合

注：GCとはグローバル・シティズンシップのこと

294　終章　研究の成果と課題

　今後に残された課題は三つある。

　一つめは，原理的な課題である。グローバル教育は，多文化社会における共生，地球的な課題とその解決，持続的な未来への選択などを学習内容にしている。ユネスコ（UNESCO：2013, 2014）は，グローバル・シティズンシップ教育と関連する普遍的な価値（人権，民主主義，公正，非差別，多様性，持続性など）を提唱しているが，このような普遍的価値の獲得は，当然にもナショナルな価値やローカルな価値の獲得と緊張関係になる。第1章で述べたような緊張とせめぎ合いは実践的になればなるほどつきまとってくる。このジレンマを授業単元や実践に，どう落としていくのかといった課題である。

　二つめは，第10章において学習者の学びの変容についてふれたが，価値を教えるというのではなく学習者が価値を獲得するという観点から，グローバル・シティズンシップが学習者にどのように獲得されるのか，石森（2013）の研究なども取り入れたアセスメントや評価の研究が課題である。

　三つめは，シティズンシップ教育の課題と重なるが，以上の課題を，日米英だけではなく，東アジア（韓国，中国）やアセアン諸国，オーストラリアなどのグローバル教育の考え方，実践において検証することである。フィリピンの価値教育を検証した長濱（2014），オーストラリアのグローバル教育を論じた木村裕（2014）など参考にすべき研究も多い。

資料編

資料1-1　広島大学附属中学校での実験（永井1985：97-99）

年度	特定実験	実験題目	主題	対象学年
1954（昭29）	第1回	原爆と平和	人権の研究	中1，中2
1955（昭30）	第2回	英国における中学生の生活	他国の研究	中3
	第3回	わが国における女性の地位について	婦人の権利の研究	中2
1956（昭31）	第4回	赤十字の研究	人権の研究	中2
1957（昭32）	第5回	中学校における人権意識の研究 ―仲よくしようとする意識の向上―	人権の研究	中1
1958（昭33）	第6回	中学校における人権意識の研究 ―方法論を中心として―	人権の研究	中1
1959（昭34）	第7回	アメリカ合衆国の研究―日本を含めたアジアとの関連において―	他国の研究	中2
1960（昭35）	第8回	アメリカ合衆国の研究 ―日米関係の発展―	他国の研究	中2
1961（昭36）	第9回	南アジアの研究 ―インドを中心として―	他国の研究	中1
1962（昭37）		〈過去10年間の教育実践のまとめ〉総合的報告書の作成・出版		
1963（昭38）	第10回	東南アジア諸国の研究 ―インドを中心として―	他国の研究	中1
1964（昭39）	第11回	東南アジアの国々	他国の研究	中1
1965（昭40）	第12回	東南アジア地域の研究	他国の研究	中1
1966（昭41）	第13回	国連の研究 ―ユネスコ活動を中心として―	国連の研究	中3
1967（昭42）	第14回	国連の研究―現代の国際問題と国連専門諸機関のはたらき―	国連の研究	中3
1968（昭43）	第15回	東南アジアの研究	他国の研究	中1
1969（昭44）	第16回	東南アジア諸国の研究	他国の研究	中1，中2
1970（昭45）	以下特定実験と称せず	朝鮮の自然と文化に関する研究 ―クラブ活動を中心として―	他国の研究	クラブ活動
1971（昭46）	〃	日本紹介のための教材開発に関する研究―郵便切手を素材として―	（総合研究）	中3
1972（昭47）	〃	アジアの民族音楽―日朝の伝統・芸術音楽を中心として―	他国の研究	中2
1973（昭48）	〃	アジアの民族音楽	他国の研究	
1974（昭49）	〃	人間…一つの世界	（総合研究）	中3
1975（昭50）	〃	アジアの民族音楽のイメージに関する計量的研究	他国の研究	中2

1976（昭51）	〃	中学生の国際理解の構造―生育環境と態度について―	（総合研究）	中1, 2, 3
1977（昭52）	〃	児童・生徒の国際理解の構造―戦争に対する態度及び形成要因をめぐって―	（総合研究）	中1, 2, 3
1978（昭53）	〃	児童・生徒の国際理解の構造―外国及び外国人に対する態度とその要因―	（総合研究）	中1, 2, 3
1979（昭54）	〃	児童・生徒の国際理解の構造―その実態と規定要因について―	（総合研究）	中1, 2, 3
1980（昭55）	〃	国際意識の調査要因―アメリカ人・中国人との交流について―	（総合研究）	中1, 2, 3
1981（昭56）	〃	同上	（総合研究）	中1, 2, 3
1982（昭57）	〃	外国理解のための視覚教育の効果	（総合研究）	中2

資料1-2　ユネスコ協同学校における国際理解教育の実践例
（永井1985：103-108より要約して引用）

実験題目	「南アジアの研究―インドを中心として―」		
実験期間	1962年1月31日～2月24日（1961年度第9回実験）		
対象	広島大学附属中学校1年		
題目設定の理由	①中1生徒の興味関心に即したアジア諸国に関する学習の展開 ②インド人の近代化への努力を，地理，歴史，経済，社会，文化，政治などの各方面からの総合的な考察により，他国，多民族，他地域及び世界的問題の理解を深める ③インド研究を通じて，発展途上地域の現状への正しい理解と関心を与え，国連専門機関の働きについて理解を勧め，国連への信頼感と国際協力意識を高める。		
実験群	実験学級：中学1年 A 組42名（男23，女19） 比較学級：中学1年 C 組42名（男23，女19）		
指導目標	（省略）		
評価計画	プレテスト，中間評価，ポストテスト（プレと同じもの）		
評価仮説	（省略）		
実験の概要	実験群の社会化，道徳，学級活動の時間を利用し，平均週5～6授業時を実験学習にあてる。		

	期間	学習内容・学習方法	配当時間
導入	1月31日	インドに関する印象の調査，インドについての話し合い，社会科教科書（地理的分野）の関連事項を読む。インド史年表（教師作成）によりインド史大観，「研究ノート」作成を指示	（2時間）
展開	2月1日	社会科 ・副読本研究（『世界の地理・南アジア』市販本）を全員に配布 ・学習内容；南アジア諸国の概観，インドの地理，社会，文化。インドの新しい国づくり，インドの歴史，宗教，独立運動など ・スライドと解説：二人の広島大学教授によるインドの地理，農村，開発，国際協力のようす ・自由研究：個人またはグループにいるインド研究，図書館学習	（10時間） （5時間） （4時間）
	2月23日	道徳 ・偉人の生涯。ガンジー，ネール，タゴールの伝記 （教師の説話を中心とした話し合い） 学級活動 ・読書指導（図書の回読）：『世界の歴史』，『世界の旅』，『世界の文化遺産』，『世界文学全集』，『世界神話全集』，『ガンジー伝』，『ガンジー自伝』	（3時間）
終結	2月24日	・学習のまとめ，研究についての話し合い，「研究ノート」の提出	（1時間）
評価及び成果，反省点，留意点		・南アジア特にインドに関する地理的，歴史的知識の増加 ・実験前のステレオタイプ的インド人観（仏教発祥国だが貧しい，身分の差があるなど）の是正 ・インド人の当面する諸問題についての現実的知識の増加，インドの人の近代化への努力への尊敬。 ・情報が多すぎたのは反省点 ・発展途上国の学習には，人権尊重の意識に支えられた問題意識，教科，問題解決への連帯責任観や国際的協力意識の向上が肝要	

資料1-3　国際理解教育奨励賞入賞論文一覧表（1976年第1回〜2005年第30回）

（筆者作成）

回	号	年度	発行年	件数	賞別	題名（掲載論文のみ）	氏名	所属／領域	項目
1	8	76	76.7		最優秀	国語科を通しての国際理解教育	藤本健蔵他	京都市立淳風小学校	国語科／読書
					優秀	公立中学校における韓国・朝鮮人子女の教育	赤井 力	大阪市立大池中学校	人権／民族
					特別	国際理解教育の理念と実践手法の考察	村山貞也	NHK会長／社会	理論／方法
2	9	77	77.8		最優秀	日米間における国際理解について…授業空間からの一考察	潟沼誠二	北海道教育大学	文化理解／調査
					優秀	地理的学習を中心とした国際理解の深め方…主として社会科テレビ番組を利用して	兼松 靖	岐阜市立鏡島小学校	社会科／教材
					佳作	国際理解と大学の役割…外国大学生のための夏期研修	福田昇八	熊本大学	国際交流
3	10	78	78.8		優秀	「他国理解」をより深める地理・歴史の統合的学習の試み…中国・ラテンアメリカ	倉富康成	福岡教育大附小倉小	社会科
					優秀	高等学校社会科地理学習におけるテレビの利用と地域理解の実体について	高田昌彦	大阪府立千里高校	社会科／教材
					佳作	グローバルな市民を育てる公民館の役割	中村克子	習志野市立菊田公民館	社会教育
4	11	79	79.8	41	優秀	郷土と世界をつなぐ教育—郷土愛，国際協力	金本房夫	愛媛県立中島中学校	社会科
					佳作	国際理解教育より見た高校における日米交換プログラムの進め方について	良知昌波	静岡県立吉田高校	国際交流
5	12	80	80.8	40数編	最優秀	外国語としての日本語教育について	福井京子	AUS.大学	日本語／異文化
					優秀	ホームステイを通しての国際理解教育	児玉澄子	東京都立府中等高校	国際交流
					佳作	人類の共通点から進める国際理解—創作活動を中心にして	南井滋野	倉敷市立琴浦東小学校	合科学習
					佳作	アメリカのバイリンガル教育と日本の国際理解教育	小松仁・方波見美代子	塾	外国語／異文化
					佳作	地域性を生かした国際理解教育—他国の理解と国際教育の立場から	畑山憲雄	横浜市立中村中学校	道徳／特活
					佳作	伝統医学収集活動を通じての相互理解	柏原健一	岡山大医学部・NGO	国際協力
6	13	81	81.8	49	最優秀	外国人児童と日本人児童とのふれあいを通しての国際理解教育	大政睦子	茨城県立竹園東小学校	調査／異文化
					優秀	わが校の国際理解教育	佐藤 謙	明治学院・東村山高校	国際交流
					優秀	子どもの国際交流をはぐくむ	千田靖子	ラボ千田パーティ	社会教育／交流
					佳作	国際理解の深化をはかるために生き生きと学習に取り組む生徒の授業改善をめざして	松浦好昭	北海道立札幌啓成高校	視聴覚
7	14	82	82.8	38	最優秀	ワークキャンプを通した「世界の農業・食糧問題」学習の実践	山本・田中	東京YMCA・NGO	社会教育／開発

資料編　301

					賞	タイトル	著者	所属	分野
					優秀	国際人育成を目指す社会科教育—海外子女・帰国子女の体験を生かす	阪上順夫	東京学芸大学	方法論／帰国
					佳作	米国「開かれた大学」における国際理解教育	四倉早葉	ワシントン国際大学	方法論
					佳作	帰国子女の言語適応能力	窪田守弘	愛知県私立南山中学	帰国／異文化
8	15	83	84.9	52	優秀	海外日本人学校における現地理解教育—ウィーン校での社会科教育の実践	岡部保博	東京都立多摩郡第二中	海外／異文化
					優秀	国際協力理念の普及戦略と国際協力専門家の養成・活用プログラミング	井上昭正	中央ユネスコ協会	国際協力
					優秀	「感動」から「協力」にむかってこそ，真の国際理解—私の実践教育のめざすもの	吹原忠正	日本中央女子短大	国際協力
					優秀	世界史の学習を通しての国際理解—手作り教材としての映像コミュニケーション	南里章二	兵庫県私立甲南高校	社会科／異文化
9	16	84	84.9	43	優秀	異文化理解教育の現状と課題	小西正雄	兵庫県立星稜高校	社会科／異文化
					優秀	国際児（bi-cultural children）の読書指導	小林悠紀子	国際児童文庫協会	社会教育／異文化
					優秀	国際理解に文化の果たす役割—アジア・太平洋における共同事業の経済を通じて	名取知津	ユネスコアジア文化センター	社会教育
					佳作	外国人との心のふれあいを求める中学校での英語指導の実践	広野孝	兵庫県夢前町立置塩中学校	国際交流
10	17	85	85.10	47	優秀	小学校における国際理解教育の創造	長谷川他	京都市立小学校	合科
					優秀	中学校社会科「世界の諸地域」の学習における開発教育の実践	太田弘	慶応義塾普通部	社会科／開発
					佳作	高校生の国際理解の実態と教育のあり方	鈴木敏紀	上越教育大学	社会科／調査
					佳作	国際理解と国際協力を推進する地球科学教育の実践	原田憲一	山形大学理学部	大学教育／科学
11	18	86	86.9	51	優秀	帰国生徒受け入れ専門校における国際理解教育	坂田直三	京都府私立同志社国際高校	帰国／教育課程
					優秀	幼児期における国際理解と協力、平和のための教育をどうすすめるか	冨田明希	大阪外国語大学	幼児／異文化
					佳作	在日韓国・朝鮮人児童の多数在籍する学校での国際理解教育の実践的研究	西林幸三郎	大阪市立小路小学校	民族／異文化
					佳作	メタ的視座を持つ〈文化の通訳者〉養成への提言	裵岩ナオミ	富士ゼロックス	異文化
12	19	87	87.12	46	優秀	朝鮮・韓国および在日韓国・朝鮮人理解の教育内容の創造	田渕五十生	奈良教育大学	民族／異文化
					優秀	世界の目	内山民憲	鹿児島大教育学部附小	交流／特別活動
					優秀	世界の諸民族の音楽をとおしての国際理解教育	岡崎淑子	兵庫県私立小林聖心高校	音楽
					佳作	国際理解教育を考える—公立小・中学校での実践をめぐって	小川順子	都立小中学校	学校

13	20	88	88.12	73	最優秀	海外滞在家庭における国際理解教育	塚本美恵子	ICU教育研究所	海外／異文化
					優秀	世界の友達から学んだ生き方―委員会活動を中心とした全校の取り組み	木崎克昭	東京都立第一亀戸小学校	特別活動／開発
					佳作	私立八代学院高校における国際理解教育の実践報告	片山 豊	兵庫県私立八代学院高校	学校／教育課程
					佳作	システム思考による問題形成・解決力の育成―国際理解・協力のための教育方法論	妹尾堅一郎	英国ランカスター大学	方法論
14	21	89	89.12	78	最優秀	小学生の異文化理解のための情報、資料について	六角英彰	愛知県・高浜小学校	異文化／教材
					優秀	庄内国際青年祭を通しての国際理解	伊藤由美	庄内国際交流協会	国際交流／地域
					優秀	国際理解のための英語教育	マーク・ケヴィン	明治学院大学	英語科／教育課程
					佳作	世界地理学習における2単元対比学習―実感的・多面的に追究する授業をめざして	梶尾長夫・高梨覚	愛知県岡崎市立小・中	社会科
15	22	90	90.12	80	最優秀	小学生に於ける教科（音楽）を通しての国際理解教育	安部町江	岡山県・和気小学校	音楽
					優秀	高校「現代社会」における自己確立と国際理解の結合	木村一子	広島大学付属福山高校	社会科
					佳作	国際理解講座と受講生の事後活動	甚田和幸	金沢市教委／NGO	社会教育／開発
					佳作	日本人学校における異文化理解教育の教授・学習過程についての一提言	柴山真琴	東京大学大学院	異文化
16	23	91	91.12	77	最優秀	モノからヒトの国際化―外国人労働者問題を教える	藤原孝章	兵庫県私立報徳学園高校	外国人／教育課程
					優秀	開発教育授業構成の理論と展開	大津和子	兵庫県立東灘高校	開発／教育課程
					佳作	「国際理解教育」に学校全体でどう取り組んできたか	興梠英樹	宮崎県立宮崎北高校	学校
					佳作	異文化交流能力を育てる小学校カリキュラム編成の視点―子どもにとっての異文化	小嶋俊郎・木原擴茂	福岡県太宰府西小、安徳小	異文化／教育課程
17	24	92	93.3	87	最優秀	地球的視野から自己の役割を考える―中学校社会授業のあり方	山口和雄	愛知県・額田中学校	社会科／教育課程
					優秀	外国人と共に住む街・新宿での国際理解教育の実践と住民の意識変化	川村千鶴子	NGO	外国人／地域
					佳作	地域の特性を生かしながら国際協力の基礎を培う指導法の研究	大近正博	福岡県・板付北小学校	特別活動
18	25	93	94.3	64	優秀	教室の国際化を進める国際理解教育	宇土泰博	東京都・蒲田小学校	外国人／異文化
					優秀	豊かな国際的感性を育てる教育活動の創造―異文化理解を図る図画工作の教材開発	芳賀美子	福岡県・白野江小	美術／教材
					優秀	開発教育としての日本語ボランティア・サークル	風巻浩	神奈川県立多摩高校	教科外／開発
					佳作	相対主義をこえて	小西正雄	鳴門教育大学	方法論／異文化

19	26	94	95.3	87	優秀	国際理解教育は低学年から	加藤佳津子	大阪市立千本小学校	学校／生活科
					優秀	国際理解教育と人権教育の接点を求めて―日本のマイノリティが問いかけるもの	佐々木徹	大阪府立柴島高校	多文化／海外交流
					佳作	複合文化社会を志向する「国際理解」教育をめざして	金城宗和	浪速工業高校	多文化
					佳作	地域の国際化を担うことが出来る市民の育成	斉藤明人	静岡市立高校	教育課程／地域
20	27	95	96.3	96	優秀	「戦争を知らない高校生たち」の戦争との出会い―タイ国カンチャナブリ「戦争博物館」展示物解説文の翻訳・製本作業	永田佳之／エリッサ・リーフ	マイペンライの会.ICU研究所.日本ユネスコ協会	平和／NGO
					優秀	地方自治体における国際協力の人材育成―女性政策の充実を通して―	花見槙子・久保田真弓	一橋大学商学部・関西大学総合情報学部	社会／女性
					優秀	国際理解の原点―在日理解のための研修活動を通して―	松山献	日本聖公会大阪教区（在日韓国朝鮮人宣教）	人権／民族
					佳作	異文化理解を進化するためのカリキュラム―英語教科書教材を発展させた国際理解の指導法―	市川博美	長野市更北中学校	英語／異文化
21	28	96	97.3	85	最優秀	開発途上国におけるHIV/AIDS―人権の視点からの教材化	大津和子	北海道教育大	開発／人権
					優秀	タイのワークキャンプを通して国際協力にかかわる日本の青年を育成する試み	冨永幸子	国際ボランティアの会	国際協力／NGO
					優秀	開発途上国における人造り協力の現状と課題―異文化内での人材育成の視点から	茂住和世	東京情報大学	国際協力／ODA
					佳作	国際理解教育と大震災とがつながって，「地球市民」としての行動に！	佐藤信之	大阪府・羽曳野中学校	ボランティア／人権
22	29	97	98.3	86	優秀	多文化・共生のジレンマ―シミュレーション教材「ひょうたん島問題」の作成	藤原孝章	兵庫県私立報徳学園高校	多文化／教材
					優秀	21世紀を担う地球市民を育てる教育への展望―全校集会「世界の友だちフェスティバル」を通した「参加体験型」学習の検証	石崎厚史	大阪市教育センター	行事／参加型
					フォーラム	中国渡日児童とともに歩む国際理解教育	藤井泰一	松原市布忍小学校	帰国／日本語
					佳作	国際理解教育における参加型学習方式に関する考察	岡崎裕	大阪府扇町高校	方法論
23	30	98	99.3	91	優秀	日本に視点を置いた異文化理解の指導のあり方	小嶋祐伺郎	広島県沖美町立沖中学校	異文化／日本
					優秀	「識字」を通しての出会いの創出―地域・学校・NGOの連携から	肥下彰男	大阪府立伯太高校	人権／識字／NGO

						優秀	インターネットによる日・米・ベルギー高等学校国際共同研究—総合的・教科横断的学習による国際理解教育	河野憲次	大分県立緒方工業高校	総合／情報
						フォーラム	学校全体で取り組む国際理解教育	筒井博美	大阪市立瓜破東小学校	学校／総合
24	31	99	00.3	122		最優秀	韓国学生との相互交流を通じての国際理解推進研究	工藤靖成 馬場純二	熊本県立菊池農業高校	交流／学校
						優秀	インターネットで語り合う平和と人権—世界水準のディスコースをめざして	木村裕	埼玉県立所沢商業高校	情報／国際
						フォーラム	ホワイトネスと視覚的イメージ—異なる人々の理解に関する一考察	松尾知明	ウィスコンシン大学院	人権／異文化
						フォーラム	国際理解教育におけるセルフエスティームの本来的意義	野崎志帆	大阪大学大学院	人権
25	32	00	01.3	110		優秀	「内なる異文化」への挑戦：あるマイノリティ学生の学びの過程	倉地暁美	広島大学教育学部教員	異文化／学び
						優秀	国際教育のインフラとしての情報教育—語学合宿から E-Trekking Osaka, ISoN まで	辻陽一	帝塚山学院泉丘高校	情報／語学
						優秀	グローバル教育を支えるソーシャルネットワークの意義—地域行われた国際交流（一校一国運動）のネットワークの分析から	市川博美	長野県NPOセンター	国際交流
						フォーラム	高校英語教科書における戦争・平和問題	鹿野敬文	福岡県立修猷館高校	平和／英語科
						エースジャパン	異なる他者理解し，共に生きるための基礎的資質や能力の育成	久保田美和	千葉大学教育学部附属小学校	交流ワークショップ
26	33	01	02.3	108		最優秀	みんなで劇を創ろうよ—日本語学級を核にした母語劇創作4年間の取り組み	田村かすみ・長野勤子・友近辰貴	東広島市立八本松小学校	日本語／劇
						優秀	文化相対主義と多文化教育：グローバルな視点に向けて	エイモスゆかり	ワシントン大学大学院	文化
						優秀	国際理解教育を深める地域と学校の連携システム—共感と協働を子どもたちに	廣瀬聡大	幸富秋日韓交流実行委員会	地域／交流
						フォーラム	地球市民教育の実践課題—地球市民教育概念の構造的理解を中心として	小関一也	早稲田大学非常勤講師	地球市民／理論
						エースジャパン	紛争に苦しむ国との交流を通して：体験的に共生の心を学ぶ国際理解教育	千葉節子	長野私立三本柳小学校	平和／交流
27	34	02	03.9	82		最優秀	「教育困難校」から見える日本社会と国際理解教育の役割—"途絶"と向き合う学校文化の中で	伊井直比呂	大阪府立北淀高校	教育権／学び
						優秀	地球市民としての生き方を考える国際理解教育〜高等学校研修旅行「サラワク・スタディツアー」の実践を通して	野中春樹	広島工業大学附属中学校・広島高校	修学旅行
						優秀	アジアにおけるグローバリゼーションの進行と開発教育の再構築—非抑圧者の主体性回復運動を手がかりとして—	小瑶史朗	東京学芸大学連合大学院	開発教育／理論
						フォーラム	「外国にルーツをもつ子どもたち」の教育課題と教育実践	藤川正夫	兵庫県立神戸甲北高校	外国人教育

資料編　305

						エースジャパン	国際理解教育における地域学習の意義と課題―グローバル教育と多文化教育のインターフェイスとしての「地域」―	太田 満	奈良教育大学大学院	多文化教育／地域
28	35	03	04.11	66	優秀	国際理解教育の視点から生まれる地球時代の教室づくり―学級崩壊の危機から地球を物語る教室再生の取組みを中心に―	宇土泰寛	東京都港区三光小学校	教育／学び
					優秀	多様性教育についての一考察―A World of Difference Institute 事例から―	新木敬子	大阪大学大学院	多文化
					フォーラム	国際的な平和教育の実践例と展開方法―日本とチェコの第二次大戦の戦争遺跡を例として―	関根一昭	埼玉県立秩父高校	平和教育
					フォーラム	「地球市民」という概念を考える―比較教育学の視点から―	藤兼裕子	英国IOE	グローバル教育
					JICA賞	開発教育における参加型学習のアクティビティ教材の開発原理	熊野敬子	広島大学大学院	開発教育
29	36	04	05.9	88	最優秀	国際理解教育をとらえ直す―グローバリゼーション時代における国際理解教育の再構築に向けて―	永田佳之	国立教育研究所	国際理解教育
					優秀	多文化共生社会における市民性教育―多元的・複合的アイデンティティ形成の視点から―	小嶋祐伺郎	広島県大竹市立栗谷中学校	多文化／市民性
					フォーラム	学校と地域で広げる国際理解教育の可能性	仲川順子	ならNPOプラザ事務局	地域／NPO
					公文教育	「宇宙の中の私」―見つめよう 今！命のつながりを（小五：総合学習の実践から）	寺林民子	愛知県知多郡東浦町立緒川小学校	総合
					公文教育	人権教育に視点を老いた開発教育のプログラムの作成と実践事例	松本みどり	川崎市立菅生中学校	人権／開発
30	36	05	05.9	82	優秀	「総合的な学習の時間」における国際理解教育の実践―単元「在日朝鮮人をはじめとする在日外国人理解を深め、違いを認め会い共にくらそう」	方政雄	兵庫県立湊川高校	外国人／共生
					優秀	多言語・多文化共生意識を育む小学校英語活動の試み	吉村雅仁	奈良教育大学	多文化／英語
					優秀	日韓共同教材開発と実践	錦織 明	島根県国際理解教育研究会	日韓
					公文教育	「多文化共生」への意識を高める国際理解教育のカリキュラム開発と実践―包括的な多文化教育カリキュラム開発をめざして―	中山京子	東京学芸大学付属世田谷小学校	多文化

注1. 各回の入賞者は佳作をふくめてもっと多い。ここでは機関誌『国際理解』に掲載された入賞論文のみ記載した。
2. 記載なしを除いて総計1972本，平均73本の応募である。第29回と30回は合併号の.36号に掲載。
3. 筆者による作成（『国際理解』8号～36号，1976-2005年度掲載論文より）。

資料1-4　国際理解教育の学習領域とキーワード
（日本国際理解教育学会編2012：37）

学習領域	主な内容	キーワード 小学校低学年以上	キーワード 小学校高学年・中学校以上	キーワード 高校以上
A 多文化社会	1 文化理解	生活文化 伝統文化 文化の多様性と共通性	文化の尊重 文化的寛容	全体文化（上位文化）と部分文化（下位文化），対抗文化，エスノセントリズム（自文化中心主義）
	2 文化交流	異文化体験（食文化など）	文化交流による文化の歴史的形成	
	3 多文化共生	地域多様な人々との文化交流	マイノリティとマジョリティ	文化摩擦，文化対立，文化変容，文化支配，文化創造 多文化共生とジレンマ
B グローバル社会	1 相互依存	モノ（食べ物など），ヒトを通じたつながり	ヒト（移動・移住），コト（音楽・スポーツなど）を通じたつながり	コト（テロ・戦争・SARS・地球温暖化など）の影響
	2 情報化	身近な情報と情報源	マスメディア メディアリテラシー	グローバリゼーション 情報格差 情報操作
C 地球的課題	1 人権	自尊心・自己主張 他者の考え 人権の尊重 先入観・偏見への気づき	世界の子どもたち 子どもの権利条約 地域や国内のマイノリティ	民族，ジェンダー，セクシュアリティなどにかかわる差別問題と当事者たちの闘い
	2 環境	地域の環境問題 生活の見直し	地球環境問題，生態系 環境の保全 戦争と子ども	資源をめぐる南北対立，世界環境会議，持続的開発
	3 平和	けんかや対立の原因と解決法	難民の子どもたち 健康，教育，南北格差	積極的平和，構造的暴力 人間の安全保障
	4 開発	発展途上国の子どもたち	ODA，NGO等の取り組み	人間開発 持続的開発
D 未来への選択	1 歴史認識	地域の歴史認識	地域の国際的歴史認識 アジアの歴史認識	自国中心史観，ヨーロッパ中心史観の克服
	2 市民意識	地域の人々とのつながり	地域の一員意識 アジアの一員意識	民主主義社会の一員意識 社会の正義，当事者意識
	3 参加・協力	地域への発信 ユニセフへの協力	地域づくり ボランティア活動	さまざまな国際協力活動

注1．学習領域間の破線は，区分が難しく相互浸透が可能であることを示している。
注2．小学校・小学校高学年および中学校・高校段階と区別したのは，あくまでもおおまかな段階を示すものである。中学校段階は小学校段階の内容を含み，高校段階は小・中学校段階を含む。生徒や学校，地域の実態に応じて柔軟な構成が必要であろう。
注3．「未来への選択」は「多文化社会」「グローバル社会」「地球的課題」を学習するなかで，あるいは学習したのちに学習される領域である。

資料編　307

資料2-1　アメリカ各州の社会科フレームワークに見るグローバル教育
（1980年代後半）（森茂1994：313より引用，表記については一部改変）

コース・科目名 州名(36)	グローバル教育 国際教育	世界学習・現代世界の諸問題	国際関係	世界文化世界文明	民族学習・マイノリティ学習	その他 コースおよび補足
アラバマ		9-12			9-12	◇世界のコミュニティ（3）
アラスカ						1-6学年の内容の中に文化，環境，相互依存，変化等のテーマを含む
アーカンソー	11-12			9-10＊ 10-12		＊各1ユニット ◇グローバルな環境の中のアーカンソーのコミュニティ（3）
カリフォルニア				10＊	9	＊世界史，世界文化，世界地理，◇異なる人びと（1）強調 6-7学年の世界史学習においてグローバルな相互依存を
コロラド		6		6＊＊		＊世界文化／世界学習・州法でマイノリティの貢献の学習明記
デラウエア			9-12	6-7＊	9-12	＊7学年は15時間，◇世界の諸地域の家族と個人
ジョージア		9-12＊		5-7＊＊		1ユニット，＊＊文化圏学習，◇世界のコミュニティ（2）
ハワイ				6	9-12	現在，文化学習・グローバル教育のカリキュラム・プロジェクト設置
アイダホ		9-12				
インディアナ		9-12	9-12	6-7	9-12	2学年に「他の国の隣人」，4学年に「世界のコミュニティ」の内容を含む
アイオア						1989年すべての教科領域と学年にグローバルな視点の導入を決定。現在，多文化教育のカリキュラム・プロジェクトの設置
カンザス	9-12	9-12			9-12	すべての学年に他の国の人びととコミュニティの学習を含む
ケンタッキー	9-12			9-12		＊グローバル・イシューズ，◇私たちのコミュニティと世界の他のコミュニティ（3），ケンタッキー：合衆国と世界の関係（4）
ルイジアナ		6				
ミネソタ	9-12	10-12			9-12	いずれかの学年，120時間，◇未来学習（9-12選択）
ミシシッピー	9-12			7＊	9-12	＊1学期，◇グローバルな環境の中のコミュニティ（3），世界の様々な地域の生活（4）

ミズリー		9-12			現在，国際教育のカリキュラム・プロジェクト設置
ネブラスカ	9-12				新カリキュラムではK-12のすべての学年にグローバルな視点の導入
ニューハンプシャー	k-8*/9-12**				国際学習を含む，*3ユニット（経済，地理，世界史，グローバル学習の各領域を含む）
ニュージャージー		9-12		9-12*	*1年間（世界史／世界文化），◇未来学（9-12選択）
ニューメキシコ					9-12学年でグローバル史の知識の習得を目標
ニューヨーク	9-10			6*	引用者注	主要な文化地域，◇世界のコミュニティ（3）
ノースカロライナ		10*	9-12	9-12	1992から必修
ノースダコタ					◇世界の家族（2），世界のコミュニティ（3）グローバルな環境の中の私たちの州
オハイオ					k-8学年でマイノリティおよび文化集団の社会的貢献の内容
オレゴン					*1ユニット
ロードアイランド					4-12学年の内容にグローバル学習・環境学習を含む
サウスカロライナ			6		現在，サウスカロライナ黒人史のカリキュラム・プロジェクト設置
テネシー		9-12	6*		*世界史／世界文化
テキサス		9-12	6**		*1/2~1ユニット，**世界文化／世界史
バーモント					*世界史orグローバル学習
バージニア		6			*現在，国際／グローバル教育のカリキュラム／プロジェクト設置
ウエストバージニア					◇世界の中の合衆国，合衆国と世界（11，1学期）
ウィスコンシン	7*/9-12	9	6	9-12*	*グローバル・コネクションズ，**アメリカ社会の中のマイノリティ，・10，11学年の合衆国史でグローバルな文脈を強調 ◇世界のコミュニティ（3），未来学習，環境学習（9-12選択）
ワイオミング			10*		*しばしば選択（世界史or世界文化），◇世界のコミュニティ

| ワシントンDC | | | | 10** | 9*** | *グローバル・パースペクティブズ(1時間),**1年間,***アメリカ生活の中のマイノリティ(1学期),アフリカ系アメリカアメリカ人史(9-12選択) |

〈備考〉
1. Council of State Social Studies Specialists, *National Survey of Course Offerings and Testing in Social Studies, Kindergarten-Grade12*. 1991-1992. (1991)をもとに作成した。
2. グローバル教育関係の記述がみられない州は省いた。
3. 単に「世界史」「世界地理」といった名将のコースは省いた。
4. 数字は学年,下線は選択科目,◇はその他のグローバル教育関係のコースを示す。

引用者注
　ニューヨーク州の社会科フレームワークに民族学習・マイノリティ学習の項目が記載されていないのは疑問である。のちに,森茂(1996：15)は,多文化主義の視点を取り入れた社会科カリキュラムとしてニューヨーク州社会科の7,8学年の合衆国史,ニューヨーク州史を取りあげているからである。作表の時点(森茂1994：313)では,7,8学年は歴史学習として仕分けされたのではないかと推察される。

資料2-2　1987年改訂ニューヨーク州社会科K-6カリキュラムの概要
(*Program 1987 G 3*：30-33より筆者作成，下線は引用者による)

視点	一般化された概念（K-6）	第2学年の理解	第3学年の理解	第4学年の理解
社会	・個人および集団は，社会的・文化的必要と欠乏をもっている。 ・家族は社会の基本的単位である。 ・個人および集団は，社会において異なる役割を実行している。 ・集団は社会の中でどのような方法で相互に作用し合っている。 ・様々な集団や制度は社会的価値を伝えている。 ・現在および未来の社会的・文化的決定には，<u>地球的な相互依存</u>を考慮する機会がますます増えている。	・家族は，社会の基本単位として，すべてのコミュニティにある。 ・家族の成員は互いに依存し合っている。 ・いくつかの行動様式はコミュニティの成員から学ばれる。 ・<u>地方，都市，郊外のコミュニティは，多くの要因からなる社会的／文化的共通性と相違性がある。</u>	・すべてのコミュニティの成員は独特な個人である。 ・家族は，多様な形と組織をもって，すべてのコミュニティに存在している。 ・人々が社会の一成員として学ぶものは，個人の文化を創っている。 ・共通の文化集団の人々はしばしばコミュニティの中で共にくらしている。 ・<u>どの国家のコミュニティも，多くの要因からなる社会的・文化的共通性と相違性をもっている。</u>	・地域コミュニティの家族は変化してきた。 ・あなたのコミュニティの場所は変化する。 ・地域コミュニティでの学び方は変化し，かつ，我が国では場所によって多様である。 ・コミュニティは独特な社会／文化的成果と遺産をもっている。 ・合衆国は文化の歴史を有している。 ・<u>一つのコミュニティの過去現在の歴史は，多様な文化的，社会経済的背景をもち，その贈り物や事例によってコミュニティに影響を与えてきた貢献者，男性，女性に満ちている。</u> ・地域コミュニティの人々は，贈り物と事例によって他の文化から影響され，また利益をえることが多い。
政治	・規則と法律は，人々を守り秩序を維持するために作られた。 ・政府（権威を有する集団あるいは個人）は，法律を作り，施行し，解釈する責任がある。 ・民主的な生活のもとでは，人々は様々なレベルや政治への参加者であり，市民である。 ・民主主義では，人々は市民としての責任の代償として権利を保障されている。 ・現在および未来の政治的決定には，<u>地球的な相互依存</u>を考慮する機会がますます増えている。	・家族は，成員を守り，収めるために規則を作る。 ・児童，教師，事務員はすべて，学校コミュニティの市民であり，権利と責任を有している。 ・コミュニティの人々は，規則，権利，責任をめぐって対立を抱えることがある。 ・すべてのコミュニティには，成員を守り統治するために規則と法律がある。 ・我が国，アメリカ合衆国は法律を作成し，説明し，実行する指導者をもっている。 ・市民性は我が国の象	・学校では，児童は，権利，規則，責任を有している。 ・すべてのコミュニティの人々は，成員を治めるために，規則と法律を作り上げてきた。 ・コミュニティの人々は共通の善のために計画を立て，組織し，意思決定をすることができる。 ・コミュニティの成員は共通善に関わる問題について同意をしないことができる。 ・市民性は我が国の象徴の意識化を含む。 ・市民生は我が国の愛国的な祝祭の意識化を含む。	・若い人々は，愛国的な祝日の祝賀やその基礎と意味を通して，政治制度を支持することを学ぶ。 ・市民は，地方，州，国家のレベルの政治行動に貢献し，参加している。 ・市民は，地球的世界の現在および未来の問題に向き合う責任がある。 ・合衆国では，政治制度は一般的に代議制民主主義として考えられている。 ・合衆国のすべてのレベルの政府は公的である。 ・すべてのレベルの合衆国の政府は，法律

		・徴の意識化を含む。 ・市民性には我が国の愛国的な祝祭の意識化を含む。		・の作成，実行，解釈を実行することが許された構造をもっている。 ・現代の合衆国社会に生きる人々は法律を必要としている。 ・諸政府は人々が個人では提供できない機能を提供するよいに組織されている。 ・過去および現在の諸政府は機能を立案するためにあった。 ・未来では，諸政府および市民グループは立案し，ともに成長するだろう。 ・過去，現在においては，地域コミュニティの人々は共通の課題を共有している。 ・地域コミュニティは政治的な歴史を有している。 ・合衆国は政治的な歴史を有している。 ・合衆国のような民主的な制度は市民が様々な変化に影響されることを許している。
経済	・すべての人々は基本的な経済的必要と充足を有している。 ・人々は商品やサービスの消費者であり生産者である。 ・人々は，人間，資本および自然の資源を活用し，商品やサービスを提供する。 ・人々は，価値や目標にもとづき，資源の配置に決定する。 ・商品やサービスの生産と分配は，混合，統制，伝統的のいずれかの経済システムできめられる。 ・現在および未来の経済的決定には，地球的相互依存を考慮する機会がますます増えている。	・すべてのコミュニティの人々は多くの要因からなる多様な必要と充足を有している。 ・地方，都市，郊外のコミュニティの人々は，商品とサービスの生産者である。 ・地方，都市，郊外のコミュニティの人々は，商品とサービスの消費者である。 ・学校の人々は，商品とサービスの生産者であり消費者である。 ・地方，都市，郊外のコミュニティの人々は，労働者として特別な役割を果たしている。 ・労働を通してコミュニティの人々は，必要と充足を満たすために収入を得ている。 ・コミュニティは税金を集め，公共の利益	・世界のすべてのコミュニティの家族は必要と充足を有している。 ・家族の相互依存は成員の必要と充足を満たす必要がある。 ・人々は，限られた必要と充足，限られた資源のために経済的な選択をしなくてはならない。 ・コミュニティの人々は，商品とサービスの生産者であり消費者である。 ・人々の必要と充足，そしてその一致は多くの要因に影響されている。	・地域コミュニティは経済的な歴史を有している。 ・合衆国と世界の未来における経済事象は，地域コミュニティに影響を与えるだろう。 ・地域コミュニティの歴史上の経済事象は相互に関連している。 ・合衆国の歴史上の経済事象は相互に関連している。

		・のためにサービスを提供している。 ・コミュニティの人々は限られた必要と充足，限られた資源のために選択をしなくてはいけない。		
地理	・地図や地球儀は人々が地域を決定するのに役立っている。 ・地形，天気，気候は地域の生活様式に影響を与えている。 ・人々は環境に影響される。 ・地理は地域の人々を統合し，また分断する。 ・現在および未来の地理的問題に関する決定には，<u>地球的な相互依存</u>を考慮する機会がますます増えている。	・コミュニティは郊外，都市，地方に位置している。 ・郊外，都市，地方のコミュニティは，地理的要因に影響されている。 ・私たちのコミュニティのシンボルは役立っている。 ・いくつかのコミュニティでは，季節的な変化に影響されている。	・場所は地図に示すことができる。 ・場所は地球儀に示すことができる。 ・世界のコミュニティは地形的な特徴によって多様である。 ・コミュニティの生活様式は環境や地理的要因に影響される。 ・コミュニティの発展は環境や地理的要因に影響される。 ・人々は環境にて合資，また，変化させてきた。	・地域コミュニティは，地理的な歴史を有している。 ・合衆国は，地域コミュニティの地理的な歴史に関連した地理的な歴史を有している。 ・コミュニティと国家は境界を有し，地図や地球儀に位置づけることができる。
歴史	・国家，人々，事物は過去に起源を有している。 ・変化は常にある。 ・文化の伝播は人間にとって重要なことである。 ・人々，国家，場所，および事件の歴史は<u>相互に依存</u>している。	・コミュニティの各人は他者に引き渡すべき民族的背景をもっている。 ・学校は変化してきた。 ・地方，都市，郊外のコミュニティは変化してきた。 ・コミュニティはその歴史を祝福している。 ・未来のコミュニティは多様なものとなるであろう。	・コミュニティは変化してきた。 ・<u>未来のコミュニティは多様なものとなるであろう。</u>	なし

資料3-1　1987年改訂ニューヨーク州社会科第7，8学年「合衆国・ニューヨーク州史」の内容構成　　　　　　（Syllabus 1987 G7-8：27-130より筆者作成）

単元1　1500以前のアメリカ人の地球規模の遺産 　Ⅰ．歴史学と社会科学：人民に対する学習 　Ⅱ．文化に影響を及ぼす地理的要因 　Ⅲ．北アメリカの大西洋岸のイロクォイ族とアルゴンキン族の文明 　Ⅳ．1500年時点でのヨーロッパ人の世界概念
単元2　ヨーロッパ人の世界探検とアメリカの植民地化 　Ⅰ．ヨーロッパ人の世界探検と植民 　Ⅱ．植民地への入植：地理的，政治的，経済的要因 　Ⅲ．植民地コミュニティにおける生活
単元3　一つの国家の創造 　Ⅰ．アメリカ革命の背景要因 　Ⅱ．抵抗から分離への移行 　Ⅲ．新しく独立した諸州の統治のための初期の試み 　Ⅳ．革命の軍事的，政治的側面 　Ⅴ．アメリカ独立戦争によってもたらされた経済的，政治的，社会的変化
単元4　政府における実験的試み 　Ⅰ．連合規約と臨界期 　Ⅱ．1777年のニューヨーク州憲法 　Ⅲ．合衆国憲法の文面，構造，採択
単元5　新国家での生活 　Ⅰ．新しい政府の運用 　Ⅱ．ジャクソンの時代 　Ⅲ．ホームスパン期：1790-1860年代
単元6　分裂と再統合 　Ⅰ．南北戦争の根源的原因 　Ⅱ．南北戦争の勃発 　Ⅲ．南北戦争の結果
単元7　工業化社会 　Ⅰ．19世紀後半における工業化社会の成熟 　Ⅱ．アメリカの状況を変えた社会構造の変化 　Ⅲ．進歩主義運動1900-1920：新しい社会に改革するための努力
単元8　増大する相互依存の世界における独立国家としての合衆国 　Ⅰ．合衆国は領土を拡大し，海外帝国を建設した 　Ⅱ．合衆国は地球規模の政治の中で一つの役割を果たしはじめた
単元9　大戦間の合衆国 　Ⅰ．戦後期の精神を反映した「狂乱の20年代」 　Ⅱ．大恐慌

単元10　合衆国は世界規模の責任を引き受けた
Ⅰ．第二次世界大戦
Ⅱ．第二次世界大戦以後の世界における合衆国
Ⅲ．混迷の世界における合衆国
単元11　第二次世界大戦後から現在までのアメリカ人の変化
Ⅰ．戦後社会を特徴づける繁栄の時代
Ⅱ．ポスト工業化社会は限界の時代をもたらす
Ⅲ．21世紀に向けたアメリカの働き
単元12　今日の世界における市民的資質
Ⅰ．合衆国における市民的資質
Ⅱ．州および地方政府における市民的資質
Ⅲ．市民的資質の比較：各国共通の利益と関心

資料3-2 「グローバル学習」：単元「アフリカ」と「西欧」の目標
（Syllabus1987 G9-10：35-54, 138-167より筆者作成）

単元1　アフリカ　単元目標	単元6　西欧　単元目標
1. アフリカの人々の文化を形づくってきた自然的，歴史的，社会的，経済的要素についての知識。 2. アフリカの政治的，経済的，社会的発達に関する域内および他地域との相互関係の影響についての知識。 3. アフリカの人々や社会がグローバル社会の発展に果たしてきた役割についての知識。	1. 西欧の人々の文化を形づくってきた自然的，歴史的，社会的，経済的要素についての知識。 2. 西欧の政治的，経済的，社会的発達に関する域内および他地域との相互関係の影響についての知識。 3. 西欧の人々や社会がグローバル社会の発展に果たしてきた役割についての知識。
1. 自然的／歴史的条件　目標	1. 自然的／歴史的条件　目標
1. アフリカの気候や自然の特徴とそこで発展してきた文化や経済とのかかわりについて知る。 2. 自然地理，植生，技術が多文化的な接触と経済的発展に影響をどのように与えてきたのかを理解する。 3. 近代，伝統，人種，民族性，文化，文明といった概念を定義し，活用できる。 4. アフリカの過去を発見することの困難と好機についてわかる。 5. ヨーロッパに近接することを含めて，その大きさと位置および天然資源を理由とした，世界におけるアフリカの歴史的重要性を評価する。 6. アフリカの人々の歴史が他地域の人々の歴史よりも古いこと，アフリカ人が最初に基本的な技術を開発したことを理解する。 7. サハラ周辺地域におけるキリスト教の影響を理解する。 8. アフリカの社会秩序の変革や政治経済のシステムの転換にイスラム教がどのように貢献してきたかを識別する。 9. アフリカ人の創造性を理解し，視覚芸術や建築の様式における多様性を評価する。建築やその様式は自然環境，技術，神学，社会や政治の制度の相互作用によって決定されることを知る。	1. 西欧の地理的多様性とそれが地域のアイデンティティをどう作ってきたのかがわかる。 2. ギリシャの民主的な価値が個人の表現と創造性の環境をどう作ってきたのかを分析する。 3. ギリシャ人が真実とそれを問う精神が西欧の科学と技術の土台となったことについて議論する。 4. 他の社会の文化的発展に及ぼしたギリシャの文化の影響について結論をだす。 5. 後のヨーロッパの政治的発達に及ぼしたローマ帝国の思想の影響について理解する。 6. 政治，法，技術の分野におけるローマの業績を追跡する。 7. グローバルに相互に依存している世界の視点からローマの交易システムについて調べる。 8. ローマの文明以外にもヨーロッパの文明の形成に対するゲルマン人の貢献を評価する。 9. 分割された世界における封建制度の発展について追跡する。 10. 安定と秩序の付与と西欧的価値観と文化の形成におけるローマカトリック教会の役割を分析する。
2. 変化のダイナミックス　目標	2. 変化のダイナミックス　目標
1. アフリカの奴隷貿易，特に，15世紀以後の大西洋間の時代の性質と規模を，アフリカ，ヨーロッパ，アメリカの人々の変化の主な力として理解する。 2. ヨーロッパが，技術の優位性をとおして，どのようにしてサハラ周辺のアフリカを経済的，政治的に支配できたのかを理解する。 3. ヨーロッパの侵略と征服に対するアフリカの多様な反応について評価し，ヨーロッパ諸国家の動機を理解する。	1. 十字軍，モンゴル帝国，ルネッサンス，大航海時代といった異文化間の接触が西欧文明の発展に及ぼした影響を探究する。 2. ヨーロッパの市場経済の発達を追跡する。 3. ヨーロッパの絶対主義の出現と封建制度の衰退について分析する。 4. プロテスタンティズムの勃興についての宗教的，政治的因果関係を理解する。 5. 宗教改革と国民国家の成立の関係について認識する。 6. 科学の進歩と伝統の打破に代表される科学革命について理解する。 7. 革命の原因，革命がしばしば見逃した局面，および継続した影響について探究する。 8. 産業化をもたらした条件について確認する。 9. 産業資本主義に代わる発展について理解する。 10. 固有の国家主義の普及の代理人としてのヨーロッパの帝国主義を分析する。 11. 第一次世界大戦の原因を理解し，これらの原因が，国家主義，帝国主義，および工業化がもたらした諸国家の経済的対立としての変化のダイナミックスを起こしたことを説明する。

3. 現代の国家と文化　目標	3. 現代の西欧諸国と文化　目標
1. ヨーロッパ人の支配がアフリカおよびその制度に及ぼした影響について理解する。 2. アフリカの国家主義と汎アフリカ主義の発生，発展，結果について理解する。 3. 自由とそうではない人と社会の関係を認識する。 4. 政治的，文化的，社会的制度における西洋の衝撃について理解する。 5. 今日の大多数のアフリカ人が，いまだに，伝統と現代が混合している地方の生活に依存していることを理解する。	1. 第一次世界大戦後のドイツがナチのために豊かな土地を提供した理由を説明する。 2. ナチの思想と行動の基礎を提供した歴史上の反ユダヤ主義について探究する。 3. ホロコーストについて議論し，ホロコーストおよび他の虐殺の犠牲者に共感する。 4. 第二次世界大戦のグローバルな次元について理解し，20世紀の技術の破壊的な力についてより意識を高めていく。 5. 英国のような議会制度の性質と進化について考える。 6. 西欧の価値観が，人権の保障に与えた影響と人間にとって必要なものを供給してきたことについて分析する。 7. 芸術，音楽，文学における西欧の文化的業績について説明する。 8. 脱工業化社会における都市化について調査する。 9. 政治的かつ経済的統一に向けてのヨーロッパの歩みについて考える。
4. 経済的発展　目標	4. 西欧の経済的発展　目標
1. アフリカの独立国家が国家の統一と経済的自己決定を求める中で経験している障害について確認する。 2. 加速する人口増加や貧困と経済社会的自己決定の結果との関係について認識する。 3. アフリカにおける自由を蝕む力を理解する。 4. アフリカの都市域の急成長の結果およびその成長がもたらす諸問題について確認する。	1. 工業経済から脱工業経済に移行しようとしている西欧および継続する西欧の影響力の低下について議論する。 2. ヨーロッパの経済的発展における自然，人間，資本の資源が果たした役割について理解する。 3. ヨーロッパにおける市場経済と計画経済の均衡について検証する。 4. ヨーロッパの復興および経済統合への動きにおいてマーシャルプランの果たした役割について理解する。 5. ヨーロッパ経済共同体の進化およびそれがヨーロッパの相互依存の経済に果たした役割を追跡する。
5. グローバルな文脈の中のアフリカ　目標	5. グローバルな文脈の中の西欧　目標
1. 主なヨーロッパの国と合衆国が，アフリカ諸国の外交政策に影響力を行使していることを理解する。 2. アフリカ諸国が非同盟外交を維持することが困難な理由について確認する。 3. 共産主義および非共産主義に対するアフリカの戦略的重要性を認識する。 4. アフリカ南部の状況やアフリカ諸国と非アフリカ諸国の双方にとって問題の複雑性を理解する。	1. ヨーロッパの歴史とグローバルな権力構造に及ぼした連合国の勝利の影響について判断を下す。 2. 世界の人々や権力構造に及ぼした原爆の政治的，情緒的影響について探究する。 3. 第二次大戦後のアフリカ，アジアにおけるヨーロッパの植民地帝国の崩壊を追跡する。 4. ヨーロッパの相互依存的な防衛について調査する。 5. ヨーロッパにおける急進的な政治運動のねらいと戦術を理解する。

資料3-3 「グローバル学習」：単元1「アフリカ」の内容構成
(*Syllabus 1987* G9-10：35-54より筆者作成)

1. 自然的／歴史的条件　学習内容
A. 大きさと位置
1. 合衆国の3倍の大きさ
2. 赤道をはさんで南北がほぼ等しい距離
3. インド洋，大西洋，地中海，紅海といった主な海洋に囲まれている
4. 北，東，西の水のつながり
B. 鍵となる自然および地表の特徴
1. 大低地と高原の明確な描写
2. 大陸間および大陸内の交易と商業におけるサハラ砂漠の影響
3. 山と山脈
4. 湖：チャド，ビクトリア，タンザニア，マラウイ
5. 河川：ニジェール，ナイル，ザンベジ，コンゴ
6. 土壌：一般的に固く酸化している。養分流出，浸食，砂漠化しやすい。
7. 植生の分布
a. 西アフリカおよび赤道アフリカの熱帯雨林
b. スーダンおよび中央アフリカ，南アフリカのサバンナ
c. サハラ，ナビーブ，カラハリの砂漠とステップ
C. アフリカにおける初期の文化的発展と文明
1. 過去の発見に使われた手段
a. 考古学
b. 口承の伝統
c. 放射性年代測定
d. 書かれた記録
e. 人類学
f. 歴史学
2. 過去への生きた手がかりとしての神話と伝説：アイデンティティと連続性
3. 異文化間の接触にたいする障害
4. 移動における鉄器時代の技術とその影響：交易，交換の中心地
5. 初期文明：東アフリカ／アクスム，メロエ，クス，南および中央アフリカ／コンゴ，ジンバブエ，西アフリカ／マリ，ガーナ，ソンガイ，ナイル渓谷／エジプト，クス，ヌビア
6. 古典古代文明と接触した北アフリカ：ギリシャ，セム（ユダヤ），ローマ，インドネシア
D. 発展にたいする障壁
1. 水資源の乏しさ
2. 利用可能な天然資源の限られた利用
3. 鋤，斧，ドリルの欠如は，土壌，樹木，鉱物のきわめて限定的な活用しかもたらさなかった。
4. 車輪を使った乗り物の欠如
5. ツェツェバエの広がりは，サハラ周辺の多くの地域での馬や牛の利用を不可能にし，ラクダの利用がサハラの交易の鍵となった。
6. 市場に出せる資源類の欠如
7. 伝統的な生産方式への依存

E. 宗教
1. アイデンティティとして
a. 祖先崇拝
b. 集団の強化（血統や氏族）
c. 王制の崇拝
2. 初期の諸宗教，神や神聖の概念
3. イスラム教
a. 伝統的な法律や宗教との相違点と共通点
b. 伝統的な権威に対するイスラム教の制度の影響
c. サハラの南部の転向
d. 19世紀の聖戦（ジハード）
e. 西アフリカにおける神学的国家の形成
f. 20世紀の改革的，原理主義的イスラム運動
4. キリスト教
a. エチオピアとヌビアにおける初期キリスト教
b. 福音主義的復興と宣教の影響
c. アフリカ人の抵抗と地域の多様なキリスト教の信仰施設の設立
d. アフリカ人の独立教会運動
e. 独立の時代におけるイスラム教徒とキリスト教徒の協力と対立
f. 道徳的，倫理的ジレンマ
F. アフリカの伝統芸術の役割と表現
1. 権力構造の向上と維持：社会支配の道具
2. 精神世界との交信と悪霊に対する保護
3. 社会的アイデンティティの付与
4. 音楽と舞踊
5. アフリカの建築
a. 様式と機能
b. 自然環境との関係
c. 共同体との関係

2. 変化のダイナミックス　学習内容
A. 古代アフリカ文明の興亡と近代国家の出現
B. アフリカにおける奴隷制度と奴隷貿易
1. 内外の奴隷貿易：ルート，市場，行き先
2. 参加者の動機と理由
3. 犠牲者と西欧社会の負の遺産の影響
4. 奴隷制の廃止
a. 道徳的，倫理的慣りと行動
b. 合法的な貿易への転換：経済利益が奴隷なしでも得られた。
c. 奴隷貿易の遺産
C. 発見と特許会社の時代
1. 初期のヨーロッパの競争者：政治的，経済的
2. 初期の人種支配の類型
3. 産業資本主義と「新」帝国主義：ヨーロッパ人の探検と搾取
4. アフリカ人の従属の類型
a. 雇用
b. ヨーロッパ人の帝国的な支配化でのアフリカの半帝国主義

D. ヨーロッパ人によるアフリカ支配の結果
1. 予防薬と栄養の改善
   a. 幼児死亡率の低下
   b. 人口爆発
2. 農業の変革
   a. 新種と化学肥料の利用による生産量の劇的な増加
   b. 輸出作物の過剰評価
   c. 食料生産の停滞
   d. 地域内で以前は作られていた主要作物の輸入
3. 商業的農業への従属からの転換
4. 原料の搾取
5. 輸送と通信の改善：鉄道
   a. 人的資源，天然資源のより効果的な利用が可能になった。
   b. 土地の共有財産の観念を破壊した。
   c. 経済発展に対し遠くの地域が関わるようになった。
   d. 強制労働と人権侵害をもたらした。
   e. 労働移動を加速させ，家族と集団の結束を弱くした。
6. 土地の共有から私有への転換
7. 新しい法律体系
   a. 制服の規制
   b. 世俗と宗教の法の分離
   c. 多様な文化による慣習的手続きの修正もしくは廃止
8. 物々交換から金銭経済への転換
   a. 富の分配の格差拡大
   b. 社会的緊張の高まり
   c. 富と資本の蓄積の加速化
   d. 市場経済の発展への刺激
9. 教育の拡大
   a. 教育を受けたアフリカ人の職業選択の拡大
   b. 高等教育：古典的，ヨーロッパ志向，アフリカの発展にはつながらない。
   c. 先住文化の地位低下

3. 現代の国家と文化　学習内容

A. アフリカの国家主義と汎アフリカ主義
1. それぞれの運動の由来，アメリカの影響
2. 外国人からアフリカ人へ，指導者の転換
3. 第一次世界大戦，第二次世界大戦の影響
4. 植民地時代の憲法の影響と選挙政治
5. アフリカの国家における政治的問題
   a. 参加民主主義の衰退
   b. 腐敗と親類縁者主義
6. アフリカの国家主義と汎アフリカ主義の衝突
7. 南アフリカ共和国
   a. 現代の南アフリカ住民の歴史的起源
      1) この地域におけるアフリカ人住民の集団と起源
      2) 南アフリカへの白人の移民：オランダ人（ボーア人），イギリス人
      3) アジア人の移住
   b. 白人支配とアパルトヘイトの成立
   c. アパルトヘイトと白人支配に対するアフリカの黒人の反応
   d. 非アフリカ諸国や国際連合との接触
   e. 南アフリカ共和国における現在の人種，経済的状況

B. 東アフリカと西アフリカの一国について深い研究が望ましい
1. 歴史：国家主義の運動
2. 政治的，文化的発展
3. 現況：例，東：ケニア，タンザニア，西：ナイジェリア，ガーナ，コートジボアール

C. 文化的，社会的制度における西洋の衝撃
1. 拡大家族から核家族への転換
2. 親族の結束矢つながりの弱体化
3. 単婚への転換
4. 社会的，経済的生活における女性の役割の変化
5. 主要な都市中心地の発展

D. 移り変わるアフリカ人の生活
1. 大多数のアフリカ人は今日でもなお生存の道を土地に依存している。
2. 強固な伝統的価値観と態度はまだ地方では受け入れられている。
   a. 女性の役割
   b. 家族の重要性
3. 新しい態度と価値難は伝統的な行為と衝突している。
   a. 教育機会の拡大
   b. より良き通信：テレビ，ラジオ，映画，出版メディア
   c. 工業化と近代化
   d. 西洋思想の影響—大衆民主主義，社会主義，多数派の支配，市民権と招集者の人権

4. 経済的発展　学習内容

A. 経済的自立を図るために経験している困難
1. アフリカ諸国と借物の制度との困難な関係
2. 銀行，学校，輸出などに強く残っている植民地の制度
3. 都市の工業開発の強調
   a. 国営企業
   b. 地方の切り捨て
   c. 都市中間層の成長
   d. 不十分な住宅
4. 1970年代および80年代の早魃の影響
5. 社会主義および混合経済の開発モデルの成立
   a. タンザニアとエチオピア
   b. ケニアとナイジェリア

B. 人口問題
1. 高出生率維持の理由
   a. 保健教育サービスの欠如
   b. 伝統的信仰と大家族への圧力
2. 人口と資源の関係
   a. 平均寿命の改善
   b. 都市部における雇用をこえる移住の増加
   c. 食料供給の限界

C. 都市化
1. 初期のアフリカにおける都市の役割
2. 植民都市と貧民街の興隆
3. 都市の人口過剰と主要なサービスの破綻
4. 都市の成長の統制に対する障害

D. 農業と食料供給
1. 主要な食料用作物：輸入品と国内産
2. 転換期にあるアフリカ人の食べ物
3. 森林破壊と土壌浸食
4. 国内生産者に対する弱い政治的関心
5. 水資源の不足および井戸掘削、灌漑技術の高コスト
6. 先進国工業国から発展途上国への技術転移の問題

5. グローバルな文脈の中のアフリカ　学習内容

A. アフリカの対外同盟と結びつき
1. ヨーロッパ経済共同体と46のアフリカ，カリブ，太平洋諸国で行われた1975年ラメ会議
2. イギリス連邦
3. 国際連合
4. 経済相互援助会議 CMEA
5. 世界銀行と国際通貨基金
6. 石油輸出機構

B. アフリカ諸国における直接的な外交干渉
1. 1960年代のコンゴ危機
2. 旧植民地におけるフランス軍隊の関与：チャドなど
3. アンゴラとエチオピアにおける米ソ対立

C. 合衆国とアフリカの関係
1. アメリカの慈善活動。特に食料支援
2. 軍事援助，米軍基地，衛星通信局
3. 国内外での人種差別の取扱い

D. 世界の中のアフリカの役割
1. 戦略的な位置
2. 資源：企業経済と国家の政治
3. 非同盟
4. 人種問題の影響

資料3-4 「グローバル学習」：単元6「西欧」の内容構成
(*Syllabus 1987* G9-10：138-167より筆者作成)

1. 自然的／歴史的条件　学習内容
A. 自然地理
1. 大きさと位置
2. 地形
a. 山脈
b. 低地
c. 高原
3. 気候
a. 北大西洋海流の影響
b. 南部の乾燥地域
c. 農業への影響
4. 海洋との関係
a. 海に近づきやすい多くの凍らない港
b. 航行可能河川と運河と不規則な海外線，良好な港湾
B. 地中海文明
7. ギリシャの都市国家
a. アテネの民主主義の成長，個人に対する新しい態度
b. 問いの精神と真実の追求，ギリシャの科学
c. 芸術における優れた基準
8. マケドニア人によるギリシャの統一
a. ヘレニズム帝国と芸術と科学に対する貢献
9. 古代ローマ
a. ローマ共和国，老魔法，正義，人権
b. 広大な地中海帝国の政治的，文化的業績
c. 帝国内および中国までに及んだ通信と交易
10. 西ローマ帝国の衰退
a. ゲルマン人の侵入
b. イスラム教の浸食
c. ビザンチウムの隆盛
11. フランク王国
a. シャルマーニュ（カール大帝）の征服の政治的影響
b. 封建制の勃興に拍車をかけたバイキングの侵略
C. 混沌とした西欧に結合を提供した封建制
1. 際立つ階級と社会的上下関係 hierarchy
2. 政治的意味を持った経済ステムとしての荘園制度
3. 経済生活を変えた技術と軍事の進歩
D. 中世の教会：統一，安定，思想と表現の一体化
E. 迫害と移住をもたらした反ユダヤ法と分断政策
1. ユダヤ人を除外した教会法
2. 指導者たちはユダヤ人を迫害し，しばしば自国から追放した
2. 変化のダイナミックス　学習内容
A. 異文化間の接触の影響
1. 十字軍
a. 宗教的，政治的原因
b. ヨーロッパと，イスラムやビザンチンとの接触の増加の結果
c. イタリアの都市国家や他の都市域による増大する経済活動
2. モンゴル帝国のヨーロッパへの影響
a. 広大なユーラシア帝国との陸海での交易の増加
b. それまでは限られていた地域の地理的知識の増加
3. ルネッサンス
a. 経済的，政治的原因：興隆する中産階級の役割
b. 芸術や文学に反映された，人間主義と個人の独自性，価値の強調
c. 世俗主義と現世や非宗教的な事象への関心の増大
4. 大航海時代
a. 東洋の物品への接近に与えた，十字軍，マルコポーロ，およびビザンチンの没落の影響
b. 技術の進歩の重要性：出版術，火薬，航海術
c. アフリカ，新世界，アジアの住民に及ぼしたヨーロッパの拡大の影響
d. 拡張と貿易から成長したヨーロッパ諸国の競争相手
B. 国民国家の興隆と国際秩序の変化
1. 絶対主義の時代：王権の成立
a. マキャベリと世俗権力
b. 王権神授説 divine right of kings theory
c. 事例研究：イギリスのエリザベス女王とフランスのルイ14世
d. イギリスにおける王権の制限
1) マグナカルタ12145
2) ピューリタン革命1642-1660
3) 権利章典1689
2. 宗教改革と反宗教改革
a. ルターの「95条の提題 Ninety-Five Thesis」
b. ヨーロッパにおける宗教的統一の終焉
c. 教会権力の犠牲のうえに立つ国民国家の成立
d. 識字と教育への勢いの増大
e. 西欧における非キリスト教徒，特にユダヤ人の迫害の増加
3. 商業革命と商業の理論と実践
a. 新興資本家階級の出現
b. 地中海から北ヨーロッパへの経済力の移行
c. 商業的経済理論の発達
d. 市場経済の推進，利潤追求，資本の私的所有と運用（資本主義制度）
4. 技術革命
a. 観察と実験の成立
b. 自然現象の神学的説明の拒絶
c. 世界へのヨーロッパの拡大が私たちの産業社会の構築にとっての技術の発展をもたらした

C. 政治革命
1. 啓蒙主義
   a. 伝統的な権力構造への疑問：ヴォルテール
   b. 王権神授説の拒絶
   c. ルソーと社会契約論
   d. 重商主義理論への挑戦；自由放任主義とアダムスミス
2. アメリカ独立革命
   a. 啓蒙主義の原則に基づいている
      1) ジョンロックの市民政府二論
      2) トーマス・ペインのコモンセンス
      3) 独立宣言とトーマス・ジェファーソン
   b. ヨーロッパとラテンアメリカへの影響
3. フランス革命
   a. 革命前夜
   b. フランス革命期の権力の移動
   c. ナポレオンの出現と秩序と社会的結合の成立
   d. 他のヨーロッパ諸国の権力構造への挑戦
4. 国家主義と民族自決
   a. 統一と独立の力として
      1) イタリアの統一
      2) ドイツの統一
   b. 民族自決と外国支配の打破の力として
   c. 非西欧国家への影響

D. 産業革命
1. 前提条件
   a. 天然資源
   b. 需要の増加
   c. 労働の供給
   d. 資本投下
   e. 交通輸送
2. 工場制の発達と階級の地位の変化
3. イギリスの改革運動と政治権力の変化
4. 他の世界への影響：経済，政治

A. 19世紀資本主義国民国家と経済行為に対する社会主義者の批判
1. 労働者の労働および生活水準に対する反応として
2. マルクスよる歴史の経済的解釈
   a. 周期的な失業と不況
   b. 剰余価値理論
   c. プロレタリアートによる革命と資本主義に代わる社会主義の代置の不可避
3. マルクスとエンゲルスの政治理論
   a. 階級闘争とプロレタリアート独裁
   b. 生産手段の共有
   c. 国家の消滅

F. 19世紀の帝国主義
1. 国家の権力，誇り，経済の支柱として
2. 産業革命の所産として
3. ヨーロッパそれ自体の内部
4. 他の地理的地域のヨーロッパによる支配が社会，制度，経済に与えた影響
5. 国内外での反帝国主義勢力による帝国主義への反応

6. 合衆国の介入 - ヨーロッパおよび合衆国の外交への影響

G. グローバルな文脈における第一次世界大戦
1. 政治的，経済的原因
2. 戦略と新しい技術の応用
3. 国際法に関する国家間の戦争の影響
4. 大戦後におけるヨーロッパのグローバルな支配の衰退

3. 現代の西欧諸国と文化　学習内容

A. 現代の全体主義国家ナチの興隆
1. ヨーロッパにおける人種差別と反ユダヤ主義
2. ドイツ，世界恐慌，ワイマール共和国
3. ナチの台頭
4. ナチ国家
   a. 全権を持った総統による全体主義社会
   b. アーリア人種神話
   c. ホロコースト—ユダヤ人，ポーランド人，他のスラブ民族，ジプシー，障害者などの根絶

B. 第二次世界大戦：枢軸国の敗北
1. グローバルな戦争行為，新しい技術
2. 戦争のグローバルな影響

C. 政治的進化とイギリスの議会制民主主義
1. 立憲君主制
2. 議会制度と王制の抵抗
3. 非成文憲法：人権の保障
4. 連邦ではなく統合の制度
6. 継続するアイルランド問題—政治的進化への挑戦

D. ヨーロッパの人々と生活
1. 民族，宗教的マイノリティ
2. 西欧の宗教
   a. 多様性
   b. 世俗主義に対する共通の価値観
   c. 世界教会主義
3. 都市化
   a. 脱工業化社会における計画的な発展
   b. 環境への関心
4. ヨーロッパ的価値観を反省する芸術や現代思潮
   a. 19世紀ロマン主義と音楽や芸術における国家主義
   b. 印象派：科学的，社会的変化の反省
   c. 20世紀芸術の社会

E. 政治的統一への運動
1. ヨーロッパ経済共同体
2. ヨーロッパ議会
3. ヨーロッパ法廷

4. 西欧の経済的発展　学習内容

A. マーシャルプラン
1. 経済の荒廃
2. 第二次大戦後のヨーロッパに対する合衆国の開発援助
3. 経済統合への動き

322　資料編

B. ヨーロッパの発展：脱工業化経済への移行 1. 経済的多様性 　c. 工業化 　d. 技術とサービス産業 2. 南欧の発展に必要なこと 　d. 農業改革 　e. 工業化 3. 経済的自立
C. 経済協力と統合への動き 1. ヨーロッパ経済共同体への歩み 2. 共通市場の実施
D. ヨーロッパの社会主義 1. ユートピア的社会主義 2. 現代の社会主義：イギリスの例
E. 現代の経済的諸課題 1. インフレ 2. 保護主義と自由貿易 3. 経済的停滞 4. 生活水準
A. ヨーロッパとグローバルな貿易 1. 合衆国との貿易 2. イギリス，ノルウェーと OPEC 3. ヨーロッパ経済共同体と旧植民地 4. 西欧と社会主義圏
5. グローバルな文脈の中の西欧　学習内容
A. 第二次大戦後の連合国の勝利のグローバルな影響 1. 核兵器時代の幕開け 2. グローバルな超大国としての米ソの支配 3. ヨーロッパのグローバルな支配の終焉 4. ヨーロッパにおける政治的，権力的な変化
B. ヨーロッパにおける冷戦 1. ソ連による東欧支配と他地域への脅威 2. トルーマンドクトリンと「包囲」の政策 3. ベルリン：東西対立の事例研究 4. ドイツの分割 5. チェコに対するソ連の侵入
C. ヨーロッパ支配の最終的な終焉とその余波 1. インドシナのフランス1954 2. スエズ危機1956 3. アジア，アフリカの旧植民地とヨーロッパの関係
D. 国際連合：グローバル的な平和の追求 1. 組織と統治 2. 先行する統合と平和への努力の比較と対照
A. ヨーロッパの防衛手段 1. 北大西洋条約機構 2. 西欧同盟 3. ヨーロッパ防衛共同体

資料3-5 「グローバル学習」：「アフリカ」単元の授業計画例（*Syllabus 1987* G9-10：41，44-45より筆者作成）（表中の下線，太字は原文のまま。主要概念に関わるキーワードを示すもの―引用者）

(1)「1. 自然的／社会的条件：E. 宗教，F. アフリカの伝統芸術の役割と表現」

学習内容	主要概念	活動モデル
E. 宗教 1. アイデンティティとして 　a. 祖先崇拝 　b. 集団の強化（血統や氏族） 　c. 王制の崇拝 2. 初期の諸宗教，神や神里の概念 3. イスラム教 　a. 伝統的な法律や宗教との相違点と共通点 　b. 伝統的な権威に対するイスラム教の制度の影響 　c. サハラの南部の転向 　d. 19世紀の聖戦（ジハード） 　e. 西アフリカにおける神学的国家の形成 　f. 20世紀の改革的，原理主義的イスラム運動 4. キリスト教 　a. エチオピアとヌビアにおける初期キリスト教 　b. 福音主義的復興と宣教の影響 　c. アフリカ人の抵抗と地域の多様なキリスト教の信仰施設の設立 　d. アフリカ人の独立教会運動 　e. 独立の時代におけるイスラム教徒とキリスト教徒の協力と対立 　f. 道徳的，倫理的ジレンマ	伝統的な宗教信仰は社会的，政治的秩序や癒し，再生，善悪，**正義と不平等**の概念と切り離せず，ほとんどすべての生活の側面に浸透している。 地理，文化，統率力や制度の力は，強度，形式，宗教的適応と**変化**の方向性に影響を与える。 イスラムの**多様性**と適応構造はアフリカ人にイスラムと非イスラムの混合した思想や実践を可能にし，民族的，地域的，および国家的忠誠をそれぞれに切り離してきた。 イスラム教は，法の統一性と**正義**の客観的な施行に貢献し，貿易や市場活動の拡大をもたらした。 宗教は，すでに起きている社会的，政治的**変革**の代行者の役割を果たす。多くのアフリカ人は，ヨーロッパ人の宣教師たちによって設立された教会や教会組織に由来するキリスト教の実践様式を発達させてきた。 キリスト教の宣教師たちは，アフリカの人々にそなわっていた革命的な思想や行動様式の<u>新たな方向づけ</u>を求めた。	アフリカの宗教的信仰，イスラム教，キリスト教に関するテキストを選んで読む。なぜ，特定の宗教が特定の地域に広まったのか，を考える。それらの信仰体系がアフリカの国々や共同体の社会的，政治的背景に与えてきた影響を追跡させる。また，これらの宗教における信仰を比較し，なぜ，特別な信仰が歴史上のある時代の，ある集団に特別に受け入れられてきたのかを検証させる。個人レポートを課して，クラスで発表する。 国境のないアフリカの白地図を使って，民族，言語，宗教の分布図を作らせる。その後で，1870，1914，および今日のアフリカの透明の地図（政治的国境のついた）を重ねる。そこから，何が分かるか，考えさせる。
F. アフリカの伝統芸術の役割と表現 1. 権力構造の向上と維持：社会支配の道具 2. 精神世界との交信と悪霊に対する保護 3. 社会的アイデンティティの付与 4. 音楽と舞踊 5. アフリカの建築 　a. 様式と機能 　b. 自然環境との関係 　c. 共同体との関係	アフリカの伝統芸術は，<u>功利主義と神聖主義</u>の性質を持っている。 偉大な芸術的伝統は黒人のアフリカで発達し，現代アフリカのおよび西洋の「現代」芸術に深い影響を与えた。 アフリカの建築はアフリカの村落生活の物理的な反映である。	生徒にアフリカ芸術の写真を集めさせる。図書館の芸術の本や芸術雑誌あるいはナショナル・ジオグラフィックのような雑誌を活用する。多様な基準―モノ，様式，用途，大きさ―から芸術写真を分類させる。それらの写真の土台になっている芸術の様式と機能についての思想を一般化させる。生徒は，アフリカ芸術をより詳細に説明する本やテキストを使って，その思想を検証できるだろう。 アフリカの民話や歌謡を使って，伝統的なアフリカ文化の価値を探究する。最近の短編物語や大きな文学からとった抄録は，伝統的な価値，文化，生活様式と現代的なそれらを比較するのに活用できるだろう。

(2)「2. 変化のダイナミックス：D. ヨーロッパ人によるアフリカ支配の結果」

学習内容	主要概念	活動モデル
D. ヨーロッパ人によるアフリカ支配の結果 1. 予防薬と栄養の改善 　a. 幼児死亡率の低下 　b. 人口爆発 2. 農業の変革 　a. 新種と化学肥料の利用による生産量の劇的な増加 　b. 輸出作物の過剰評価 　c. 食料生産の停滞 　d. 地域内に以前は作られていた主要作物の輸入 3. 商業的農業への従属からの転換 4. 原料の搾取 5. 輸送と通信の改善：鉄道 　a. 人的資源、天然資源のより効果的な利用が可能になった。 　b. 土地の共有財産の観念を破壊した。 　c. 経済発展に対し遠くの地域が関わるようになった。 　d. 強制労働と人権侵害をもたらした。 　e. 労働移動を加速させ、家族と集団の結束を弱くした。 6. 土地の共有から私有への転換 7. 新しい法律体系 　a. 制服の規制 　b. 世俗と宗教の法の分離 　c. 多様な文化による慣習的手続きの修正もしくは廃止 8. 物々交換から金銭経済への転換 　a. 富の分配の格差拡大 　b. 社会的緊張の高まり 　c. 富と資本の蓄積の加速化 　d. 市場経済の発展への刺激 9. 教育機会の拡大 　a. 教育を受けたアフリカ人の職業選択の拡大 　b. 高等教育：古典的、ヨーロッパ志向、アフリカの発展にはつながらない。 　c. 先住文化の地位低下	植民地時代は、アフリカから自給自足や自律を減らし、西洋の需要に依存させるようにした。 植民地の権力は、共通性のない民族的、政治的単位をよりおおきなものにくみいれることによって、アフリカのより大きな政治的、経済的、言語的統一に貢献した。 ヨーロッパ人の征服は、アフリカ人とヨーロッパ人の価値観や思想とを衝突させた。 大陸の分割において、ヨーロッパの帝国主義者は、歴史的、民族的、文化的つながりを無視して勝手に新しい境界を引いた。国境紛争は、今日のアフリカ全体の統一の主要な妨げになっている。	ケニヤッタ（Kenyatta）、エンクルマ（Nkrumah）など、アフリカ人の国家主義者の作品の文章を読ませる。さらに、詩や他の文学作品を使って、20世紀のアフリカにおける国家主義の「感情」について探究させる。 セシル・ローズ（Cecil Rhodes）の生活と時代は帝国主義の権力の事例として活用できる。他の植民地探検家や発見家、軍人を見つけ出し、彼らのアフリカとアフリカ人に対する認識を探究させる。これらの認識は、いかにして、頻発する無慈悲な権力の行使を説明するか。 アフリカ人の生活におけるヨーロッパの影響を絵に描くようにさせる。影響の道徳的、倫理的側面、肯定的、否定的結果について見ることができるように支援する。 完全には独立していない、もしくは、アフリカ人の大多数が支配している地域の地図を書かせる。 生徒に、合衆国が新しい国家として直面してきた問題についてリストアップさせ、考えさせる。独立したアフリカの国の問題についてもう一度研究するようにいう。それらの問題は似ているか、違っているか、質問する。

資料3-6 「グローバル学習」：「西欧」単元の授業計画例（*Syllabus 1987* G9-10：151-152, 165より筆者作成）（表中の下線，太字は原文のまま。主要概念に関わるキーワードを示すもの―引用者）
(1)「2. 変化のダイナミックス：C. 政治革命」

学習内容	主要概念	活動モデル
C. 政治革命 1. 啓蒙主義 　a. 伝統的な権力構造への疑問：ヴォルテール 　b. 王権神授説の拒絶 　c. ルソーと社会契約論 　d. 重商主義理論への挑戦：自由放任主義とアダムスミス	ヨーロッパの中産階級は，彼らの政治**権力**を否定する中世の階級構造を拒否した。彼らは，選挙によって選ばれた代議制度によって管理される政治に参加する権利を主張した。 アメリカの独立とフランス革命は西欧の政府と非統治者の関係における基本的な**変革**を示すものである。この二つの革命によって。西欧は，<u>平等</u>と<u>市民の権利</u>が認められ，政府の権力は神聖な権利ではなく非統治者の同意に基づくという，より民主的なシステムに向かうことになった。	ジョンロックの「市民政府二論」の一節から，政府の土台としての社会契約を定義する。王権神授説と比較する。アメリカ「<u>独立宣言</u>」がロックやトーマス・ジェファーソンのような他の思想家の影響を受けていることを発見する。
2. アメリカ独立革命 　a. 啓蒙主義の原則に基づいている 　　1）ジョン・ロックの市民政府二論 　　2）トーマス・ペインのコモンセンス 　　3）独立宣言とトーマス・ジェファーソン 　b. ヨーロッパとラテンアメリカへの影響	世界において，アメリカ独立革命とフランス革命は，十全な<u>権利</u>と民主的な**市民権**への参加をもとめた<u>政治行動</u>のモデルを示すものであった。 ヨーロッパのある場面では，<u>国家主義</u>は外国支配の打倒に向かうものであった。他方，統一と独立的な**政治制度**の成立を求めるものであった。	クレイン・ブリントンのような歴史家は革命のタイプを示唆している。フランス革命の進行，権力の変動，各段階での指導者と暴力の利用などの解説を読む。テロの支配の理由，なぜ理性的な時期が暴力的になっていったのか，記す。
3. フランス革命 　a. 革命前夜 　b. フランス革命期の権力の移動 　c. ナポレオンの出現と秩序と社会的結合の成立 　d. 他のヨーロッパ諸国の権力構造への挑戦	近代ヨーロッパのはじまりは，他地域への急速な拡大ともなったが，<u>国家主義</u>と武力的な**革命**は，世界中の人々の運命を左右するような**変革**への躍動的な力となった。	コンピュータが得意な生徒は，グラフソフトをもちいて，革命の暴力の様子を描く。それらをアメリカ独立革命，ロシア革命，イラン革命に適用してみる。 革命をめぐる様々な立場からロールプレイをし，革命の希望や理想の実現度や達成したものを分析する。
4. 国家主義と民族自決 　a. 統一と独立の力として 　　1）イタリアの統一 　　2）ドイツの統一 　b. 民族自決と外国支配の打破の力として 　c. 非西欧国家への影響		国家主義の精神は国歌に反映される。イタリア，フランス，西ドイツ，ポーランドの国歌の歌詞を検討する。それらが，国民，国歌精神，栄光，愛国心をどう表現しているか。（カナダではフランス語と英語では違う意味がある，その理由を考える） ジュゼッペ・マッツィーニ（カルボナリをへて青年イタリアを結成：訳注）の作品を検証し，イタリアの統一について調べる。イタリア国家主義の成長における外国支配と若いイタリア人の役割も含む。マッツィーニの夢はどの程度実現したか。

(2)「5. グローバルな文脈の中の西欧：A. 第二次大戦後の連合国の勝利のグローバルな結果，B：ヨーロッパにおける冷戦」

学習内容	主要概念	活動モデル
A. 第二次大戦後の連合国の勝利のグローバルな結果 1. 核兵器時代の幕開け 2. グローバルな超大国としての米ソの支配 3. ヨーロッパのグローバルな支配の終焉 4. ヨーロッパにおける政治的，権力的な変化	原爆と水爆の発明によって，戦争のみならず<u>国際関係</u>までもが永久に<u>変容</u>してしまった。 戦後は，西欧諸国の政策を形づくってきた超大国が支配している。	関連資料を検証し，紛争解決における核兵器の使用についての対話を調べる。 —1947に出版された，トルーマン大統領によって命令された日本への爆撃の報告 —水素爆弾が引き起こす脅威についての1955年のチャーチルの議会演説 —1956年の水素爆弾に関するフルシチョフの所感 これらの国家の政策形成者の声明の影響を評価し，核抑止としての核兵器に関する議論を記す。核兵器の使用に関する活動家や指導者の現在の見解を聞くこともできる。
B. ヨーロッパにおける冷戦 1. ソ連による東欧支配と他地域への脅威 2. トルーマンドクトリンと「包囲」の政策 3. ベルリン：東西対立の事例研究 4. ドイツの分割 5. チェコに対するソ連の侵入	国際協力は，一般的には，国家的な利害や特権の問題よりも相互に課題となっている分野で容易となっている。 社会はより複雑になり，技術はより専門的になり，国際協力の必要性は増している。	チャーチルの，ヨーロッパにおけるソ連の意図に関する見解および西欧の対応への認識を含めて，1946年のいわゆる「鉄のカーテン」の起源を調べる。 西欧がソ連の脅威と信じていた一つの対応は，封じ込め政策であった。トルーマンドクトリンや彼の1947年の演説を調べる。

資料編　327

資料4-1　S.ドレイクの三つのカリキュラム統合論
（Drake1993：46-47をもとに補足などを加えて筆者作成）

	諸教科アプローチ Multidisciplinary approach	学際的教科アプローチ Interdisciplinary approach	教科超越アプローチ Transdisciplinary approach
アプローチ	中心にテーマ 周辺にウエブとして、音楽、文学、家庭科、科学、演劇、地理、美術、ビジネス、数学、デザイン＆技術、歴史	四隅に、科学、地理、歴史、文学 中心に、リテラシー、協同的学習、モノ語り、思考技能、計算、グローバル教育、リサーチ技能	共通テーマ、方略、技能
概念枠組み図	中心に車、ウエブとして、デザイン－スポーツ－家族、燃焼－Co2－オゾン減少－温室効果、燃料－資源枯渇、汚染－オゾン層－熱帯林 ブレーンストーミング→同じものの集まり→新しいつながり	焦点のまわりに、体育、言語芸術、歴史、地理、音楽、美術、テクノロジーとデザイン、科学、家庭科、保健、数学	小さな円に焦点、大きな円のなかに、政治、法律、環境、科学技術、時間（過去、現在、未来）、地球的な見方、社会問題、経済力、ビジネス、メディア
概念枠組み	意味のつながり・ウェブ 集まりと再集合	カリキュラムの輪	教科超越的つながり・ウェブ
知るに値するのは何か	教科の意味内容の手続き	一般的技能の手続き（例：批判的思考、対人関係）	将来の有用な市民のための技能（例：変化への対応、粘り強さ、自信、問題解決）
（主な問い）	多様な教科を学ぶためには何が重要か？	一人の生徒に高度な能力をどう教えていくか。	私たちは、生徒が将来有用な市民にするためにどう教えていくか。
つながりを創る	教科のレンズを通した目に見えるつながり	探究のレンズを通した教科を横断するつながり	意味と連関を強調する実生活の文脈の中に埋め込まれたつながり
学びの成果	教科に基づいた学習 認識、技能、情感	教科を横断する 認識、技能、情感の浸透	本質的な学習 教科超越
評価	教科の意味内容の手続きの習得	一般的技能の習得	生活技能の獲得（高度な生活役割の技能）

資料4-2　グローバル教育のプログラム開発の諸段階（*Next Steps* 1987：32）

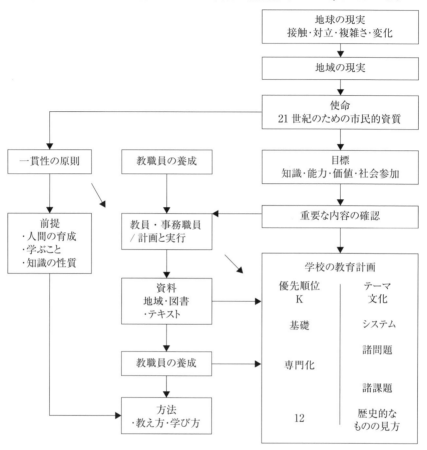

資料4-3　カリキュラムの優先順位

```
カリキュラムの優先順位（Next Steps 1987：120）
K
  小学校
    概念の基礎
      探求の道具としての識字とコミュニケーション
      科学的な見方
      システム的な考え方
      社会参加
  中学校
    歴史的なものの見方
    入門：システムと価値
    発展：特定の行為者，構成要素，事件
  高等学校
    市民的資質：諸課題・諸問題
12
```

資料4-4　グローバル教育の優先順位

```
グローバル教育の優先順位（Next Steps 1987：121）
```

初等（K-6）
 1. 概念の基礎を身に付ける
    システム的な考え方・文化的理解・歴史的なものの見方
    相互依存・希少性・文化・対立・変化に関する概念に焦点を定める
 2. 基本的技能を身に付ける
    探求および科学的方法・問題解決・批判的思考・社会参加・リテラシーとコミュニケーション（外国語も含む）

中等（7-12）
 1. 理解の深まり（特に7-9年）
    システム（科学，社会科学，数学）・人間の価値と文化（社会科学，歴史学，文学，人文科学）・永続的な地球の課題（科学，社会科学，グローバル学習）・歴史的なものの見方（アメリカ史，世界史，文学，人文科学）
 2. 専門化のための機会（特に10-12年）
    外国語・現代のシステムと科学技術・地域研究，文化，非西洋的な見方・地球的な諸課題・諸問題・学術的な学科
 3. 高度化
    探求および科学的方法・読解力，言語，数学・社会参加

資料5-1　イギリスのワールド・スタディーズとグローバル教育関連図（図5-1）に関する注釈・説明

注1．アメリカのグローバル教育の成果物

(a) Becker, J. M.（1973）*Education for a Global Society*. Phi Delta Kappa Educational Foundation.
(b) Hanvey, R. G.（1976）An attainable Global Perspective, New York: Center for Global Perspectives.（Kniep W. M.（ed.）1987: 83-114所収）
(c) Anderson, L. F.（1979）, *Schooling and Citizenship in a Global Age: an Exploration of meaning and Significance of Global Education*. The Mid-American Program for Global Perspectives in Education Indiana.
(d) Becker, J. M.（ed.）(1979) *Schooling for a Global Age*. McGraw-Hill
(e) Kniep W. M.（ed.）(1987) *Next Steps in Global Education: A Curriculum Development., Global Perspective in Education*. American Forum.

注2．開発／平和／多文化／人権教育（開発／平和／多文化／人権のための教育）（新しい教育）

1950, 60年代のアジア・アフリカの多数の新興独立国の国連加盟を背景に、ユネスコの1974年「国際教育」勧告は、先進国と途上国の格差や開発の問題を人類共通課題とし、解決を図る教育の必要性を説いた。国連は1960, 70年代に「開発の10年」計画を掲げ、南北問題の解決を目的とする開発教育が生まれた。イギリスでも、多くの旧植民地諸国の開発や貧困問題の解決、国際協力がNGOなどの間で開発教育として進められた。また、戦後の労働力不足を補うために、南アジアやカリブ海地域、アフリカなどから多くの移民を受け入れ、多文化社会になったイギリス国内の現状を理解し、地域や学校での人種差別の課題とその解決をめざす多文化教育が生まれた。人権教育は世界人権宣言にもとづいた人間の尊厳を基盤とし、平和教育は、当時の冷戦時代における国際関係のみならず、対立とその解決というテーマで学校や地域での「対立」の問題にも目を向けていた。それぞれが、80年代になって、「〜についての教育」という知識理解中心の教育から「〜のための教育」という目的や価値を志向した教育に代わっていき、テーマの重なり融合をみるようになった。これらは当時「新しい教育」とか「形容詞付きの教育」とよばれた。(Davies, I. 2003. 1-10, 北山2014：47)

注3．イギリスのワールド・スタディーズ・プロジェクトの成果物

① World Studies Project, Richardson, R.（ed.）(1976) *Learning for Change in World Society: Reflections, Activities, Resources*. One World Trust.
・発行部数1万部を超えるベストセラー。ワールド・スタディーズの名を世に知らしめた。教師の関心も高まる（岡崎1994：136）
② Hicks, D. & Townley, C.（ed.）(1982) *Teaching World Studies: An Introduction to Global Perspectives in the Curriculum*. Longman
・ワールド・スタディーズ・プロジェクトの実践的研究の成果をあげた。次の二つの実践を含む。1976年、H. スターキーによるイーリー市立カレッジ（City of Ely College）の中等部におけるワールドスタディーズのコース単元の実践、および、1978年、D. セルビーによる、グロービー・コミュニティ・カレッジ（Groby Community College）の4年生（14〜15歳）を対象にしたGroby CSE World Studiesのコース単元の実践（木村2000：41-52, 52-68）。

資料編　331

注4.　イギリスのワールド・スタディーズ・プロジェクト8-13の成果物

③ Fisher, S. & Hicks, D. (1985) *World Studies 8-13: A Teacher's Handbook*, Oliver & Boyd.
・8-13歳向けのワールド・スタディーズ。1989年までに1万部以上も売れ，商業的にも成功。1987年イギリス民放ITV，1990にはBBCが教育番組制作。1991年には日本語翻訳。全英の半数にあたる合計50の地方教育委員会が関与。WS運動の象徴的成果となる（岡崎1994：137）。
・ワールド・スタディーズの定義，指導方法，目標及び基本概念，基本概念を習得し，目標を達成するための指導方法を示す（木村2000：69）。
④ Hicks, D. & Steiner, M. (ed.). (1989) *Making Global Connections: A World Studies Workbook*. Oliver & Boyd.
・今日の状況のとらえ方，現代世界を理解するためには政治学習が不可欠であり，低学年から必要なこと。学校全体の取り組みを含む具体的な指導事例を示す（木村2000：69）。日本語にも翻訳。

注5.　イギリスの教師のためのワールド・スタディーズ研修プロジェクトおよびヨーク大学ワールド・スタディーズ教員研修センター（グローバル教育センター）の成果物

⑤ ワールド・スタディーズジャーナル（定期刊行物）
⑥ Pike, G. & Selby, D. (1988) *Global Teacher, Global Learner*, Hodder & Stoughton.
・セルビーは，パイクらとともに，人権教育，多文化教育などの分野に視野を広げた。児童中心主義の理念を尊重しようとするイギリスのワールド・スタディーズの伝統を尊重しつつ，アメリカ合衆国の揺籃期のグローバル教育，ニューサイエンスのシステム的でエコロジカルな世界観，ホリスティックな視点を導入して，それまでのワールド・スタディーズ研究の成果をイギリスにおけるグローバル教育として理論的に集大成した（木村2000：70に加筆）。
・この他に成果物として，⑦ Grieg, S., Pike, G. & Selby, D. (1987) *Earth Rights: Education as if the Planet really Mattered*, WWF.　⑧ Pike, G. & Selby, D. (1988) *Human Rights: an Activity file*. Hyperion Books.　⑨ Fountain, S. (1990) *Learning Together. Global Education 4-7*. Hyperion Books.　⑩ Fountain, S. (1991) *Gender Issues: an Activity File*. Stanley Thornes.　⑪ Hicks, D. (ed.) (1988) *Education for Peace: Issues, Principles and Practice in the Classroom*. Routledge.（岡崎1994：138に加筆）
・セルビーは1992年にヨークを去り，カナダのトロント大学に移る。あとをI. リスターが引継ぎ，1993年にCentre for Global & International Educationと改称。さらに1995年に，M. ブラウンが引き継ぎ，名称をもとに戻し，University College of Ripon & Yorkに移転。

注6.　ワールド・スタディーズ財団の成果物

⑫ Steiner, M. (1993) *Learning from Experience: World Studies in the Primary Curriculum*. Tremtham Books.
⑬ Steiner, M. (ed.) (1996) *Developing the Global Teacher: Theory and Practice in Initial Teacher Education*. World Studies Trust.

注7. 1990年代のイギリスのグローバル教育（ナショナル・カリキュラム「シティズンシップ」導入まで）

・保守党サッチャー政権の教育改革であるナショナル・カリキュラムの策定や基礎学力重視，全国共通試験，学校ランキング公開などがあって，グローバル教育は停滞する。以後，OxfamなどNGOはグローバルな視野の獲得やグローバル・シティズンシップの育成をめざす。
・グローバル教育が息を吹き返すのは，2002年に導入された新教科「シティズンシップ」前後であり，労働党ブレア政権の教育重視政策も影響して，ワールド・スタディーズとしてのグローバル教育ではなく，シティズンシップ教育としてのグローバル教育となっていく。

資料5-2 「機械論的パラダイム」から「システム的／全体論的パラダイム」へ
(*Global Teacher, Global Learner* (1998：29) より。邦訳版 Global (1997：47) も参照)

機械論的パラダイム	システム的／全体論的パラダイム
全体は部分の集合である。	システムは部分の集合よりも大きい。部分は，最終的に分析していくと，抽象，性質，機能になるが，それらはダイナミックで多層的なシステム全体との関係を抜きに理解できない。
現象や事象は個々別々のものと見なされる。	現象や事象は，時間と空間の中で，ダイナミックでかつ，システム的に相互接触しているものと見なされる。
見る者は，彼女が見る対象から切り離されている。特に，見る者が価値と事実をきり離し区別したときに完全な客観性に到達できる。	見る者と見られるものは相互に連関している。見る者が見るために選んだものをどう学習し，彼女が発見したものをどう解釈するかは，彼女が重要と思うもの，彼女の価値観，思想や認識の枠組みに影響される。相対的な客観性にのみ到達できる。
合理的な知識と知的な思考は，情緒的，直観的，霊的なものとは別であり，その上位にある。	個人の可能性の十全な，ゆがみのない現実化にとって，合理的で，知的なものは，情緒的，直観的，霊的なものを補完し，相互作用的な（synergistic）な関係であるはずだ。
分析，還元（現象をそれぞれ別の部分に還元して理解すること），及び収斂化への志向	統合と異化的な見方への志向
問題は，直線的な〈問題・解決〉や〈原因・結果〉の流れの中でみなされる。技術的な解決」は可能である。	システム的な問題の内部では，ひとつのダイナミックで多層的な原因のネットワークがさまざまに絡み合っている。解決や結果は，システムの性質からして，他では「原因」となる「結果」を生むようなシステムのまわりを堂々巡りしている。「技術的な解決」というものはない。
知識は別々の〈学科・学問〉に分化し，経験（経済，環境，政治，社会上）の様式に分けられる。	人間生活は，自然の一部である。人間は自然のシステムの中にあり，これを考慮しないような行動は，自然を傷つけ，ついには人間の生存そのものを危うくする。
現実のばらばらの性質—そして私たち自身の生理と心理の同様の性質は，私たちが頼りとする専門家の知識と技術を時に必要とする。	人間の可能性の拡大された概念は，私たちが徐々に私たち自身の問題を解決し，私たちの生活を変容させる力を獲得することを可能にしている。それにつれて，私たちが専門家に依存することは減っていく。

**資料5-3　グローバル教育の目標（*Global Teacher, Global Learner*
（1998：34-35）より筆者作成，邦訳版 Global（1997：53-57）も参照）**

(1)システムを意識すること 　a．システム論で思考する能力を獲得する。 　・原因／結果，問題／解決，観察／対象，価値／事実，理性／感情，ローカル／グローバルといった二項対立を脇に置く。 　・すべてが関わりを持つ，相互作用的で多層的な網の目の中で諸現象・諸事象を見ていく。 　b．世界のシステム的な本質について理解する。 　・空間的（〈個人 ― 地球〉），時間的（〈過去 ― 現在 ― 未来〉），および問題（地球的諸問題）の次元での理解。 　c．自分たちの能力や可能性についての全体論的な考え方。 　・身体的，感情的，知的，霊的次元を同等で，相補的なものとして見たときに私たちの可能性は現実のものになる。
(2)ものの見方を意識すること 　a．自分たちがもっている世界観は普遍的に共有されているものではない。 　・自分たちは特別のものの見方をしており，特別な思想や認識の枠組みで現実を解釈し，その枠組みを他の人々の生活様式や行動様式，価値や世界観を解釈し，判断するためのモノサシに使うことの困難さや危険性を知る。 　・自分たちのものの見方が，年齢，階級，信条，文化，民族性，性差，地域性，イデオロギー，言語，国籍，人種といった要素から出来あがっていることを知る。 　b．他のものの見方に対する感受性を高める。 　・不確かな仮説に挑戦し，想像力を養い，多面的な考え方をする。 　・問題やその解決に対して根本的に再評価しようとする。
(3)地球の健康に気づくこと 　a．地球上の状況，地球上の開発や動向に気づき，理解する。 　・例：富の分配，人口増加，開発の様式，人間活動の理想への影響，国際的緊張，人権擁護の成功と失敗。 　b．正義，人権，責任の概念を理解し，地球の状況，開発，動向に応用する。 　c．地球の健康を考えるなかで，将来を展望するような方向性を育てる。
(4)かかわりを意識し準備すること 　a．自分たちの選択や，自分たちが個人としてあるいは集団としてとった行動が地球の現在や将来に影響を与えていることに気づく。 　b．草の根から地球規模まで，さまざまなレベルでの民主的な意志決定に，有能な参加者になるために，必要とされる社会的，政治的技能を高める。
(5)学習の過程に注目すること 　a．学習や個人の成長は，定まった最終的な目的地のない継続的な旅であることを学ぶ 　b．新しい世界の見方は，物事を活性化させるが危険もあることを学ぶ。 　・新しいパラダイムは「両刃の剣」である。多くのことを明らかにするが，他のことを見えなくなることを意味している。システム的なパラダイムは万能薬ではない。今は，現在及び未来の思想や行動のための一貫性がある，魅力的な枠組みを提供しているが，将来はそれにとって代わるものも出てくる。

（注：引用については要約したところがある。）

資料5-4 ハンヴェイによるグローバル教育の目標（*Next Steps*. 1987：114より）

① ものの見方を意識すること・人々の世界観は，広く共有されているわけではない。
 ・人々の世界観は，ともすれば見のがしてしまいそうな事に影響される。
 ・人々の世界観は，自分たちの世界観と大きく異なっている。
② 地球の現状に気づくこと
 ・今起きている地球規模の動向を含めて，一般的な世界の状況や開発について気づいてゆく。
③ 多文化への気づき
 ・世界中の人間社会に立脚した思想や行動の多様性について気づいてゆく。
 ・そのような思想や実践を比較する方法について気づいてゆく。
 ・自分の社会が別の有利な立場からはどう見なされているか，気づく。
④ グローバルな変動についての知識
 ・世界システムの基本的特徴やメカニズムの把握。
 ・グローバルな変革についての意識。
⑤ 人類の選択についての気づき
 ・グローバル・システムについての意識や知識が拡大するにつれて，個人，国家，人類が直面している選択の課題に気づいてゆく。

資料5-5　ワールド・スタディーズの知識・態度・技能の目標
(*World Studies 8-13*（1985：25）より)

知識	態度	技能
(1)私たちと他の人々 　自分たちの社会や文化とその中の自分の位置を知る。 　自分たちとは異なる社会や文化（マイノリティーも含む）を知る。 　相互依存の本質，および，経済や文化が他の人々の生活様式に与えた影響（好影響，悪影響）について理解する。	(1)人間としての尊厳 　個としての自分や他人の価値，また自分の属する社会，文化，家族の背景にある価値を尊重する。	(1)調査 　さまざまな情報源（出版物，視聴覚機器，他の人々とのインタビューなど）から世界の問題についての情報を見つけだし，記録することができる。
(2)豊かさと貧しさ 　自国内及び国家間ある富と権力の大きな格差を知る。 　このような不平等が存続している原因と差を縮めるための努力について理解する。	(2)興味・関心 　多文化の社会・相互に依存する世界」に暮らす中で生じる問題についてもっと知りたいと思う。	(2)コミュニケーション 　さまざまな方法（書いたり，話し合ったり，多様な芸術手段）で，かつ，多様な人々（他のグループや文化に属する人々）とともに，世界についての自分の考えを記述し，説明することができる。
(3)平和と対立 　現在及び近年に起きた対立（紛争）やそれらを解決しようとする試みについて知る。・日常生活における対立を解決する方法について知る。	(3)他文化の尊重 　他文化のさまざまな要素を自分たちにとっても価値あるものと認め，それから学ぼうとする。	(3)概念の把握 　世界に関する基本的な概念を理解し，それらを用いて一般化したり，確認したり検証したりすることができる。
(4)私たちの環境 　地球の地理，歴史，生態についての基本的な知識。 　人間と地球が，相互に依存しあっていることを理解する。 　地域および地球規模で，環境を守るためにとられている措置について知る。	(4)共感 　他の人々，特に自分たちとは異なる文化や状況にある人々の気持ちや考え方を進んで想像しようとする。	(4)批判的思考 　先入観を持たず，批判的な目で問題をとらえ，学習が深まるにつれて考えを改めることができる。
(5)明日の世界 　個人，地域，国家，世界全体といった多様な未来像について，どのように調査したり，考察すればよいか知る。 　自分が未来に影響を与えるためにはどんな方法があるか，気づく。	(5)正義と公正 　地域，国家，国際社会の各レベルで，民主主義の原理や手続きを心から尊重し，より公正な世界を実現するための心の準備ができる。	(5)政治的技能 　地域，国家，国際社会の各レベルでの政策決定に影響を与える能力を身につける。

資料5-6　ワールド・スタディーズの学習領域と授業単元，基本概念のマトリックス
（*World Studies 8-13*, 1985：36より，邦訳版 8 -13：1991も参照）

学習領域と活動事例	基本概念	原因と結果	コミュニケーション	対立	協力	権力の配分	公正	相互依存	類似点と相違点	社会の変化	価値観と信念
第4章	世界の中の私たちの教室	●						●			
	1. 私たちのクラスも世界の一部				●			●	●		
	2. 私たちが使っているもの								●		●
	3. ことばの家	●	●		●				●		
	4. インタビューしてみよう	●	●						●	●	●
	5. 地元の新聞と世界	●	●					●			
	6. ドキュメンタリーを書こう		●		●						●
	7. 海外からの食べ物	●				●	●	●			
第5章	一緒にやってみよう	●	●	●							
	8. 学校でけんかするのはどんなとき	●		●					●		
	9. 暮らしの中の対立－ロールプレイ	●		●					●		
	10. 問われるべき5つの質問	●				●				●	●
	11. 世界平和に続く道は？	●	●	●						●	
	12. 今までとは違うやりかた					●	●		●	●	●
	13. 家では誰が何をする？					●	●		●	●	●
	14. 世界の女性	●					●		●		●
第6章	私たちがすでに知っていることは？							●		●	
	15. 写真を使って	●	●					●	●		
	16. 偏見を見つける	●	●						●		
	17. 世界の人口と豊かさ				●			●			
	18. 観光の問題	●	●		●			●			●
	19. 貧しい国はなぜ貧しい	●			●		●	●			
	20. 先住アメリカ人問題	●			●			●	●		
	21. 社会通念と事実		●				●				
第7章	私の未来	●								●	●
	22. 予測する1	●								●	●
	23. 予測する2	●								●	●
	24. メンタル・マップ		●	●	●				●		
	25. 武装させられる世界	●		●		●		●			
	26. よりより世界のためのプランニング		●		●		●		●		●
	27. 新しい社会		●		●		●			●	●
	28. 利用と再利用	●			●			●			●
	29. 改善の途上	●			●		●	●			
	30. 変えるために行動しよう	●			●		●			●	●

資料5-7 *Making Global Connections*（1989）の単元構成と活動事例
（筆者作成）

	問題の理解	授業計画	活動事例	資料
第4章 森林の環境	1. 世界の森林地帯 2. 世界の森林地帯に何が起きているか 3. なぜ森林破壊が起きるのか 4. 変化のための行動	1. はじめに 2. さらにいえば 3. この章ではなにをするか 4. 学習の結果―知識，態度，技能，概念	1. 世界の森林 2. 森林地帯を歩く 3. 熱帯雨林 4. 熱帯林の伐採 5. 森林のない世界	略
第5章 アボリジニーの考え方	1. 88年に祝うことは何もなかった 2. 大地の上での5万年のくらし 3. アボリジニと抵抗と皆殺し 4. 力を取り戻す 　1) 主権 　2) 文化の尊重 　3) 人種差別反対 　4) 未来のための選択	1. はじめに 2. なぜアボリジニについて学ぶのか 　1) 歴史的なつながり 　2) 開発の問題 　3) 多文化の問題 　4) 未来 3. この章ではなにをするか 4. 学習の結果―知識，態度，技能，概念	1. 大地とともに生きる 2. 侵略者たち 3. 民族絶滅 4. 家から引き離されて 5. 大地の取り扱い方―ロールプレイ 6. オーストラリア建国200年	略
第6章 「性差の問題」	1. 差別についての疑問 2. 性差の社会化 3. 変化を起こす 　1) 対等な賃金 　2) 平等な機会 　3) 対等な権利 　4) 女性の身体 　5) 暴力からの自由 　6) 男性も変わらなければならない	1. はじめに 2. 全体としての人間をモデルする 3. 世界に見る類例 4. 私たちにできること 　1) 言語 　2) 教材 　3) 教えることと学ぶこと 　4) 地球規模での気づき 　5) 自分自身に目を向けること 5. この章では何をするか 6. 学習の結果―知識，態度，技能，概念	A. 女性と仕事 　(1)仕事か職業か 　(2)労働時間 　(3)「女性」の仕事 B. 女性と健康の維持 　(1)健康の維持 　(2)健康の基本的要素 C. 個人の次元―教室内の性差 　(1)ステレオタイプを取り出す 　(2)文の書き出し 　(3)不満を集める D. 異なる未来を想像する	略
第7章 消費される「富」	1. 貪欲それとも必要 2. 本当のコスト 3. 選択の問題	1. はじめに 2. ドラマを利用する 3. この章では何をするか 4. 学習の結果―知識，態度，技能，概念	1. 地域を観察する 2. ビンの中味は何？ 3. 私たちがだすゴミにおきていること 4. リサイクル 5. オゾン層 6. 第三世界における廃棄物 7. ゴミのない世界 8. 変化のための行動	
第8章 食べ物こそ第一	1. はじめに 2. 飢餓の位置付け 3. 飢餓に関する議論 4. 飢餓の理解	1. 視点 2. 有害な要素と慈善的訴え 3. 私たちの貧しさ 4. 固定観念 5. どう取り組んでいくか 6. 問題へのアプローチ 7. この章では何をするか 8. 学習の結果―知識，態度，技能，概念	1. 食べ物と私 2. 基本的に必要なものとしての食べ物 3. 人間の権利としての食べ物 4. なぜ人は餓えるのか 5. エチオピアの写真を見て 6. 総合的に考える―エチオピア 7. どうすればよいか考える	

資料5-8 新旧二つの教育パラダイム（*Making Global Connections*, 1989：22より邦訳版 Making, 1997：51を参照）

旧	新
内容重視。「正しい」情報そのものを一度に全部獲得する	学び方重視。よい質問をし，正しい事柄に注意をはらい，新しい概念に興味を持ち，評価し，情報を獲得する。いま「知っていること」が変化することがある。
結果としての学び	過程としての学び
上下関係を認め，権威主義的な教育のしくみ。画一性をすすめ，意見の違いを封殺する	平等主義。率直さや意見の違いが認められる。生徒と教師は人間として同じであり，役割を演じているのではない。自主性が奨励される。
かなり融通のきかないカリキュラム	相対的に柔軟なカリキュラム。与えられた教科の教え方は多様であると信じている。
結果優先	結果向上の力となっている自己イメージの優先

資料5-9 学習過程と学習活動のモデル（*Global Teacher, Global Learner*, 1998：97より。邦訳版 Global, 1997：123, 木村2000：95も参照）

学習の場面		適切な学習活動	
教室の雰囲気づくり A 安心の確立	①お互いに知り合い，信頼しあうようになる。お互いを可能性豊かな存在として尊敬しあうようになる。	・互いの緊張を解く ・自己肯定感を高める活動	フィードバック／評価のテクニック
	②生徒がすでにもっている知識や意見を認め，位置づける。	・グループ討論	
	③簡単な課題をやり遂げることを通して，最初の地震を獲得する。	・自己肯定感を高める活動 ・グループ討論	
	④学習内容の全容を把握する。	・教師の説明，体験的活動 ・シミュレーション，グループ討論	
教室の雰囲気づくり B 学ぶことに挑戦していく	⑤生徒が自分の無知や偏見，価値観，視野の狭さに気付くように刺激を与える。	・自分の見方やステレオタイプについての体験的活動 ・ロールプレイ	
	⑥学習していることが，論争問題であることに気づく。	・グループ討議（例：様々な見解のランキング）	
	⑦問題中心のかつ行動主体のアプローチを採用する。	・ロールプレイ，シミュレーション ・問題解決のためのグループ討論 ・成功した事例についての研究（視聴覚教材，読み物，教師の話）	
	⑧その後の授業についてデザインし，運営することに，ある程度の責任をもたせる。	・ブレーンストーミングに続き，グループ討議 ・クラス全体または教師へのフィードバック	
探究	①直接経験	・フィールド調査，訪問 ・学校や地域でのアクション・リサーチ	
	②学習	・講演や講義（教師や外部の講師による）。視聴覚資料の活用，文献，資料調査など	
原理	原理を見いだす（一般化する）	・グループ討議 ・全体での発表やディベート	
行動	①クラスで	・ロールプレイ，シミュレーション ・行動プロジェクト（例：手紙を書く）	
	②クラスの外で	・学校・地域での行動プロジェクト	

資料5-10　22のカテゴリーのタグが付けられた活動事例
（邦訳版 Global（1997）より筆者作成）

1. "ほぐし"のアクティビティ	11. ランダムにグループ分けするには
2. 自己紹介のためのアクティビティ	12. グループ協力型アクティビティ
3. 自己と他者を積極的に評価する。	13. グループディスカッション
4. 自己のことを伝えるアクティビティ	14. 体験的アクティビティ
5. セルフ・エスティームに関わるアクティビティ	15. ロールプレイ
6. 名前のゲーム	16. 権利に関するアクティビティ
7. コミュニケーションのスキルを身につけるアクティビティ	17. 視点に関するアクティビティ
	18. 想像のエクササイズ
8. 信頼関係を築くアクティビティ	19. アクション／具体的な行動の事例
9. 積極的な環境をつくるためのアクティビティ	20. 評価のテクニック
	21. フィードバックのテクニック
10. 相互依存に関するアクティビティ	22. 未来に関わるアクティビティ

（注：全部で171のアクティビティが紹介されている）

資料5-11　政治的能力の育成を目指して：ワールド・スタディーズ8-13の役割
（*Making Global Connections*, 1989：15より，邦訳版 Making, 1997：37も参照）

カリキュラムは以下のような事柄を満たすべきである。

・ローカルからグローバルまで広範囲の政治的論争と問題を取り扱うこと。（以下，略）
・政治的対立について生徒の気づきを評価し，対立の解決あるいは解決不能について知識と経験を与える。
・政治における主なアクター，つまり，国民国家，政府，政党，労働組合，会社，多国籍企業，銀行，圧力団体，国際関係などについて生徒に紹介する。
・経済についての気づきと政治的能力に関連があることを認識し，そのつながりを強める。（以下，略）
・適切な言語，概念，そして思想を提示することによって，生徒が獲得しつつある政治についての知識を系統立てる作業を援助する。（以下，略）
・現在のものとは異なった社会構成や未来について，簡潔でしかも具体性のある例を生徒に提示する。そうした状況下での正義や民主主義といった価値の意味について討論させる。
・行動するスキルを含む政治的スキルを訓練する機会を生徒に与える。
・生徒が偏見を感知し，それをうまく制御する能力を身につけさせる。
・生徒が人権問題に対して敏感になるようにする。
・価値観の確立を手助けする。
・正義と民主主義へのかかわりを育てる。

資料5-12 年齢段階別の社会や政治に対する関心度（*Making Global Connections*, 1989：28の図より筆者作成，邦訳版 Making, 1997：26も参照）

年齢	個人	地域	国家	地球	発達が顕著な力
5-7歳	50	30	15	5	体験的な自分の感情や態度を認識し，表現する力の成長
7-9	25	50	20	5	個人や地域の問題についての推論、仮設、検討、評価する力の成長
9-11	15	25	35	25	国や地球の課題を認識し，自分の意志を表現する力の成長
11-13	5	20	35	40	あらゆる規模の政治的課題を全体としてとらえる力の成長

（注：個人，地域，国家，地球への関心度の数字は概要，単位は％）

資料5-13　既存教科における取り組みとワールド・スタディーズの視点
　　　　　（*World Studies 8-13*, 1985：22-23より藤原作成，邦訳版8-13，
　　　　　1991：25-26も参照）

視点＼教科	言語系		人文系	
	英語	外国語	歴史	地理
相互依存 グローバル・システム		・ヒトに特有の活動としての言語 ・フランス系アフリカ ・ラテンアメリカ	・地球規模の相互依存関係，南北，東西問題，自国の国際社会での地位などの歴史的背景	・貿易と経済的依存，相互依存 ・多国籍企業 ・生活にとっての生態系の意味
地球的課題 地球の現状	・変化，対立，正義，環境などのテーマについての読解力，作文力，討論力の向上	・フランス語，スペイン語その他の外国語による国際問題の授業	・「対立」「対立管理」「法」「民主主義」などの概念 ・植民地主義	・「先進国」と「発展途上国」 ・近代化と農業 ・飢餓と食料分配の偏り ・福祉，生活水準，社会資本の分布
ものの見方 多文化の比較・理解 多様性と普遍性 イメージと偏見	・世界文学における複数の国または文化にわたる問題やできごと ・他国文学（民間伝承も含む）の鑑賞 ・マスメディアの研究 ・方言の再認識	・自国と関係の深い諸文化に対する認識と評価 ・言語の歴史と種類の多さ	・植民地以前の歴史 ・非西洋文化	少数民族と文化
未来 生き方，選択 参加と責任 変化・歴史認識		・世界における外国研究の役割	自国史，地域史の見直し	・さまざまな環境への人類の対応

視点＼教科	人文系		理数系	
	経済	宗教	算数・数学	理科
相互依存 グローバル・システム	・基本的な品目の貿易の現状 ・多国籍企業 ・地域経済と世界経済の関係	・普遍的な社会現象としての宗教	・人類の普遍的活動としての数学	・世界の産業としての科学，世界の共通語としての科学
地球的課題 地球の現状	・地球全体での失業の実態 ・環境汚染と防止の経済学 ・軍拡競争の社会的費用 ・援助と効果	・世界のさまざまな宗教の教えに見られる「対立」「正義」「環境」のとらえ方	・食料，人口，不平等，軍拡競争などの統計の利用 ・貿易など現代の問題と関連する数学的概念の説明	・農業，先端技術，産業発達などと関連する科学的概念の説明 ・環境問題

視点					
ものの見方 多文化の比較・理解 多様性と普遍性 イメージと偏見		・世界の主な宗教	・外国での数え方	・西洋以外の地域における発明 ・ヒトと他の生物の比較	
未来 生き方，選択参加と責任　変化・歴史認識	・世界規模の飢餓の原因，克服のための行動	・さまざまな文化における信仰と実践，意義の追求	・数学，幾何，代数の起源	・科学的な研究が世界の歴史で果たした役割 ・科学の社会的責任	

視点 \ 教科	芸術・体育系				
	保健体育，レクレーション	音楽	工芸・デザイン／技術	美術	家庭科
相互依存 グローバル・システム	・人間の基本的活動としての運動 ・国際的なスポーツ	・世界の共通語としての音楽 ・あらゆる時代，あらゆる社会の重要な要素としての音楽	・人類の普遍的な活動としてのデザインと政策	・文化の所産としての芸術	・世界の食料事情
地球的課題 地球の現状	・競争と協力			・「対立」「変化」を芸術家はどうとらえてきたか ・国際問題をさまざまな手法で描く	・食料，栄養に関する国際比較，異文化間比較
ものの見方 多文化の比較・理解 多様性と普遍性 イメージと偏見	・アジアやアフリカのゲームやスポーツ ・運動能力，ゲーム，勝敗などのとらえ方の国際比較	・さまざまな形態の音楽の鑑賞と演奏	・歴史的比較，国際比較 ・伝統的手法の鑑賞（認識，評価）	・いろいろな伝統芸術（少数民族など）の鑑賞	・女性，男性の役割分担 ・子どもの世話のしかたの文化による違い
未来 生き方，選択 参加と責任 変化・歴史認識	・新しいゲームやスポーツ	・作曲家，演奏家の生活（分野をとわず）			・世界経済や世界市場における消費者の必要と責任

資料5-14　Globy CSE World Studies course シラバスの目的と概要（Hicks, D. & Townley, C. (ed.) 1982：55-71, 木村2000：56-61より要約して作成）

目的
1. 現代世界についてグローバルな視野から考えられるようにする。
2. 国家や地域，党派的な利益に関する忠誠心ではなく，広く人類に対する忠誠心を育てる。
3. 国家間の経済的格差や世界の不平等が改善されなければ，どのような結果にいたるのかについて，生徒に気づかせるようにする。
4. 文化の多様性を尊重できるようにする。
5. 広く人類が共有している価値について，生徒が理解し，尊重できるようにする。

シラバスの概要

セクション1：「地球村」	セクション2：地球村は危機的な状態にある。	セクション3；よりよい世界に向けての示唆
①「地球村」という語の提示と説明 ②地球の起源と進化 ③地球の大きさと大陸の形 ④気候帯 ⑤天然資源 ⑥先進国と発展途上国，第三世界，第四世界	①人口 ②貧困と富裕 ③対立と暴力 ④構造的暴力 ⑤抵抗運動 ⑥環境の破壊	①国際的な政治と協力にむけて ②国際連合；その目的，歴史，活動，構成，業績，専門機関の目的，活動，業績 ③その他の国際組織とその活動 ④国際的な警察・法・安全保障 ⑤人権 ⑥平和の樹立 ⑦世界的規模での構造的暴力の除去 ⑧人口調整 ⑨オールタナティブな生活様式や技術 ⑩環境保全

セクション4：かかわり合いをもつ	セクション5；地球村を結びつける力
・このセクションでは，どうすれば一人一人が地球村の発展に意味のある貢献をできるかについて，生徒が考察していける方法を示す。このセクションの中心は態度の育成である。 ・このコースを学習する際に，思慮深い生徒のなかには，遅かれ早かれ提示された世界的な問題について苦悩し，ワールド・スタディーズの有効性に疑問をぶつけるものもたくさんいるだろう。 ・行動につながる示唆が手近に用意されていなければ，このコースに対する態度—サラの重要なのは，考察している問題に対する態度—に逆効果を与えてしまう。 ・教室での話合いの方法を提示。参加の具体例（地域，NGO，国連の地域組織，募金，リサイクル，買い物，政治への声など）	・セクション4の活動しなかった生徒への別の研究課題 ・目標と評価 　1．シラバスの目的に基づいた検証可能な目標 　2．目標の評価の方法と配点 ・具体的な評価の方法（コースの学習の評価，研究プロジェクトの評価，口述試験，筆記試験）

資料5-15　全学的な取り組みの教職員の研修・ワークショップのプロセス（*Making Global Connections*（1989：144-162）より筆者作成，邦訳版 Making（1997：255-284）も参照）

```
参加する
目標を共有する
  全学的な取り組みを計画するためのチェックリストを作る
仲間意識を作り出す
  雰囲気づくりと協力意識
学校や教室を観察する（隠れた差別を可視化する）
  トイレのいたずら書きなど
  性的役割分担の固定観念に関する授業の観察
教員の話し合い
  機会均等を観察するためのチェックリスト
  全学的な取り組みからえられること
```

資料6-1　シティズンシップ教育の本質的要素の相互連関を示す立方体
　　　　（Crick Report 1998：Para. 6.9.3，長沼・大久保編2012：181）

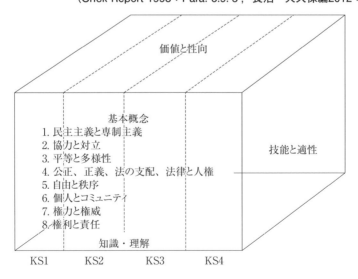

資料6-2 義務教育を終えた時点で達成したい本質的な要素の概要
(Crick Report 1998：para. 6.9.3，長沼・大久保編2012：180より)

基本概念	価値と性向	技能と態度	知識と理解
1. 民主主義と専制主義 2. 協力と対立 3. 平等と多様性 4. 公正，正義，法の支配，規範，法律と人権 5. 自由と秩序 6. 個人とコミュニティ 7. 権力と権威 8. 権利と責任	1. 共通善への関心 2. 人間の尊厳と平等への信頼 3. 対立の解決への関心 4. 共感的理解を持って，他者と協力し，他者のために働く性向 5. 責任を持って行動する性向，すなわち，他者および自分をケアし，行動が他者に及ぼす結果を事前に考慮し，想定外のことや不運なことが起きても責任を受け入れること 6. 寛容の実行 7. 道徳的規律をもって判断し，行動する 8. 一つの見方や考え方を守ろうとする勇気 9. 討論や証拠によって，意見や態度が変わることにオープンであること 10. 個人として率先して実行し，努力すること 11. 礼儀正しさと法の支配の尊重 12. 公正に振る舞うことの決定 13. 機会の均等，ジェンダーの平等の尊重 14. 活動的なシティズンシップへの参加 15. ボランティア活動への参加 16. 人権への関心 17. 環境に対する配慮	1. 口頭および記述の双方において根拠のある議論ができる力 2. 他者と協力し，効果的に活動する力 3. 他者の経験や視野を考慮し，評価できる力 4. 他者のものの見方・考え方を受け入れる力 5. 問題解決的な方法に取り組む力 6. 情報収集のために，現代のメディアと科学技術を批判的に活用できる力 7. 提示された証拠に対する批判的なアプローチと新しい証拠を探す力 8. 物事の取り扱い方や人への説得の仕方を認識できる力 9. 社会的，道徳的，政治的な課題や状況を確認し，それらに反応し，影響を及ぼす力	1. 地域や国家，EUや英連邦，そして国際社会の各レベルにおける時事的，現代的なの課題や出来事 2. 民主的な社会が，どう機能し，どう変化してきたかを含めた，それらの性質 3. 個人，地域，ボランティア団体との相互依存関係 4. 多様性，相違，社会的対立の性質 5. 個人および社会の法的・道徳的な権利と責任 6. 個人および社会が直面している社会的，道徳的，政治的な課題の性質 7. 地域や国家，EUや英連邦，国際社会の各レベルにおけるイギリスの議会の政治的，法的システム（それらがどう機能し，どう変化してきたかを含む） 8. 社会における政治的，自発的な行動の性質 9. 消費者，雇用者，被雇用者，および家族や社会の成員としての市民の権利と責任 10. 個人と社会にかかわる経済システム 11. 人権憲章と人権問題 12. 持続可能な開発と環境問題

資料6-3 「シティズンシップ」：KS. 3 & 4 の達成目標（評価規準）
(QCA：2002c より筆者作成)

	KS3の終わりまでに大多数の生徒は，	KS4の終わりまでに大多数の生徒は，
学識ある市民についての知識と理解	・自分たちが探究してきたトピックや課題について広い知識と理解を示すことができる。 ・たとえば権利，責任，民主主義，政府，公正，正義，ルール，法律，多様性，アイデンティティ，コミュニティ，権力と権威，持続可能な開発など，基本的な市民概念の理解，およびたとえば，正直，寛容，人への尊敬と関心など，価値への理解を示すことができる。 ・公共の情報を提示するメディアの役割を理解し，情報が様々に解釈されることがわかる。	・自分たちが探究してきたトピックや課題について健全な知識と理解を示すことができる。 ・たとえば権利，責任，民主主義，政府，公正，正義，ルール，法律，多様性，アイデンティティ，コミュニティ，権力と権威，持続可能な開発など，基本的な市民概念の理解，およびたとえば，正直，寛容，人への尊敬と関心など，価値への理解を示すことができる。 ・公共の情報を提示するメディアの重要な役割と責任を理解し，情報が様々に提示され，かつ，解釈されることがわかる。
探究とコミュニケーションのスキル	・トピックや課題，問題や事件について調べることによって，ICT（情報）やメディアを含む幅広い情報源を分析し，評価することができる。 ・疑問を検証し，多様な課題について考え，議論して，簡単な結論を引き出したり，個人の意見や見解を正当化したりできる。 ・グループや教室での議論や討論を通して，考えや見解を表現したり，発展させることができる。 ・人の見解や経験について耳を傾け，熟慮することができる。そして，必ずしも自分の考えではない意見を表現できる。	・トピックや課題，問題や事件について研究し，調べることによって，ICT（情報）からメディアまで，幅広い情報源を分析し，評価することができる。 ・疑問を検証し，発展させ，多様な課題，問題や事件について考え，議論して，幅広い見方を考慮し，調査や統計を適切に活用し，結論を引き出すことができる。 ・市民概念や価値にかかわる考えを発展，構造化させ，正当化し，個人の意見を擁護し，グループやクラスでの議論や討論に貢献することができる。 ・想像力を働かせて，人の見解や経験を熟慮し，必ずしも自分の考えではない意見を表現し，評価できる。
参加と責任ある行動のためのスキル	・グループでの意思決定に参加し，自分自身や他者に対して責任ある態度を示すことができる。 ・交渉し，決定して学校や地域において，責任ある行動に参加することができる。また，その参加を振り返ることができる。 ・自分たちで学んだことや他者との経験とを交流させ，前進したり，変更したりすることへの示唆をえることができる。 ・市民活動における自分たちの参加をふりかえることができる。	・グループでの意思決定に参加し，自分自身や他者に対して責任ある態度を示すことができる。 ・交渉し，決定して，学校や地域を土台とする活動に，責任をもって参加し，その参加を振り返り，批判的に評価することができる。 ・自分たちで学んだことや他者との経験とを交流させ，前進したり，変更したりすることへの示唆をえることができる。

資料6-4 「シティズンシップ」：KS.3の評価基準例
（QCA：2002c, 高野剛彦2007：126-141より）

	達成に向かっている	目標に達成している	目標以上のことをした
学識ある市民についての知識と理解	・事実を問う質問に答える ・探究した課題や出来事に関していくつかのキーワードと概念の理解を示す	・探究した課題や出来事に対する広い理解と認識を示すために，情報を供給し，キーワードを説明し，シンプルな概念を用いる	・探究した課題や出来事に関する正当な理解を示す ・市民教育の課題や概念の理解を示すために情報を構成要素に分解する ・概念を参照して，自らの議論を構成する ・要素を組合わせてアイデアや仮説を作る。自分の価値観や態度は控えめにする
探究とコミュニケーションのスキル	・探究したトピックや課題について質問に答える ・限られた資料から表面的な価値で調査し意味を調べる。そして漏れや偏りがあるもののいくつかの気づきを示す ・課題をふり返り，個人的な意見に基づく理由を述べ，グループやクラスでの話合いに寄与する	・情報源をリサーチし評価する。もし情報源が信用できるものならば説明し，情報をソースごとに関連付ける ・どのようにして，なぜ変化がおきたかを説明する。 ・調査を支援する質問を受け入れ，課題について熟考し話合い，自分の意見の根拠を示す ・グループやクラスでの話合いに参加し，基本的なディベート技能を示す	・さまざまなソースから情報を集め分析する。他のソースよりもなぜ信用できるのか説明する ・調査を支援する質問を受け入れ，質問を創る。 ・報告をするためにソースから情報を組織し，自分の考えを表明し，根拠を示す ・グループやクラスでの話合い・ディベートに肯定的・建設的に参加する
参加と責任ある行動のためのスキル	・学校やコミュニティの活動にメンバーとして参加する ・グループの話合いで他人の意見を聞き，グループ活動で建設的な提案をする	・参加している時には，自分たちや他人に対して個人や集団として，責任ある態度をとる ・他人の価値を受入れる ・自分の視点をはっきり述べることができる	・作業を組織し，優先順位をつけ，参加している時に責任を増やしていく。 ・対立を適切に扱う ・様々な役割を受入れる ・自分の意見の根拠を示す ・集団としての様々なスキルを示す

資料6-5 *This is Citizenship*「グローバル・シティズンシップ」の単元観，学習項目，学習活動，キーワード（筆者作成）

	This is Citizenship 基礎編	*This is Citizenship* 発展編
テーマ	世界の中であなたはどのような役割を担っていますか？	あなたは世界を変えることができますか？
単元観（単元設定の理由）	世界中の人々は，互いに依存している。「世界は小さくなっている」と私たちがいうが，それは，遠く離れた地域の人々と電話や，電子メール，ファクスを通じて即座に交信できるからである。あるいは，世界中のどこにでもすぐに旅行できるからでもある。人々は，休暇やビジネスで，親戚を訪問したり仕事をしたり，くらしをはじめたりと，様々な国に旅行している。私たちは海外で作られた商品を買い，国家間では頻繁に貿易協定を結んでいる。 しかし，今なお，国と国との間には戦争があり，多様な集団間で内戦を起こしている国もある。このために，死や困難，非人道的行為が起きている。世界には，このような紛争の結果，何百万という難民がいる。また，洪水や火山のような自然災害がおき，大きな被害と困難を与えている。ある災害が世界のどこかで起きた時，他の国々は，資金，食糧，衣類，医薬品，専門家といった援助を差しのべる。	私たちは地球市民である。お店に行けばいつでも外国産や外国で作られたものを買うことができる。それに支払う代金は世界市場に依存している。私たちの町での仕事は外国の企業が提供している。私たちは海外に事務所がある企業のために働くことが多くなっているし，海外で働きたいと思うかもしれない。国際的な協定やヨーロッパの法律は私たちに直接的に影響する。人々は，休日などに海外に旅行することが多くなり，遠くオーストラリアやタイに旅行する人だって多くなるだろう。 私たちは地球的な課題とかかわっている。毎日，他国のニュースを聞き，時にそれは，戦争や，飢饉や洪水のような災害のニュースであったりする。私たちは，そのような困難な境遇の人々に寄付をしている。英国の兵士や労働者は世界中にでかけている。英国の他の地域での事件は私たちの生活に直接影響を与える。もし外国の企業が困難な状況になれば，何千人もの人を雇っている英国の工場は閉鎖されるかもしれない。地球温暖化は，他の国々と同様英国の天候に影響を与える。 私たちは，また，他の国々の人びとにも影響を与えている。私たちが何を買うか，どこへ行くか，どう振る舞うかが，他国の人々を助け，あるいは逆に苦しめることにもなる。もし私たちが児童労働によって作られたものを買うなら，それは彼らにどんな意味をもたらすだろうか。私たちが廃棄物や汚染を作り出せば，隣国にどんな影響を与えるだろうか。私たちの外国での休暇は，その国の人々の生活にどんな影響を与えるだろうか。 これらのことは，すべて，私たちの世界での役割について，そして私たちがどんな世界を望んでいるのかを考える必要があることを意味している。
学習項目	・他の国々について抱いている考え ・どのようにして，私たちの考えがメディアのイメージによって形作られるか。 ・チャリティは，世界中の人々をどのようにして助けているか。 ・他の国々の人々を支援する理由 ・援助プログラム	・国際貿易およびそれが他の国々の労働者に及ぼしていること。 ・児童労働 ・観光がもたらすもの ・ヨーロッパ連合の役割
学習活動	・倫理的な問題について考え，何が正しいかを決定する。 ・これらを小グループおよびクラス全体で議論する。 ・想像力を働かせて，他者の経験について考える。 ・クラスのプロジェクトに参加し，アピールのために資金を募る。	・情報を分析する。 ・意見を形成し，それを正当化する。 ・グループの議論に参加する。 ・自分以外の人の意見について考え，説明する。 ・他者の経験について考える。
キーワード	移民，難民，庇護を求める人々，グローバル，チャリティ，人権	児童労働，環境への影響，フェアトレード，観光

資料6-6 「PSHE & Citizenship」（KS.1, 2）の単元構成（QCA：2002b スキーム・オブ・ワーク，川口2009：68-70より筆者作成）

単元	学習内容の概略
1. 参加する―コミュニケーションと参加のためのスキルをたかめること	・学校の実際の生活に参加できる機会の提供。 ・ペアまたはクラス単位で実際に起こっている学校の問題について検討し，議論を行い，意思決定に参加する。
2. 選択	・正しいこと，悪いことの違いや好き嫌いについて話し合う。 ・自分たちの意思決定を行う際の権利と責任についてよく考える。 ・個人の意思決定が，他人の意思決定や環境に与える影響について考え，責任ある意思決定に必要な知識・スキルを得る。
3. 動物と私たち	・動物福祉の問題を探求することを通して，権利と責任の考えを紹介する。 ・動物福祉の問題を考えるボランティア団体やコミュニティについて学ぶ。 ・人間・動物にとって必要不可欠なものは何か，人はペットや野生をふくむ多様な動物に対して責任を有していることを学ぶ。 ・自分たちの選択や行動が地域・国家レベルで与える影響について学ぶ。
4. 私たちを助ける人々―地域の警察官	・私たちのコミュニティで私たちを支援する人々の例として地域の警察の仕事について学ぶ。他の例として，消防や救急の仕事でもよい。 ・効果的なコミュニケーションのとり方や安全でいるための方策，潜在的なリスクの回避方法について学ぶ。 ・警察のサービスが地域・国家レベルの問題にどのように対処しているのか，また，地域機関の役割と目的についても探求する。 ・犯罪が与える衝撃，犯罪率を減らし，被害者を救済するために警察が行っている地域対策の利点について理解する。
5. 多様性のある世界で生きる	・アイデンティティとコミュニティについて，世界の多様な場所について学ぶ。同じこと違うこと，多様性について探求する。 ・自分たちは人間として共通して基本的なニーズと権利を有しており，学校や家庭を含めたグループやコミュニティに属していることを学ぶ。 ・互いに尊重しあうことの重要性，人種を含めた理由で人々をいためつけることが誤ったことであることを学ぶ。 ・おもちゃや福を通して，自分たちが他国と結びついていることを学ぶ。 ・学習の成果を振り返り，学校内で他者と考えを共有することを学ぶ。
6. 学校の校庭を作り上げる	・子どもたちが校庭を改善する方法について，計画を立て相談し，実行することを支援する。木を植えたりするような小さな計画や校庭の改築などの大きな計画をとりあげる。 ・現在ある校庭設備や遊具の特徴を振り返り，学校や地域でどのように使用されているかを調査する。 ・学校内外の他者とアイデアを交換し，それを参加へ反映させる。 ・いろいろな校庭改善プロジェクトのコストや違いを調べる。
7. 子どもの権利―人権	・すべての基本的人権および必要と充足，権利の違いについて学ぶ。 ・他者の権利を脅かさない，権利に関する他者の要求をサポートするといった事例に代表されるいくつかの責任について学ぶ。 ・正直であること，信頼，寛容，他者への尊敬の重要性について学ぶ。 ・国連の子ども権利条約は，いつ，いかなる所でも適用されることを学ぶ。 ・人権が学校，地域でどのように適用できるか学ぶ。 ・教室や校庭の平等や他者を尊敬し，励ますために権利が維持される方法を確かなものにする。

単元	学習内容の概略
8. ルールや法律は，私にどのような影響をあたえているか	・なぜルールが人権を守るために必要なのか，またどのように家庭・学校・地域コミュニティでどのように助けてくれるかを理解する。 ・学級のルールについて議論し，学校や児童会を通して，どのように提案や変更を行うかを学ぶ。 ・国会議員がどのように法律を変更しているのか，また議論やディベートの重要性を学ぶ。 ・時事問題に対して意見を作成し，表明する。 ・法律を破った結果を探求する。 ・自分たちの学習の成果をポスター形式で表明する。
9. 財産を尊重すること	・他人の財産や校庭のような公共財を敬う責任について学ぶ。 ・盗みや破壊行為のような犯罪の結果について考え，議論し，犠牲者に共感し，懲罰や公共財の価値について熟考する。 ・地域社会を改善するための考えや方略をグループで作成し，こうしたグループワークを通して，コミュニティが公共財に対して有している責任について探求する。
10. 若い市民のための地域レベルの民主主義	・誰が地域コミュニティを治めているのか，また，地域の発展に過去貢献した重要な要因を発見する。 ・地域レベルの民主主義，地方議会，市長について，探求や調査・地域の人の訪問講演会・スピーチの計画と実施，討論やディベートなどを通して学ぶ。 ・国会と異なる地方議会の特色について正しく理解する。 ・可能ならば，地域の問題について，地方議員と議論を行う。 ・関心の高い問題を議論すること，児童会や学級会の重要性を学ぶ。
11. メディア―ニュースとは何か	・地域や全国の時事的なニュースや情報について，メディア（地元紙や全国紙，雑誌，テレビ，映画，ラジオ，インターネットなど）の重要性について学ぶ。 ・メディアの役割は，シティズンシップの問題や課題と関連している。 ・メディアの種類を分析し，議論を進める過程で，探究とコミュニケーションのスキルを身につける。 ・地域や全国の時事ニュースや個人的に関心のあるニュースについて議論し，会社によってストーリーが異なっていることを学ぶ。 ・人気のある連続ドラマでの社会問題の扱い方を検討し，多様な価値観や態度を追求する。 ・メディアについて学習した成果を新聞やニュースにし，学校や地域で作成したウェブサイトに載せる。
12. 進むこと	・次のキー・ステージ3に進むための準備・コミュニティとしての学校について熟考し，より効果的に変えていけるように方策を身につける。

資料7-1　グローバル・シティズンシップのためのカリキュラム：知識・理解，技能，価値・態度（Oxfam 1997：16-18, Oxfam 2006：5-7より）

〈知識・理解〉

	保育・幼児5歳以下	KS.1 5-7歳	KS.2 7-11歳	KS.3 11-14歳	KS.4 14-16歳	16-19歳
社会正義と平等	・公正／不正とは何か ・正／悪とは何か	・貧富の差への気づき	・集団の中の公正 ・不平等の原因と結果	・社会間・社会内の不平等 ・基本的な権利と責任	・貧困の原因 ・貧困の撲滅に対する多様な見方 ・地球的な論争問題の理解	・地球市民としての役割
多様性	・自分と関連して他者への気づき ・人間の共通点と相違点についての気づき	・人間の共通点と違点についてのより大きな気づき	・私たちのくらしに対する多様な文化，価値，信仰の貢献 ・偏見の本質とその撲滅の方法	・多様性の問題似ついての理解	・多様な文化と社会についてのより深い理解	・多様な文化と社会についてのより深い理解
グローバリゼーションと相互依存	・身近な地域の環境という感覚 ・異なった地域についての気づき	・より広い世界という感覚 ・異なった地域のつながり	・国家間の貿易 ・フェアトレード	・相互依存についての気づき ・自分たちや他の政治システムについての気づき	・南北の力関係 ・世界経済と政治システム ・倫理的消費	・地球的諸課題の複雑さ
持続可能な開発	・生き物とそれらが必要としているもの ・もののいたわり方 ・未来についての感覚	・私たちが環境に影響を与えていること ・過去および未来についての気づき	・人間と環境の関係 ・限りある資源についての気づき ・私たちが変えられるという可能性	・地域や地球レベルにおける経済的，社会的開発についての多様な見方 ・可能な，望ましい未来という概念の理解	・さけて通れない地球的な持続可能な開発・持続可能な世界のための生活様式	・アジェンダ21の基本的問題の理解 ・持続可能な世界のための生活様式
平和と対立	・私たちの行動は結果をともなうこと	・私たちや他の社会における過去や現在の対立 ・対立の原因とその解決―個人的なレベル	・対立の原因 ・対立の影響 ・対立とその防止のための取り組み	・地域や地球レベルでの対立の原因と結果 ・対立と平和の関係	・平和を導く条件	・対立の諸問題と解決の複雑さ

〈技能〉

	保育・幼児 5歳以下	KS. 1 5-7歳	KS. 2 7-11歳	KS. 3 11-14歳	KS. 4 14-16歳	16-19歳
批判的思考	・他者の話を聴く ・質問をする	・さまざまな見方を見る ・探究心を身につける	・偏見やステレオタイプを発見する ・さまざまな見方を評価する	・メディアリテラシー ・見識のある決定を下す	・情報を批判的に分析する ・倫理的な判断をする	・論争的で複雑な諸問題を取り扱う
効果的に議論ができる力	・意見を表現する	・証拠に基づいた意見を表明しはじめる	・証拠を見つけ，選択する ・理由をつけて問題を提示し始める	・合理的な議論を通して立場を深め，変更することを学ぶ	・見識ある立場から，合理的かつ説得力のあるやり方で議論する	・政治的リテラシー ・関係のある政治的過程に参加する
不正義と不平等にチャレンジする力	・不公正を見つけ，適切な鼓動を起こしはじめる	・不公正を見つけ，適切な鼓動を起こしはじめる	・不公正を認識し，それを問題にしはじめる	・不平等を続けさせている見解を問題にしはじめる	・不平等に反対し，適切な行動をとる	・より公正で平等な世界のために行動する
人やものを大切にする	・命あるもの，ないものをいたわりはじめる ・他者のことを考えはじめる	・他者が必要としているものを強く意識する ・私たちの生活と他者の生活をつなげる	・選択および選択の結果を認識する	・命あるもの，ないものに対するいたわる力を育てる	・持続可能な世界のための生活を個人で続ける	・持続可能な世界のための生活を個人で続ける
協力と対立の解決	・協力 ・分かち合い ・言い争いを平和的に解決することを知りはじめる ・参加をしはじめる	・駆け引きや戦術 ・社会や他者と関わり，参入する	・集団での決定を下し，かつ，受け入れる ・妥協する	・交渉する	・交渉する ・仲介する	・交渉する ・対立を解決する

〈価値・態度〉

	保育・幼児 5歳以下	KS. 1 5-7歳	KS. 2 7-11歳	KS. 3 11-14歳	KS. 4 14-16歳	16-19歳
アイデンティティと自己肯定感	・自己を確かめ，自分を価値あるものと思う感覚	・個人らしさに気づき，誇りをもつ	・一人一人の価値を大切に思う感覚	・開かれた心	・開かれた心	・開かれた心
共感	・身の周りの人々に対する関心	・より広い地域の人々に対する興味と関心	・地域や地球レベルでの人々に対する共感	・思いやり ・人々の必要としているものや権利に対する感覚	・開かれた心 ・共通の人間性と共通に必要としているものについての感覚	・個人の責任感，集団の責任感
社会的正義や平等への関与	・フェアプレーについての感覚	・個人の憤りについての感覚 ・他者のために積極的に話す	・世界の諸事情に関心をもつ ・公正についての感覚	・不公正と不平等に対する関心 ・不平等に反対する行動を進んでとる	・社会正義と平等に関与する	・貧困の策編に関与する
多様性に意義を見いだし，尊重する	・違いや多様性に対する肯定的な態度	・平等かつ多様な存在として人を認める ・人々の経験から進んで学ぼうとする	・違いや多様性を尊重するようになる	・すべての権利を敬い，一つの見解をもつ	・すべての人を平等かつ多様な存在として評価する	・すべての人を平等かつ多様な存在として評価する
環境への関心と持続可能な開発への関与	・自分自身の環境と生き物似ついての理解 ・不思議さと好奇心の感覚	・より広い環境への関心 ・資源に価値を見つけ出す ・自ら進んで環境をいたわろうとする	・環境と資源の利用に対する責任感	・人間の生活様式と環境の結果についての関心	・惑星地球の未来および未来の世代への関心 ・持続可能な世界のための生活様式に関与する	・持続可能か開発に関与する。
人は変わり，違いを生み出すことができるという信念	・すすんで，間違いをみとめ，そこから学ぶ	・私たちの行動が結果を伴うことへの気づき ・進んで協力し，参加する	・物事は良くなり，一人ひとりは違いを生み出せるという信念	・地球的な諸課題に対して，すすんで立場をつくる	・より平等な世界のために進んで行動する	・より平等な世界のために進んで行動する

資料7-2　学校全体アプローチの構造図（Oxfam 2002：3 より）

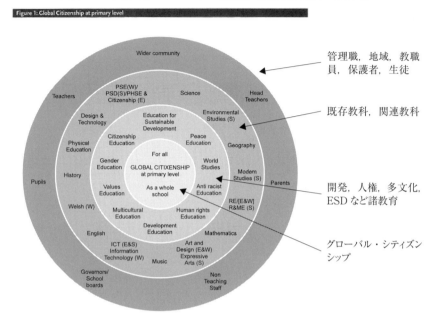

資料7-3　学校全体アプローチの評価ワークシート（Oxfam 2002：32より筆者作成）

（注：項目1-14について，「①優秀，②よい，③目標途上」の基準とその④「証拠」，⑤「行動ポイント」を示すものとなっている）

学校として私たちは，次のことをしている	①	②	③	④	⑤
1. 学校の理念としてグローバル・シティズンシップを掲げ，すべてのカリキュラムに入れている					
2. 子どもや大人が自己肯定感を感じる，安全で開かれた学校環境になっている					
3. 効果のある機会均等の方針					
4. 構内での明確な表示を含む，効果のある行動様式の方針					
5. 実効性のある児童会を含む，民主的で包摂的なプロセスへの関わり					
6. 生徒が，変革にむかう動機がわくような支援をする多様な教育方法					
7. グローバル・シティズンシップを奨励する学校全体の行事やイベント					
8. 学校や地域の多様性を十分に反映する代表者で構成される，開かれていて，効果的で，包摂的な学校運営組織／理事会					
9. グローバル・シティズンシップを奨励する実践とその蓄積					
10. 多様な背景をもつ人々や世界中の人々の経験から学ぶことへの関与					
11. 持続可能な開発への関与，例：リサイクル，ゴミの削減，エネルギーの節約などの方針					
12. 多様な文化，ジェンダー，障がい者，多様な家族集団の肯定的な事例を含む，多様性を祝福する資料や展示物					
13. 学校，保護者，地域との活動的なつながり					
14. グローバル・シティズンシップの知識と理解を高めることを望む職員への支援					

資料7-4　*Get Global!* の全体構成（*Get Global!* 2003より筆者作成）

はじめに 　*Get Global!* の経過 　*Get Global!* の中心テーマ 　*Get Global!* の背景 　*Get Global!* と学校全体のアプローチ スタート 第1部 　ゲット・グローバルのステップ 　ステップ1　質問をしよう 　　1.　理想の未来 　　2.　私たちの世界の見取り図 　　3.　影響を受ける人たち 　　4.　地域や地球レベルの力 　　5.　活動的な地球市民について探ってみよう 　ステップ2　課題を見つけよう 　　1.　トリガー・フォト 　　2.　あなたを驚かせたものは何か 　　3.　自分で投票しよう 　　4.　あなたの選択 　　5.　課題の輪 　　6.　なぜ、なぜチェーン 　　7.　グローカルな質問の時間 　　8.　視野を広げよう 　　9.　課題のランキング 　　10.　ペア・ランキング 　　11.　課題選択の理由	ステップ3　情報を集めよう 　1.　課題の木 　2.　道すじ発見 　3.　心の地図調べ 　4.　インターネット調べ 　5.　ロールプレイを中断して考える 　6.　課題についての討論 　7.　調査の枠組み ステップ4　計画を立てよう 　1.　私たちの望むもの 　2.　レンガと金づち 　3.　行動の木 　4.　蜘蛛の脚 　5.　行動カードゲーム 　6.　行動はどっち？ 　7.　衝撃のマトリックス 　8.　疑問をぶつける 　9.　私たちの行動 　10.　コミュニケーション 　11.　川の流れ 　12.　計画の木 　13.　行動計画 ステップ5　行動しよう 　1.　行動を記録すること ステップ6　考えてみよう 　1.　ふりかえる 　2.　書き上げる 　3.　讃える	第2部 ふりかえり（評価）をしよう 　1.　ポートフォリオ 　2.　期待の花 　3.　フォーカス・グループ 　4.　活動的な地球市民スキル図 　5.　活動的な地球市民期待表 　6.　評価の輪 　7.　使用前・使用後 　8.　成功グラフ 　9.　学びのログ（記録） 　10.　写真 　11.　創造的評価 　12.　喜怒哀楽の顔 　13.　揺らめく手 　14.　継続性・連続性 　15.　二重の輪 　16.　グラフの壁 　17.　表現カード 　18.　感情のシルエット 第3部 ゲームをしよう ・つながりを持とう ・各ステップのワークシート ・評価のワークシート

資料7-5　Get Global! の学習過程：六つのステップとねらい

(Get Global! 2003より筆者作成)

ステップ1 質問をしよう	・生徒たちが，自らの学びを獲得し，他者とのつながりをみつけ，より広い世界と自分がどうつながっているかについて理解していく力を身につけるための価値や態度を探究し，追究していけるように支援する。 ・探究（質問し，知識理解や価値・態度を明確にする）とコミュニケーション（調査グループやクラス討論に貢献する）のスキルを伸ばし，身につける。
ステップ2 課題を見つけよう	・生徒たちが，とるべき行動の合意を得るために，課題についてブレーン・ストーミングを行ない，課題を明確にし，疑問をぶつけあうことを支援する。 ・探究，コミュニケーション，参加のスキルを身につけ，深めていく，探究では，質問をし，課題を設定し，議論を立てるために情報を選択し，組み立てる。コミュニケーションでは，調査グループやクラス討論に貢献し，ディベートに参加する。課題について自分の意見を，口頭または文章で，表現し，正当化し，防御する。参加では，交渉し，決定し，課題について投票する。
ステップ3 情報を集めよう	・生徒が，課題の主な特徴や原因と結果，可能と思われる解決を調べることを支援する。 ・探究，コミュニケーション，参加のスキルを身につけ，深めていく。探究では，鋭敏にかつ目的をもって考え，調査する。様々なところから得た情報を分析し，評価する。そして結論を引き出し，正当化する，コミュニケーションでは，調査グループやクラス討論に貢献し，ディベートに参加する，参加では，課題についての他者の価値や態度を表現し，評価する。
ステップ4 計画を立てよう	・生徒が，行動の妥当性を考え，決めることができる。 ・生徒が行動のための詳細なプラン，後継者のメッセージ，ねらいとなるや聴衆などをきめていく。 ・探究，コミュニケーション，参加のスキルを身につけ，深めていく，探究では，情報を照合し考えや結論に接近する。コミュニケーションでは，調査グループやクラス討論に貢献し，ディベートに参加する。参加では，交渉，意志決定，行動のための立案をする。
ステップ5 行動しよう	・生徒が行動し，それを記録し，検証できる。 ・参加（責任ある行動をとること）のスキルを身につけ，伸ばす。
ステップ6 考えてみよう	・生徒が，学んだことや獲得したこと，次にどんなことをしたいのかなどについて，ふりかえることができる。 ・生徒が，どうすれば行動を持続し，身につけたスキルを伸ばしていけるか，考えることを支援する。 ・口頭あるいは文章でわかったことを伝達し，提示することなど，コミュニケーションのスキルを身につけ，伸ばす。参加の過程をふりかえるなど，参加のスキルを身につけ，伸ばす。

資料7-6　*Get Global!* の学習プログラム
（*Get Global!* 2003：11より，一部改変して筆者が作成）

事例1（9レッスン）	
ステップ	活動・行動，ゲーム，評価
ステップ1：質問 2つのレッスン	活　動：理想の未来 ゲーム：黙って並ぼう 評　価：期待の花
ステップ2：課題発見 2つのレッスン	活　動：自分で投票しよう，課題の輪，なぜなぜチェーン ゲーム：想像ゲーム
ステップ3：情報収集 1つのレッスン	活　動：課題の木 評　価：揺らめく手
ステップ4：計画立案 1つのレッスン	活　動：行動カードゲーム，行動計画 ゲーム：良い面・悪い面
ステップ5：行動 1つのレッスン	行　動：問題意識向上のためにポスターを作り，学校のまわりに貼る。 活動シートに行動記録をつける
ステップ6：熟考 2つのレッスン	活　動：ふりかえり 評　価：期待の花，活動的な地球市民のスキル・チャート

事例2（14レッスン）	
ステップ	活動・行動，ゲーム，評価
ステップ1：質問 3つのレッスン	活　動：影響を受ける人々，地域と地球レベルの力 ゲーム：掌を開こう，音を立てない一人 評　価：ポートフォリオを始める，特定のグループを見る
ステップ2：課題発見 2つのレッスン	活　動：あなたの選択，課題の理由，課題のランキング ゲーム：耳を傾けよう
ステップ3：情報収集 2つのレッスン	活　動：結果の道筋，インターネット調べ，課題についての議論 評　価：二つの輪
ステップ4：計画立案 3つのレッスン	活　動：私たちの望むもの？，煉瓦と金づち，どちらの行動？，意見を尋ねる，意思を伝える，川の流れにそって ゲーム：力の構造，信頼の輪
ステップ5：行動 2つのレッスン	活　動：課題についてのディベートを企画し，研究者を招く。宣伝や記録の方法を考える
ステップ6：熟考 3つのレッスン	活　動：讃える ゲーム：これは○○ 評　価：評価の輪，特定グループの活動評価

資料7-7　ラングドン校におけるアクティブ・シティズンシップ（第9学年）
（筆者作成）

- 学校での全生活へのかかわり
- 9学年のシティズンシップ週間に少なくとも一つは積極的に関わる
- 10学年の生徒たちと学校生活での市民活動について話し合う
- 舞台であれ材料作りであれ，少なくとも一つの集会に参加する
- 学校で決められた週間の集会を組織し，開催する
- 各時期の集会を企画する
- フェアトレード，難民週間，Giving National Week，Get Global/Action Aid のような，特定の集会のために来た来客を出迎える
- 動物愛護団体とともに集会／活動を主催する
- Water Aid のようなチャリティに，問題意識の昂揚のためにキャンペーンや募金活動をして，少なくとも一つは支援をし続ける
- 学年，チャリティ，スポーツ，生徒会，Associate School Governors を選び，その仕事に積極的に関心をもつ
- Newham 青年議会の一員として積極的な役割を果たす
- Young Children，Partner Primary Schools，Senior Citizens，Community Groups のような地域の団体で少なくとも一つの団体で顕著で積極的な役割を果たし続ける
- 学校の出版物の一つに学生の少なくとも一人として何かを書き，準備する
- Jack Petchery Foundation Award に少なくとも三つ参加登録する
- Diana Princess of Wales Memorial Award（11月，4月，6月）に少なくとも三つ参加登録する
- Nationwide CSV Award（2005年3月）に少なくとも三つ参加登録する
- Shining Through Award に少なくとも三つ参加登録する
- Red Nose Day（2005年3月）のためにキャンペーンと募金活動をする
- 地域の礼拝堂に少なくとも一つは訪問する
- 連携している外部団体：Action aid を含む27団体（略）

資料8-1 「アジア・ニーズ」単元：授業用ワークシート
(第1時)（今谷・藤原1990：82）

図18 授業プリントと板書（第1時）
中3公民　テーマ49　世界経済…アジアと日本［Ⅰ］　　組　番氏名
【ねらい】☆資料やテレビの映像からからアジアの新しい変化や動きを見つけよう。
1．君たちが調べた夏休みの課題で電化製品の調査報告を見よう。
　①集計結果を見て、次の表に該当するものを書き入れてみよう。
　　A．日本国内で生産している企業　B．外国で作り日本に輸出している日本企業
　　C．日本に輸出している外国の企業

	A．例	B．例	C．
扇風機	サンヨー、ナショナル		フヨー（台）
ラジカセ	ソニー、シャープ、東芝	サンヨー（シ）	
ヘッドフォンステレオ	ソニー、アイワ、東芝	ナショナル（台）	フェアメイト

　②店によって差はありますが、値段が安いのは主にどこで作られたものですか。
　　また、それらの地域や国はまとめて何と呼ばれていますか。
　　　シンガポール、台湾、韓国（＋香港）→ニーズ（NIES）
　　　マレーシア、中国

2．今、アジアで何が起きているか
　①今からテレビを見ます。安い電化製品だけがこれらの国や地域の工業製品でしょうか？下の表の項目に注意して見なさい。

	工業製品や産業の種類	生活の様子	9000ドル水準 先進国入りの可能性
シンガポール	情報・ハイテク技術	活気がある	1998年
台湾	海運・パソコン	発展している	2003年
韓国	自動車（鉄鋼）		2006年

　②資料－Aを見て、表中の国の一人当りGDP（実質国内総生産）が日本の水準（1980年）に到達する年代を調べてみよう。

　③今、アジアでどんな変化が起きているか、まとめてみよう。
　　○しんこうこうぎょうこくのしゅつげん　にほんのほかに4つのせんしんこく　せいかつすいじゅんのこうじょう
　　　新興工業国の出現、日本の他に4つの先進国、生活水準の向上
　　○べいこくしじょうにおけるにほんせいひんのきょうりょくなきょうそうあいて　にほんしじょうへのしんしゅつ
　　　米国市場における日本製品の強力な競争相手、日本市場への進出
　　○ねんだいこうはんのえんだか・どるやすからめだったげんしょう
　　　1980年代後半の円高・ドル安から目立つ現象。

資料8-2 「アジア・ニーズ」単元：授業用ワークシート
（第2時）（今谷・藤原1990：86）

図20 授業プリントと板書（第2時）

中3公民　テーマ50　世界経済…アジアと日本［Ⅱ］　　組　番氏名
【ねらい】☆韓国を例にとって、アジアの新興工業国の成長の秘密を探ってみよう。
　　　　☆アジア・ニーズ（Asian NIES）の人々がその成長や生活水準の向上に
　　　　　抱いている気持ちを究明してみよう。

1. 昨年、アジアで2番目にオリンピックを開催した韓国は、その急成長ぶりが、
首都ソウルを流れる漢江の名にちなみ「漢江の奇跡」とたたえられています。
①韓国の「奇跡」は何年ごろから始まっていますか？→資料
　　1970年代初め → 君たちが生まれたと頃　早い成長
②下の表を見て「漢江の奇跡」以前の状態で知っていることを書きいれてみよう。

	1910～1945	1950～53	1960年代～70年代～1980年代	現在
韓国	日本の植民地　日本語や天皇崇拝の強制　土地の取り上げ、日本へ強制連行　日本のために食糧（米）を作る	独立　苦しい国民	朝鮮戦争　南北分断　国土の荒廃・工業壊滅し→ゼロからの出発→漢江の奇跡	軍事独裁政権　人権抑圧	民主化　先進国化
日本	軽工業→戦争→敗戦→経済復興→高度成長→石油危機→安定成長→金融立国				

③「漢江の奇跡」以前の韓国社会の状態は日本より恵まれていただろうか？
　No.　植民地時代の収奪＋朝鮮戦争による国土の荒廃　南北分断　→ゼロからの成長
④「ゼロから出発」して「漢江の奇跡」が起きた原因は何なのか考えてみよう。
　★軍事的独裁政権だったが、のうちかいかく農地改革とじゅうこうぎょう重工業を推し進めた。
　★共産主義の防波堤という意味で、日米がしほんせいさん資本・技術を提供してくれた。
　★労賃が安いのでゆしゅつちゅうしん輸出中心の工業化を図った。
　★一生懸命に働くきんべん勤勉な国民が多い。

2. ①「漢江の奇跡」をおこし、大統領を選挙で選び民主化をも達成した韓国は、
オリンピックを成功させ、生活も向上し、先進国の仲間入りをするまでに成長
しました。もし、君が韓国の国民だったら今日の自分たちの国や社会に対して
どう感じているだろうか？
　「豊かになったなあ」「誇りに思う」「うれしく思う」「よくぞここまで来た」
②私たち日本人も敗戦の荒廃から懸命に働き経済を発展させました。そこには
私たちの「生活向上への願いや喜び」がありました。アジア・ニーズの人たち
の気持ちはどうだろうか？またその気持ちに対してどう思いますか？
　日本と同じ　　共感できる

★参考　アジア・ニーズと日本の比較データ！　　　　　　　　　　　貿易相手国

	人口(万)	人口密度	旧植民	出発点	政権	道徳	民族	工業資源	工業化の特色
韓国	4121	418	日本	南北分断	軍事独裁	儒教的	同質	無	輸品 大企業 重工業
台湾	1914	528	日本	二つの中国	〃	〃	〃	無	輸品 中企業 雑貨・電子
シンガポール	259	2558	英日	マレーシア分離	〃	〃	中国,月,マレー	無	中継貿易 石油化学 情報
香港	555	5283	英日英	中国からの難民	イギリス管理	〃	中国,英,インド	無	中継貿易 雑貨・電子 金融
日本	12075	378		敗戦	自民党政権	〃	同質	無	輸品 重工業 ハイテク

（注）現在のアジア・ニーズの政権は民主化が進んでいる。
　共通項…日本人の植民・軍政を受けた、働き手が多い、儒教的（勤勉）、資源がない、貿易立国

資料8-3 「アジア・ニーズ」単元：授業用ワークシート
(第3時)(今谷・藤原1990：90)

図22 授業プリントと板書（第3時）

中3公民　テーマ51　世界経済…アジアと日本［Ⅲ］　　組　　番氏名

【ねらい】☆アジア・ニーズの成長が日本に与える影響には良い面と悪い面があり、
　　　　　　対立している点も有ることを理解しよう。
　　　　　☆アジア・ニーズと日本のあり方について好ましい方法を探ってみよう。

1．アジア・ニーズの成長が日本に与える影響について表を完成しなさい→資料2
　①アジア・ニーズの成長で日本が困っていることがあります。新聞記事の見出し
　　から指摘し、表に書きなさい。
　②アジア・ニーズの成長の原因には日本からの資金や技術の提供がありました。
　　そうすると、困っている人や企業はどんな気持ちを抱きますか。
　③アジア・ニーズの成長は日本に悪いことばかりもたらすのでしょうか。夏休み
　　に電化製品を調べたことなども思い起こして、書いてみよう。

悪い面	感情的反応	良い面
（世界市場）日本をしのぐ販売　（日本国内）電化製品・繊維・鉄鋼の輸入　日本企業の不況	恩を仇で返す　韓国(ニーズ)脅威論	安く手に入る　消費が拡大

　④こういうことはどこかでありましたね。それはどんなことですか　日米貿易摩擦
　　○繊維、鉄鋼、自動車、半導体の集中豪雨的対米輸出→　日本たたき

2．私たちは21世紀に向けて、良い面と悪い面のどちらに重点をおいて日本の方
　　向を選んでいったらいいだろうか。
　①企業（松下電器）の選択の一例をテレビ映像で見ます。諸君は夏休みに調べた
　　ことも思い出して、パナソニック製品を分担している国名を書きいれなさい。
　②松下の日本本社はどんな働きをしているのかについても、書きなさい。
　［ラジカセの解体］

部品数	外装（ボディ）心臓部（IC）	コンデンサー抵抗器	スピーカーアンテナ	デモテープ	残り7つ	日本の本社機能
420						
国名海外松下	シンガポール	マレーシア	台湾	韓国	日本	新技術の開発・ハイテク化　世界市場の情報収集

　③松下の選択は次のどちらですか→アジア・ニーズが（不要・㊙必要㊙）
　④それはなぜですか。
　　○低価格の普及製品ならアジア・ニーズで生産したほうが　安くできる
　　○欧米と競争するためには、情報の集中、高度な技術、新分野の開拓など
　　　　　　　世界的企業　　になっていかなければならない。
　⑤君たちなら、身近な生活のなかでどう選択しますか。書いてみなさい。
　　○アジア・ニーズが（不要・㊙必要㊙）
　　　アジア・ニーズ「たたき」を（する・㊙しない㊙）
　　○選択の理由
　　　　日常的な普及品が安く手に入る

資料8-4 「アジア・ニーズ」単元：授業用ワークシート
　　　　　　　　　　　　　（第3時のまとめ）（今谷・藤原1990：91）

図23　授業プリントと板書（第3時まとめと新しい課題）

中3公民　テーマ52　世界経済…アジアと日本【Ⅳ】　　組　番氏名

【ねらい】☆アジア・ニーズと日本のあり方について、まとめてみよう。
　　　　　☆どんな課題が残されるか、知っておこう。

1．まとめ → アジア諸国と日本の新しい関係

今まで	日本はアジアで唯一の工業国 工業製品は素材・部品などすべて国内自給
新たな変化	円高 で日本製品が値上り　アジア・ニーズ が急成長
対応	部品・製品をアジア諸国で生産、技術移転 本社機能の情報センター化・ハイテク化
今後	アジア諸国と工業生産で相互依存・パートナーシップ関係へ

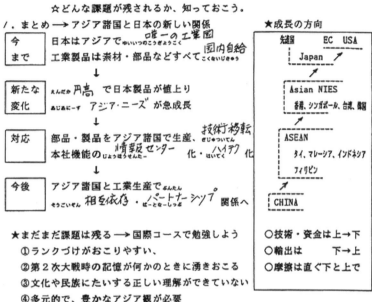

★成長の方向

　　　　　　韓国　EC　USA
　　　　　　　↓
　　　　　　Japan ↗
　　　　　　　↓
　　　　　　Asian NIES
　　　　　　香港、シンガポール、台湾、韓国
　　　　　　　↓
　　　　　　ASEAN
　　　　　　タイ、マレーシア、インドネシア、フィリピン
　　　　　　　↗
　　　　　　CHINA

○技術・資金は上→下
○輸出は　　　下→上
○摩擦は直ぐ下と上で

★まだまだ課題は残る → 国際コースで勉強しよう
　①ランクづけがおこりやすい、
　②第2次大戦時の記憶が何かのときに湧きおこる
　③文化や民族にたいする正しい理解ができていない
　④多元的で、豊かなアジア観が必要

2．3時間の授業の感想を書きなさい。―生徒の感想の中から―（図24参照）
　①イメージ調査をしたときと比べて変化がありましたか？　(YES　NO)
　②授業でわかったことや今までに考えていたことと違った点などを書きなさい。

　○「ぼくは、はっきり言って韓国やシンガポールが発展しているとは知りませんでした。それに色々な電化製品の部品があんなに外国で生産されていたとは思いませんでした。」

　○「今までは台湾・韓国にすこし暗く変なイメージを持っていた。授業でビデオもみたときから少しづつ考え方がかわってきて、今では日本に追いつきそうな勢いだということもあり、とても活気があると思った」

　③これから私たちはアジア諸国の人々とどうつきあっていくべきだろう？

　○「これからの社会は外国との関係がとても大切と思う。だから戦争や貿易摩擦がおこらないようにしなければならない」

　○「共存していってほしいと思うケレど、互いにライバルの様な形になって、きそっていくのもよいと思う」

資料9-1　なぜ「国際理解」(Global Studies) なのか (藤原1994：24-26)

・世界は変化しつつある。グローバル・コミュニティという考え…
　香港で組立てられた時計で目覚め，サウジアラビア産の原油で発電された電気を使いドライヤーで髪の毛をセットする。その時フロンガスの入ったムースを使うのにちゅうちょするが，時間がないのでかまっていられない。アメリカ合衆国産のとうもろこしで飼育された乳牛からしぼったミルクをのみ，同じく，合衆国産の小麦で作ったパンをかじる。あわてて，台湾製の自転車を駆って学校に来る。今日も，マレーシアの熱帯林を加工した合板でつくった机と椅子で勉強だ。学校には，アメリカ合衆国で勉強した友人やニュージーランドから来た教師がいる。かれは英語の教師だが，日本語も話すことができる。学校から帰ってテレビをつければ，衛星中継で東西ドイツのベルリンの壁が崩壊していたことが映しだされていた。お父さんは，タイ製のやきとりを肴にして明日からの海外出張に思いをめぐらしている。僕はジャネット・ジャクソンの音楽を聴いている。
　私たちの生活をみわたせば，さまざまな国や地域とのつながりが発見でき，国境を越えて，ものやお金，人や情報がひろがり影響しあっている世界の中にいることが実感できます。私たちの世界は，国家や民族といっていた時代から，いつのまにか地球という一つのコミュニティ (Global Community) のなかで暮らしていると意識せざるを得ないような状況に向かって変化しているのです。そこでは地球環境や人口爆発，食糧・エネルギーなど限られた資源，発展途上国の開発という人類共通の課題があります。さらに，摩擦が激しくなればなるほど，交流が深まれば深まるほど，相互に依存しあっていることがはっきりする，日米やヨーロッパなど先進諸国間の関係もこのような世界を象徴しています。あと10年もすれば21世紀を迎えようとする私たちの時代は，基本的にはこういう変化の中にあるのです。

・21世紀に生きる人間として…
　電化製品に囲まれた豊かなで機能的な生活と自由な気分…これは日本の歴史ではかつてなかった素晴らしい社会です。このような社会を実現するために私たちの父や母が懸命に働いてきました。しかし，日本の成功は日本だけのものではありません。世界の多くの国や地域に，そしてそこで働き，暮らしている人々に依存しています。
　世界は日本に注目しています。世界の指導的な国家となった日本に求められているのは，経済面だけでなく政治や文化の面でも，グローバルな物の考え方のできる人間です。世界の中の日本人として，自国および他文化を理解し，人々とのコミュニケーションをとおして，問題を発見し，分析し解決していく能力が求められています。21世紀に生きる人間として，人間の尊厳（ヒューマニズム）に基づいて世界の人々の問題に共感し，共に生き，協力していく態度が求められています。
　「国際理解」(Global Studies) では，21世紀の国際社会の中で，私たち一人ひとりが生きていくための基本的姿勢を学んでほしいのです。

資料9-2　改訂版高校「国際理解」(Global Studies)(藤原1995b)

大領域	中領域	主な単元例(テーマ・小領域)	知識内容	基本概念
私たちと文化 〈原理〉 多元志向	文化の比較と理解	・伝統と近代 ・文化摩擦(文化認識の格差) ・異文化間コミュニケーション ・文化の比較	伝統文化と欧米文化 文化の交流と摩擦 文化の多様性と共通性(言語、芸術、宗教、価値観、生活様式など)	文化 関連概念 普遍性 多様性
	文化と人権	・少数民族の生活と文化 ・観光問題 ・在住外国人の権利と生活	多民族・多文化の共生	
地球的な課題 〈原理〉 地球志向	開発と人権 開発と協力	・発展途上国と食品—バナナとえび ・外国人労働者問題 ・援助と協力—ODAとNGO	先進国のくらしと発展途上国 南北間の経済格差 発展途上国の貧困と開発問題 政府開発援助と民間協力活動	相互依存 有限性 対立とその解決 公正 社会正義 関連概念 共生 積極的平和 持続可能な開発
	環境と資源 平和と開発	・地球環境問題(熱帯林破壊/酸性雨/地球汚染/地球温暖化) ・資源/エネルギー問題 ・食糧/人口問題	限りある資源・環境・人口(宇宙船地球号) 発展途上国の開発と環境 先進国の消費文明と環境	
グローバルな社会 〈原理〉 地球志向	地球社会の成立	・くらしのなかの世界(衣食住、地球村)	情報、交通の発達と地球社会 衣食住の相互依存	相互依存 対立とその解決 公正 社会正義 関連概念 協調 ルール
	経済の結びつき	・アジア太平洋の時代と相互依存—アジアの成長と日本 ・社会主義の変容とその行方—ソ連からロシアへ ・日米摩擦—先進国経済の相互依存 ・EC統合—国境を越えて ・多国籍企業	発展途上国の工業開発モデル 経済統合・経済摩擦 市場経済(資本主義経済) 社会主義経済(計画経済)	
	国際政治の多様化	・湾岸戦争—ポスト冷戦時代の世界新秩序 ・ソ連邦の崩壊と北東アジア ・国際紛争と国連—国連とPKO ・開発問題と紛争・難民—国連とNGO	民主主義・自由と国家 政治統合と国家 国際社会の平和と安全 国連の仕組みと役割	
私たちの未来 〈原理〉 未来志向		・未来への選択肢—望ましい未来 ・私たちの生き方—参加と責任	自己イメージと将来像 地球社会の行方	変化と未来

資料9-3 「外国人労働…モノからヒトの国際化」単元の授業計画
(藤原1994：36-37)

授業場面	〔時間〕	学習項目　資料（文献・映像など）	授業場面のねらい
導入 (1時間)	1. テーマ「外国人労働：モノからヒトの国際化」ねらい／参考文献／事前調査（1時間）		・外国人労働者問題をテーマに選んだねらいを理解する。 ・事前調査をする。
問題の発見 (3～6時間)	2. アジアに依存する私たちの生活（1時間） 3. 日本における外国人労働者問題の発生（1～2時間） 4. 入管法と在留資格・期間（1～2時間） 5. 外国人労働者の日本での仕事や生活の様子（1～2時間）	1. アジアに依存する「衣食住」 2. 枝豆 梅干 エビ バナナ 3. 「アジフライが教えてくれたこと」 4. 「夕食メニューはタイ仕込み」 5. 外国人労働者問題に関連する新聞記事 6. ビザ，上陸許可印，外国人登録証明書 7. 主な在留資格と期間 8. ビデオ NHK「多民族共住社会：急増する外国人労働者と日本」 9. 外国人労働者の労働実態 10. 「不法就労」（資格外活動・超過残留）外国人の国籍別統計と仕事内容 11. ある中国人就学生の現実 12. 外国人労働者インタビュー	・食料，資源，製品など「メイド・イン・アジア」に依存することの多い私たちの生活に，近年アジアからの出稼ぎにきている人々が目立ってきた。これらを新聞などの記事を通じて知り，どんな問題があるか見出していく。 ・身近な外国人の事例に即して在留資格や期間を把握し，また最近あきらかになってきた外国人労働者の労働実態や生活ぶりを知ることによって，この問題を考える際に必要な事実関係を認識する。
原因の探求 (3時間)	6. 外国人労働者はなぜやってくるか…日本の事情・発展途上国の事情（3時間）	13. ビデオ NHK「外国人労働者：円高ニッポンの困惑」 14. 日本とアジア諸国の経済格差比較 15. フィリピンの賃金と物価 16. フィリピンから外国への出稼ぎと平均賃金 17. アジア諸国の海外出稼ぎの現状	・「出稼ぎ」の背景にある日本とアジアの途上国との経済格差や日本の人手不足など労働力移動のPush 要因とPull 要因を探る。
心情への共感 (4時間)	7. 日系移民と「からゆきさん」（2時間）	18. 1990年の新聞記事から 19. 日系米人の人口推移（合衆国） 20. 図 人口移動 戦前と現在 21. ある「からゆきさん」のこと 22. 日系米人の戦時収容指令文書 23. ある日系米人の手記 24. 年表 日本の近・現代史と移民・出稼ぎ・外国人労働	・「からゆきさん」「日系移民」「朝鮮人強制徴用」など日本の近・現代史にもあった「海外　出稼ぎ」や「外国人労働」の事実を知るとともに，現在の外国人労働問題の渦中にいる人々の心情に共感的理解をもってせまっていく。 ・その際，単に労働力の移動という経済事象（経済格差の問題）にとどまらず，まさしくヒトの移動や定住の問題であるがゆえに少数民族としての人権問題という視点を抜きに共感しあえないことに留意する。
	8. 戦前の朝鮮人労働者（2時間） （満州開拓移民のこと）	25. 韓国・盧泰愚大統領来日の新聞記事 26. ビデオ 日本テレビ「今日の出来事：日韓関係の百年」 27. ある朝鮮人労働者の話 28. 在阪朝鮮人の人口の推移1912-42年 29. 在阪朝鮮人の1ヵ月の個人支出 1923年 30. 民族別賃金格差 1923年 31. 在阪朝鮮人の職業 1929年 補 満蒙開拓民…敗戦後の引き揚げ体験	

価値の究明 (2時間)	9. 欧米の外国人労働者問題—ヨーロッパの事例	32. 欧米諸国における外国人 33. ビデオ NHK（デンマーク・テレビ製作）「ヨーロッパ経済難民」 34. ビデオ NHK「外国人労働者」 35. 旧西ドイツの外国人人口・就労者・失業者	・外国人労働者問題に揺れるドイツ・フランスやアメリカの事例を紹介し、問題解決に対する多様な立場を探る。
	10. 移民国家・アメリカの事例	36. ビデオ NHK「アメリカで何が起きているか1 アメリカ人にならないアメリカ人」 37. ビデオ NHK「苦悩するアメリカ1 不気味な人種対立が始まった」 38. ビデオ NHK「ニュース21 多民族社会 アメリカの苦悩」 39. 欧米諸国の外国人労働者（移民）受け入れ規制	
態度の育成 社会的参加 (3時間)	11. ロールプレイ（立場討議）を通して考える。 （3時間） 場面設定 ①外国人労働者受け入れをめぐる討論 場面設定 ②アパート「みどり」荘でのトラブルを話しあう	40. ロールプレイ登場人物一覧表 41. 10人の登場人物 意見とその背景 ①「アパートの住人：シッキム・マハラート，パキスタン人」 ②「フィリピン女性，マリアン・パドレス」 ③「日本人男性，山田昭雄」 ④「日系ブラジル人 石嶺清和」 ⑤「在日韓国人高校生 金利華」 ⑥「日本人男性，小林和夫」 ⑦「近所の主婦，河内春子」 ⑧「ドイツ人女性，ヨハンヌ・シュタイン」 ⑨「アメリカ人男性，ジョン・カーペンター」 ⑩「中国人研修生 王陽明」	・「出稼ぎ」であれ「定住」であれ，異文化を背景に持つ外国人を「地域住民」という視点からとらえ，彼らとの間に生じたトラブルや外国人労働者受け入れについて，立場討議をし，多様な立場や考え方を理解し，「共に生きる」という態度を身につけようとする。
まとめ 評価 (1時間)	12. ロールプレイの感想 13. 外国人労働者問題の考え方：受け入れ方の問題として 14. 外国人労働者問題の考え方：グローバルな課題として 15. 課題作文「西暦2001年の自分と外国人労働者」	42. ビデオ NHK「多民族共住社会」 43. 図 外国人労働とグディーズ 4つの視点 44. 図 ポスト冷戦時代の外国人労働 45. 専門家が提唱する日本の対応策	・外国人労働者問題に関する視点を理解し，課題作文を提出して，自分の意見を表現する。 ・ニュージーランドでの外国人体験をふまえる。

（中間，期末の定期考査を除く）

資料9-4　ロールプレイの登場人物の紹介・背景（藤原1994：147）

	シッキム・マハラート	マリアン・パドレス	山田昭雄	石嶺清和	金　利華
性別／年齢	男　32歳	女　22歳	男　56歳	男　56歳	女　18歳
あいさつ	アッサラーム・アレイクム	マガンダン・ハポン	失礼します	コンニチワ	アンニョン・ハシムニカ
国籍	パキスタン	フィリピン	日本	日系1世	韓国
職業	日本語学生皿洗いバイト	ダンサー	自動車部品工場（下請け）経営	自動車部品工場で働く	市立高校3年生
月収	15万円	20万円	80万円	30万円	13万円（予定）
来日	92年4月（来日早々）	91年1月（2度目）	戦前生まれ	1938年渡伯90年に2度目の来日	1942年に祖父が強制徴用で来日
家族	妻と4人の子どもはパキスタン在住	両親は失業中，弟は街頭でタバコ売り。妹は工場で働く。	長男は親会社に勤務。長女は高校生。	長男（日系ブラジル人2世）は同じ工場に勤務	父は建築業兄は医学部姉は韓国系商事会社勤務
関係	みどり荘住人	みどり荘住人	石嶺の上司	みどり荘住人	みどり荘住人

	小林和夫	河内春子	ヨハンヌ・シュタイン	ジョン・カーペンター	王　陽明
性別／年齢	男　22歳	女　50歳	女　26歳	男　28歳	男　30歳
あいさつ	こんにちわ	おじゃまします	グーテン・ターク	ハロー	ニーハオ
国籍	日本	日本	ドイツ	アメリカ	中国
職業	法学部学生商社に内定	主婦	経済学部大学院留学生	英会話学校講師	メッキ工場で実務研修
月収	20万円（予定）		7万円（アルバイト）	27万円	7万円
来日			89年	91年3月	91年3月
家族	妹は高校生	夫は会社員。長女は大学生，次女は高校生	両親はドイツ在住	独身。両親はノルウェー系移民。アメリカに在住	上海に妻と2歳の娘
関係	大家の息子	近所の住人	小林の友人	ヨハンヌの友人	石嶺の友人

資料9-5 ロールプレイの登場人物の立場と意見（藤原1994：148）

	シッキム・マハラート	マリアン・パドレス	山田昭雄	石嶺清和	金 利華
外国人労働者問題	受け入れ賛成	受け入れ賛成	受け入れ賛成	受け入れ賛成	受け入れ賛成
	国も出稼ぎを奨励している。	経済格差があるから受け入れるべき。日本はフィリピンにモノを売ってもうけている。	産業界に人材が必要。野放しは人権問題になる。世界に恩返しするとき。	日本人もかつては多く海外に移住した。今はその恩返しをすべき。	差別はつらい。アジアの人も見るに忍びない。労働者でなく人間としみなすべき。
アパートのトラブル	出ていきたくない。	出ていかなくてよい。	出ていかなくてよい。	出ていかなくてよい。	どちらともいえない。
	家賃が高い。日本語がわからない。習慣が違う。仲間と話がしたい。	大家の注意を守るべき。日本人は何も教えてくれない。日本人の偏見には腹が立つ。	話し合いが必要。日本企業も海外に進出している。	日本人は冷たすぎる。昔の日本人は助け合った。	小さなことは我慢すべき。社会的上をめざすべき。進学の悩みで一杯。

	小林和夫	河内春子	ヨハンヌ・シュタイン	ジョン・カーペンター	王 陽明
外国人労働者問題	受け入れ反対	受け入れ反対	受け入れ反対	受け入れ反対	受け入れ反対
	単一民族、同質社会が日本の良いところ。不況が来たときが心配。スラムができる。	外国人の犯罪が心配。外国人は帰国すべき。	ドイツではトルコ人を排斥、対策に困っている。安易な受け入れは危険だ。	アメリカは受け入れすぎて困っている。無制限の受け入れは無理。法の目をくぐり抜ける。	研修とは名ばかり。給料が安く、労災もない。日本人は私たちを「踏み台」としか見ていない
アパートのトラブル	出ていけ。	出ていってほしい。	出ていった方がよい。	出ていった方がよい。	どちらともいえない。
	郷に入れば郷に従え。ルールを守れないなら国に帰れ。	夜はうるさくて眠れない。変な臭いもする。怖い。警察が取り締まるべき。	日本人は閉鎖的。白人には甘いが、アジアから来た外国人は厳しい。	日本人は異質なものを受け入れられない。アメリカでも弱い少数民族は我慢している。	寮が厳しくて外出もしにくい。マハラートさんがうらやましい。

資料10-1　海外こども事情 A：プログラム評価および自己評価　ポイント（5点満点）
（藤原2013：58-74をもとに筆者作成）

5段階評価（5 たいへんよい，4 よい，3 まあまあ，2 よくない，1 ほとんどよくない）

	括弧内は項目数	2005	2007	2009	2011	2013
①	事前研修（1）	3.9	3.9	4.0	4.3	3.7
	宿泊研修（1）	4.3	-	4.5	4.7	-
②	現地プログラム（個々の活動項目）	4.3（日程順11）	4.6（日程順12）	4.1（日程順16）	4.4（日程順25）	4.4（日程順26）
	宿泊先，食事（2）	4.5	4.2	3.9	3.7	4.4
	毎日のふりかえり	記入欠落	4.9	4.4	4.7	4.7
	安全度（1）	4.4	4.3	4.7	4.4	4.3
③	現地スタッフ（2）	5.0	5.0	5.0	5.0	5.0
	企画引率者（1）	4.9	4.9	4.3	4.9	5.0
④	参加度（1）	4.3	4.4	4.3	4.7	4.3
	学び度（1）	4.9	5.0	4.9	5.0	4.9
	推薦度（1）	4.9	4.9	4.8	4.9	4.8

注：①事前研修，②現地プログラム，③企画者・コーディネーター，④参加者自身の自己評価

資料10-2　海外こども事情Ａ：参加者の学び（事例1-4）
（藤原2013：58-74をもとに筆者作成）

事例1．2005年参加者　A

Aの事後レポート（『2005報告書』）のテーマは「タイ・クロントイ・スラムで見た生きるための教育〜意味のある教育支援の在り方とは〜」であった。本人の属性は、こども学科1期生で参加時は2年であった。研究会DECに所属し、3年より藤原ゼミを選択した。卒業研究のテーマは、開発教育の教材開発であった。卒業後の進路は、公立小学校教員で5年勤務したあと、政府派遣で海外日本人学校に勤務している（2014年現在、教員歴7年である）。

①脱文脈化された知識や考え方への気づき，疑問	②ジレンマや困惑の克服，文脈知，新たな自己の模索	③学びの成果の自覚，社会へ投企，試行
・事前の勉強会などでは、スラムで暮らす人々の生活状況がどんなに悲惨なものかが表立っていたので、こどもたちの通う学校環境も最悪のものを予想していた。 ・しかし、私たちが訪れたスラムの小学校は、想像していたより整備され、日本人の感覚で言う"普通"の幼稚園や小学校のように見えた。	・忘れられない一言「あなた方の中で、将来この学校に戻ってきて、こどもたちに日本語を教えるという人はいますか。」これは、DPFの小学校の校長先生が、最後に私たちに問いかけた言葉である。 ・彼らの真剣に"生きる"ための教育を目の当たりにして、本当に自分が彼らの置かれている状況を理解していたのか自信を無くし、結局、校長先生の問いかけには答えることが出来なかった。	・私に出来ることは、今回の経験を活かし、教育支援問題や、その他の様々な問題について現地の人々と共に考えていくことである。 ・今後もさらに知識を深め、どのような状況下のこどもに対しても、意味のある教育支援が出来る教師を目指していきたい。

事例2．2007年参加者　B

Bの事後レポート（『2007報告書』）のテーマは「タイで学んだ貧困」であった。本人の属性は、こども学科3期生で参加時3年であった。研究会DEC所属し、3年より藤原ゼミを選択した。卒業研究のテーマは、在日コリアンに関するものであった。卒業後の進路は、服飾関係販売員で、2014年現在、勤務歴5年である。

①脱文脈化された知識や考え方への気づき，疑問	②ジレンマや困惑の克服，文脈知，新たな自己の模索	③学びの成果の自覚，社会へ投企，試行
・タイで多いというエイズ問題、貧困とスラム問題、開発の問題に興味があった。 ・私はタイを訪れる前まで、すべての問題はそれぞれ違うものと思い、こんなふうに自分の学びたいことがきちんと定まっていなくていいのかと考えていた。 ・しかし、実際にタイを訪れてみて、すべての問題が一つのことを中心として起こっているということが分かってきた。	・観光における問題には、ゲスト側（する・買う側）、ホスト側（される・売る側）に分けて考えることが必要になってくる。私たちは、多くの場合ゲスト側である。 ・しかし、ホスト側の身になり、ホスト側を考えたとき、様々な利点・問題点が明らかになってくる。ホスト側のことを考える以前に問題点を考えたとしても、本当に限られた問題点しか挙がってこない。つまり、自分たちの視点からのみでは本当の問題さえ気づかないのである。	・正しい答えが何かも分からないし、はっきりとした答えを出すこともまだ難しい。 ・しかし、これだけは、と言えることは、自分たちが見て、ふれてきたすべての現実を受け止めなければならないということである。 ・その現実を受け止めることで、また、前に踏み出す一歩が見つかるのではないかと信じている。

事例3．2009年参加者　C

Cの事後レポート（『2009報告書』）のテーマは「タイ・スタディツアーを終えて～YMCAワークキャンプとの比較、またその支援について～」であった。本人の属性は、こども学科3期生で参加時は4年であった。藤原ゼミを選択していて、卒業研究のテーマは、開発教育の教材開発であった。進路は、海外日本人学校教員で、2012年度末まで勤務した。Cは、大学入学前から「海外こども事情A」に関心があり、大学選択のおおきな理由になっていた。学生時代にNGOが実施するワークキャンプにも事前に参加しており、体験学習や途上国の開発問題に関心があったといえる。

①脱文脈化された知識や考え方への気づき、疑問	②ジレンマや困惑の克服、文脈知、新たな自己の模索	③学びの成果の自覚、社会へ投企、試行
・私は以前、神戸YMCAのタイワークキャンプに参加した。その時は山岳民族の家にホームステイをして、現地の人々と一緒に村の小学校に保健室を建てるという内容で、今回とはまた違った場所での活動だったので、今回訪れたそれぞれの場所でワークキャンプの時とは違う経験ができた。	・ワークキャンプは、実際にYMCAの支援活動（顔と顔の見える支援活動）に参加して、体全体で支援活動を学習していくことであるが、スタディツアーは、YMCAのさまざまな支援活動の場所を訪れ、目で耳で感じることによって、タイの現状や支援とは何かという事を学習していく。	・このような人々のつながりの強さを見て、本当に必要とされる支援は、お金を送るだけの支援ではなく、きちんと現地を訪れて、人と人が顔を合わせて、何が本当に必要なのかを一緒に考え、一緒に何かをしていくということなのだと強く感じた。

事例4．2011年参加者　D

Dの事後レポート（『2011報告書』）のテーマは、「タイで学んだフェアトレードのあり方」である。本人の属性は、こども学科7期生で参加時2年であった。S.Hは、高校在学中から貧困問題に関心があり、1年時から研究会DECに所属し、3年では藤原ゼミを選択した。卒業研究のテーマは、体験学習のテーマでもあったフェアトレードに関するものである。進路は、公立小学校教員で、2014年現在1年目である。

①脱文脈化された知識や考え方への気づき、疑問	②ジレンマや困惑の克服、文脈知、新たな自己の模索	③学びの成果の自覚、社会へ投企、試行
・私は国際こども研究会DECでフェアトレードプロジェクトに関わっているので、タイでは一体どんな風にフェアトレードを行っているのかということにとても興味があった。事前勉強での私たちの考えは「元々大麻を栽培していたところをコーヒー畑に変えてフェアトレードを行っているのではないか」というものだ。 ・私たちが訪れたオーガニックフェアトレードマーケットは、私の想像していたものとは大きく違っていた。初め見たとき、私は正直「え、これがフェアトレード？」と思ってしまった。なぜなら私の知っているフェアトレードショップのようにお店の様なところでコーヒーや紅茶を売っているのではなく、まるで日本でいう"朝市"のような形態で農作物や加工品を売っていたからだ。	・私が考えていたフェアトレードとは"先進国と発展途上国の間で公正な価格で貿易を行うこと"だと考えていた。しかし、タイでは充足経済が念頭に置かれており、「まず自国の中から始める」という考え方が強かった。 ・行くはずだったコーヒー畑のスライドを見せてくださったのだが、これも私たちの考えていたものとはかけ離れていた。畑というよりも森である。コーヒーを栽培するにあたって森林再生も行っていることに驚いた。ただフェアトレードコーヒーを栽培するのではなく環境のことも視野に入れているところが素晴らしいと思った。	・タイで行われていたフェアトレードは、ある意味"フェアトレードの原点"であり"最先端のフェアトレード"なのかもしれないと感じた。私も国際こども研究会DECの活動にこの考えを広めていきたいと思う。そして、自分が暮らす中にも小さいながらも立派なフェアトレードが隠れていることに注意して目を向けていきたい。

引用文献・参考文献一覧

(邦文，邦訳)

秋田喜代美，キャサリン・ルイス (2008)『授業の研究教師の学習 レッスンスタディへのいざない』明石書店

天城勲 (1993)「わが国の国際化」日本国際理解教育学会『国際理解教育』創刊準備号，2-10頁

チャドウィック・アルジャー著（吉田新一郎編訳）(1987)『地域からの国際化―国家関係論を超えて』日本評論社

安藤輝次 (1993)『同心円的拡大論の成立と批判的展開―アメリカ小学校社会科カリキュラム構成原理の研究―』風間書房

池野範男研究代表 (2009)『我が国を視点とした英国シティズンシップ教育の計画・実施・評価・改善の研究―地方行政局と大学が連携した教育 PDCA 開発―』(平成17年度～平成20年度科学研究費補助金（基盤研究(A)）研究報告書：課題番号 17203042)

池野範男 (2009)「ナショナル・カリキュラムの教育構造」(池野範男研究代表報告書 2009年所収)，52-58頁

石坂和夫編 (1993)『国際理解教育事典』創友社

石森広美 (2013)『グローバル教育の授業設計とアセスメント』学事出版

石森広美 (2015)『生徒の生き方が変わるグローバル教育の実践』メディア総合研究所

稲垣忠彦編 (1984)『子どもための学校―イギリスの小学校から―』東京大学出版会

稲垣有一 (2003)『国際理解教育と人権』解放出版社

今谷順重 (1988)『新しい問題解決学習の提唱―アメリカ社会科から学ぶ「生活科」と「社会科」への新視点―』ぎょうせい

今谷順重・藤原孝章 (1990)「国際的・地球的視野を育てる社会科の授業」『神戸大学教育学部附属教育工学センター研究紀要』神戸大学教育学部附属教育工学センター，63-101頁

今谷順重編 (1990)『中学校社会科 新しい問題解決学習の授業展開―課題学習と選択教科「社会」への実践的試み―』ぎょうせい

今谷順重 (2004)「イギリスで導入された『新しい市民性教育』の理論と方法―人生

設計型カリキュラムの構想―」全国社会科教育研究会『社会科研究』第60号，1-10頁

魚住忠久（1987）『グローバル教育の理論と展開―21世紀を開く社会科教育』黎明書房

魚住忠久（1995）『グローバル教育―地球人・地球市民を育てる』黎明書房

魚住忠久・深草正博編（2001）『21世紀地球市民の育成』黎明書房

魚住忠久（2003）『グローバル教育の新地平―「グローバル社会」から「グローバル市民社会」へ』黎明書房

内海巖（1973）『国際理解教育の研究―ユネスコ国際理解教育協同学校計画を中心として―』第一法規

大津和子（1987）『社会科＝一本のバナナから』国土社

大津和子（1992）『国際理解教育―地球市民を育てる授業と構想』国土社

大津和子（1994）「社会科におけるグローバル教育の４つのアプローチ」日本教育学会『教育学研究』第61巻，第３号，279-286頁

大津和子編（2014）『日韓中でつくる国際理解教育』明石書店

大野連太郎（1979-1980）「アメリカ合衆国社会科教育の研究―アメリカ合衆国の社会科からなにを学ぶか1-12」『社会科教育』1979年４月号 -1980年３月号，明治図書出版

大野連太郎・鴨川小学校（1984）『開かれた社会科教育を求めて―グローバル教育への挑戦』中教出版

大前研一（1985）『世界が見える，日本が見える』講談社

岡崎裕・中川喜代子（1994）「"ワールド・スタディーズ"と人権教育」奈良教育大学『奈良教育大学紀要』第43巻第１号（人文・社会科学），135-151頁

岡崎裕（1995a）「ワールド・スタディーズの成立と展開―イギリスにおける国際教育小史―」日本国際理解教育学会『国際理解教育』Vol.1，100-117頁

岡崎裕（1995b）「英国における国際教育の理論―World Studiesの目標・内容・方法」帝塚山学院大学国際理解研究所『国際理解』26号，9-18頁

開発教育推進セミナー編（1995）『新しい開発教育のすすめ方―地球市民を育てる現場から』古今書院

開発教育研究会編（2000）『新しい開発教育のすすめ方Ⅱ―未来を感じる総合学習』古今書院

開発教育研究会編（2009）『身近なことから世界と私を考える授業―100円ショップ，コンビニ，牛肉・野宿問題』明石書店

開発教育協会内 ESD 開発教育カリキュラム研究会編（2010）『開発教育で実践する ESD カリキュラム―地域を掘り下げ，世界とつながる学びのデザイン』学文社（引用に関しては開発教育協会編と略した）
開発教育研究会編（2012）『身近なことから世界と私を考える授業Ⅱ―オキナワ・多みんぞくニホン・核と温暖化』明石書店
ピーター・カニングハム著（山崎洋子・木村祐三監訳）（2006）『イギリスの初等学校カリキュラム改革―1945年以降の進歩主義的理想の普及―』つなん出版
片上宗二（2009）「Hodder Murray 社シティズンシップ教科書 This is Citizenship の場合―螺旋的発展構造型で「知識・技能・参加（実践）」融合型―」（池野範男研究代表報告書2009年所収），98-114頁
金沢孝・渡辺弘編（1997）『中学校 ユニセフよる地球学習の手引き―新しい視点に立った国際理解教育』教育出版
金谷敏郎（1994）「国際理解のための教育の目的・目標についての史的検討」図書教材センター・国際教育研究プロジェクト編『国際理解教育・環境教育などの現状と課題』図書教材センター，50-51頁
金子邦秀（1982）「子どもの自己拡大原理による社会科―Windows On Our World の場合―」全国社会科教育学会編『社会科研究』第30号記念論叢，63-72頁
金子邦秀（1986）「現代アメリカ社会科の研究(1)―グローバル教育とその展開―」同志社大学文化学会『文化学年報』第35輯，131-152頁
金子邦秀（1988）「現代アメリカ社会科の研究(4)―バンクスの多民族教育論―」同志社大学文化学会『文化学年報』第37輯，131-155頁
金子邦秀（1993）「現代アメリカ社会科の研究(5)―多文化教育による資格付与―」全国社会科教育学会『社会科研究』第41号，29-38頁
金子邦秀（1995）『アメリカ新社会科の研究―社会科学科の内容構成―』風間書房
唐木清志（2010）『アメリカ公民教育におけるサービス・ラーニング』東信堂
川口広美（2009）「初等ナショナル・カリキュラム『シティズンシップ』とその構造」（池野範男研究代表報告書2009年所収），59-73頁
川端末人・多田孝志編（1990）『世界に子どもをひらく』創友社
北山夕華（2014）『英国のシティズンシップ教育―社会的包摂の試み―』早稲田大学出版部
アンソニー・ギデンズ著（佐和隆光訳）（1999）『第三の道―効率と公正の新たな同盟』日本経済新聞社
木村一子（2000）『イギリスのグローバル教育』勁草書房

木村裕（2014）『オーストラリアのグローバル教育の理論と実践―開発教育研究の継承と新たな展開』東信堂

木村浩（2006）『イギリスの教育課程改革―その軌跡と課題』東信堂

桐谷正信（2012）『アメリカにおける多文化的歴史カリキュラム』東信堂

栗原久（2001）「英国における市民性教育の新しい展開―ナショナル・カリキュラムにおける必修化をめぐって」日本社会科教育学会『社会科教育研究』No.86, 26-35頁

国立教育政策研究所（2004）『社会系教科のカリキュラムの改善に関する研究―諸外国の動向(2)』http://www.nier.go.jp/kiso/kyouka/PDF/report_18.pdf　2014. 06. 24閲覧

小玉重夫（2008）「バーナード・クリックとイギリスのシティズンシップ教育」高橋亮平・小林庸平・菅源太郎・特活 Right 編『18歳が政治を変える！ユース・デモクラシーとポリティカル・リテラシーの構築』現代人文社，202-215頁

佐藤郡衛・林英和編（1998）『国際理解教育の授業づくり』教育出版

佐藤郡衛（2001）『国際理解教育―多文化共生社会の学校づくり』明石書店

佐藤照雄編集代表（1993）『国際理解教育大系（全12巻）』教育出版センター

佐藤学（1996）『カリキュラムの批評　公共性の再構築へ』世織書房

佐藤学（2004）『改訂版　教育の方法』放送大学教育振興会

佐貫浩（2002）『イギリスの教育改革と日本』高文研

社会認識教育学会編（1985）『社会科教育の21世紀』明治図書出版

アーサー・シュレジンガー, Jr. 著（都留重人監訳）（1992）『アメリカの分裂』岩波書店

ドナルド・ショーン著（佐藤学・秋田喜代美訳）（2001）『専門家の知恵―反省的実践家は行為しながら考える』ゆみる出版

ドナルド・ショーン著（柳沢昌一・三輪建二訳）（2007）『省察的実践とは何か―プロフェッショナルの行為と思考―』鳳書房

ミリアム・スタイナー著（岩﨑裕保・湯本浩之監訳）（2011）『グローバル・ティーチャーの理論と実践―英国の大学と NGO による開発教育の試み―』明石書店

杉本厚夫・高条秀明・水山光春（2008）『教育の３Ｃ時代―イギリスに学ぶ教養・キャリア・シティズンシップ教育』世界思想社

スタディツアー研究会（2002）『第３回全国 NGO スタディツアー全国研究集会報告書〜スタディツアーの危機管理』（同研究会）

大学教育における「海外体験学習」研究会（2005〜2012）『大学教育における「海外

体験学習」研究会 報告書』(同研究会)
高野剛彦 (2007)「英国における市民教育 (Citizenship Education) の学習評価の現状について」日本国際理解教育学会『国際理解教育』Vol.13, 126-141頁
多田孝志編 (1997)『小学校 ユニセフよる地球学習の手引き―新しい視点に立った国際理解教育』教育出版
多田孝志研究代表 (2006)『グローバル時代に対応した国際理解教育のカリキュラム開発に関する理論的・実践的研究 (第一分冊)』(平成15年度～平成17年度科学研究費補助金研究成果報告書〔基盤(B)(1)〕)
田中治彦 (1994)『南北問題と開発教育―地球市民として生きるために』亜紀書房
田中治彦編 (2008)『開発教育―持続可能な世界のために』学文社
田渕五十生 (1990)『国際理解・人権を考える社会科授業』明石書店
ロバート・チェンバース著 (野田直人・白鳥清志監訳) (2000)『参加型開発と国際協力―変わるのは私たち』明石書店
帝塚山学院大学国際理解教育研究所 (1972-1987)『国際理解』1号-19号
帝塚山学院大学国際理解研究所 (1986-2005)『国際理解』第8号-第30号 (1993年まで国際理解教育研究所)
イアン・デービス著 (水山光春・加藤優子訳) (2003)「イアン・デービス 英国の市民科教育」帝塚山学院大学国際理解研究所『国際理解』34号, 121-135頁
田鎬潤 (1997)「グローバル視点に基づく社会科カリキュラムの構成原理―W. M. Kniepの社会科カリキュラムを手がかりにして―」社会系教科教育学会『社会系教科教育学研究』第9号, 55-62頁
田鎬潤 (1999)「小学校社会科におけるグローバル・シューの授業構成―W. M. Kniepのグローバル教育カリキュラム構成理論に基づいて―」全国社会科教育学会『社会科研究』第51号, 61-70頁
田鎬潤・中村哲 (2004)「グローバル教育の性格とカリキュラム編成論」(中村哲編2004年所収), 77-95頁
田鎬潤・中村哲 (2004)「グローバル教育としての社会科カリキュラム編成論」「グローバル教育としての社会科カリキュラム編成論に基づく授業構成」(中村哲編2004年所収), 137-220頁
同志社女子大学『海外こども事情Aタイスタディツアー報告書』(2005, 2007, 2009, 2011, 2013年版)
独立行政法人国際協力機構 (JICA) 地球ひろば (2014)『文部科学省国立教育政策研究所・JICA球ひろば共同プロジェクト グローバル化時代の国際教育のあり方国

際比較調査最終報告書（第2分冊）(案)』国際開発センター（IDCJ）http://www.idcj.or.jp/pdf/reference_20140308.pdf（2014. 06. 24.閲覧）

永井滋郎（1985）『国際理解教育に関する研究―国際的協同研究を通して』第一学習社

永井滋郎（1989）『国際理解教育―地球的な協力のために』第一学習社

永田佳之他（2012）「特集：ESDと国際理解教育」日本国際理解教育学会編『国際理解教育』Vol.18, 明石書店, 43-89頁

長沼豊・大久保正弘編（2012）『社会を変える教育 Citizenship Education―英国のシティズンシップ教育とクリック・レポートから―』キー・ステージ21

長濱博文（2014）『フィリピンの価値教育―グローバル社会に対応する社会人・統合アプローチ』九州大学出版会

中牧弘允・森茂岳雄・多田孝志編（2009）『学校と博物館でつくる国際理解教育―新しい学びをデザインする』明石書店

中村哲編（2004）『グローバル教育としての社会科カリキュラムと授業構成』風間書房

中山京子（2012）『先住民学習とポストコロニアル人類学』御茶の水書房

西岡尚也（1996）『開発教育のすすめ』かもがわ出版

日本グローバル教育学会編（2007）『グローバル教育の理論と実践』教育開発研究所

日本国際理解教育学会編（2010）『グローバル時代の国際理解教育―実践と理論をつなぐ―』明石書店

日本国際理解教育学会編（2012）『現代国際理解教育事典』明石書店

日本ボランティア学習協会（JVLS）編（2000）『文部省研究開発委嘱事業調査報告書 英国の「市民教育」』日本ボランティア学習協会（JVLS）

日本ユネスコ協会連盟（2011）『（教材）守ろう地球のたからもの―豊かな世界遺産編』

日本ユネスコ国内委員会編（1982）『国際理解教育の手引き』東京法令出版

橋爪貞雄（1984）『危機に立つ国家：日本教育への挑戦』黎明書房

グラハム・パイク, ディヴィッド・セルビー著（平岡昌樹訳）（1993）『ヒューマン・ライツ―楽しい活動事例集』明石書店

グラハム・パイク, ディヴィッド・セルビー著（中川喜代子監修・阿久澤麻理子訳）（1997）『地球市民を育む学習』明石書店（引用については，邦訳版 Global：1997）と略記）

デーヴィド・ヒックス, ミリアム・スタイナー著（岩﨑裕保監訳）（1997）『地球市民

教育のすすめ方―ワールド・スタディーズ・ワークブック』明石書店（引用については，邦訳版 Making 1997）と略記）
スーザン・ファウンテン著（国際理解教育・資料情報センター編訳）（1994）『Learning Together Global Education 4-7「いっしょに学ぼう」』国際理解教育・資料情報センター出版部
サイモン・フィッシャー，デーヴィド・ヒックス著（国際理解教育・資料情報センター編訳）（1991）『WORLD STUDIES 学びかた・教えかたハンドブック』めこん（引用については，邦訳版8-13：1991）と略記）
藤原孝章（1987）「アジア・オセアニア紀行―香港・オーストラリア・ニュージーランド・日本」報徳学園『三楽』（紀要誌）第12・13合併号，13-66頁
藤原孝章（1990）「グローバル化・国際化への対応と中学校社会科の授業改革」（今谷順重編1990年所収，57-84頁）
藤原孝章（1991）「モノからヒトの国際化―外国人労働者問題を教える」帝塚山学院大学国際理解教育研究所『国際理解』23号，49-80頁
藤原孝章（1993）「援助と協力（ODA と NGO）―私たちにできること―」佐藤照雄編集代表『国際理解教育大系』佐島群巳編『第7巻 人類の共通課題』教育出版センター，101-124頁
藤原孝章（1994）『外国人労働者問題をどう教えるか―グローバル時代の国際理解教育』明石書店
藤原孝章（1995a）「貧困問題の視点から」開発教育推進セミナー編『新しい開発教育のすすめ方―地球市民を育てる現場から』古今書院，32-58頁
藤原孝章（1995b）「グローバル時代の国際理解教育―カリキュラム開発に関する基礎的研究」（1994年度同志社大学大学院文学研究科修士課程教育学専攻修士論文）
藤原孝章（1996）「地球市民概念へのアプローチ―グローバル時代の市民像をめぐって―」同志社大学文学部教育学研究室『教育文化』第5号，76-91頁
藤原孝章（1997a）「国際理解教育・開発教育からグローバル教育・地球市民教育へ―ホリスティック教育との出会い―」日本ホリスティック教育協会『月刊ホリスティック教育』第6号，26-30頁
藤原孝章（1997b）「グローバル教育における多文化学習の授業方略―シミュレーション教材『ひょうたん島問題』を事例として」全国社会科教育学会『社会科研究』第47号，41-50頁
藤原孝章（2000）『ひょうたん島問題―多文化共生をめざして―地球市民教育参加体験型学習 CD-ROM 教材（テキストパック）』デジタルマジック（限定版）

藤原孝章（2002）「グローバル教育の教育内容開発に関する一考察―教授書 Global Issues の場合―」社会系教科教育学会『社会系教科教育学研究』第14号，1-14頁
藤原孝章（2003a）「グローバル教育のカリキュラムに関する一考察―W. M. Kniep のカリキュラム開発論と教授書 Global Issues の場合―」日本グローバル教育学会『グローバル教育』第5号，40-53頁
藤原孝章（2003b）「国際理解教育における平和学習のあり方―Global Issues in the Middle School「ノーベル平和賞」の授業事例を中心に―」日本国際理解教育学会『国際理解教育』Vol. 9，62-75頁
藤原孝章（2006a）「アクティブ・シチズンシップを育てるグローバル教育―イギリス市民性教育 Get Global! の場合―」同志社女子大学社会システム学会『現代社会フォーラム』No. 2，21-38頁
藤原孝章（2006b）「アクティブ・シティズンシップは社会科に必要ないか―社会科における社会参加学習の可能性を求めて―」全国社会科教育学会『社会科研究』第65号，51-60頁
藤原孝章（2007a）「グローバル・シティズンシップに関する理論的検討」（水山光春研究代表報告書2007年所収，51-79頁）
藤原孝章（2007b）「グローバル・シティズンシップに関する実践的検討」（水山光春研究代表報告書2007年所収，152-176頁）
藤原孝章・奥本香（2007）「イギリスの成人教育 ESOL コースにおける Skills for Life カリキュラム」同志社女子大学社会システム学会『現代社会フォーラム』No. 3，1-10頁
藤原孝章（2008）「日本におけるシティズンシップ教育の可能性―試行的実践の検証を通して―」同志社女子大学『学術研究紀要』第59巻，89-106頁
藤原孝章（2008）『シミュレーション教材「ひょうたん島問題」―多文化共生社会ニッポンの学習課題』明石書店
藤原孝章編（2009）『時事問題学習の理論と実践―国際理解・シティズンシップを育む社会科教育』福村出版
藤原孝章（2009）「学校全体を通したシティズンシップ教育―ラングドン校の場合―」（池野範男研究代表報告書2009年所収，155-166頁）
藤原孝章（2011）「社会における認識の総合性と社会参加―持続可能な社会の形成と開発単元「フェアトレードと私たちのくらし―」日本社会科教育学会『社会科教育研究』No.113，29-40頁
藤原孝章（2013）「学士教育におけるグローバル・シティズンシップの育成―『海外

こども事情 A』（海外体験学習）の場合―」日本グローバル教育学会編『グローバル教育』Vol.15, 58-74頁

藤原孝章・野崎志帆（2013）「国際理解教育・開発教育」上杉孝實・平沢安政・松波めぐみ編『人権教育総合年表』明石書店，114-140頁

藤原孝章他（2014）「特集：海外研修・スタディツアーと国際理解教育」日本国際理解教育学会編『国際理解教育』Vol.20, 36-74頁

藤原孝章・栗山丈弘（2014）「スタディツアーにおけるプログラムづくり―『歩く旅』から『学ぶ旅』への転換」日本国際理解教育学会編『国際理解教育』Vol.20, 明石書店，42-50頁

ウルリヒ・ベック著（伊藤登里訳）（1998）『危険社会―新しい近代への道』法政大学出版局

松井克行・中村哲（2004）「グローバル教育としての統合的カリキュラム編成論」（中村哲編2004年所収，99-136頁）

松尾知明（2010）『アメリカの現代教育改革―スタンダードとアカウンタビリティの光と影』東信堂

水山光春研究代表（2007）『社会科公民教育における英国シティズンシップ教育の批判的摂取に関する研究』（平成16年度～平成18年度科学研究費補助金（基盤研究(C)(1)）研究成果報告書：課題番号16530584）

水山光春編（2013）『よくわかる環境教育』ミネルヴァ書房

溝上泰・大津和子編（2000）『国際理解重要用語300の基礎知識』明治図書出版

丸山英樹・太田美幸編（2013）『ノンフォーマル教育の可能性―リアルな生活に根ざす教育』新評論

ジャック・メジロー著（金澤睦・三輪健二監訳）（2012）『おとなの学びと変容―変容的学習とは何か』鳳書房

森茂岳雄（1994）「グローバル時代の社会科の新展開(1)―アメリカの社会科を事例として―」篠原昭雄先生退官記念会（谷川彰英代表）編『現代社会科教育論―21世紀を展望して』帝国書院，311-322頁

森茂岳雄（1996）「ニューヨーク州の社会科カリキュラム改訂をめぐる多文化主義論争―A. シュレジンガー，Jr.の批判意見の検討を中心に―」日本社会科教育学会『社会科教育研究』No.76, 13-24頁

文部省（2000）『国際理解教育指導事例集（小学校編）』東洋館出版社

文部科学省（2008）『国際理解教育実践事例集 中学校・高等学校編』教育出版

文部科学省（2013）『国際理解教育実践事例集 小学校編』教育出版

山口誠（2010）『ニッポンの海外旅行―若者と観光メディアの50年史』筑摩書房

山西優二・上條直美・近藤牧子編（2008）『地域から描くこれからの開発教育』新評論

ユネスコ（天城勲監訳）（1997）『学習：秘められた宝』ぎょうせい

ユネスコ著（阿部治・野田研一・鳥飼玖美子監訳）（2005）『持続可能な未来のための学習 Teaching and Learning for a Sustainable Future』立教大学出版会

米田伸次・大津和子・田渕五十生・藤原孝章・田中義信（1997）『テキスト国際理解』国土社

臨時教育審議会（1987）『教育改革に関する第四次答申』（最終答申），9-16頁

渡辺恵（2001）「国際協力市民組織（NGO）における人材育成に関する事例研究―NGOスタディ・ツアー参加者の学習プロセスの分析―」筑波大学大学院博士課程教育学研究科『教育学研究集録』第25集，11-21頁

(欧文)

1993 Massachusetts Global Education Project and Social Science Education Consortium (1993). *Global Issues in the Elementary Classroom* (rev. ed.). Social Science Education Consortium Inc. （引用については，*Global Issues* 小学校版：1993と略記）

1994 Social Science Education Consortium, Inc. (1994) *Global Issues in the Middle School Grades 5-8* (Third Edition). SSEC Publications. （引用については，Global Issues 中学校版：1994と略記）

Action Aid, CAFOD, Christian Aid, Oxfam, Save the Children & DFID (2003) *Get Global!: A Skill-based approach to active global citizenship Key stages three & four*, Action Aid, London. （引用については，*Get Global!*：2003と略記）

Ajegbo, K., Kiwan, D., Sharma, D. (2007) *Curriculum Review: Diversity and Citizenship*. DfES.

Anderson, L. F. (ed.)(1976) *Windows on Our World* (K-6). Houghton Mifflin Company.

Arthur, J., Davies I., Hahn, C. (2008) *SAGE Handbook of Education for Citizenship and Democracy*. SAGE Publications

Banks, J. A., Cortes, E. C., Gay, G., Garcia, R. L, Ochoa, A. S. (The NCSS Task Force on Ethnic Studies Curriculum Guidelines). (1976) *Curriculum Guidelines for Multiethnic Education*. National Council for the Social Studies.

Banks, J. A. (1977) *Multiethnic Education: Practices and Promises*. Phi Delta Kappa Educational Foundation.

Becker, J. M. (1973) *Education for a Global Society*. Phi Delta Kappa Educational Foundation.

Becker, J. M. (1979) World and the School: A Case for World-Centered Education, Becker, J. M. (ed.) *Schooling for a Global Age*. McGraw-Hill, 33-57

Campbell,J., Patrick, S. (2003) *GCSE Citizenship Studies for AQA*. Heinemann.

Davies, I. (2003：1-10) Citizenship Education in England. 全国社会科教育学会『社会科研究』第59号。

Davies,L., Harber, C. Ymashita. H. (2005) *Global Citizenship Education: The Needs of Teachers and Learners*. Centre for International Education and Research (CIER) School of Education University of Birmingham, UK

DfES (2000) *Developing the global dimension in the school curriculum*（pdf 版）

DfES (2005) *Developing the global dimension in the school curriculum*

Drake, M. S. (1993) *Planning Integrated Curriculum: the Call to Adventure*. the Association for Supervision and Curriculum Development.

Fiehn, T. (2002) *This is Citizenship 1*. John Murray.

Fiehn, T., Fiehn, J. (2002) *This is Citizenship 2*. John Murray.

Fisher, S. & Hicks, D. (1985) *World Studies 8-13: A Teacher's Handbook*, Oliver & Boyd.（引用については，*World Studies 8-13*：1985と略記）

Fountain, S. (1990) *Learning Together. Global Education 4-7*. Hyperion Books.

Fountain, S. (1991) *Gender Issues: an Activity File*. Stanley Thornes.

Fujiwara, T. (2011) International Global and Multicultural Education as an Issue in Citizenship Education, IKeno, N. (ed.) *Citizenship Education in Japan*. Continuum International Publishing Group, 107-115

Get Global! the latest briefing paper(2004)(http://www.getglobal.org.uk/)(2004. 10. 15閲覧，2014. 07. 31現在アクセス不能)

Grieg, S., Pike, G. & Selby, D. (1987) *Earth Rights: Education as if the Planet really Mattered*, WWF.

Hanvey, R. G. (1976) An attainable Global Perspective, New York: Center for Global Perspectives., Kniep W. M. (ed.) (1987：83-114) *Next Steps in Global Education: A Curriculum Development., Global Perspective in Education*. American Forum.

Hicks, D. & Townley, C. (ed.) (1982) *Teaching World Studies: An Introduction to*

Global Perspectives in the Curriculum. Longman

Hicks, D. (ed.) (1988) *Education for Peace: Issues, Principles and Practice in the Classroom.* Routledge.

Hicks, D. & Steiner, M. (ed.) (1989) *Making Global Connections: A World Studies Workbook,* Oliver & Boyd. （引用については，*Making Global Connections：1989* と略記）

Kniep W. M. (ed.) (1987) *Next Steps in Global Education: A Curriculum Development., Global Perspective in Education.* American Forum. （引用については，Next Steps：1987と略記）

Kniep, W. M. (1986) Social Studies within a Global Education., Kniep W. M. (ed.). (1987：149;158). *Next Steps in Global Education: A Curriculum Development., Global Perspective in Education.* American Forum.

Langdon School (2005) *Langdon School Prospectus* 2005/2006. Langdon School

Merryfield, M., William, A. (2011) *Social Studies and the World −Teaching Global Perspectives.*

New York State Education Development. (1987) *Social Studies Program.* (K-6).

New York State Education Development. (1987) *Social Studies Tentative Syllabus.* (7-12)

Oxfam (1997) *A Curriculum for Global Citizenship Oxfam's Development Education Programme.* Oxfam GB.

Oxfam (2006) *Education for Global Citizenship: A Guide for Schools.* Oxfam GB (http://www.oxfam.org.uk/　2014. 07. 13.閲覧)

Pike, G. & Selby, D. (1988) *Global Teacher, Global Learner,* Hodder & Stoughton. （引用については，*Global Teacher, Global Learner*：*1998*と略記）

Pike, G. & Selby, D. (1988) *Human Rights: an Activity file.* Hyperion Books.

Potter, J. (2002) *Active Citizenship in Schools: a good-practice guide to developing a whole-school policy.* Kogan Page Limited.

Qualification and Curriculum Authority: QCA (2007) *The global dimension in action A Curriculum planning guide for schools.*

Qualifications and Curriculum Authority: QCA (1998) Education for citizenship and the teaching of democracy in schools: Final report of the Advisory Group on Citizenship 22 September 1998. （引用については，Crick Report 1998と略記）

Qualification and Curriculum Authority: QCA (2001) *Citizenship: A Scheme of work* for key stage 3 Teacher's Guide. QCA.

Qualification and Curriculum Authority: QCA (2002a) *Citizenship: A Scheme of work for key stage 4 Teacher's Guide.* QCA.

Qualification and Curriculum Authority: QCA (2002b) *Citizenship: A scheme of work for key stages 1 and 2 Teacher's Guide.*

Qualification and Curriculum Authority: QCA (2002c) *Guidance on assessment, recording and reporting.* QCA.

Remy, R. C, Nathan, R. C., Becker, J. A., Torney, J. V. (1975) *International Learning and International Education in a Global Age.* The National Council for the Social Studies.

Schlesinger, A. M. (1991) *The Disuniting America Reflection on a Multicultural Society.* Whittle Books.

Steiner, M. (1993) *Learning from Experience: World Studies in the Primary Curriculum.* Tremtham Books.

Steiner, M. (ed.) (1996) *Developing the Global Teacher: Theory and Practice in Initial Teacher Education.* World Studies Trust.

Switzer, K. A., Mulloy, P. T., and Smith, K. (1987) *Global Issues Activities and resources for the High School Teacher* (Second Edition), Social Science Education Consortium, Inc. and Center for Teaching International Relations. (引用については, *Global Issues* 高校版：1987と略記)

The Citizenship Foundation (2002) *Citizenship Studies for OCR GCSE Short Course,* Hodder & Stoughton

The Citizenship Foundation (2006) *Making Sense of Citizenship A Continuing Professional Development Handbook.* Hodder Murray. (引用については, CPD Handbook 2006と略記)

World Studies Project, Richardson, R. (ed.) (1976) *Learning for Change in World Society: Reflections, Activities, Resources.* One World Trust.

Young, M. with Commins, E. (2002) *Global Citizenship The Handbook for Primary Teaching.* Oxfam GB. (引用については, Oxfam 2002と略記)

UNESCO (2013) Global Citizenship Education: An emerging perspective. Outcome document of the Technical Consultation on Global Citizenship Education. Paris, UNESCO, *Towards Post-2015: Fostering Global Citizenship for a Peaceful and Sustainable Future.* 17-18 November 2014 Colombo, Sri Lanka.

UNESCO (2014) Global Citizenship Education Preparing learners for the challenges of the 21st century, (*ibid*)

あ と が き

　本書は，2015年に同志社大学大学院社会学研究科に提出した学位論文を，平成28（2016）年度独立行政法人日本学術振興会科学研究費助成事業（科学研究費補助金）（研究成果公開促進費　課題番号16HP5231）の交付を受けて，公刊するものである。

　本研究はグローバル教育の内容編成を主題としているが，筆者のこれまでの25年余りにわたる実践や研究を主題のもとに検証，改編し，新たに上梓するものである。したがって，関連する領域は，筆者の実践歴や研究歴である社会科教育，国際理解教育，開発教育，シティズンシップ教育と重なっている。グローバル教育とこれらは中心と周辺の関係ではない。相互に関連し，重複している。なぜなら，それらの教育目標は，現代的にはローカル，ナショナル，グローバルな表象をなすとはいえ，市民社会の形成とその主体である市民の育成にあると考えるからである。

　本研究は，日本の国際理解教育の歴史的検証，米英のグローバル教育のカリキュラム開発モデルの分析，イギリスのシティズンシップ教育の検証をもとに，筆者自身の授業実践のリフレクティブな検証をへて，最後はグローバル・シティズンシップの育成をめざすグローバル教育で終えている。最近，ユネスコはグローバル・シティズンシップ教育（Global Citizenship Education）を提唱しているが，これには本研究の視点からは三つの含意（もしくは可能性）があるといえる。

　一つめは，〈global + citizenship education〉であり，「グローバルな市民教育（国民教育）」とするものである。ナショナルなカリキュラムのなかでの教育として，ローカル，ナショナル，グローバルな視野の育成めざすものであり，教科融合型の実践に適しているといえる。二つめは，〈global education for citizenship〉であり,「市民のためのグローバル教育」ともいうべきものである。地球の現状やグローバルな相互依存の気づきや意識化をめざすイギリスのグローバル教育（ワールド・スタディーズ）などはこれにあたり,地球市民的資質の獲得をめざす教科統合型の実践に適しているといえる。三つめは,〈education for global citizenship〉であり,「グローバル市民（地球市民）のための教育」ともいうべきものである。イギリスのNGOであるオクスファムなどが提唱するグローバルな普遍的価値の獲得をめざすグローバル・シティズンシップ教育がこれにあたり,参加型学習重視の教科超越型の実践に適しているといえる。

　グローバル教育（もしくは国際理解教育）は,学校特設科目のほかは現在の日本では正規の教科ではない。したがって,筆者は,なぜそのような教育が必要なのか,そのねらい（AimsあるいはObjectives）は何か,どのような学習者を育てるのか,地球市民とは誰か,といった教科の根源的な問いに出会ってきた。またそのうえで授業の内容を創造し,方法を模索してきた。本研究はそのような問いに出会い,授業を創造してきた一教員の実践的,専門的な成長の跡と読むこともできるだろう。

　筆者がこの研究に志したのは,高等学校の一教員としての実践的な必要からであった。当時勤務していた報徳学園中学校・高等学校（故高橋正純校長）に,国際化に対応したコースとして「国際コース」が新たに設置されることになり（1989年4月）,その特別科目として「国際理解」を担当したことに始まる。以後,第3部実践編の第8,9,10章に述べているように様々な人々から研究および実践上の示唆,助言,意見をいただいた。

　まず,「国際理解」の授業実践では,当時,帝塚山学院大学国際理解教育研究所の副所長で,帝塚山学院泉ヶ丘高等学校の校長でもあった米田伸次先生から,研究所が募集する「国際理解教育奨励賞」論文を通して人権教育を土台とした国際理解教育について多くを学ばせていただいた。奨励賞の審査委員には広島大学の学部生時代に国際理解教育の講義を拝聴した故永井滋郎

先生もおられ，アメリカのグローバル教育についても示唆をいただいた。具体的な授業実践の構想においては，当時，新しい問題解決学習の提唱をされていた神戸大学の今谷順重先生から指導と助言をいただいた。

また，「国際理解」の授業実践のために，筆者は，学外の教員と研修交流の機会を持つようにした。それが開発教育を中心にする集まりで，主な拠点は神戸YMCAや日本クリスチャンアカデミー・関西セミナーハウス（京都）であった。当時は，ハウスの平田哲先生や兵庫県の公立学校の教員だった大津和子先生（現北海道教育大学副学長），私立高校教員であった岩﨑裕保先生（後に開発教育協会代表理事，帝塚山学院大学教授を歴任）を中心に年6回ほどの研修会が開かれ，筆者のつたない実践や開発した教材を開発教育の視点から検討する機会もいただいた。東京に拠点を持つ開発教育協議会（現在は開発教育協会）でも，田中治彦先生（当時立教大学教授，現在上智大学教授）や山西優二先生（早稲田大学教授）にはともに開発教育を担う同僚として学ばせていただいた。こうして「国際理解」の開発単元「外国人労働者問題」の授業実践が「国際理解教育奨励賞最優秀賞」をいただくことになり，著書として出版される幸運にも恵まれた。

筆者は，最初から大学の研究者になろうとしたわけではない。「国際理解」科目のカリキュラム開発や授業実践を学会などで発表し，単著も出版できたので大学への転出も考えたらどうかという助言を周囲からいただくことがあり，それも一つの道かもしれないと考え，大学院で学ぶことにしてからである。当時，私立学校の現職教員派遣研修はほぼ不可能だったので，筆者は，アメリカの社会科教育やグローバル教育，多文化教育の研究者として有名であった同志社大学の金子邦秀先生の門をたたいた。おりしも大学院文学研究科に教育学専攻の修士課程ができ，通常勤務での履修も可能であった。大学院では，筆者のそれまでの国際理解教育の実践を欧米のグローバル教育，開発教育を検討しながら，理論的にふりかえることができた（修士論文「グローバル時代の国際理解教育」1995年）。修士論文の提出は阪神・淡路大震災の年

（1995年1月17日）であった。当時筆者は勤務先の関係でまさに震源地に住んでいたので災害を目の当たりにした。前年末に論文を書き上げていたので大きな混乱の中でなんとか提出できたことが記憶に残っている。それから20年後に博士論文を同志社大学に提出できたことは何かの縁を感じている。

　筆者は，その後運良く大学に転出することになり，北陸の地，富山大学教育学部で社会科教育を中心に教員養成に携わることになった。時代は「総合的な学習の時間」が必修とされ，国際理解が例示内容として導入される前夜であった。国際理解がはじめて学習指導要領の文言にはいり，しかも統合的な学習内容と学習者中心の教育のなかで位置づけられたのである。富山大学には代用附属として生活教育で全国的にも有名な堀川小学校があった。中学校・高等学校に籍をおいていた筆者は，堀川小学校の学習内容の総合性と子ども中心の授業に大変驚いたことを憶えている。「総合的な学習の時間」の主旨にかかわることはすべて行われていたからである。筆者は，現在ではアクティブ・ラーニングといわれる参加型学習をイギリスの開発教育などを援用して「総合的な学習の時間」の授業づくりに対応していった。

　筆者は，当時，社会科教育の他に，日本国際理解教育学会（1991年設立），日本グローバル教育学会（1993年設立）に所属し，アメリカのグローバル教育の第二世代ともいうべきクニープ（Kniep, W. N.）らの開発したカリキュラム開発事例の分析と検証などを研究テーマにしていた。所属する日本国際理解教育学会では，2004年度から3年間，科学研究費補助金による研究として国際理解教育のカリキュラム開発を実施し，筆者も末席に加えていただき，共同研究のなかで修士論文の成果の共有と発展を図ることができた。共同研究では，大津和子先生，多田孝志先生（目白大学名誉教授），森茂岳雄先生（中央大学教授）などにお世話になった。日本グローバル教育学会では魚住忠久先生（愛知教育大学名誉教授）に筆者の研究の意義を早くから認めていただき，多くの励ましを受けた。

　同志社女子大学に教育研究の場を移してからは，筆者は主にイギリスのシ

ティズンシップ教育の調査研究にとりくんだ。すでにイギリスのグローバル教育（開発教育）には，政治教育としての市民教育の要素が色濃く入っていたが，2002年から実施の新教科「シティズンシップ」は，それを部分的に継承し，グローバルなシティズンシップ教育がカリキュラム上も求められていた。筆者の領域である社会科教育と国際理解教育の融合ともいえた。シティズンシップ教育研究では，池野範男先生（広島大学大学院教授），水山光春先生（京都教育大学教授）をはじめ多くの先生方と，科学研究費補助金の共同研究でお世話になった。こうして筆者の研究が現在あるのは先輩諸氏，学会などの仲間（ピア研究者）の先生方のおかげである。

　さて，最後になるが，修士論文もふくめて，本研究の学位論文の作成から審査に至るまで，ご指導と的確なご助言をいただき，主査としてお世話になった同志社大学の金子邦秀先生に深く感謝いたします。また，文学研究科以来ハワイ研究をはじめとして研究上の助言をいただいた沖田行司先生と，ホリスティック教育としてのグローバル教育に造詣の深い中川吉晴先生には，副査としてお世話になりました。ここにお礼を申し上げます。大学の同期でもあり畏友である池野範男先生には学位論文の構成や主旨について，早くから有意義な意見や助言をいただいた。ここに謝意を表しておきたい。

　同志社女子大学からは，サバティカルとして国内研究の期間を2014年度に一年間与えていただいた。研究に専念できるこの一年間がなければ学位論文の完成は不可能であっただろう。加賀裕郎学長はじめ現代社会学部の諸先生には改めてお礼を申しのべたい。また，私事になるが，学校教員時代をはじめ，大学への転出，異動など節目では家庭のことを委細にわたり助けてくれた妻への感謝を付記しておきたい。

　末筆になったが，本書の出版を快く引き受けていただいた風間書房社長風間敬子氏，編集の労をとっていただいた斉藤宗親氏に心からお礼を申し上げます。

　　2016年9月　　　　　　　　　　　　　　　　　　　　藤原孝章